外援在中国

DONORS IN CHINA

（修订版）

周弘 张浚 张敏 / 著

社会科学文献出版社
SOCIAL SCIENCES ACADEMIC PRESS (CHINA)

《外援在中国》修订版序言

周 弘

学术研究成果的再版，特别是"冷门"学术研究成果的再版，是一件令著作者倍感愉悦的事情，可以宽慰著作者"知音难觅"的心情，使他们体验到辛勤劳动果实得到认可的喜悦。

《外援在中国》的作者业余从事对外援助研究凡十数年。十多年前，对外援助研究在中国还是"冷门中的冷门"，既无法在国际问题研究学界立项，也难以在科研单位计算研究成果。况且放弃工余闲暇去阅读政策文件、查找资料数据、整理访谈记录，本身也是一项十分枯燥乏味的工作。但凭借对国际援助问题重要性的深刻认识，以及在研究和发现的过程中不断获取的新知和乐趣，研究得以断断续续地坚持下来。经过多年的摸索，作者在2002年出版了《对外援助与国际关系》，2007年出版了《外援在中国》，2012年即将出版《中国援外》。回首望去，起初以为是荆棘丛生的中国对外援助研究领域，如今已经蹚出了一条蜿蜒的崎岖小道，小道沿途风景无限而又情趣盎然，这是最令人感到欣慰的。

与国际政治的其他研究领域不同，对外援助领域里很少千钧一发的决策时刻，也几乎没有扣人心弦的故事情节，有的却是立足长远的战略谋划和深入基层的民间外交。很多大战略家和大政治家，不仅重视国际援助战略，而且亲自过问、身体力行，就是因为对外援助具有潜移默化的作用，是很多其他国际战略工具不能企及的。对外援助不是国际政治、不是世界经济，但是既包含了国家间的经济关系，也体现了国家间的政治关系乃至军事关系、文化关系和民间关系，其丰富和复杂程度无论怎样估计也不会过分。

"外援在中国"这一课题之所以引起了著作者的兴趣，还因为它是一个以小见大的主题。在二战结束后的 60 余年间，中国接受过来自不同渠道和不同种类的外来援助，经历了 20 世纪 50 年代和 90 年代两次接受国际援助的高潮，这两次高潮又恰巧与中国主要的制度选择期吻合：借助苏联的援助，中国实践了社会主义计划经济，而借助西方的援助，中国开创了社会主义市场经济，中国也因此成为国际援助的规模最大、内容最丰富的试验场。对进行研究将有助于理解许多其他深层的理论和实践问题。

作者在梳理流入中国的外援时发现，尽管外援的数额与外资相比微不足道，但是其影响力足以道哉。这是因为外援活动不仅限于经济领域，在国际援助原则和国际援助方式中凝聚了援助者的国力、社会力、文化力和多重影响力，也透视出援助者和受援者的实力和软实力的对比和互动。随着援款流入中国的除了"优惠资本"以外，还有援助者的技术、观念和方法，而这些软要素比"优惠资本"发挥了更大的作用。作者还发现，中国在消化、吸收、借鉴这些外来技术、观念和方法的同时，进行了大规模的经济建设和制度革新。当代中国的发展与进步离不开对外国资本、经验、技术、观念和方法的主动吸收和借鉴。

目前《外援在中国》出版已历五年多，得到了中国和国外同行的广泛认可，这与著作者的求实精神不无相关。为了这本书的写作，著作者们经历了一段丰富和不同寻常的调研生活。她们不仅在北京各相关机构奔走访谈，而且足迹踏入外国对华援助的一些人迹罕至的角落，包括处于高寒地区的甘肃省藏区和云南省边境少数民族居住地；她们不仅访问了政府机构、非政府组织、乡村小学和外国使团，还与吸毒人士、艾滋病患者促膝交谈，为的是更准确地了解援华外国机构和人员的目的、方法与效果。此外，她们查阅了大量的资料，并尝试通过对外援助的视角，反衬时代特征、解读政策演变、透视中外关系，实现学问者从一粒沙子观察整个世界的夙愿。

《外援在中国》有三位作者，其中周弘负责整体设计、科研组织和主题提炼，撰写了导论、第一章（"对外援助的构成与实践"）的第二稿以及第二章（"苏联对华援助"），并承担了全书的审阅和通校等工作；张浚撰写了第一章的第一稿、第三章（"1979 年以来的对华多边援助"）的第二稿以及第四章（"1979 年以来的对华双边援助"）和第五章（"对华援助中的非政府组织"）；张敏撰写了第三章第一稿，并承担了调研的组织和后勤工作，以及再版的数据更新工作。

再版前，作者对数据和文字进行了必要但是极少量的更新和调整。由于时间关系，对于 2006 年以来的一些最新相关论述和数据，这里没有作特别的介绍。作者注意到，近年来，国外和国内都有一些国际政治学和国际关系学学者开始关注对外援助问题的研究，并有大量的成果问世，国际援助机构也开始重视经验的总结和归纳，一些原本不公开的数据都可以通过上网查询获取。即便如此，《外援在中国》仍然能够凭借其基于本土调研的论述，当代历史研究的视角，以及实事求是的精神而获得并保持自己独特的生命力。

目　录

前　言　…………………………………………………………… 1

导　论　外援在中国 …………………………………………… 1
　第一节　现代外援活动的历史背景及理论概述 ……………… 1
　第二节　作为跨国财政转移的对外援助 ……………………… 6
　第三节　外援在中国 ………………………………………… 14

第一章　对外援助的构成与实践 …………………………… 28
　第一节　外援的构成与嬗变 ………………………………… 28
　第二节　外援的种类 ………………………………………… 30
　第三节　对外援助的形式与渠道 …………………………… 32
　第四节　为什么提供外援？ ………………………………… 42
　第五节　当前全球官方发展援助的新趋势和新特点 ……… 46

第二章　苏联对华援助 ……………………………………… 54
　第一节　苏联对华援助的动因 ……………………………… 54
　第二节　苏联对华援助的概况 ……………………………… 75
　第三节　苏联援助对中国建设社会主义计划经济
　　　　　体制的影响 ………………………………………… 94

第三章　1979 年以来的对华多边援助 …………………… 103
　第一节　多边机构及其性质 ………………………………… 104

第二节　多边援助在中国 …………………………………… 144

第三节　为什么是多边援助？ ……………………………… 215

第四章　1979 年以来的对华双边援助 ………………… 221

第一节　双边援助的特性：资金来源及

　　　　提供援助的渠道 …………………………………… 222

第二节　1979 年以来中国接受双边援助的情况 ………… 244

第三节　谁主导双边援助活动：宏观政策制定与

　　　　援助项目的执行 …………………………………… 278

第四节　作为政策杠杆和社会转型工具的双边援助 …… 304

第五章　对华援助中的非政府组织 …………………… 320

第一节　非政府组织在对华援助活动中扮演的角色 …… 320

第二节　国际非政府组织在华援助活动的基本情况 …… 337

第三节　国际非政府组织的工作方式 …………………… 356

第四节　国际非政府组织发挥影响的方式及

　　　　起到的作用 ……………………………………… 366

主要名词缩写 …………………………………………… 373

参考文献 ………………………………………………… 377

索引 ……………………………………………………… 384

CONTENTS

Preface   Donors in China / 1

    1. Historical Background and Theoretical Analysis of Foreign Aid Activities in modern time / 1

    2. Foreign Aid as a Means of Transnational Financial Transfer / 6

    3. Donors in China / 14

Chapter 1   The Structure and Practice of Foreign Aid / 28

    1. The Structure and Transformation of Foreign Aid / 28

    2. The Types of Foreign Aid / 30

    3. The Forms and Channels of Foreign Aid / 32

    4. Why Foreign Aid? / 42

    5. Current New Trends and New Characteristics of Global ODA / 46

Chapter 2   Soviet Aid to China / 54

    1. The Aims of Soviet Aid to China / 54

    2. An Overview of Soviet Aid to China / 75

3. The Influences of Soviet Aid Over China's Building of
   the Socialist Planned Economy / 94

Chapter 3 Multilateral Aid to China Since 1979 / 103
1. Multilateral Organizations and Their Nature / 104
2. Multilateral Aid in China / 144
3. Why Multilateral Aid? / 215

Chapter 4 Bilateral Aid to China Since 1979 / 221
1. The Characteristics of Bilateral Aid: Capital Source
   and Channels of Foreign Aid / 222
2. The Situation of China's Bilateral Aid Acceptance
   Since 1979 / 244
3. Who Conducted Bilateral Aid Activities: Macro
   Policy-Making and Smplementation of Aid Projects / 278
4. Bilateral Aid as Policy Leverage and a Means of
   Social Transformation / 304

Chapter 5 NGOs in Foreign Aid to China / 320
1. The Role of NGOs in Foreign Aid Activities to China / 320
2. The Situation of International NGOs Aid Activities
   in China / 337
3. The Working Styles of International NGOs / 356
4. The Methods and Effectiveness of International
   NGOs / 366

Main word abbreviation / 373

Reference / 377

Indix / 384

前　言

　　中国是世界上最大的，也是备受关注的受援国。作为受援国，它具有以下几个方面的特性。

　　第一，中国曾经在不同的时段接受过来自不同渠道的援助，这些接受援助的行动往往和中国外交政策的取向密切相关。《中苏友好互助条约》的签署与苏联对华援助同步，而中国采取的改革开放政策又开启了中国接受西方援助的大门。

　　第二，中国是一个幅员辽阔、人口众多、文化资源丰富的国家，可以容纳各类的援助活动，但是任何援助方都难以单独通过简单的经济援助手段操纵中国的发展方向。援助方在中国的主导权低于它们在其他一些发展中国家的主导权。

　　第三，由于上述原因，外援不仅将各种发展理念和方式带到了中国，同时从中国吸纳了大量丰富的且具有中国特色和世界意义的发展实践经验。中国还在接受援助的同时向外国提供援助，既是世界上最大、最成功的发展中受援国之一，又是一个越来越引人注目的援助国。中国的成功发展为中国的援外事业提供了丰富的理论和实践经验。

　　第四，随着中国发展速度的加快和综合国力的增强，各类对华援助开始通过相互协调转到一个相对统一的方向：从对经济领域的援助转向对社会领域的援助，再转向对政府政策和制度改革的援助。

　　第五，流入中国的援款不仅仅是"优惠外资"，随着这些援款流入中国的还有援助者的技术、观念和方法。对于这些技术、观念和方法的消化、吸收和借鉴帮助中国在至关重要的发展阶段中进行了大规模的制度改革和创新。从这个意义上来讲，外援不仅仅是外交工具，而且可以成为外交的先导。

第六，从上述情况中产生了一个理论的也是实践的问题：外援是否能够影响受援国对于发展道路的选择？又如何影响受援国在各个领域里的制度建设？其中是否存在规律或原理？

流入中国的外援数额远远低于外资的数额，但是外援所产生的影响不亚于外资，其中重要的原因是外援活动不限于经济领域。援助原则和援助方式中凝聚了国力、社会力和文化力，而这些不是能够用简单的数字加以概括总结的。正是由于这个原因，我们围绕"外援在中国"的目的、渠道和方式进行了三年的调查研究，期望对于上述问题作出自己的回答。

为了比较完整地了解外援在中国的活动，我们根据援助方提供援助的资金来源、援助渠道和提供援助的时序分成四个部分进行研讨：苏联援助、多边援助、双边援助和非政府援助。苏联援助截至1960年；多边援助起始于1979年，略早于双边援助，目前两者均有下降的趋势；非政府援助自20世纪80年代以来一直呈上升的趋势。其中的原因离不开时代背景，因此我们将外援在中国的活动放在一个历史发展的框架中进行分析。

外援问题研究的复杂性在于它既不是单纯的历史研究，也非简单的国际关系或政治学研究。为了了解外援这个国家间相互联系、沟通、帮助、交往的渠道，以及通过这个渠道产生的历史变化，我们将主要的注意力集中于两个方面：①梳理援华的机构、渠道和数量；②分析外援带来的理念、方式和机制的变迁。

第一项工作不很顺利，对于中国改革开放以来接受的援助，我们很难作出准确的数字判断。这既有援助方的原因，也与作为受援方的中国不无相关。

从援助方的角度来看，它们的财务管理模式是统计数据不完整的重要原因。首先，援款的预算额度和实际发生的外援往往是不一致的。例如，联合国开发计划署（UNDP）是实行预算管理的。一般来说，为期四年的项目总额为2亿美元，但是实际支付往往达不到这个数字。在中国，执行率只有65%~70%。商务部管理部门的一项重要职责就是与UNDP协商余款的使用问题，或者设法将余款作为后续行动的经费，或者作为下一期项目的预算。其次，如果是双边援助，那么援助方的财务是不对受援方公开的。例如，德国技术合作公司（GTZ）进行的是项目管理（而非预算管理）。每个项目开设一个账户，项目到期后，账户自动关闭。因为项目实施的方式是"提供服务"，所以援助方只负责提供服务，并不公开账户的财务情况。

从受援方的角度来看，统计实际接受援助的数字就更加困难了。这里的原因也是多方面的。第一，有一些援助项目（尤其是一些由外国驻华使馆资助的小项目）是由援助者直接提供给受援单位或受援地区的，没有经过主管部门的注册或登记。在改革开放初期，由于各国使领馆和其他援助组织在华活动范围有限，交流渠道并不畅通，因此援助活动往往由商务部委派有关单位执行。后来，这些使馆与中国国内的各个机构建立起比较畅通的联系渠道，直接和受援方开展合作、举办活动，虽然也需要履行一些必要的手续，但是往往不以项目的形式审批，而且执行单位非常分散，资金数额很难统计。

第二，对华援助的大项目往往由很多子项目合成，由多个部门或多个省份分头执行。这些部门和省份在统计的时候标准有差别，也与外方存在着观念上的差异，例如外方在统计时往往将"软件"（如咨询费、培训费等）计算在内，而中方有些单位则只计算"硬件"部分。这样就造成了统计方面比较大的差异，使很多数据不能使用。

第三，有些援助资金是通过民间渠道进入中国的。例如，美国国际开发署（USAID）是政府援助机构，但是受美国法律"不资助共产党国家"的限制，不直接与中国政府签订协议，而是将援助款拨给非政府组织，由它们来中国开展活动。中国的外事管理采取"官对官、民对民"的方式，所以这些资金即使来自外国政府，但是由于转用了民间渠道，所以也不在政府统计之列。①

第四，中方条块分割的管理体制造成的统计困难。在接受苏联援助的时候，因为有专门的机构统筹，因此管理体系比较简单。改革开放初期，中央各部委的权力还比较大，通过部委下拨的援款可以直接到达地方的部属企业，条与块的利益都兼顾了。随着改革开放的深入，地方获得了更大的自主权和独立性，通过商务部签约的项目就通过两个渠道拨给执行单位：①由商务部将项目拨给执行部委，再由执行部委下拨给各省厅局，由各省厅局继续下拨给所属基层部门（如通过省卫生厅拨给医院，通过省教育厅拨给学

---

① 我们在访谈过程中发现，这些来自非官方渠道的援助数额可观。

校）；②由商务部拨给省商务厅，再由省商务厅拨付执行机构，如卫生厅、教育厅或其他厅局。这样做的原因之一是由地方分担受援方承诺的配套资金，但是结果就造成了执行系统庞杂、数据统计困难等现象。

第五，不同类型的外援资金在中国归口于不同的部门管理。无偿援助由商务部管理，贷款由财政部管理。但是，贷款中的赠款部分归入贷款项目之中，由财政部和发改委统一管理。商务部和财政部分头统计的状况近年才有所改变。但是其他的统计漏洞仍然很多，例如联合国各机构在中国的归口管理部门就不同，教科文组织归口于教育部，世界卫生组织归口于卫生部，粮农组织归口于农业部，等等，但是教科文组织的项目执行单位不仅限于教育部，还可能包括了文化部和地方政府，有些援助直接流入执行单位，统计有时出现重复，有时又出现漏算。

总而言之，援助方和受援方的统计有很大的出入，我们在分析的时候一方面依靠很不全面的经济合作与发展组织（OECD）的统计，另一方面尽量寻找局部的可靠统计数字，同时使用其他定性的分析手段，避免根据原本不十分可靠的数字下简单的结论。

由于"外援在中国"的研究刚刚起步，很少能找到可供参考的文献，我们就在访谈方面投入了比较大的精力，在访谈记录的基础上，运用财政转移、全球治理和国际关系等方面的理论和视角，对外援在中国的实践进行分析。

我们的访谈对象分为政策部门和执行机构等几个层次。在研究的过程中，我们请教了商务部、财政部、卫生部、农业部、教育部等部委的同志，咨询了在华的各援助方机构（包括多边、双边和非政府组织），访问了分散在甘肃、云南等省的项目管理机构和项目点，汇集成数十万字的访谈记录。

在调查与研究的过程中，我们多次获得商务部国际司、财政部国际司、卫生部国际司等部门相关领导的关心、帮助与指导，特别是卫生部国际司司长尹力，商务部国际司副司长姚申洪，处长陈宁和董青，财政部国际司副司长杨少林，处长杨英明，都提供了宝贵的指导意见，没有他们的帮助，就没有这项研究的顺利进行。

导　论
外援在中国*

第一节　现代外援活动的历史背景及理论概述

一　历史背景

现代大规模的外援活动起始于 1947 年的《马歇尔计划》，但是要想真正理解对外援助的性质和作用，还要往前追述：1944 年初，苏军发起了反法西斯战争的总反攻，同年 6 月，盟军在诺曼底登陆，德国法西斯政权及其制度的瓦解指日可待。劫后余生的人们开始反思人类历史上这场最惨烈的战争，筹划着建立一种能够长久维持和平的体制，他们之中当时已经有人想到，这一维持和平的机制与促进发展的方式有着十分密切的关联。

也是在 1944 年，卡尔·波兰尼（Karl Polanyi）出版了他的经典之作《伟大的转折》（又译：《大转折》）。他在书中指出，19 世纪西欧的文明史建筑在四大机制上，它们分别是：①防止强权相互征战的势力均衡机制；②使市场机制能够向国外发展的国际金本位机制；③创造了前所未有的物质财富的市场机制；④鼓励市场扩张的自由主义国家机制。对于这种文明来说，金本位固然重要，但是起决定和规制作用的是市场。[①] 这四大机制又分为两

---

* 这里指"对外援助"，为了行文方便，文章中有时简称为"外援"或"援助"。

① Karl Polanyi, *The Great Transformation*, New York and Toronto: Rinehart & Company, Inc., 1944, p. 3.

大经济机制和两大政治机制，它们在国内和国际层面上的相互作用使得西欧在拿破仑战争后维持了百年（1815~1914）的相对和平，其间，西欧和北美的强权在发展国内资本主义秩序，强化民族国家竞争能力的同时，忙着去征服欠发达的国家和地区，在那里扩大市场，直到这种征服和资本主义国家间的恶性竞争带来了征服者之间的严重失衡和矛盾。1914年的第一次世界大战，1917年的俄国十月革命，1929年的经济大萧条，以及1931年金本位制的崩溃，动摇了西欧的制度模式和西方的文明基础，导致西方国际安全体系的瓦解。1926年凯恩斯宣告了"自由放任的终结",[①] 10年后又发表了他的《就业、利息和货币通论》，主张国家干预经济，实行社会再分配。凯恩斯经济学不仅丰富了欧洲的公共政策理论，而且在后来影响了整个资本主义制度的走向，第二次世界大战正是将凯恩斯主义化为新的资本主义制度模式的催化剂。波兰尼认为，大战的起因不是别的，而是市场和有组织的社会要求之间发生的冲突。[②] 由此推论，恢复和维持世界和平的关键固然在于重建被战争摧毁的国家，但是重建起来的国家不应再是自由主义的国家，而是能够有效地平衡竞争性的劳工市场、大众民主的政治制度并且能够对社会进行保护性干预的国家，[③] 是经济机制、政治机制和社会机制相对平衡、相互制约的国家。

还是在1944年，布雷顿森林会议召开。布雷顿森林机构,[④] 以及同时期出现的联合国系统的其他机构目标是一致的，都是为了帮助成员国实现战后重建，但是它们的方式因为设计者的不同而有所差别：联合国的主要机构采取的是成员国政府间的决策机制，可以说，它强调的是"代表成员国"（by the member states），虽然这种代表是分层的；相对独立的布雷顿森林各机构虽然也采取政府间主义的决策机制，但以国际资本市场为后盾，以辅助成员国政府为基本原则，所以，也可以说它强调的是"服务成员国"（for the

---

① 凯恩斯1926年6月在柏林的讲座，后载于1972年由伦敦马克米兰公司出版的《凯恩斯文集》（第9卷）（John Maynard Keynes, *Collected Writings*, Vol. IX: Essays in Persuasion, London: MacMillan, 1972, pp. 272–274）。

② Karl Polanyi, *The Great Transformation*, New York and Toronto: Rinehart & Company, Inc., 1944, p. 249.

③ Karl Polanyi, *The Great Transformation*, New York and Toronto: Rinehart & Company, Inc., 1944, p. 223.

④ 这里主要指世界银行和国际货币基金组织。

member states），其服务方式是利用西方控制国际银行体系的优势，调动世界资本市场，帮助成员国解决就业问题、保持价格稳定、促进经济增长和收支平衡。在布雷顿森林机制的设计者们看来，推动凯恩斯主义国家经济向前发展的真正动力不是来自国家而是来自企业家，所以，布雷顿森林机构这种国际多边机制应当支持国家为企业家提供必要的发展条件，在超出国家能力的情况下，由国际多边机构直接提供这些条件。在这种以企业为核心的西方世界市场体系之内，非工业国家和殖民地的发展当时并没有受到特别的关注。①

苏联没有加入布雷顿森林体系，因为布雷顿森林会议的发展理念与社会主义苏联的发展理念相互矛盾。在联合国体系内，苏联在联合国大会发挥着重要的政治作用，但是由于联合国的一些专门援助机构更多地接受西方的资源和理念，常常有意排斥苏联的影响力，所以苏联在整个世界多边援助体系中的作用都是有限的。它通过"共产党情报局"，以及"经互会"等组织，在社会主义阵营内部进行援助活动。这样一来，二战后的世界经济和政治格局就分为两大部分，分别代表着两种不同的发展模式和政治制度，也分别向欠发达国家和地区提供种类、内涵和执行方式都不相同的援助。

结果，在二战结束之后不久，以主权国家为主体的国际体系很快就得以恢复。但是主权国家内的体制并不是一样的。在西方，《马歇尔计划》致力于在重建国家的同时重建市场；在东方，国家重建伴随着对苏联计划经济体制的复制。在西方（这里主要指西欧），国家内部结构形成了政府、企业和社会之间的相互作用和制衡；在东方，中央政府在规划企业和社会时发挥着巨大的作用。

和主权国家体系同时建立起来的是东西方两大阵营，它们由于内在结构的不同而分别代表着不同的国家发展道路、方式和国家间关系。美苏的对外援助活动分别服务于各自阵营的建设。在东方，苏联在援助了其他社会主义国家的重建之后，又在 1949～1959 年的 10 年间，向中国提供了总额约为 56.76 亿旧卢布的巨额援款，对于中国的社会主义制度

---

① Sixto K. Roxas, "Principles for Institutional Reform," in Griesgraber and Gunter (eds.), *Development: New Paradigms and Principles*, Pluto Press, 1996, pp. 5 – 6.

建设和世界社会主义阵营的壮大起到了重要的作用。① 在西方，美国通过《马歇尔计划》重建战后的西欧，在那里巩固了资本主义的经济和社会秩序。

随着东西欧经济的恢复，通过接受外援而选择发展道路的情况又出现在刚刚脱离殖民统治的广大发展中地区。二战后，亚非拉前殖民地国家获得了独立，成为两大阵营中间的"灰色地带"，随即由于其战略地位的重要而陆续获得了来自东西双方的援助。在有些发展中国家，甚至还出现过美苏竞相提供援助的情况。接受西方援助的国家往往引进资本主义的制度模式，而接受东方援助的国家则学习社会主义的制度模式。由于东西方的战略和制度对峙，韩国和朝鲜一度成为美苏分别予以援助最多的国家。中国先后从东西方两种体制获得援助，其利用外援的经历正好反衬了世界发展的路向。

二 理论概述

二战后关于外援问题的理论探讨门类繁多，其中有两种视角占据了主导地位，并对外援的实践活动产生了重要的影响：一是经济学的视角，主要是发展经济学的理论；二是国际政治学的视角，主要是分析援助作为对外政策工具的特性。

经济学的分析主要讨论"如何通过外援推动发展"，争论的焦点是：发展应该更多地倚仗国家干预，还是应该依靠自由市场机制。主流经济学理论的变化直接影响到对官方发展援助活动的看法。在 20 世纪 50 年代，倡导国家干预的凯恩斯主义是主流经济学理论，当时的发展经济学也打上了这样的时代烙印。《马歇尔计划》在欧洲取得了巨大的成功，奉行凯恩斯主义经济政策的西方经济持续繁荣，学术界因而对于国家干预主义抱有普遍的乐观情绪。发展经济学的主要代表人物瓦尔特·罗斯托（Walt W. Rostow）② 和钱

---

① 1949 年 6 月刘少奇访问莫斯科时，斯大林向他表示要给中共提供 3 亿美元贷款，利息为 1%，为期 5 年。见沈志华《建国初期苏联对华援助的基本情况》，http://www.shenzhihua.net/zsgx/000140.htm。1959 年苏联单方面终止了对华援助活动，并于 1960 年撤走了在华工作的苏联专家。王泰平主编《中华人民共和国外交史（1957～1969）》（第二卷），世界知识出版社，1998，第 257～258 页。

② Walt W. Rostow, *The Stages of Economic Growth: A Non-Communist Manifesto*, Cambridge University Press, 1960.

纳里（Hollis B. Chenery）[1] 等人强调，外援帮助不发达国家解决经济发展中遇到的资金、技术、管理经验和制度方面的瓶颈，对受援国的经济发展会起到重要的推动作用。不仅如此，向受援国转移的资金、技术和经验还可以"替代"西方经过数百年的原始积累、漫长的技术革命和消耗时日的人才成长过程，带动发展中国家用比较快的速度发展起来，同时可以将发展的经验和繁荣的成果自上而下地向发展中国家转移，如涓涓溪流般渗入发展中国家的土壤，产生带动发展的效果。[2] 根据这个逻辑，更多的投入必然带来更快的发展，因而国家干预和资金转移是发展所必不可少的因素。这种资金转移的理论也就成了早期发展援助的主要理论依据。

然而，通过国家干预实现的资金转移在一国之内是弥补市场缺陷、提供公共服务的手段，但是如果跨越了国境，特别是作用于不发达的受援国，就可能成为一国干预他国的工具。这种工具所实现的政策目的不仅限于弥补市场的缺陷和提供公共服务，而是可能夹带着其他许多非经济目的。

由于早期的援助活动并没有像预期那样，带动不发达国家的经济发展，同时也由于 20 世纪 70 年代石油危机之后自由市场经济理论的复兴，发展经济学的理论受到了自由市场经济支持者的严厉批判。[3] 这些评论认为，影响发展有诸多的因素，政府拨款并不能解决发展问题。这种意见直接影响了国际领域里发展援助政策的嬗变，导致了 80 年代大范围的"结构调整贷款"（Structural Adjustment Loan）的出台。

与发展经济学者不同，国际政治学者把官方发展援助看做一种重要的外交政策工具。这种分析力图揭示外援活动所确立的权力关系，即谁主导了援助活动，谁从援助中获益，以及外援活动如何加强了援助国与受援国之间原本存在的不对等关系。首先，这些分析认为，在外援实践中，提供援款的主要目标往往不是推动受援国的经济和社会发展，而是服务于援助者的政治和经济利益；其次，由于援助活动的特殊性质，它可以覆盖受援国几乎所有的

---

① 钱纳里出版了一系列关于外援的著作，如 *Comparative Advantage and Development Policy*, 1961, AER. *Foreign Assistance and Economic Development*, with A. Strout, 1966, AER. *Foreign Aid and Economic Development：The Case of Greece*, with I. Adelman, 1966, REStat, etc。

② 参见经济合作与发展组织发展援助委员会自 1960 年以来（特别是 1980 年）的年度报告。

③ 其中比较有影响的人物有：Friedman, Bauer, Yamey 以及 Krauss。见 Riddell, Roger, C.，1987, *Foreign Aid Reconsidered*, the Johns Hopkins University Press, pp. 86 – 87。

国内政策领域，并能够深入到受援国社会的最深处，带动自下而上的变化。由于这些原因，讨论谁主导发展援助活动就具有非常明显的现实意义。目前讨论的一些焦点问题，例如外援活动的所有权（ownership）与伙伴关系（partnership）、[①] 外援的附加条件，[②] 以及一度盛行、至今仍然发挥影响的"依附论"等，[③] 就从不同的角度回答过上述问题。

第二节　作为跨国财政转移的对外援助

一　对外援助的基本性质

凯恩斯的国家干预理论为西方社会内部的财政转移提供了一整套理论基础。二战以后，欧美各国频频动用财政转移工具，加强国家对于经济和社会生活的干预，规范市场行为，弥补市场缺失。这种干预机制在西方国家也得到了多数民众的认同，形成西方制度模式的重要支柱之一。这些国家干预的机制、领域和方式都影响了国家对外行为方式。

二战之后，苏联的战略空间大大地扩张了，但是诞生在资本主义敌对势力重重包围之中的苏维埃国家早就选择了优先发展重工业、高速推进工业化的国家战略，形成了一套以生产资料公有制、计划经济和按劳分配为基本特征的苏维埃社会主义模式。二战后，苏维埃国家的领导人强调社会主义模式在"两个平行的也是互相对立的世界市场"中的独立作用，[④] 并且通过对于其他社会主义和友好国家的经济和军事援助，保护并发展这种模式。

由于对外援助的资金来源于援助国的政府财政支出，并依靠援助国的政府机构或通过体现援助国的国家间关系的各类国际援助机构执行，所以，没

---

① Jerve, Alf Morten, "Ownership and partnership: does the new rhetoric solve the incentive problems in aid?" in *Development Studies Forum*, NUPI, December, 2002, pp. 389 – 407.

② Stokke, Olav (ed.), *Aid and Political Conditionality*, Frank Cass & Co. Ltd, London, 1995, and Killick, Tony et al., *Aid and the Political Economy of Policy Change*, Routledge, 1998.

③ 周弘：《对外援助与现代国际关系》，《欧洲》2002 年第 3 期，第 1～11 页，以及 Riddell, Roger, C., 1987, *Foreign Aid Reconsidered*, the Johns Hopkins University Press, pp. 129 – 156。

④ 斯大林：《苏联社会主义经济问题》（1952 年 2 月），《斯大林选集》（下卷），人民出版社，1978，第 561 页。

有人否认，外援从本质上来说是一种国家干预形式，是国家行为，① 而且是跨国的国家行为，是援助国的国家利益、国家形态和行为方式在边界之外的延伸。国际政治学界对于这种跨国的国家行为的分析因而深入到对援助国国家特性的分析，其中比较典型的批评认为，由于西方援助国的国家是资本家的代理人，所以这些国家利用外援活动，为资本的全球流动与扩张创造更好的条件。② 根据这个逻辑，来自社会主义阵营的援助就有两种动机：一种是代表国家的社会主义制度性质，另一种则是优先代表民族利益。从苏联早期对华援助的实践中分析，苏联对华援助同时包含了这两种性质。由于提供援助的国家优先考虑本国的国家利益，但国家利益又可以分为不同性质：有些国家是资产者统治，有些国家则是劳动者优先，它们所体现的国家利益当然具有不同的内容。所以，外援虽然代表的是援助国的国家利益，但是国家利益之间是既有共性又有特性的。它们之间的共同点在于，援助国都希望通过提供援助获得利益，但是从不同的国家形态中产生出来的对于利益的理解是不同的。自由资本主义的国家需要通过外援寻找并获取资源和市场，并且利用海外资源和市场发展自己，挣脱国家对于资本的社会和政治约束。其他形态的国家在提供外援的时候虽然也可能考虑到资源和市场的因素，但不以私利为提供援助的唯一出发点，而是各自根据不同的国家特性，选择有特点的国家战略，有些是为了自身的整体发展，当然也不乏为促进世界均衡发展而提供的援助。

这样一来，对外援助资金作为一种跨国财政转移就有了至少三种主要的性质：一是国家的工具，二是资本的工具，三是发展的工具。而判断外援资金到底属于哪一种或哪几种具体的性质，需要考察援助方提供援助的目的和方式，更需要考察受援方的立场和作用，因为对外援助在实施的过程中涉及提供援助方和接受援助方的意志、能力和作用，所以外援最终的形态往往是双方关系结构的体现。

如前所述，第二次世界大战以后建立起来的凯恩斯主义国家与以往的自由主义国家不同，它的力量来源和服务对象不仅是资本，还有迫使国家规范

---

① Roger C. Riddell, *Foreign Aid Reconsidered*, the Johns Hopkins University Press, 1987, pp. 86 – 87.

② Middleton, Neil and O'Keefe, Phil, *Disaster and Development*, Pluto Press, 1998, pp. 16 – 31.

资本的社会团体。市场经济是西方制度的基石和出发点，但是有组织的民众通过选举决定国家的政策，国家则通过宏观调控干预市场，通过社会再分配服务民众。在这种"三合一"的体制内，"国家是唯一最重要的中介"。① 资本力量和社会力量的相互作用赋予凯恩斯主义国家以干预经济和社会的行政、立法和财政手段，使得它能够建立税费机制，重新分配资源，通过转移支付，创造投资环境，弥补市场缺失，促进稳定发展。但是，在进行跨国转移支付的时候，外援资金的缴费主体和支付对象是分离的。资金来源于援助国的公民，而支付对象却是受援国的国民。由于国家的对外政策是相对独立和不透明的，所以资本和社会对于国家在这个领域里的约束程度同时降低。国家可以根据自己对于国家利益和国家形象的理解，决定外援的投向和政策。因此，对外援助这种"国家行为"作为"国家对外干预的一种形式"与对内财政转移相比较，就表现出"供给导向"的基本特征。②

供给导向主要表现在两个方面。第一，援助国或援助方以自身发展的历史经验为摹本去引导受援国的发展，例如苏联援助提供计划经济的经验，而西方援助则提供市场经济的方法。第二，援助国除了向外输出用于发展的资金、技术和经验以外，必然将本国的国家利益和民族特性附着在外援活动中。对外援助作为向外国提供的财政转移，必然在转移资金的同时使国家利益和国家特性得以延伸，所以西方援助国的官方文件对于外援作为特殊的外交工具的作用也从不讳言。

二 外援作为国家的外交工具

外援能够行使特殊的外交使命是因为这种财政转移不仅是各国领导人为树立国家形象和建立国际友谊而常常赠送的"礼品"，而且是可以涉及超越传统外交领域的对外交往工具。

首先，外援可以直接或间接地实现援助国在受援国的经济利益。在很多情况下，援助活动起到了为贸易和投资开路的作用。除了在外援项目协议中附加购买援助国产品的条件之外，援助国往往与受援国进行生

---

① OECD, *Income Distribution in OECD Countries*, Paris, 1995, p. 12.
② Roger C. Riddell, *Foreign Aid Reconsidered*, the Johns Hopkins University Press, 1987, pp. 86 – 87.

产技术标准等方面的战略性合作，或投资于改善受援国的贸易和投资政策及法规，用以改善贸易和投资的软环境，为本国的投资和贸易做前期的准备。

其次，外援活动还可以通过资助受援国，使之就敏感问题进行与援助方之间的政策对话，加强双方政策立场的协调，促进援助国在受援国的政治利益的实现。例如，援助国在要求受援国提供项目意向计划的时候承诺在贸易、投资、公共政策等关键的政策领域进行改革，实现国际收支的平衡，其目的不是进行局部的修修补补，而是推动受援国全面的改革，使受援国接受援助国的价值观念和政策立场。

由于上述这些原因，外援成为第二次世界大战以后一个无法替代的战略工具，它不仅会实现援助国短期的经济和政治利益，还可能长期地影响受援国的经济和政治制度，乃至影响受援国对于发展道路的选择。外援还是观念传播和文化输出的重要载体，它创造了观念交流和碰撞的机会。通过人员交流培训等项目，援助方的思维方式、工作方式和行为方式潜移默化地影响着受援国的观念、制度和行为方式，在受援国培养了一大批"志趣相投的"(like-minded) 政府官员、项目执行者、技术人员和学者，等等。在援助活动结束后，这些人员会继续在受援国发挥影响。因此，对外援助输出的绝对不仅仅是资金，在援助项目结束后，援助方的那些"软力量因素"仍然会持续地在受援国发挥影响。

外援活动涉及的范围极其广泛，往往包括了国计民生的所有方面，没有任何其他一种外交政策渠道能够与之相比。中国接受的苏联援助涉及中国社会的所有领域，而西方援助则涉及除军事安全、体育（指体育比赛等）和文化（主要指文艺演出）之外的其他所有领域。通过在这些领域里与中国的各个阶层进行合作，援助国的影响力渗透到受援国最边远的角落和社会的最深处，使一国之内的微小变化产生超越国界的效应，极大地扩展了外交的范围，丰富了各国人民之间交往的内涵。

三　外援作用于发展和发展道路的选择

在苏联大规模削减乃至基本停止了对外援助活动以后，西方援助继续活跃在国际援助领域里。苏联援助提供的是如何制订"五年计划"，怎样发展重工业，以及在计划经济体制下管理大工业生产的具体操作方法。西方援助则先是提供适应市场的人力资源开发培训，传授市场基础设施建设的经验，而后转移用于经济基础设施建设的资金和技术；继之投资社会发展领域，从事扶贫减贫、投资基础教育、支持环境保护，用以弥补市场的缺失，提供企业能够平稳发展的市场环境；最后通过"能力建设"项目，关注受援国的政策转变和制度建设，在政策观念转变、市场机制建设、法律法规制定和社会分配体制改革等许多被称为"政府治理"和"法制建设"的领域里发挥着影响。

这些通过外援在生产力水平的提高、生产关系的调整重组、国家管理治理的改革建构等各个发展阶段和层次上产生的潜移默化的影响逐渐被固化为受援国的内部机制之后，一般能持续地发挥作用，使受援国的发展道路在制度、观念和方式上趋同于援助方，成为发展中国家逐渐接受国际标准和"融入国际社会"的保证。这种供给导向的援助并不总能产生良好的效果，因此出现了有关受援国的"所有权"和"自主权"的讨论。

在苏联和东欧国家基本上停止了对外援助以后，西方主要的援助方都倾向于将西方文明的发展历程看作唯一成功的经验，并且努力在发展中的受援国推广这些经验。这些努力并不总是成功的。自20世纪80年代以来，发展中受援国在援助方的影响下持续不断地进行宏观经济政策和制度环境的改革，但是这些措施并没有普遍地改善它们在国际经济秩序中的地位，特别是撒哈拉以南非洲国家在世界经济和国际贸易中的地位不断恶化，通过外援而对它们实施的政策干预往往由于没有充分考虑到当地情况，没有能够建立健康的市场秩序和有序的市场竞争，结果导致受援国国门洞开，跨国公司如入无人之境，并形成国际资本垄断的结果。①

在这种情况下，受援国的自主导向，它们对于发展项目的决定权、设计权和所有权就成为发展领域里一个至关重要的因素。发展中受援国争取"所有权"的斗争体现在援助和受援双方关于援助项目的谈判、决策和实施的过程中。在这个方面，中国提供了令世界瞩目的成功经验。

由于发展中国家在接受援助时对于援助方有反作用力，援助领域里的主

---

① Pronk, Jan P., "Aid as a Catalyst: A Rejoinder," in Pronk, Jan P. et al., *Catalysing Development? A Debate on Aid*, Blackwell, 2004, pp. 191–208.

导概念正在发生变化:从"发展援助"变成"发展合作"。这里体现了受援国在选择发展道路和方式方面的参与,[①] 而外援在发展方面的经验和作用也随之而丰富起来。

四 外援与国际发展的不平衡

援助方在全球范围内调动国际资本,扩大世界市场,为资本的快速增长提供了方便。国际社会外援活动的"辅助性原则"随着跨国企业的发展和社会力量的国际化而转换为"参与性原则",多种国际行为者的出现进一步削减了主权国家的影响力,但是国家作用的减弱未能带来国际社会的平衡发展,相反,贫富悬殊和数字鸿沟却日趋严重。要了解外援活动与这种国际现象之间的关系,需要从援助方和受援方两个角度进行考察。

从援助方的角度来看,问题的关键在于是否承认世界发展道路的多样性,是否能够从观念到策略都承认受援方的平等国际地位。二战之后的援助方,无论是多边机构还是双边援助国,都把发展援助的失败归咎于受援国政府的失败,而不从市场规则的无序和跨国企业的无度中去寻找原因。它们甚至忘记了,即使是在西方援助国内,二战以后能够同时运用"看不见的手"和"国家干预"来规范资本、规划发展的有效力量也是政府而不是社会,社会力量是通过影响政权才达到建立社会分配机制,参与发展规划的目的。削弱受援国政府,抨击"失败国家",进而资助反政府力量的种种作为,最终只是有助于资本的扩张,而不是社会的发展。如果外援的初衷不是根据发展中国家的自身特点去与受援方一道平等地设计并执行发展方案,即使援助方根据自身发展的规律,将外援资金投入基础教育和公共卫生等社会领域,也只是把援助国和受援国之间在经济和政治领域的不对等关系带入了社会领域,在经济和政治资本之外,使社会服务成为"社会资本",使得援助国对受援国的干预从经济和技术层面向社会和文化层面渗透,[②] 使世界的不平等和不均衡状态加重。

从受援方的角度来看,自主地选择发展道路,自主地制定发展规划,自

---

① 见 2006 年 11 月 24 日姚申洪访谈记录。
② Van Ufford, P. Q. , Giri, A. K. and Mosse, D. , "Interventions In Development," in Van Ufford, P. Q. and Giri, A. K. (ed.), *A Moral Critique of Development*, Routledge, 2003, pp. 3 – 35.

主地争取外来资源不是一件容易的事情，这里主要的原因是提供援助和接受援助双方力量对比的严重不对等。援助国将十分有限的国内资源用于极端贫困的国家，在那里转化为各种经济和政治力量。受援国出于不同的目的去争取这些对它们来说是数额可观的资源，甚至不惜为之付出一定的政治代价。由于力量对比的失衡，掌握了资源的援助国就获得了一种超越传统主权国家的政治力量或筹码，用以实现对于弱国的政策干预甚至政治干预和渗透。而且，这些干预或渗透往往是在受援国自愿的基础上发生的，因为它们急需资金、技术和设备等"硬件"，而同时缺乏抵制不良影响的"软件"。因此，外援活动跨越国界的渗透力实际上给资本提供了机遇，如果外援活动不能像其初始原则那样，尊重并加强可以约束、规范和利用资本的政府力量，国际发展不平衡的现象是不可能改变的。

五　外援作为全球治理的工具

外援的提供者是多元的，包括双边援助国、多边援助组织和非政府组织，在它们之间正在形成融资合作，构成国际性交流平台，并通过这些合作与交流，形成对于外援作用、投资方向和附加条件等一系列与发展援助相关的重大问题的讨论，形成规范各个援助提供者行为的国际舆论环境和国际援助体制。这个国际援助体制的存在，对于全球治理的方式和方向产生了巨大的影响。

1. 外援与全球秩序的改变

外援活动的发展与经济全球化的大潮几乎同步，是全球化进程中重要的跨国流通渠道之一。1994 年，斯科斯托·洛克塔斯（Sixto Roxas）在回顾作为主要多边援助机构之一的世界银行半个世纪的发展历程时承认，这个机构建立之初的"辅助性原则"其实暗含着一种深谋远虑的哲学理念，其核心概念是："决策应当在尽可能最低的层面上作出"。因为最低层面可以是社区的，可以是民族国家的，也可以是全球的，所以"辅助性原则"就包含了一种"在多样性组织中相互作用的方式"。[1] 在二战后初期，作为政府间的多边机构，布雷顿森林机构"辅助性原则"的对象当然是各国政府。但

---

[1]　Griesgraber and Gunter (eds.), "Introduction," in *Development: New Paradigms and Principles*, Pluto Press, 1996, p. xv.

是因为"辅助性原则"的初始理念并不忽视非国家的行为者（包括跨国企业和非政府组织），所以在二战后50年的发展过程中，随着跨国公司和非政府组织向国际层面的发展，世界银行和布雷顿森林机构理所当然地把它们作为全球行为者来对待，使之成为主权国家的挑战者。事实上，代表着国际资本力量的布雷顿森林机构自成立伊始就认为，"持续的经济发展和转型的核心动力"来自"新的一族经济人"，他们不是企业的所有者，却是巨型企业的领取薪水的管理者。① 多边和双边援助为这种企业家在全世界打开市场付出努力的同时，帮助造就了一个以市场为主导的，由主权国家、跨国公司、地区和国际组织，以及各类非政府组织构成的多层、多元、多行为者的新的全球秩序。

国际援助方为建立这个世界市场体系所付出的努力不胜枚举。它们通过提供类似结构调整贷款、技术援助以及各种各样的外援项目，鼓励受援国进行宏观经济政策调整和经济体制改革，不厌其烦地教授受援国的政府和企业如何习惯市场思维方式，掌握市场管理工具，建立市场监管体制，培养市场管理人才，甚至投资与市场经济配套的社会服务设施，使市场和跨国企业的引进不会引起社会的动荡。成熟的市场机制在西方经济的发展史上经历过无数的社会动荡，而通过外援投资建立的市场竞争机制与相应的社会服务配套设施却可能在短时间内以较小的社会震动完成经济和社会转型的"历史性替代"，进而进行市场经济的全球性建构，使跨国企业能够不利用"火炮加国旗"也可以进行无国界的建设。

随着新型企业家的成长和跨国巨型企业的出现，国际舞台就不再是主权国家独大的天下了。外援资金不仅为跨国企业打通了国界，也为各种各样的社会力量提供了国际舞台。无论是以发展为目的的官方发展援助，还是用于救灾的人道主义援助，受援的人群多是受援国的弱势群体，这些人或是处于受援国的不发达地区，或是处于社会底层。援助方调动了各级政府和非政府的组织资源，直接参与到对受援国的基层援助活动之中，通过项目执行，在基层社会传播援助方提出的计划、方案、观念和方法，在那里，通过与受援方的合作，形成了社会工作规则和人际网络，再通过援助方提供的国际网络

① Sixto K. Roxas, "Principles for Institutional Reform," in: Griesgraber and Gunter (eds.), *Development: New Paradigms and Principles*, Pluto Press, 1996, pp. 7 – 8.

资源，使那些地方经验能够传播到世界各地，让"全球性思维和地方性实践"（think globally and act locally）的口号响遍全球，也让各地社会基层的工作者成为国际性论坛和舆论的参与者。

2. 外援对于全球性挑战的回应

随着各种要素在全球范围内的流动，全球性问题也日益突出：空气污染、土地退化、瘟疫流行、毒品泛滥等都产生了跨国性的后果。经济全球化带来了全球性问题，也带来了实现全球治理的现实要求。但是，主权原则仍然是不可撼动的国际政治体系的基石，治理活动也大都局限在主权国家的疆域之内。随着跨越国界的需求的出现，外援资金的国际性流动和外援机构及人员的跨国工作就成了弥补现状和需求之间差距的一个重要工具。

从国际援助体制半个多世纪的实践来看，它不仅帮助了跨国企业的发展，也通过它在世界各地的网络关系，将局部的发展经验传播到更大的范围，并且通过对于资源的导向性利用，促成了对全球问题的共识，推动了全球范围内的合作。国际劳工组织1969年关于就业问题的报告曾引发了相关援助机构和援助方的一系列相关的研究，并导致了"世界就业大会"在1976年的召开和援助方对于创造就业和就业转型问题的关注；位于美国首都华盛顿的非政府组织"海外发展委员会"曾经在1979年提出了全面的人类基本需求指标，迫使整个外援世界的观念和方式，援助国与受援国之间的援助关系发生了变化；世界银行和联合国开发计划署联合对于中国"卫 VI"（碘缺乏症）项目的支持起源于世界卫生组织的一项研究结果；而艾滋病等全球公共卫生问题和环境保护也通过外援润滑剂的作用而成为全球共同承诺要解决的问题。"可持续发展""参与式管理""小额信贷"等新的概念和新的方式，也都是先在国际援助体制内进行试验，得到认同，而后风靡全世界的。

第三节　外援在中国

在当今世界上，提供外援的目的和方式，执行援助项目的结果，以及外援对于发展的影响，不仅取决于援助方和受援方的分别努力，更取决于援助方和受援方之间的关系结构。这种关系结构也并不是一成不变，而是在相互影响的过程中转化的。在现代外援活动半个多世纪的实践活动中，无论是援助方，还是受援方，都发生了重大的变化。在中国，这些变化表现得十分明显。

中国共产党的历代领导人对于国际援助都采取积极审慎的态度。毛泽东早就指出："不要国际援助也可以胜利"是一种错误的想法。① 在毛泽东看来，世界上的许多力量都是可以利用的，需要根据整个世界的力量对比和力量变化来确定中国的战略和策略，调动一切可以调动的力量。第二次世界大战结束伊始，面对世界形成两极格局，而中国积贫积弱的历史条件，以毛泽东为首的中央领导集体争取到了苏联的经济援助，在非常短的时间内，使中国恢复了发展，并且开始了社会主义工业化建设。中国实行改革开放政策以后，邓小平提出，应当主动吸收外国资金、外国技术甚至外国的管理经验，作为中国社会主义社会生产力的补充。② 中国政府据此而开始了接受西方援助的历史。目前，活跃在中国的援助方包括了国际多边援助机构、为数众多的经济合作与发展组织/发展援助委员会（OECD/DAC）援助国、大中小型基金会，以及规模和形式各异的非政府组织。

中国接受的多边援助来自四类多边援助机构：世界银行集团、联合国发展援助系统、地区性发展银行（主要是亚洲开发银行）及全球性基金体系。由于中国在多边援助机制中既是出资国，同时又是受益国，所以，从一开始就在援助资金的投向方面享有一定的主动权。中国接受双边援助来自日本、德国、欧盟、英国、瑞典等许多援助国和援助组织，它们在援助动机、宗旨、策略、方式和目标地区以及目标人群等方面存在着较大的差异，但是由于它们都是 OECD/DAC 的成员，其中有许多是欧盟的成员，因此，在它们之间存在着密切的交流和协调机制，这些又使得它们在方向、目的和方法上存在着雷同、趋同和合作。由于中国幅员辽阔，人口众多，可以容纳各类的援助方，同时中国在开始接受西方援助的时候就确立了"以我为主，为我所用"的原则，因此比其他受援国更加能够有意识地引导外援向有利于自己的方向发展，并通过渐进式的改革，形成有中国特色的发展模式。

中国接受外援可分为两个不同的历史阶段：20 世纪 50～60 年代，中国大规模地接受苏联的经济援助；1978 年实行"改革开放"政策以来，中国

---

① 毛泽东：《论人民民主专政》（1949 年 6 月 30 日），《毛泽东选集》（第 4 卷），人民出版社，1991，第 1473 页。
② 邓小平：《在武昌、深圳、珠海、上海等地的谈话要点》（1992 年 1 月 18 日～2 月 21 日），《邓小平文选》（第三卷），人民出版社，1993，第 370～383 页。

接受的援助主要来自由西方发达国家构成的 OECD/DAC 成员和由这些西方
国家主导的多边援助机构（联合国援助机构和世界银行等）。在这两个时期
里，中国根据不同的时代挑战，选择了不同的援助方，解决了不同的问题，
其中的经验是丰富的。

一 中国接受外援的两个不同的历史阶段

1. 来自苏联的援助

新中国诞生前夕，以美苏为首的东西方两大阵营之间出现了意识形态和
政治社会制度的尖锐对立。在当时的国际格局条件下，毛泽东和其他中共领
导人主动选择站在苏联一边，并且通过努力，争取到苏联大规模的经济援
助。苏联援助以低息贷款、援建重点项目、提供技术资料、派遣苏联专家、
培养中国专家和协助编制"五年计划"等多种方式支援中国建设，提升了
中国工业的整体水平，也为中国社会主义建设初级阶段带来了宝贵的资金、
技术、专家和经验，与此同时，为中国社会主义工业化和经济制度的雏形注
入了"苏式基因"，成为中国社会主义计划经济体制的一个源头。

苏联对华援助以中苏两国之间的友好同盟关系为基础，是典型的双边援
助。作为苏联对华外交的重要工具，苏联援助直接服务于中苏同盟关系，并
且因中苏同盟关系的破裂而终止。中苏同盟关系和苏联的国家性质共同决定
了苏联对华援助的内容和形式：在苏联对华援助中，军事援助占了很大的比
重，援助项目集中在现代化重工业领域，并且扩展到包括文艺和体育在内的
所有社会生活层面。在整个援助活动中，技术转让很少受到限制，技术转让
除了自然科学技术以外，还包括管理计划经济的理念和技术。

争取苏联援助是由中国方面主导的。新中国的发展目标是在落后的农业
和手工业经济基础上建设现代化的工业国家。为了实现这个发展目标，中国
需要引进包括资金、设备、知识和经验在内的外来援助。实践证明，中国当
时对于知识和经验等软件的需求并不亚于对于资金和设备等硬件的需求，虽
然硬件和软件相互作用和影响，但是更为长久的影响力来自软件的引进。

在争取苏联援助的过程中，中国一直占据着主导地位。苏联援华的工程
项目、机械设备和邀请的专家都是由中方提出清单，经过与苏方的磋商和谈
判确定的。苏联援华的顾问和专家融入了中国的管理体制，接受中方的领导
和管理。但是，方向的主导并不意味着方式的主导。在援助的过程中，由于

中方缺乏计划和管理现代化大工业的经验，所以从编制"五年计划"到调配生产、管理企业都采取了直接从苏联引进的策略。苏联的计划方式和管理方式被固化为中国的计划经济体制与机制。

因此，苏联援华项目对中国发展的历史性意义远远超出了外交政策的范畴。苏联对华援助的影响并没有随着援助的终止、专家的撤离而消失。伴随援建项目转移到中国的不仅是硬件设备，还有技术、观念、管理方法、行为方式，以及一整套计划管理体制。这些因素，连同苏联援华的重工业机械，在苏联停止援华后继续影响着中国的发展道路和发展模式，直到中国开始接受来自西方的援助，才从方法和体制上进行了又一次渐进的但是方向性的改革。

2. 来自西方的援助

1978 年中国实行的改革开放政策是一次对于发展道路和发展模式的重大选择，是"一场广泛、深刻的革命"。这次选择与革命的核心是"大幅度地提高生产力"，"实现四个现代化"。为此，中共中央要求"改变同生产力发展不适应的生产关系和上层建筑，改变一切不适应的管理方式、活动方式和思想方式"，① 改革的方向是建设"社会主义的市场经济"。②

在大方向确定了之后，方式就成为关键因素。建设社会主义市场经济是一项史无前例的事业，中外都无经验可以参照，因此中国就只能采取"摸着石头过河"的办法，在改革和发展的过程中不断总结经验、调整政策和策略，在发展生产力的同时，认识并发展生产关系，在推进经济基础发展的过程中，逐步完善上层建筑。为了能够完成这个历史性的转折，邓小平积极地寻求外来资源，并通过资源的获取，学习各国的先进观念、方法和机制。

早在 1974 年，邓小平复出不久，就在联合国大会上宣布："自力更生决不是'闭关自守'，拒绝外援。我们一向认为，各国在尊重国家主权、平等互利、互通有无的条件下，开展经济技术交流，取长补短，对于发展民族经济，是有利的和必要的。"③ 只是由于他再度被迫离开领导岗位，中国接受

① 《中国共产党第十一届中央委员会第三次全体会议公报》（1978 年 12 月 22 日通过），摘自人民网。
② 邓小平：《社会主义也可以搞市场经济》（1979 年 11 月 26 日），《邓小平文选》（第二卷），人民出版社，1994，第 236 页。
③ 邓小平联大发言见《新华月报》1974 年第 4 号，第 10～11 页。石林主编《当代中国的对外经济合作》，中国社会科学出版社，1989，第 497～498 页。

西方援助的日期才又推迟了5年。

　　1979年，中国正式与联合国开发计划署签订《合作基本协定》，接着又和世界粮食计划署签订协议，开始了迄今连续30余年的接受西方援助的历史。在这个过程中，不仅多边援助机构活跃在中国的各个领域，而且双边援助国纷至沓来，非政府援助组织也不甘示弱。根据中国方面的统计，1979～2006年，中国共接受多双边无偿援助63亿美元，实施了1000多个项目，[①]其中多边无偿援助额为11亿美元，[②]占总额的17.5%，双边无偿援助额为45亿美元，占总额的71.4%。对华提供无偿援助额最高的分别是日本、德国和欧盟。[③]根据OECD/DAC的最新统计，1979～2010年，中国接受的官方发展援助总额为518.66亿美元，是在同一时段接受和吸收官方发展援助最多的国家之一；1993～2000年，中国是世界上最大的受援国，超过埃及和印度等传统受援大国。1995年，中国接受各方面的援助总额达到峰值，成为世界最主要的国际援助试验场。此后，对华援助一路走低，与中国发展呈反向趋势：中国越发展，对华援助越少。[④]

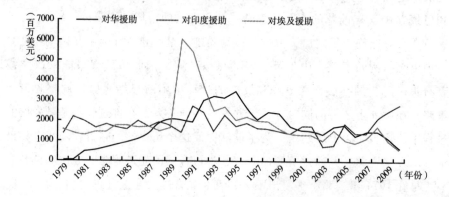

①　这组数据由商务部2004年12月7日在京召开的第五届捐助国协调会议正式发布。资料来源：人民网，2004年12月7日。

②　这里的多边援助机构仅包括联合国三大筹资机构：联合国开发计划署、联合国儿童基金会和联合国人口基金组织。双边援助包括澳大利亚、德国、荷兰、加拿大、挪威、欧盟、日本、瑞典、意大利、英国和比利时。联合国工发组织、国际粮农组织、世界粮食计划署等国际组织也对我国提供了相当数量的援助，但未包含在上述统计中。

③　商务部最新统计资料，德国为1983～2004年的援助总额，欧盟为1985～2005年的援助总额，2005年为部分援助额，日本为1981～2005年的援助总额，UNDP为1979～2004年的援助总额。

④　http：//stats. oecd. org/Index. aspx? datasetcode = TABLE2A#.

　　在中国这个试验场上亮相的外援项目经过了一个由硬变软、由东渐西、由国内及全球的发展过程。在发展的每个阶段，都可以看到援助方和受援方的相互作用。中国作为一个特殊的受援国，其最主要的特征就在于：这个外援试验场不是由援助方左右的。

　　所谓"由硬变软"是指在中国改革开放之初，外援主要集中在农业和工业生产领域，主要用于农业技术开发和工业基础设施建设。市场的扩大和生产的发展带来了一系列社会和环境问题，外援的投向随之逐渐转向可持续发展、环境保护、妇女发展和基础教育等领域。之后，援助项目开始介入市场管理和市场机制建设等领域，出现了大量的政策咨询项目。后来，中外双方又开始了立法和司法领域里的合作、人权领域里的对话和民主建设领域里的交流。目前，援助项目集中在两头，一头达到高层政策制定和制度建设领域，如司法合作、村民选举等；另一头维持在基层工作领域，如综合扶贫、环境保护等。还有就是开展在艾滋病防治、大气污染治理和防止跨国犯罪等领域里的跨国合作。

　　所谓"由东渐西"是指援助重点地区由东部省份向中西部地区转移。中国的"九五计划"提出："中西部地区，要积极适应发展市场经济的要求，加快改革开放步伐。"① 援助方迅速调整援华政策重点，将更多的项目投向中国中西部落后地区。目前，大约70%的外援资金用于中西部地区的开发。一些援助方明确划定了云南、甘肃、四川和西藏自治区为重点援助省区。②

　　所谓"由国内及全球"是指对华援助越来越关注全球性问题，鼓励艾滋病、大气污染、跨国犯罪等领域里的国际合作，支持中国目标人群和境外同行的交流与合作。例如，欧盟的对华援助项目要求中国人和欧洲人同时受益，福特基金会的有些援助项目要求中方受益者联络其他发展中国家的合作伙伴。与这种合作同时出现的还有援助方之间相互融资，共同支持一个跨国发展项目的现象。

　　中国选择了走社会主义市场经济体制的道路之后，经济快速发展，外汇

---

① 《中华人民共和国国民经济和社会发展"九五"计划和2010年远景目标纲要》（1996年3月17日第八届全国人民代表大会第四次会议批准）。

② 根据商务部2004年12月7日在京召开的第五届捐助国协调会上发布的数字。

储备不断增加，对华直接投资迅速增长，针对市场体制建设和生产发展的对华发展贷款随之下降，用于市场配套设施、弥补市场失灵、改革政府治理的无偿援助则逐年递增。在 1995 年出现首个高峰值后，最近几年又有大幅增加的态势。2000 年以来，对华无偿援助由升趋稳，渐入稳定期。近年来，中国年均接受的无偿援助金额稳定在 2 亿美元左右。基础教育、良好治理、环境保护、体制改革、性别平等、人权对话以及法制建设等成为援助方的资助重点。

二 外援在中国的作用：方向与方式的互动

中国接受的外援总额并不多，但是产生了巨大的效果，其中主要的原因在于中国作为受援国和各个援助方之间的特殊的关系结构，或者可以说是一种"作用互动"结构。在中国接受外援的过程中，有些时段是"方向决定方式"，有些时段则是"方式决定方向"。

前面已经提到，接受西方援助和吸取资本主义市场经济有用的经验，用于发展中国的生产力，这是邓小平的重要战略决策，要将这个重大战略决策落实在现实工作中，中国缺乏经验和知识。之所以要"摸着石头过河"，就是因为缺乏架桥的技术和材料。在接受苏联援助的时候，中国不仅通过接受苏联先进的设备，建设了自己的工业体系，而且通过学习如何制订"五年计划"，如何管理大工业，接受了一整套计划体制和适应计划体制的管理方式。在中国从农业和手工业经济向现代化工业经济发展的过程中，苏联援助起到了很大作用；后来，在中国将计划经济体制改变为有活力的社会主义市场经济体制的过程中，外援也起到了很大的作用。

改革开放初期，中国很少有了解西方市场经济的人才，更加缺乏懂得如何运用市场技术的专家。因此，西方援助方一进入中国，就开始投资于组织涉及金融、财政、收支等方面的专门人才的培训，填鸭式地灌输有关市场经济运作的知识和技能。由于西方经济学基础知识的匮乏，在 20 世纪 80 年代初举办的一次培训班上，中方办会人员竟然将"边际效用"（marginal）和"边际成本"（marginal cost）翻译成了"边角料的用途"和"零碎材料的成本"，将"收支平衡点"（break even point）翻译成了"破碎了摸平的一点"。①

---

① 彭运鹗：《知识胜于资本——我所认识的世界银行》，《当代金融家》2005 年第 12 期。

在传播基础知识的基础上，援助方开始帮助中国大批量地向西方发达国家派遣人员接受培训，让他们去实地考察市场经济在西方社会的运作。同时，援助方又利用自己丰富的知识储备和强大的国际网络，在计划经济影响力最薄弱的农村支持技术改造和市场发展，取得了实效。不少农业品种、耕作技术（如大棚、地膜等）直接来自援助方，农业生产效率为之提高。在城市里，援助方通过持续、大批量地培训各个领域里的专门人才，不仅使中国人接触市场经济的原理，而且掌握改变管理经济的手段。从可行性研究、招投标程序一直到财务监督、过程管理、意见反馈和成果推广，中国执行外援项目的过程就是逐一汲取援助方经验和方式的过程。新方法的引进提高了效率，扩大了购销的规模，缩短了购销周期，引入了国际竞争标准，突出了竞争原则，使资源运用合理化。

正像援助方所希望的那样，在华外援项目成功的"示范作用"不仅引入了"新的技术和管理方法"，而且"引入了政策改革"。① 中国在 1979 年以后大量地接受来自世界银行、联合国援助机构和双边援助国的政策咨询，把援助机构的领导人作为咨询专家来讨教，世界银行针对中国的第一份报告甚至成了"中国高官的入门读物"。② 世界银行也由于为中国的经济改革提供了大量的政策咨询而获得了"知识银行""经验银行"的称号。这些来自援助方的政策意见和市场知识运用于中国的经济改革，产生了政策变革的效果，例如，"企业住房与社会保障体制改革"项目帮助企业改变了企业办社会的状况，转变了政府职能，破除了部门和地区之间的"无形壁垒""福利屏障"，也解决了大大小小的"属地原则"问题，使统一国内市场进而发展全国性的劳动力市场成为可能。再如，外援资金调动了中国的财政转移从投资企业转向投资社会、扶贫和环保等领域，中国政府通过财政转移为外援项目配套的资金比例逐年增加，外援项目因而越来越"本土化""合作化"。

外援还带动了中国的机制改革。接受西方援助与接受苏联援助的一个差别是中国为了适应新型管理的需要而在各个机构成立了相对独立的"外资

---

① 世界银行业务评价局：《中国：国别援助评价报告》，中国财政经济出版社，2005，第 7 ~ 8 页。

② 《中国：国别援助评估报告》，世界银行业务评估局，2004，见 http://www. worldbank.org/oed。

办"或"项目办"。这些外资办和项目办以英文为工作语言，按援助方和受援方协议中规定的工作程序办事，直接使用外来的观念和方法，并且在受援国本土培育消化这些观念和方法的能力。这种嫁接产生的机制随着外援项目的建立而在中国各地各部门复制，不仅影响着人们的工作方式和行为方式，而且通过这些方式的转变而直接或间接地导致了"渐进的"体制转轨和体制创新。例如，外援项目逐级地在外援受益单位建立"项目办"，使其逐级向下延伸，与政府的行政管理形成平行机制，久而久之，原行政管理就受到项目办技术管理的影响，改变了财务管理和其他管理方法。在有些部门，这种"双轨制"成为新的管理方法和机制的先导。政府的计划管理机制随着市场的发展而逐步削减以至取消，中国的企业也因此摆脱了"多个婆婆"管理的局面而成为真正的市场力量。

通过外援资金引进的市场管理方式影响了国家改革目标的制定和体制改革的方向。在重新接受外援短短 5 年之后，中共中央于 1984 年认真总结了中国实行计划经济以来的利弊，提出"改革计划体制"，"自觉运用价值规律"，"发展社会主义商品经济"的思路，并且强调要"建立合理的价格体系，充分重视经济杠杆的作用"。① 此后，根据邓小平在许多场合的讲话精神，根据他关于"社会主义和市场经济不存在根本矛盾"，"把计划经济和市场经济结合起来，就更能解放生产力，加速经济发展"② 的提法，也根据历年来政界、学界和社会各界通过多种渠道获得的关于市场经济的知识，1993 年 11 月，党的十四届三中全会正式通过了《中共中央关于建立社会主义市场经济体制若干问题的决定》，决定大量地吸收资本主义市场经济的企业管理方法和社会分配机制，标志着中国从社会主义计划经济体制向社会主义市场经济体制的根本转变。

可以说，中国首先选择了走改革开放建设社会主义的道路，这个方向性的选择决定了中国对于外资和外援的引进，而外援在中国的活动和外援的方式为中国提供了解决具体问题的具体方案和方法，推动着中国社会主义市场经济的发展。

---

① 《中共中央关于经济体制改革的决定》（中国共产党第十二届中央委员会第三次全体会议 1984 年 10 月 20 日通过），摘自人民网。

② 邓小平：《社会主义和市场经济不存在根本矛盾》（1985 年 10 月 23 日），《邓小平文选》（第三卷），人民出版社，1993，第 148～149 页。

三 外援在中国的国际意义

外援在中国的实践是否具有国际意义？回答这个问题需要从以下三个方面来考察：①从中国的实践中是否可以看到世界发展的脉络？②中国是否借助外援走出了自己独特的发展道路？③中国的发展道路是否证明并丰富了世界文明的多样性原则？

1. 从外援在中国的实践可以透视时代的变迁

外援在新中国半个多世纪的实践经历了两次大的时代变迁：社会主义阵营的建立和世界市场的形成。中国对于苏联援助的吸收和使用，在战略上巩固和扩大了社会主义阵营，在体制和机制上探索了社会主义计划经济方式，在长达近30年的时间里，中国以其对于发展模式的选择，一方面奠定了国家工业经济力量的基础，一方面在客观上限制了市场经济在全球的扩张。

更加值得总结的是中国改革开放以来对于西方援助的吸收和利用。西方援助不仅为中国带来了西方发展的经验，也带来了西方的资源和利用资源的方式，并且借助这些力量使中国进入了快速发展的经济全球化轨道。当然，这个过程尚未结束。就像2006年5月世界银行的《2006～2010年国别援助政策》明确提出的那样，援助方要通过"促进中国经济与世界经济的融合"，进一步"深化中国对多边经济机构的参与，降低对内和对外贸易和投资壁垒"，最终使中国成为没有边界的世界市场的一部分。①

从中国的角度来看，中国抓住了外援带来的接触巨大资源和广阔市场的机会。来自世界市场的源源不断的资金、技术、设备、订单带动着中国经济以令人难以置信的速度发展起来。市场力量摇撼着中国国内的体制：从思维方式到社会服务，都开始树立起"市场化"的标准。不仅工业和农业生产采用市场化管理，而且在扶贫和环保工作中也引入了市场竞争、市场信息和市场服务，甚至文艺、体育，乃至教育和卫生等行业都引入了市场机制。市场冲破了区域、部门、行业的壁垒，重新塑造着中国的社会生活。虽然这种重新塑造的利与弊还有待进一步考察，但是，重新塑造已经开始，这是一个不争而且难以逆转的事实。

中国不仅从世界市场获取资金和技术，而且向世界市场提供了大量物美

---

① http：//www. worldbank. org. cn/chinese/content/overview_ cas_ 03_ htm，2006年11月8日。

价廉的商品，吸引着世界"500强"纷纷在中国落户，在中国找寻资产增值的机会。外援帮助了中国的发展，同时加强了世界市场的力量。外援在中国的实践正是市场力量在全世界扩张的时代写照，也是以单一市场为基础的各种世界力量快速发展的时代写照。

2. 中国借助外援走上了一条"渐进型"的独特发展道路

中国的发展令人目眩，也令世界震动。中国为什么会这样快速，而又相对平稳地发展起来？来自世界各地的专家学者有着不同的解读。据美国经济学家莱斯特·瑟罗的观察，中国的快速发展曾经触动了俄国人最敏感的神经。这个曾经仰赖苏联援助的贫穷国家是否因为选择了非社会主义道路才发展起来？如果是，俄国人也想尝试一下。[①] 他们放弃了社会主义，选择了"休克式"变革，结果却没有看到预期的增长。

中国选择了"渐进型"改革，在社会主义制度条件下，从引进外援项目开始，学习市场知识、引进市场导向的经营方式，带动相关公共产品和公共服务的市场化发展，影响着政府职能一步步地从计划式管理向市场化管理的方向改革。在接受外援的整个过程中，中国政府是唯一最有效的中介。无论是主管援助贷款项目的财政部门，还是主管赠款项目的商务部门，都以邓小平提出的"以我为主、为我所用"的方针，根据中国改革发展过程中出现的资金短缺、知识短缺、技术短缺、人才短缺和观念、体制陈旧等问题，引导援助方在上述各个领域里进行投入，使外援能够直接地为中国的发展战略服务，从而保证了外援在中国服务于中国改革和建设的大政方针。即使随着中国社会的发展，不少援助方开始绕过主管部门，直接辅助中国的基层建设和社会发展，但是在援助的总方向上，外援活动也必然受到中国政府历次"五年计划"的引导和制约。

与援助方谈判援助项目的过程既是利益相互砥砺的过程，也是思想相互沟通、观念相互影响和人员相互学习的过程。在接受外援初期，中国方面对于改革发展的需求认定并不总是和援助方相一致，谈判桌上的唇枪舌剑和签约仪式上的觥筹交错是过去只有在争城夺地的外交谈判中才可能看到的场面，现在也出现在关于接受外援的谈判中。中国的相关部门开始在许多领域里直接面对来自援助方的谈判代表，通过他们对于自己国家和对援助方利益

---

① 根据莱斯特·瑟罗 2001 年访华时的一个晚餐会谈话。

的理解，在各个具体的发展领域里，引导援助方提供中国改革和发展需要的物质和精神财富，同时消除援助方带来的消极影响。

1979 年以后的外援项目并不都是加强政府权力的，但即使是在政府改革领域里的外援项目，也往往是由中国政府提出来的，是为了转变政府的职能，改善政府的能力而设立的。例如，援助方引进了通过"参与式"方法进行扶贫工作的经验，导致了以社区为主导的自主发展，政府从社区扶贫工作的决策者和经营者变成了服务提供者。再如，中央组织部的干部培训项目引进了现代公务员概念，导致了政府内部的分权和独立于政党的人事部门的建立，对于中国政府的职能转变和现代化的国家建设起到了重要的作用。中国引进的以改革观念和改革体制为目的的一些外援项目恰恰是中国用来进行"社会主义制度的自我完善"①的工具。改革和引进的目的不是要进行全盘的自我否定，而是在"强有力的""社会主义的国家机器"②的保障下，进行制度的自我完善。改革和引进始终坚持"以我为主"，引进的先进技术、先进方式和先进机制首先用于"促进生产力的发展"，进而促进"经济生活、社会生活、工作方式和精神状态的一系列深刻变化"，③并逐步替换了过时的旧观念和旧体制，使中国政府在改造自我的同时改造外部世界，这就是中国"渐进型"发展模式能够成功的关键。

总而言之，相对于中国的规模和幅员来说，各类援助方所能够提供的援助是十分有限的，外援的总金额也是微不足道的。因此，没有任何一个援助方能够利用外援施加的压力来左右中国的发展道路和政策。同时，由于利用外援的动力来源于中国自身的改革和建设要求，因此中国能够比较有效地引导外援活动，利用援助方在知识、经验和其他方面的优势，将内在动力与外来资源有机地结合在一起，走出了一条渐进式的发展道路。

3. 中国的发展模式是人类文明发展多样性的财富

外援在中国已经取得了成功，它在帮助中国解决世界上 1/5 人口的温饱

---

① 邓小平：《在中国共产党全国代表大会上的讲话》（1985 年 9 月 23 日），《邓小平文选》（第三卷），人民出版社，1993，第 142 页。

② 邓小平：《改革是中国发展生产力的必由之路》（1985 年 8 月 28 日），《邓小平文选》（第三卷），人民出版社，1993，第 139 页。

③ 邓小平：《在中国共产党全国代表大会上的讲话》（1985 年 9 月 23 日），《邓小平文选》（第三卷），人民出版社，1993，第 142 页。

问题上发挥了作用。它也作用于维持一个幅员辽阔的大国的稳定方面，并且协助中国与外界开展合作，共同解决全球性问题。但它是否具有深层的世界意义？如果有，意义何在？

经过外援渠道流入中国的资金数量虽然远不能与外资相比，但是其影响力超越了经济领域，涉及经济以外的社会和政策领域，影响了中国的经济技术标准、经济管理方式乃至思维方式、政策取向和制度建设。因此，可以说，外援作为一种国与国之间的财政转移，是援助国向受援国施加影响的一种"温和的"方式，同时也是受援国利用援助国资源的一种"沉默的"方式。

中国的发展为世界提供了主动利用外援的成功范例，中国经过外援的渠道影响世界的方式首先是知识上的，外援在中国建立起的是一种双向的"学习过程"。中国接受援助的过程一方面是中国了解国际规则、融入国际体制的过程，另一方面也是国际社会了解中国的发展规律和发展进程的过程。中国这个世界上最大的发展中国家，由于成功地实现了发展目标，为"发展"这个概念的规律性认识增添了不少新的内容，对于其他第三世界的发展，以及国际上关于"发展"的认知作出了贡献。因此，中国的发展经验丰富了世界发展多样性的内涵。世界银行多次总结中国发展的独特经验，并且在国际上加以传播，有些经验被用于其他国家，成为人类文明的财富。

从外援在中国的实践中既可以看到中国发展模式的独特性，也可以看到中国发展与世界其他文明发展之间的共通性。从共性的角度看，发展生产力是一个关键。就像邓小平多次指出的，任何社会制度，如果不能有效地解放和发展生产力，就会丧失自身的优越性和合理性。中国接受的外来援助作用于发展生产力：苏联援助通过对基础工业设施的投资和对大生产的组织提高了中国的生产力水平，西方援助则通过资金的投入，带动市场的建设，促进了中国的改革事业，使中国巨大的生产能力释放出来。因此，中国发展模式为人类提供了一个优先发展生产力的共识。

中国消化吸收西方发展经验，结合自己的国情，走出的发展道路对于援助方的援助政策和措施产生了反作用力。当援助方对上层建筑领域里的投入趋之若鹜时，中国政府提出，发展基础设施、解决经济发展中的瓶颈问题，仍是促进经济增长的关键，也是推动减贫的重要手段。在中国、印度等发展中国家的推动下，世界银行等援助方从 2004 年开始重新肯定加强基础设施建设对于扶贫的作用，并强化了对这些领域的支持力度。再比如，当国际援助体制在美国的引导下讨论"失败国家"导致发展援助失败的问题时，中国则在 2005 年世界银行/国际货币基金组织年会的论坛上提出，受援国的政府能力建设和自主发展能力培育是保证国家长久稳定发展的关键，应当得到特别支持。中国的意见得到许多参会代表的支持，重视"国家能力建设"（building state capacity）也因此而被写进了会议公报，并影响了世界外援的走向。

外援通过多种渠道将中国和国际社会相连接，在世界上形成了各种新的力量组合。作为受援国，中国与援助方就发展问题进行了前所未有的深层合作。中国的发展经验使得中国和援助方之间的关系组合发生了关键性的变化，从接受发展援助变为进行发展合作。作为发展中大国，中国不但为广大发展中国家提供了可资借鉴的经验，而且这些经验由于加入了发展中受援国自身的因素而对其他发展中国家更具参考价值，并可能使中国在发展问题上与其他发展中国家形成更紧密的合作关系。总而言之，外援改变了中国，外援也改变着世界。

第一章

对外援助的构成与实践

第一节　外援的构成与嬗变

对外援助（简称"外援"）的构成是多样的，包括数额众多的由中央政府提供的官方发展援助（提供给发展中国家）和官方援助（提供给非发展中国家）、由次政府（地方政府和政府专业部门）提供的援助，以及非政府组织实施的非官方援助。除了经济合作与发展组织/发展援助委员会尝试对官方发展援助和官方援助进行比较系统的统计以外，其他类型的援助资金来源多种多样，有些时候，半官方、地方政府和非政府组织进行的援助活动使用的是官方发展援助资金，有时候又辅之以自筹资金。所以，跟踪统计和调研有很大的难度。尽管如此，我们还是能够从第二次世界大战以来的国际关系中观察到外援越来越重要的作用，看到它在国与国之间，尤其是发达国家与发展中国家之间铺设的联系渠道和联系网络。包括资金、设备、技术、观念和制度等在内的要素通过外援活动在援助国和受援国之间流动。国际环境的变化直接决定着外援活动的主题、形式、渠道和外援体制的演变，因而，外援成了我们观察和理解国际关系的一个重要窗口，观察外援活动可以帮助我们更好地理解我们所生活的这个世界的种种变化，并理解这些变化的内涵与表现形式。

在二战后对外援助活动的初期，外援就已经包含了日后贯穿于外援发展史的双重动机：利他动机——包括各类人道主义援助和以促进受援国经济和社会发展为目的的援助；利己动机——服务于援助国自身的国家利益。除了基本不公开的军事援助以外，在不同的历史时期和不同的国际环境中，外援（这里主要指发展援助）的具体目标不断地变化着，出现了一些非常具有时代特征的援助项目或发展主题，按照这些主题可以将对外援助划分为不同的阶段。①

20 世纪 60 年代，特别是古巴导弹危机之后，东西方之间出现了相当一段时间的战略对峙和制度竞赛。在这个战略稳定期中，苏联已经停止了对华援助，西欧国家在经济恢复之后成为 OECD/DAC 的重要成员，开始关注世界发展问题，特别是向前殖民地国家提供发展援助，并同时活跃在联合国援助机构等多边舞台上。由于各个国家都在关注自身的经济恢复与增长，经济发展和生产能力的提高自然也成为世界发展的主题，各类经济指标则成为衡量发展程度的主要依据。当时的人们普遍相信，经济繁荣是解决贫困问题、促进发展的唯一途径，只有将蛋糕做大，穷人或穷国才有可能从中受益，因而官方发展援助资金就作为私人资本的替代或补充，流向了广大不发达地区。

1973 年开始的石油危机给资本主义世界能够持续发展的乐观情绪蒙上了阴影，西方世界开始反省其发展理论，继而出现了以"人类基本需求"为主导的外援理念。凯恩斯国家干预主义理论被用于外援领域，使"保证最贫困人口的基本生活"成为外援的重要目标，各种社会发展指标也开始用于评价发展，对外援资金的使用产生了重大影响。

到了 80 年代，随着"里根主义"和"撒切尔主义"对西方资本主义制度的改革和对市场作用的强调，通过外援改善制度环境又成为外援组织的关注焦点，外援作为自由资本主义制度扩张的政策工具的作用越发明显。在整个 80 年代，推动受援国向市场经济制度的转型成为许多援助项目的首要目标，构成外援领域里"经济附加条件"的重要内容。

90 年代苏东剧变之后，外援作为战略工具的地位下降，很多援助方开始削减外援预算，但是与此同时，由于东方阵营的一些国家选择了资本主义道路，外援中用于"转型国家"的预算激增，大部分用于实现民主、人权、

---

① 周弘：《对外援助与现代国际关系》，《欧洲》2002 年第 3 期，第 1～11 页；Browne, Stephen, *Foreign Aid in Practice*, Pinter Reference, 1990, pp. 3-42；以及 Robb, Caroline, "Changing power relations in the history of aid," in Groves, L. & Hinton, R. （ed.）, *Inclusive Aid*, Earthscan, 2004, pp. 21-41。

良治等政策目标的实现。这些外援实践被广泛地用于对其他国家援助，形成了后冷战时期外援领域里的"政治附加条件"。

冷战结束后的国际环境出现了大量令人难以预料的新情况。在经济全球化的冲击之下，从极端贫困衍生出来的各种非传统安全问题直接关系到援助国自身的安全与稳定，减贫因而再度成为全球发展援助日程中的首要议题。

从发展援助的嬗变过程中可以看出，主要援助方一方面在变化着的外部环境中不断重新定义自己的利益和核心战略目标，另一方面它们不断根据受援国的情况寻找最有效的援助方式，以便更好地发挥影响。

第二节　外援的种类

流向国外的援助有许多种类和用途：有人道主义援助，也有军事援助，有官方发展援助和官方援助，也有来自私人基金会、企业、政党等半官方、非官方的援助。在所有的对外援助中，官方发展援助的规模最大，其战略意图虽不及军事援助那样直接明了，但是涉及面之大，影响之深远，是其他类型的援助所不能比拟的。中国作为一个发展中国家，从西方发达国家和国际组织获得了大量的官方发展援助以及用于发展目的的其他官方援助。

一　官方发展援助[①]

官方发展援助（Official Development Aid，ODA）是一种特殊性质的资金来源，目前国际通用的"官方发展援助"的概念源自经济合作与发展组织/发展援助委员会的定义。根据这个定义，官方发展援助必须满足三个基本条件：第一，援助资金出自援助国政府的财政预算并由援助国的政府机构执行；第二，援助服务于促进受援国经济社会发展和增进人民福祉的目标；第三，援款要比国际资本市场上的融资条件更加优惠，应该包括 25% 以上的赠与成分，近年来，不少援助方纷纷自动调高了援款的赠与成分，使其成为更强有力的杠杆。

上述定义尽管勾勒出了官方发展援助的一般轮廓，但是仍然有些地方需

---

① Browne, Stephen, *Foreign Aid in Practice*, Pinter Reference, 1990, pp. 61 – 64；以及 Cassen, Robert et al.（eds.），*Does Aid Work*? Clarendon Press, pp. 2 – 3。

要澄清。首先，援助的接受者应该是独立的主权国家，宗主国向殖民地提供的资金援助不应该计算在内。以法国为例，在 OECD/DAC 的统计中，法国向其海外省和海外领地提供的资金是单独计算的。其次，由于官方发展援助以发展为目标，所以应当排除用于其他目的的政府间财政转移，如紧急人道主义援助、军事援助、价格补贴等。[①] 同时，由于 OECD/DAC 规定了官方发展援助应该具有减让性质，没有达到减让标准的政府贷款也未计算在内。最后，一些源自援助国政府财政的援助资金是通过非政府组织的渠道流入受援国的，尽管这些援款不是由援助国的政府机构或国际援助机构来执行的，却仍然计算在官方发展援助之中。但是，这些非政府组织从其他私人渠道筹集的资金就不再算作官方发展援助了。

需要注意的是，OECD/DAC 统计出来的官方发展援助并不是全额流向了受援国。在承诺的外援款项和实际拨付的外援款项之间一直存在着差异，根据援助形式的不同，有时差异十分显著。此外，任何种类的援助都包括一定比例的管理费用，用于支付外援项目的管理费用和外援机构的日常开支。在 OECD/DAC 内部，管理费用一般占到总援助金额的 3%~5%，在国际开发协会[②]发放的软贷款中占到 6% 左右。在一些以提供技术援助为主的国际组织中，管理费用可以高达援助项目总额的 20%。[③]

二　其他政府间援助

除了官方发展援助之外，跨国支付的援款还包括了人道主义援助（humanitarian assistance）[④]、其他官方资金流动（other official flows，OOF）[⑤]等形式。人道主义援助用于救助在天灾人祸中受难的一般平民，主要用途是维持难民的基本生活需求。其他官方资金流动包括：

• 基本服务于商业目的的赠款；

---

① 在紧急人道主义援助与发展援助之间并没有明确的界限，但是援助国一般将两者区别对待，在预算中会预留一些款项以备不时之需。在发生大规模人道主义灾难时，援助国也会召开紧急会议在国际范围内临时筹集资金。价格补贴是一种比较隐蔽的资金转移方式，例如苏联或沙特阿拉伯以低于国际市场的价格将原油卖给一些发展中国家，这就是价格补贴。

② 世界银行的一个分支，负责发放条件优惠的软贷款，目前规模正在缩小。

③ Browne, Stephen, *Foreign Aid in Practice*, Pinter Reference, 1990, p. 64.

④ Browne, Stephen, *Foreign Aid in Practice*, Pinter Reference, 1990, p. 90.

⑤ Browne, Stephen, *Foreign Aid in Practice*, Pinter Reference, 1990, p. 91.

- 用于发展目的的政府间转移支付，但是赠与成分低于 25% 的标准；
- 出口补贴和其他具有鼓励出口性质的官方转移支付；
- 多边开发银行发行的由援助国政府提供担保的债券；
- 以赠款形式出现的提供给私人部门的财政补贴；
- 支持私人部门投资的基金。

三 非政府援助

非政府援助主要分为私人援助（private aid）[①] 和基金会捐赠两大类。私人援助来自私人，通过非政府渠道流入受援国，并由非政府组织负责执行。私人援助往往用于慈善事业，受时代的影响，这些慈善事业往往与促进受援国的经济和社会发展为目的，并带有人道主义色彩。在 20 世纪 80 年代末，私人援助占到所有 OECD/DAC 成员提供的官方发展援助总和的 7% ~ 8%。私人援助不仅是最古老的一种援助形式，并且近年来由于一些新技术领域里的新巨富对慈善和发展事业一掷千金，因此一直呈上升之势。

私人援助往往通过基金会来实现。各个基金会公布的宗旨大都是促进公益性事业的发展，但在不少西方发达国家，基金会的管理主要是市场取向的，也就是说，基金会的登记注册参照商业企业，比商业企业更加优惠，例如慈善性的基金会享受免税等待遇。它们的资金来源除了自有资产、私人捐赠以外，还可以从官方渠道中获得。长期以来，世界著名的大基金会与多双边援助方合作融资，使得基金会的能力和影响力不断增长。

第三节 对外援助的形式与渠道

一 赠款和贷款：不同优惠条件的援助资金

如前所述，官方发展援助应该包括 25% 以上的赠与成分。在援助实践中，不同的援助项目提供的优惠条件是不同的。100% 的赠与资金是赠款，其余的援助则是优惠条件不等的软贷款。如何计算软贷款的优惠条件？由于贷款资金的实际价值（real value）逐年递减，如果到贷款偿清之时，受援

[①] Browne, Stephen, *Foreign Aid in Practice*, Pinter Reference, 1990, pp. 82 – 84.

国偿还的本金和利率的实际价值相加不超过贷款支付时的实际价值，那么，这项贷款就含有赠与成分，赠与部分的数额就是两者之间的差额。按贷款自支付日期每年实际价值减少10%的比率计算，利率低于10%的贷款即含有赠与成分，贷款期越长、利率越低，赠与成分越大，利率5%、期限15年的贷款基本上包含了25%的赠与成分。[1]

赠款和贷款在不同的援助国和援助机构提供的援助中占有不同的比例。在OECD/DAC的主要双边援助国中，有些国家的官方发展援助100%都是赠款。[2] 在主要的国际援助机构中，世界银行和各地区开发银行的贷款资金中，有相当大的一部分是从国际金融市场上筹集来的，所以一般优惠成分比较少，以世界银行集团为例，国际复兴开发银行的贷款多数达不到含25%赠与成分的标准，所以在OECD/DAC中被列为其他官方（资金）流动（OOF），而联合国系统下的主要援助机构则以提供赠款为主。

二 主要的援助国和受援国以及援助流动的主要渠道

在简要介绍了官方发展援助的概念之后，接下来要讨论的问题是：谁提供援助？谁接受援助？援助是通过哪些渠道流动的？

1. 主要援助国和受援国

二战结束以来，向外提供过援助的国家可以分为三类：主要发达资本主义国家、OPEC中的海湾阿拉伯国家，以及苏联、东欧等社会主义国家。

二战后首先提供对外援助的是西方发达国家，它们对全球外援活动和外援体制的发展产生了重大的影响。美国的《马歇尔计划》无疑是目前官方发展援助的鼻祖，英国和法国这两个殖民大国也是最早向外（主要是其前殖民地）提供外援的国家。1960年，由于更多的西方国家介入到外援活动中，为了更好地协调援助国之间的外援政策，原本为执行《马歇尔计划》

---

① Browne, Stephen, *Foreign Aid in Practice*, Pinter Reference, 1990, pp. 84 – 88.

② 根据 OECD/DAC 2005 年的统计，到 2003 年为止，DAC 成员国除日本和希腊之外，其他所有国家的官方发展援助的赠与部分都在 92% 以上，澳大利亚、奥地利、加拿大、丹麦、芬兰、爱尔兰、卢森堡、荷兰、新西兰、挪威、葡萄牙、瑞士和英国的官方发展援助的赠与部分为 100%，即这些国家的官方发展援助完全是赠款。见 OECD, *Peer Review of Germany*, 2006, p. 81。

而成立的欧洲经济合作组织（Organization for European Economic Cooperation，OEEC）改组成为经济合作与发展组织（OECD），并在其中设立了由主要援助国组成的"发展援助集团"（Development Assistance Group，DAG），并随后在1961年更名为"发展援助委员会"（DAC），[①] 成为协调和影响外援活动的重要机构。

OPEC中的海湾国家虽然不是OECD/DAC成员，但是它们与发展援助委员会之间存在着一些协调渠道，间接受DAC政策的影响。社会主义阵营的援助活动独立于OECD/DAC，其援助活动不受DAC的影响，援助的条件和执行方式也与西方国家大相径庭。苏联解体后，大量的中东欧和独联体国家由援助国变为了受援国，OECD/DAC又按照人均收入的标准将这些国家分为低收入国家、中低收入国家和中高收入国家，逐年审议它们接受外援的情况，从而主导了整个世界的国际援助活动，同时主导了援助领域的理念和规范。

地处亚非拉的广大发展中国家既是OECD/DAC的援助对象，又是社会主义阵营的援助对象。苏东剧变以后，中东欧和独联体国家开始接受来自西方的援助，反映了国际格局和世界力量的巨变。

新中国成立之后曾经接受了大量的苏联援助，同时向亚非拉发展中国家提供援助。在改革开放之后，中国开始接受来自西方发达国家的官方发展援助，目前，中国既接受外来的官方发展援助，也向外提供援助，是一个比较特殊的受援国。

2. 外援流动的官方渠道：双边与多边援助

尽管官方发展援助的资金来源是援助国政府的财政预算，援款却不一定通过官方渠道流动，援助资金流动的渠道是多重的，主要有三种：双边渠道、多边渠道和私人渠道。前两者又可归为官方渠道，第三个则明显的是非官方渠道。

在双边援助中，援助国的政府机构既是援助项目的出资者，也是项目的执行者。自经合组织发展援助委员会成立之后，主要援助国先后成立了

---

① 经合组织发展援助委员会的创始成员国及机构为：比利时、加拿大、法国、德意志联邦共和国（西德）、意大利、日本、葡萄牙、美国、英国和欧洲经济共同体。目前成员国际上述创始成员外，还有澳大利亚、奥地利、丹麦、芬兰、希腊、爱尔兰、卢森堡、荷兰、挪威、瑞典、瑞士等。

专门负责发展援助事务的政府部门，[①] 并依照各自国内相关的法律制定援助政策，与受援国就援助事宜进行协商，并负责援助项目的执行和管理。一般来说，双边援助的首要目的是服务于援助国的整体对外政策目标，给援的动机是具体的政治、经济和战略利益，并受到援助国国内政策和舆论的影响。因而，双边援助活动并不总是能够对受援国的发展需求作出回应。

多边援助是通过主要的多边援助机构提供的发展资金。最大的多边援助机构是世界银行里的国际开发协会（IDA），1988 年，全球有 44% 的多边援助是通过 IDA 发放的。其次则是联合国系统中的各个援助机构，主要有联合国开发计划署、联合国人口基金、联合国儿童基金会和世界粮食计划署。此外，在联合国系统中还有一些执行具体项目的专门机构，如世界卫生组织、粮农组织、联合国教科文组织等，主要是提供技术援助。[②] 在这两大系统之外，还有按照世界银行的模式、在地区层次上组建的地区开发银行，主要有亚洲开发银行、非洲开发银行和泛美开发银行等。冷战结束后，由于全球问题日益突出，出现了一些针对全球性问题的半官方的基金会，如全球基金、全球环境基金等。这些机构的援助也具有多边援助的性质。

多边援助机构所扮演的角色不仅仅是资金的提供者，它们还承担了其他重要的职能，包括进行大范围的经济分析和咨询、出版相关的研究报告、进行援助统计和趋势分析、确定援助活动的主题和重点领域、对援助活动进行评估，以及在主要援助国之间进行政策协调等。

多边援助机构独立于援助国政府，拥有自己的决策程序和管理体系，也更多地吸纳了受援国的参与，较少地受援助国私利的左右。但是美国在多边机构的建立过程中起到了关键的作用，在世界银行和国际货币基金组织中享有最高的投票权数（在世界银行中是唯一一个可以"一票否决"的国家），并且继续利用有些多边机构（如世界银行和联合国开发计划署）位于美国本土的地理和人文优势，对多边援助机构施加影响。由

---

① 主要援助国援助机构和援助政策制定程序的详细情况见周弘主编《对外援助与国际关系》，中国社会科学出版社，2001。

② 这四个机构是联合国系统中的主要筹资机构（funding institutions），以向外提供援助资金为主。而各专门机构则主要提供项目执行所需的技术，被称为专门机构（specialized agencies）。

于多边机构的制度框架往往限制美国的单边行为，美国带头拖欠给多边机构的捐助，结果导致多边援助规模在冷战结束后大幅度下降，在20世纪90年代中期，联合国开发计划署曾经因此而面临严重的财政危机。但是，由于全球性的传统安全和非传统安全问题日益突出，人们才重新发现多边机构所具有的知识和经验储备，以及它们相对中立的角色，对于应对全球性挑战具有不可替代的作用。

3. 外援流动的非官方渠道：非政府组织、私人企业（非营利机构）

除了上述的官方渠道之外，大量的官方发展援助是通过非官方的渠道流向受援国的。以美国为例，美国负责对外援助的美国国际开发署吸纳了大量的非政府组织参与援助活动，援助项目多以招标的方式由私人企业（非营利机构）和非政府组织执行。[①]

目前，鼓励非政府部门参与援助活动是国际潮流。这有三个方面的原因：首先，西方援助机构认为，援款的滥用往往源自政府的腐败和管理不善，只有使更多的利益相关者参与到发展援助活动中来，才有可能使整个社会得到全面发展；[②] 其次，作为国家干预行为的一部分，发达国家外援政策的实质是通过外援工具，按照自己的方式改变世界，使发展中国家的发展融入以西方制度为主的世界体系，而西方发展的经验中很重要的一条就是"决策的分散化"和公民社会的参与；最后，西方发展援助机构认为，非政府组织有专业的知识和技能，并有在受援国长期实地工作的经验积累，它们更了解受援国的需要，比政府部门更容易接近基层，而且更有能力对当地的发展需求作出快速的反应。此外，非政府部门还可以提供额外的筹资渠道，补充官方发展援助的不足。

4. 参与援助活动的主要角色及其关系状况

多重的援助渠道意味着多重角色。援助关系不是仅仅在援助国和受援国的政府之间进行单线联系，而是一个复杂的关系网络。其中包括下列角色：提供双边援助的援助国、各类多边援助机构、受援国的各级政府（中央政府、部门和地方政府）、包括国际非政府组织和受援国内的非政府组织在内的各

---

① 周弘：《美国：作为战略工具的对外援助》，周弘主编《对外援助与国际关系》，中国社会科学出版社，2001，第161~213页。

② OECD/DAC, *Shaping the 21ˢᵗ Century: the Contribution of Development Co-operation*, Paris, 1996.

类援助执行机构以及受益人群。[①] 这些不同的角色受到其所处的社会和文化背景的影响，把不同的价值观念、不同的行为规范和组织结构、不同的管理模式以及不同的利益取向带到了援助活动之中，观念的互动、制度的磨合和行为方式的相互影响渗透到了援助活动的各个环节之中，因而，外援客观上保证了援助国与受援国之间各个层次的交流，并是拓展和加深国与国、民与民之间关系的重要渠道。

同时，以援助为载体的交流反映了援助国和受援国之间不对等的权力关系，这是理解外援的一个重要因素。[②] 在外援活动中，有关"所有权"的讨论贯穿始终，因为在强有力的受援国政府的约束之下，援助国机构在与受援国的政策对话之中就只能采取比较低的姿态。从这个意义上说，所有权问题的实质是"谁主导受援国的发展"以及"谁决定援助活动的内容和形式"。[③]

如果撇开其他形式的外援而主要聚焦于官方发展援助，那么我们可以看到，在 20 世纪 60 年代以前，发展援助是以受援国为主导的，而且在很多情况下是以受援国的中央政府为主导。这是因为在当时的国际体系中，主权国家是主要的行为者；主权国家，特别是新获得独立的发展中国家在两极格局的世界秩序中是被争夺的对象；这些新独立的国家恰恰急需外来资金用于国家建设。在这种历史背景下，人们普遍认为受援国的政府机构有基本的能力和意愿解决发展问题，援助活动只是提供了额外的资金、技术和专业人员，从而增强了这些机构的能力和效率。因此，提供财政援助是当时通行的做法，许多援助资金注入了受援国的政府财政之中，由政府统一支配使用。

到了 20 世纪 70 年代后期，援助国开始质疑受援国政府的作用，并加强对援助资金的直接管理。财政援助减少了，援助资金更多地用来资助具体的

---

① 见 Hinton, Rachel and Groves, Leslie, "The Complexity of Inclusive Aid," in Groves, L. & Hinton, R. (ed.), *Inclusive Aid*, Earthscan, 2004, pp. 21 – 41；同时参见 Ostrom, Elinor et al., *Aid*, *Incentives*, *and Sustainability*. *An Institutional Analysis of Development Cooperation*, final draft, Stockholm: Sida/UTV, 2001。

② 针对援助中不对等关系的详细分析，见周弘《对外援助与现代国际关系》，《欧洲》2002 年第 3 期，第 1 ~ 11 页。

③ Jerve, Alf Morten, "Ownership and partnership: does the new rhetoric solve the incentive problems in aid?" in *Development Studies Forum*, NUPI, December, 2002, pp. 389 – 407.

项目。通过执行项目，援助国建立了独立于受援国政府的管理机制，由援助方的人员直接选择项目和执行项目。与此同时，另外一个重要的变化是援助国开始向受援国提出各种附加条件，尤其是一些旨在影响受援国长期发展和基本制度的经济和政治条件。

附加条件随着历史的发展而演变，从中可以透视出援助国与受援国之间的关系变化，例如目前援助国提倡受援国的"所有权"和"结果导向"（result oriented），将援助活动从提供资金和技术转变为引进监督和评价项目的具体实施过程。援款将援助国的代表带到受援国的社会深处，这是一般的外交活动绝对难以企及的。此外，援助形式也会影响到援助国与受援国之间的力量平衡，这就是接下来要讨论的内容。

三　外援的主要方式

DAC 统计的官方发展援助所采取的形式是不同的，按照援助的内容可以大致把援助分为资金援助、技术合作和粮食援助三大类，按照援助活动的组织形式则可以分为项目和计划两大类。不同形式的援助活动中，援助国与受援国的关系也是不同的。

1. 资金援助、技术合作和粮食援助（capital assistance/technical cooperation/food aid）

资金援助和技术合作是最常见的两种援助，这是由于人们普遍认为，欠发达的主要原因是资金短缺和技术（包括管理经验）落后。通过资金援助，受援国获得额外的资本，用于基础设施建设、购买先进设备、稳定政府财政收支平衡等目的，世界银行发放的结构调整贷款也应该算作资金援助一类。在资金援助中，受援国在决定资金的使用方面有比较大的发言权，其用途也比较灵活。技术合作的目的是帮助受援国提高知识水平、生产技能和管理经验。与资金援助的情况不同，技术合作一般有固定的模式，主要是与具体的援助项目有关的专家咨询、人员培训、组织讲习班、为受援国学生提供在国外学习的奖学金或者是提供有关的信息资料、设备和技术。

一般来说，在技术合作中是援助方掌控着项目的执行。在援助国和受援国共同确定了项目的具体内容之后，援助方单方面决定聘请专家、选择执行机构等事宜，相关的费用标准也由援助方决定，而且在许多情况下，技术合作项目的财务由援助方掌握，不对受援国公开。有些技术合作是单独立项的，这些项目的资金来源往往以赠款为主。有些则是资金援助项目的有机组成部分，用于贷款项目的可行性研究、人员培训等。

在目前的国际援助活动中出现了两种趋势：第一，技术合作的份额不断提高，在 20 世纪 60 年代，只有 10% 左右的官方发展援助是技术合作，而在 80 年代末，约 1/3 的官方发展援助采取了技术合作的形式。[①] 第二，出现了混合资金的项目，例如在贷款项目中融入赠款，以软化贷款，而混入贷款项目的赠款部分往往是用于与项目有关的技术合作。这两种趋势针对的是发展中国家缺少知识、技术和管理经验的现状，但也不能排除援助方希望通过执行更多的技术合作项目对受援国产生更大的影响的意图。

2. 项目与计划（project & program）

项目是最常见的一种援助形式，可是它只是一个模糊的概念。项目可大可小，小到只有一个奖学金的机会，也可以大到包括几个国家、涉及若干部门、历时几十年。援助项目立项一般具有以下几个特征：第一，项目应该具有明确的目标，一般是针对清晰界定的具体问题，并由受援国政府中的一个机构管理。第二，项目能够有效地管理拨付的项目资金，也能够明确参与者的责任。第三，项目一般具有一个项目框架，确定了各参与方在项目中承担什么样的工作，负有什么样的责任，以及各种资源的组合情况。第四，援助方能够比较容易根据项目计划在结项后对项目进行评估。

与计划相比，项目针对的是具体问题，项目会带来一些看得见、摸得着的具体成果，因而项目常被比喻成发展中国家内部孤立的"岛屿"，在这些岛屿上，援助国的影响清晰可辨，但不一定能够从整体上对受援国的发展产生积极的影响。

1973 年中东石油危机过后，西方世界内部经过了道路和制度的重新选择，最先在美国和英国出现了奉行自由资本主义的"里根主义"和"撒切尔主义"，采取了缩小公共开支，强化市场功能的一系列改革。这种趋势在外援世界的体现就是将项目援助改为"计划"援助。

"计划"援助形式出现于 20 世纪 80 年代。"计划"强调整体的制度结构调整，世界银行提供的结构调整贷款就是"计划"的一种。受援国必须承诺在关键的政策领域进行改革，以实现国际收支的平衡，这些领域包括贸

---

① Browne, Stephen, *Foreign Aid in Practice*, Pinter Reference, 1990, pp. 76–79.

易、公共政策和制度改革等，其目的不是进行局部的修修补补，而是推动全面的改革。此外，部门计划也是一种重要的形式，它涉及的范围比结构调整贷款要小一些，只是局限在某个部门之中，但是它同样包含了政策和制度改革的内容。

项目和计划是互相补充的，通过不同的方式影响受援国的发展进程。在冷战结束后，援助国倾向于执行援助计划，而且往往根据受援国的不同情况编制国别援助战略，通过援助计划使受援国的发展适应援助国的战略规划。计划的发展与技术合作的发展一样，服务于援助国向外输出观念和制度的目的，它不仅会对受援国的长期发展产生不可估量的影响，而且是援助国通过改变受援国来改变世界的重要工具。

四 政策对话与附加条件（conditionality）

"杠杆作用"是外援作为政策工具的一个重要的作用。官方发展援助只占到援助国国民收入总值的 0.1% ~ 1%，但是，这为数不多的资源能够产生很大的影响，在一些情况下甚至可以影响受援国的政治经济体制和发展道路。外援之所以能够发挥这么大的影响，是因为外援这根"杠杆"带动了受援国国内政策的转变。外援的杠杆作用是通过两种方式实现的：①推动了援助方与受援国之间在各个领域（包括内政领域）的政策对话；②外援的各种附加条件迫使受援国进行政策改革。

1. 外援与政策对话

政策对话是指在援助方和受援国之间就影响援助活动和受援国整体经济状况的国内政策框架进行政策讨论、咨询和协商，[①] 是以说服教育的方式引导受援国采取援助方推荐的改革措施。

从 20 世纪 80 年代开始，与国际货币基金组织要求债务国采取收支平衡措施以及世界银行发放结构调整贷款同步，大范围的政策对话在这两个机构与受援国之间展开。而且，政策对话以受援国的宏观经济政策为主要议题。在世界银行里发展起规模庞大的研究机构和政策咨询团体，它们的知识优势使得它们能够主导政策对话。

随后，政策对话扩展到了双边援助之中，政策对话的范围也不断扩展，

---

① Cassen, Robert, et al. , 2nd ed. , *Does Aid Work*? Clarendon Press, Oxford, July, 1994, p. 58.

从以建立市场经济为目的的经济制度改革，扩展到了"良治"、人权和民主等领域。目前，由外援活动促成的政策对话仍然是援助方发挥影响的间接的却又非常重要的渠道，在一些并不严重依赖外援资金的国家里尤其如此。此外，外援的杠杆作用还体现在直接的干预中，就是给外援附加各种条件。

2. 外援与附加条件

根据托尼·克里克（Killick Tony）的定义，援助的附加条件是指受援国和援助方之间订立的协议，如果受援国采取或承诺采取某种措施，援助方将提供特定数额的援助资金，以支持此项措施之实施。[①] 因而，与政策对话的最大的不同在于，附加条件具有某种强制性，援助方威胁不提供援助或终止援助而迫使受援国进行项目管理层面和政策层面的改革。对外援附加条件在 20 世纪 80 年代之后成为国际援助活动中的一种普遍做法，同时突出了官方发展援助作为一种政策工具的性质，在严重依赖外来援助资金的小国和弱国，附加条件成了援助方干涉其内政的有效手段。

根据斯多克（Olav Stokke）的分析，不同时期的援助附加条件有不同的侧重点。20 世纪 80 年代的附加条件以推动市场自由化为目的，多为经济性的附加条件，以世界银行的结构调整贷款为代表。到了 90 年代，在苏联阵营瓦解和两极格局结束后，援助方开始大规模地对外援附加以良治、人权和民主化为主要目标的政治性条件，给外援赋予了输出制度和价值观念的使命。[②]

外援的附加条件贯穿于外援活动的各个阶段，有事前（ex-ante）条件，如果受援国不承诺采取某种措施的话，援助活动就不能立项，或者资金无法到位。有中期的评估，[③] 根据援助方订立的标准，评估援助活动的进展情况和预先承诺的各项改革措施的实施情况，并依此决定是否拨付下一笔援款。还有事后（ex-post）条件，根据对已结项援助的评估决定是否仍然继续提供援助。

这些附加条件依据性质的不同可以分成 6 类不同层次的附加条件，[④] 由

---

① Killick Tony, *Aid and the Political Economy of Policy Change*, Routledge, 1998, p. 6.

② Olav Stokke（ed.）, *Aid and Political Conditionality*, Frank Cass & Co. Ltd, London, 1995, pp. 1 – 87.

③ 按照 Killck 的分类，这种中期条件叫做"trigger actions"，是下一期资金到位的条件。见 Killick Tony, *Aid and the Political Economy of Policy Change*, Routledge, 1998, p. 7。

④ Olav Stokke（ed.）, *Aid and Political Conditionality*, Frank Cass & Co. Ltd, London, 1995, pp. 1 – 88.

高向低依次为：第一，涉及整个政府系统和管理体制；第二，影响受援国的国家政策重点；第三，影响受援国某一部门的具体政策；第四，计划和项目层面的条件，决定受援国如何使用自有资金；第五，各类财政条件，决定援助的优惠程度（是赠款还是软贷款），以及受援国承担的配套资金的情况；第六，与项目管理有关的各类条件，包括资金支付的程序、审计、报告和评估、技术合作专家的待遇，以及与项目有关的设备的进口优惠等。可以清楚地看出，层次越高的附加条件干涉受援国内政的色彩就越浓。从1980年以来援助附加条件的发展趋势看，它们不仅从经济条件扩展到政治条件，而且还有从低层向高层发展的趋势。这种发展反映了援助活动中的不对等关系有进一步加剧的趋势。

第四节　为什么提供外援？

在简要回答了"什么是外援"这个问题之后，接下来要回答的就是外援的动机问题。斯多克根据20世纪80年代以前的外援实践，把提供外援的动机分为：人道主义的国际主义，即以人道主义关怀为外援的主要目的；现实主义的国际主义，即为实现本国私利而提供外援，但尚未干涉他国内政；激进的国际主义，以输出价值观念和政治社会制度为目的而提供外援。[1] 从20世纪90年代以来外援活动的发展来看，外援的动机并没有超出这个范围。但是随着全球化的发展，对全球问题的关注逐渐增加。根据目前的情况，可以将外援的动机分为三类：第一，利他主义的动机，以实现受援国的经济和社会发展为主要目标；第二，服务于援助国的私利，以实现援助国的经济、政治和安全利益为主要目的；第三，致力于解决全球性问题。这三种动机并不是截然分开的，而是共同体现在外援活动中。

一　发展目标：促进受援国的经济和社会发展

官方援助的资金来源于援助国的税收，不同于主权国家内部的社会转移

---

[1]　Olav Stokke（ed.），*Western Middle Powers and Global Poverty*，The Scandinavian Institute of African Studies，1989.

支付，援助国政府要进行跨国的财政转移，将哪怕是很少的国内税款转移到其他国家，都必须找到合适的理由。这些理由有些是公开的，有些是不能公开的。不公开的理由包括了战略和军事目标，而公开的理由之一就是发达国家的"道义责任"（moral obligation）。援助国通过外援用自己的世界观改造世界，将此视为自己应尽的责任。

所谓"道义责任"来源于基督教，特别是来源于传教士在前殖民地的传教活动。这些传教士到处宣讲：享有"物质财富的人"对他的穷兄弟"有怜悯之心"，说这是因为"上帝的爱活在他（富人的）心里"，所以富人"应该用行动来表示我们的爱"。[①]

这种"博爱"后来演变为现代版的"人类关怀"，为二战后援助国在本国国内说服民众，动员资源，实施对外援助活动提供了理由。20 世纪 50 年代末到 60 年代初，主要援助国相继把对全人类福祉的关切写进了自己的外援政策宣言。1962 年，当瑞典政府开始涉足外援领域并公开表述瑞典外援政策时，便明确地将在全世界推广瑞典对于人的尊严和社会平等的信念庄重地写在了自己的旗帜上：

> 人之尊严和获得社会平等的权利，此两者贯穿于上个世纪大多数西方国家的发展历程中，它们不再应该受到国家和种族边界的阻挡……我们日益深切地感受到国际间的团结和国际责任，这反映了我们日益深刻的认识：和平、自由和福祉并不是局限在一国之内的关切，它们是普遍而不可分割的。我们援助背后的这个理想主义的动机也因此同时具有现实意义……我们将瑞典援助扩大到不发达国家的做法，舍此再不需要其他的理由。[②]

尽管援助国纷纷表达了承担人类共同发展责任的意愿，但是它们对人类福祉和发展目标的理解不同，就如何实现这些目标也各持己见，加上援助国在外援中夹杂国家私利，结果援助国的外援活动之间存在着重

---

① 《圣经》普通话本《新约：约翰》一书，3：10、16、17、18。

② 转引自 Riddell, Roger C., *Foreign Aid Reconsidered*, The John Hopkins University Press, 1987, p. 6。

大差异，使得加强援助国之间的政策协调成为国际援助活动的一项重要议题。

在所有援助国和外援组织中，联合国系统内的援助机构最关注发展问题。20 世纪 70 年代，联合国儿童基金会率先提出满足"人类基本需求"的援助理念，给援助活动带来新的方向。在 20 世纪 90 年代末，联合国又提出了"千年发展目标"，获得了全部成员国的认可，并成为目前指导外援活动的一个重要标准。

双边援助则免不了私利的动机，其追求人类发展目标的动机，除了道义责任之外，一个重要的方面是把资助不发达地区的发展看作"投资于未来"的举动。1996 年 5 月 OECD/DAC 文件明言：

> ……发展合作同时还带来新的、越来越具有活力的经济合作伙伴，创造了新的贸易、投资和工作机会，以及我们这些国家内部的调整。自 1990 年以来，经合发展组织成员国出口商品在发展中国家的市场扩大了 50%。[1]

二 服务于援助国的经济、政治和安全利益

外援活动要维护援助国的经济、政治和安全利益是援助国未尝明言却又是一直主导外援活动的一个主要动机。外援活动与援助国开拓国外市场的企图紧密相连，有时还包括了占有受援国资源的动机。在很多国家的援助中，都附加了购买本国产品的条件。此外，外援活动往往通过影响受援国的经济制度和经济政策，在产品技术标准方面与受援国进行合作，为本国企业提供补贴创造竞争优势，利用援助资金进行市场调查和投资项目的可行性研究等方式，为本国的企业开拓市场。

更重要的是，外援还服务于占领战略地盘、维持传统联系、推行社会和政治制度的企图。[2] 二战后最先出现的大规模的外援活动《马歇尔计划》就

---

① 见 OECD/DAC，*Development Partnership in the New Global Context*，1996，http：//www.oecd.org/dac。

② 周弘：《对外援助与现代国际关系》，《欧洲》2002 年第 3 期，第 1～11 页。

出现在美国与苏联在欧洲抢占地盘的背景之下，它的重要作用之一就是遏制共产主义在欧洲的扩张。《马歇尔计划》不仅将西欧国家拴到了美国的战车上，而且外援也帮助美国产品占领了欧洲的市场。而在另一个阵营内，苏联也通过外援巩固与新兴社会主义国家之间的联系，确立苏联领导下的社会主义阵营内部的分工，并且通过援助项目，推广苏联的计划经济模式。赫鲁晓夫曾表示，共产主义战胜资本主义的途径不是依靠社会主义国家对资本主义国家的武装干涉，而是要依靠社会主义生产方式的优越性。①

外援活动主题的变化显示了援助国对自身利益理解的变化。冷战时期，两个阵营的对立是国际关系中压倒性的主题，援助活动围绕着两个阵营之间的争夺展开。援助是为了争夺两个阵营之间的中间派，为了扩展自己的资源供给和产品市场，也为了扩展自己的制度和意识形态。冷战结束之后，情况发生了迅速的变化。苏联阵营瓦解了，对于西方援助国来说，头等的安全问题由两极时期的维持势力均衡转变成了一些全球性或地区性问题——环境、反恐、跨国犯罪、非法移民、艾滋病、禽流感等问题凸显出来。所以，外援的重点领域开始向这些方面倾斜。

三 解决全球性问题

目前，援助国提供援助的一个重要动机是解决跨国的全球性问题。联合国的《千年发展目标》强调了两个全球性问题：一个是艾滋病与传染病，另一个是环境保护。冷战结束之后，官方发展援助一度因为冷战终结产生的动力不足而呈下降趋势，但是，随着援助国迅速认识到全球性问题对自身安全的关键意义，援助规模重新上升，而且直接针对全球性问题的援助规模上升得更为迅速。

双边援助开始向与上述全球问题有关的领域倾斜，OECD/DAC 把环境的可持续性和环境的改善作为新千年的三个重点发展合作领域之一。② 其他主要受援国也相应地作出援助政策调整。目前，环保已经成了主要的援助领域。此外，各类的减贫目标也因与促进受援国生活条件的改善相关而间接地服务于解决全球性议题。

---

① 〔美〕罗伯特·沃尔特斯：《美苏援助》，陈源、范坝译，商务印书馆，1974，第43页。
② 见 OECD/DAC, *Development Partnership in the New Global Context*, 1996, http://www.oecd.org/dac。

第五节　当前全球官方发展援助的新趋势和新特点

冷战结束以后，发展援助的战略意义、现实功用和执行效率在援助国内受到了广泛的质疑，外援支出相应出现了下降趋势。进入 21 世纪以来，OECD/DAC 国家就外援政策进行了新一轮的调整，出现了援助规模加大、援助渠道拓宽、援助领域深化、援助主题政治化、援助方式多样化和网络化等新趋势。

一　发展趋势之一：官方发展援助的总体规模稳步上升

冷战结束后，DAC 成员国由于国际安全局势趋缓、官方发展援助的战略作用下降、经济全球化速度加快、援助国内部经济调整任务加重、公共开支过大等原因，在 1995 年前后就官方发展援助的意义与作用进行了反思和辩论，与此同时出现了大幅度削减官方发展援助的舆论和实践。1995～2000年，OECD/DAC 国家官方发展援助净总值逐年下降，从 587.8 亿美元下降到了 537.49 亿美元，其中 1997 年的下降幅度最大，与 1995 年相比，降幅达到了 103.15 亿美元。[①]

2001 年"9·11"事件之后，美国出兵阿富汗，国际政治和安全局势骤变。官方发展援助的下降势头随之出现了转机。战争和恐怖主义的蔓延引发了国际社会对于发展问题的关注，国际（特别是欧洲）主要舆论认为，极端贫困和不发达是恐怖主义滋生的温床，发展与和平、安全等问题密不可分，战争无法解决贫困和发展问题，也难以解决非传统领域里的安全问题。在这种气氛下，联合国于 2002 年 3 月 18～22 日在墨西哥蒙特雷（Monterrey）召开了第一次以国际发展筹资为主要议题的大会。大会重申了联合国于世纪之交提出的《千年发展目标》，要求各国"增加在发展方面的国际金融和技术合作"，保证一直有一定数量的资金"稳定地流入发展中国家和转型期经济国家"，以稳定那里的局势。[②] 作为外援大户的欧盟率先声明，贫困是恐怖主义的根源，要把减贫与反恐紧密联系起来，同时承诺大幅度增加用于发展合作的预算。另一个外援大户美国也表示，要每年增

---

① 资料来源：OECD 最新官方发展援助统计表，http：//www.oecd.org/dac。
② 《联合国发展筹资问题国际会议文件结果草稿》，墨西哥蒙特雷，2002，第 2、5～6 页，http：//www.un.org/chinese/events/ffd/docs/aconf198-3.pdf。

加 50 亿美元的外援预算，[①] 后冷战时期的 "援助疲劳症"（aid fatigue）不治而愈。此后，各援助国纷纷承诺向发展中国家和转型期国家提供更多的官方发展援助（用于发展中国家）和官方援助（用于转型期国家）。[②] 自从 2002 年起，除了日本以外，OECD/DAC 国家普遍增加了官方发展援助拨款，年均增幅均在 100 亿美元以上（见图 1-1），最先开始增加官方发展援助拨款的是法、德和北欧等欧洲国家，近年来增幅最大的是英、美、澳等盎格鲁—撒克逊国家。即使是日本，2005 年也出现了官方发展援助的大幅增长。

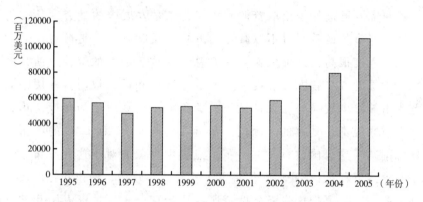

图 1-1 OECD/DAC 国家净 ODA 总额年度变化表

资料来源：这些数据是 OECD 于 2006 年 5 月在官方发展援助网站上正式公布的，其中 2005 年的数据为预测数据。

二 发展趋势之二：DAC 国家的赠款比例上升、援助的政治目的性更加突出

近年来，OECD/DAC 国家普遍提高了赠款在外援中的比例。在德国双边援助中，1999 年赠款的比例为 76%，2004 年增长到 86%；瑞典赠款占总援助额的 98.6%。当然并非所有的国家都提高赠款的比例。例如澳大利亚将政府贷款划出了 ODA 统计；英国提供了 13.91% 的实物援助，保留了 0.68% 的贸

---

① 布什承诺将美国官方发展援助的预算提高 50%，也就是每年增加 50 亿美元。欧盟承诺 2002~2006 年增加 100 亿欧元的外援拨款。见《联合国发展筹资问题国际会议文件结果草稿》，2002，第 5~6 页，http：//www. europa-eu-un. org/articles/en/article_ 3285_ en. htm。

② 加拿大总理在蒙特雷会议上承诺年均增 8%，到 2010 年实现 ODA 翻番。

易条款；而西班牙由于发展水平较低，仍然需要依靠外援来开拓海外市场，因此其赠款比例比 DAC 平均值低 12%，而贷款比例则高了 8%。

和贷款比较起来，赠款更优惠，也有更强的"杠杆作用"，比较容易实现援助方想要达到的非经济性目标。由于受援国不需要还贷，所以倾向于"无条件"接受援助方的"附加条件"。赠款一般用于扶贫、环保、基础教育、公共卫生乃至政府管理、基层民主和人权对话等非经济和上层建筑领域，以（软）技术咨询、培训等便于援助方输出观念和经验的方式出现。

更多地使用赠款有几个方面的原因。一是援助方的市场渠道已经畅通，不再需要通过外援获取资源和市场；二是发展中的最穷国往往没有还贷能力，贷款最后不得不以减免的形式变成赠款；三是最穷国对于赠款的依赖程度很高，这种依赖度最终总会导致政治上的依赖；四是赠款可以增加援助方在官方发展援助方面的主导权和话语权。将外援赠款集中起来发放给少数最穷国无论从经济的角度还是从政治的角度考虑，对于援助方来说都是划算的。因此，最近几年来，OECD/DAC 的各主要成员国都削减了受援国数量，突出了重点援助对象。对于这种政策，美国总统布什的解释是："我们必须将更多的援助与政治、法律和经济改革捆绑在一起……"要把这些资金投给那些"治理公正、投资人民和鼓励经济自由的国家"。①

赠款比例的增加与援助方主导地位的上升成正比。由于这种主导，官方发展援助近年来趋向"软化"，重点领域从初期的农业发展和工业基础设施建设，中期的人力资源开发、基础教育、公共卫生、环境保护、妇女发展等，转向上层建筑领域，在立法和司法、良治和民主以及人权对话等方面出现了大量的政策咨询项目。近来，DAC 援助方对于减贫的援助力度加大，但是对贫困进行了重新的定义，认为贫困不是由于资金、技术和市场的匮乏，而是由于贫困一方"没有能力实现某种生活水平……穷人没有选择其想要的生活方式的基本自由"，因此，要消除冲突、暴力、社会不稳定、艾滋病等威胁全球的隐患，就要将减贫作为各国发展援助的首要目标。②

① Remarks by the US President（G. W. Bush）at United Nations Financing for Development Conference（NO MENTIONING OF 911），Cintermex Convention Center, Monterrey, Mexico, http：//www. whitehouse. gov/news/releases/2002/03/20020322-1. html.
② 世界银行：《发展与减贫：回顾与展望》，2004 年 10 月。

三 发展趋势之三：外援体制的内外网络化程度提高

所谓"网络化"包括三个方面：其一是指援助方之间的跨国网络活动，其二是指援助方内部援外组织的网络化调整，其三是指援助方在受援方内部进行的网络建设活动。这些现象被西方一些国际政治学家称为（跨国界的）"网络政治"或"网络治理"（Network Governance）①。

1. 网络化进程之一：多双边援助方的密切合作与国际外援体制（International Aid Regime）形成，对各自为政的援助方构成"软约束"

国际外援体制自二战以后就一直处于建设和发展的过程中，这一体制的重要成员包括 OECD/DAC 这样的多边政策研究、咨询和舆论制造机构，有世界银行和联合国各发展组织这样的多边政策性援助机构，还有 OECD/DAC 各个成员国这样的根据各自国情和利益提供援助的双边援助国，更有发展神速的全球性非官方或半官方专业援助组织或基金。例如"全球基金"（Global Fund）就是在时任联合国秘书长安南的倡议下于 2002 年创立的，目前已为世界上 130 个国家和地区提供了防治艾滋病、疟疾和结核病方面的资助。"全球基金"的出资方既有国际多边援助机构、援助国的政府和企业，也有国际财团、私人机构、民间组织，等等。这些公共和私人的资金在共同的主题下形成了新的网络化伙伴关系，成为国际援助领域里一支不可小觑的经济乃至政治力量。除了"全球基金"以外，资金规模及影响较大的还有创立于 1994 年的"全球环境基金"（Global Environment Facility，GEF），为数不少的教育全球专项基金，以及一直活跃于发展领域的大型非政府组织，如 OXFAM 等。② 这些基金一方面补充了现有援助资金的不足，另一方面，加强了全球层面的合作。

---

① 有关方面的理论参见：Beate Kohler-Koch, and Rainer Eising, *The Transformation of Governance in the European Union*, London: Routledge, 1999; Johnes Candace, "A General Theory of Network Governance: Exchange Conditions and Social Mechanisms," *Academy of Management Review*, 1997; Maarten Hajert and Hendrik Wagenaar (eds.), *Deliberative Policy Analysis: Understanding Governance in the Network Society*, Cambridge, UK, 2003。

② Paud Murphy, "Recent Trends in Development Cooperational and on the Contribution of Higher Education Institutions and Some Suggestions for a Role for Universities Ireland in Africa," http://www.crossborder.ie/pubs/uiafrica.pdf.

国际外援体制的网络有几个平台，其中以世界银行、联合国和 OECD/DAC 最具影响力。这些机构都从事发展援助的研究工作，出版自己的研究成果，影响甚至垄断国际外援舆论，在它们之间有着定期和不定期的会议沟通机制，从未间断的人员交流、信息交换和政治咨询活动。围绕着这些平台活跃着各个双边援助国和它们的咨询机构，国际性的非政府组织，大中型基金会。在它们之间已经出现了多双边援助方、官方与非官方援助方之间的相互融资和合作管理外援项目的情况。这种援助方之间的网络化态势也正是蒙特雷会议号召的"促进一切利益攸关者间的协作"① 的一个直接结果。

国际援助组织的网络化直接导致了国际外援理念和方式的趋同。类似 OECD/DAC 的"同行评议"（Peer Review）程序等评价机制给各个援助国造成了无形的压力，许多援助方都在指导方针、援助主题与重点、援助目标和方式等方面向国际主流标准看齐。例如，外援的"非捆绑"（un-tied）率、"ODA 占 GNI 率"等观念都是由国际援助体制提出，而后形成援助领域内共识的。这种压力迫使援助国在很多方针和政策方面保持一致。俄罗斯在担任"八国集团"轮值主席国期间就承诺了更多的外援义务，而且承诺了要与多边组织发展更多的合作。

国际援助体制的网络化合作（相互投融资、管理合作等）现象使得过去的机构边界出现了模糊的现象，首先是决策和执行之间的关系变得难以分清，其次是多双边和非官方之间的界限开始出现模糊状态。这种状态发展的结果是出现了一些新的迹象，如：①突出各个主要的援助项目，例如各专业领域里全球性基金的出现；②突出援助的主题而不是主体；③突出援助在受援国的"效果"而不是"过程"。

上述国际援助机构网络化的趋势使得国际外援领域里的主导力量可以获得比它们的投资更大的话语权和影响力，对于其他提供援助的国家、机构和个人构成巨大的国际舆论压力。在这种"软约束"的环境下，各援助国按照本国的国情和需要，利用传统的优势，向不同的国家提供援助。

---

① 《联合国发展筹资问题国际会议文件结果草稿》，墨西哥蒙特雷，2002，第 2 页。

2. 网络化进程之二：各国外援管理机构开始根据新的情况进行调整、改组

根据上述变化，不少援助国都开始就其外援政策的制定和管理进行调整和改组，改组的方向是通过合并、精简和重新配置，加强国内与国外之间、国内各机构之间、官方与非官方之间的网络合作关系。例如德国在2001年合并了负责财政合作的德国复兴信贷银行（KfW）和德国投资与发展机构（DEG），2002年将负责项目培训的两个机构"卡尔·杜伊斯堡协会"（CDG）和德国国际发展基金会（DSE）合并为能力建设国际（InWEnt），2003年对德国经合部进行了内部调整，使之更加便于协调需要加强交流与合作的各个援助机构，加强了"一线"队伍的决策和实施能力。其他一些国家，如法国，也设立了类似部际委员会这样的建制，目的在于使得各个机构能够就同一政策问题进行协调，共同制定政策，并且合理分工。

在调整的过程中，援助国的公民社会和非政府组织获得了比以往更重要的地位。例如，西班牙为了解决其涉援机构层次过多的问题进行了一系列的调整，设立了国际合作部际委员会、发展合作理事会等机构，一方面协调各政府机构，另一方面联络各政策咨询和民间机构。其发展合作理事会的27名成员有一半来自官方机构，另一半来自民间团体、研究机构。根据初步估计，植根于西方社会的国际性非政府援助机构的资金有90%以上来自多双边的官方机构。它们的任务不仅是向受援方提供服务，而且在受援国培育社会力量，并且使这些社会力量和组织与援助国的非政府社会组织相联络，在全球发展工作中起更大的作用。

3. 网络化进程之三：针对受援国的"能力建设"和"网络建设"

国际外援体制认为，世界的非传统安全威胁主要来自一些全球性的问题，如极端贫困、环境恶化、传染病蔓延、跨国犯罪和国际恐怖主义等，而解决这些问题的途径是提高那些产生这些问题的"失败国家"的治理能力，受援国需要改善国内的民主、人权和良治（包括法制）的状况，才可能控制这些威胁。为此，国际外援体制的各个部分，包括双边援助国，根据各自的优势，分别将发展援助的投向聚焦于解决全球性问题，如可持续发展、减贫、环保和艾滋病防治等方面，同时加大了对于受援国人权、法制、社会发展（非政府）和民主建设等方面的援助力度。①

　　为了使上述"软"援助能够见效，国际援助体制于 20 世纪末提出了能力建设（Capacity building）和参与式发展（Participatory development）的援助理念。② 这些理念很快在受援国的不同领域里得到广泛的运用。西方援助方通过各种能力建设和参与式发展项目，将受援方的各种利益攸关者包括在项目的设计、执行和管理过程中，在受援方形成治理网络，其中包括政府、次政府、企业、个人和社会组织。目前，这种发展合作方式几乎涉及所有的援助领域，正在将传统的自上而下的项目管理方式改变为自下而上的参与方式。

　　在受援国能力建设和参与式发展合作的过程中，非政府组织的作用备受重视，这是因为国际援助体制认为，受援国的发展不能单靠政府的力量，还要依赖公民社会的发展。从 2000 年以来，非政府组织更多地参与执行 DAC 主要国家的双边官方发展援助项目，例如，瑞典 2003 年 18% 的双边官方发展援助是通过非政府组织来执行的。③ 加拿大约 70% 以上的双边官方发展援助是通过加拿大非政府组织、私人咨询公司、研究和学术机构来执行的。发展援助领域里的美国非政府和非营利机构耗去了美国 GDP 的 0.04%，而 OECD/DAC 的平均数则是 0.03%。④ 布什在蒙特雷宣布美国外援政策时还

---

① 近年来加拿大的重点援助领域更多地集中在卫生、教育、良治和私人企业发展方面，其所占资金份额在 2004～2005 年度达到了 57%，到 2005～2006 年上升到了 76%，良治的援助额达到了 5.65 亿美元，占总额的 23.0%，见 *Canadian International Development Agency Estimates 2005 - 2006*，Part III：Report on Plans and Priorities，p. 5。瑞典的全球发展政策中提出八大重点援助领域是人权、民主和良治、性别平等、可持续地利用资源和保护环境、经济增长、社会发展和安全、冲突管理、全球公共商品，在 2003 年人权和良治领域援助额为 3.63 亿美元，占了 2007 年 ODA 净交付总额的 23%（OECD/DAC，Peer Review of Sweden，*Oecd Journal on Development*，2010，p. 261）。2008～2009 年这一比重为 69%，良治的援助额为 5.02 亿美元，占了总额的 16%（http：//www. acdi - cida. gc. ca/acdi - cida/ACDI - CIDA. nsf/eng/NAT - 9288209 - GGP）。

② 能力建设是指个人、组织、机构和社会（个人和集体）在履行职能、解决问题、制定和实现目标过程中的能力发展过程。见 Charles Lusthaus and Charles Lusthaus and Marie Hélène Adrienm，"Capacity Development：Definitions，Issues and Implications for Monitoring and Evaluation，" Universalia，July 1999（Draft），http：//www. universalia. com/capdev/paper/paper. htm；以及 "Capacity Development，" *Technical Advisory Paper*，2. New York：United Nations Development Program，1997，p. 3。

③ OECD/DAC，*Peer Review of Sweden*，2005，p. 27.

④ Burghard Claus & Michael Hofmann，*The Development Cooperation Policy of the USA*，German Development Institute GDI，Berlin 1988，p. 27.

特别强调："我们要从底层来促进发展，帮助公民找到把握全球经济中机遇的工具和技术。"①

由于这样的发展援助模式需要大量的人力和现场指导，因此近年来，各大援助国在改革援助机构的时候都增加了海外管理机构的授权和在"一线"从事发展工作的队伍。有些国家的驻外援助机构从大使馆中独立出来，以便于开展基层工作，加强与受援国次政府和民间伙伴的网络关系。在这方面欧盟和英国最为突出。

因此，国际援助方先是调动援助国内的各种力量参与援外工作，后是帮助培育受援国内的社会力量，然后致力于在多边与双边之间、政府与非政府之间、非政府与非政府之间以及受援国与援助国的政府之间、次政府之间、非政府之间建立网络联系。

从第二次世界大战后两个阵营分别提供援助，到目前国际援助体制的出现和援助网络的形成，国际经济和政治格局经历了一段戏剧性的变迁。在这场变迁中，有些力量削减了，有些力量加强了。变迁导致了全球性市场的形成，以及多双边和非政府等多元国际行为体的出现。新中国在接受外援的历史中恰好亲历了这样一个变化过程。

---

① Remarks by the US President (G. W. Bush) at United Nations Financing for Development Conference (No Mentioning of 911), Cintermex Convention Center, Monterrey, Mexico, http://www.whitehouse.gov/news/releases/2002/03/20020322-1.html.

第二章

苏联对华援助

20世纪的苏联对华援助是一种典型的外交行为，它服务于苏联的外交战略，随着苏联外交政策的变动而变动。相比较而言，新中国接受苏联援助是一种主动的战略行为，是中国谋求独立自主、自力更生的一个必要的步骤。

然而，在苏联援华项目具体实施的过程中却出现了两个值得注意的倾向：第一，援华工程的影响远远超出了外交政策范畴，它并没有随着援助的终止、专家的撤离而消失。随着援建项目转移到中国的不仅是硬件设备，还有技术、观念、管理方法、行为方式甚至体制和机制，这些因素在苏联停止援助中国后继续影响着中国的发展道路。第二，通过苏联援华项目引进的设备和技术都比较先进，它们一方面提升了中国工业的整体水平，另一方面也出现了生搬硬套和消化不良的现象，经过了多年调整之后，最终产生了改革体制的需求和呼声。

第一节　苏联对华援助的动因

一　抗日战争时期对国民党政府的援助

苏联大规模的对华援助始于20世纪50年代。但是，早在中华人民共和国成立之前，特别是在中国抗日战争期间，苏联就已经开始了对华援助。当时的苏联对华援助由两个部分构成：一部分是以国家的名义向中国国民党政府提供的政府援助，以军事援助为主；另一部分是基于联共（布）和中国共产党的党际关系而向中国共产党提供的援助。后一种援助从规模上和数量上来讲是微不足道的，而且也是不公开的。

德国学者迪特·海茵茨希（Dieter Heinrizig）在论述中苏同盟关系史的过程中，讨论了苏联对华援助的动因。他认为，在整个抗日战争时期，斯大林都把在中国执政的国民党看作苏联在中国的首要伙伴和苏联提供援助的主要对象。这里的原因是多方面的。其一是苏联在外交上承认了国民党政府，并于1937年8月21日与国民党政府签订了《中苏互不侵犯条约》，承担了不支持任何对国民党政府持敌对态度的"第三国"或"第三种势力"的外交义务；① 其二是斯大林害怕在同一时段与日本和德国进行两线作战，希望能够联合中国的所有力量，把日本侵略者拴在中国；其三是斯大林认为，国民党比共产党更有能力成为中国抗日的主导力量。

被斯大林派往重庆担任苏联首席军事顾问的瓦西里·崔可夫在1940年秋回忆说，斯大林曾经坦率地表述了他在援华问题上的观点：

> 看来，中国共产党人应比蒋介石更靠近我们。看来，人们应给他最多的援助……但是这种援助将被看作是向与我们保持外交关系的国家实行一种革命输出。中国共产党和工人阶级现在还太弱，不能成为反侵略斗争的领导者……与蒋介石政府已缔结了相应的条约。您要熟悉所有这些文件，您的一切行动都要与这些文件相一致。②

苏联对国民党政府的三次主要援助都是以低息贷款的形式提供，用于购买苏联军火，支持中国的抗日战争。这三次苏联贷款总计1.73亿美元，每年3%的利息，共2860万美元的利息，本息加总，中国要偿还2亿多美元

---

① Dieter Heinrizig, *Die Zowjetunion und das kommunistische China 1945 - 1950*, Nomos Verlagsgesellschaft, Baden-Baden, 1998. 迪特·海茵茨希：《中苏走向联盟的艰难历程》，张文武等译，新华出版社，2001，第37页。

② 崔可夫：《在中国的使命——军事顾问札记》，莫斯科，1981，第56～58页，转引自迪特·海茵茨希《中苏走向联盟的艰难历程》，新华出版社，2001，第38页。

的苏联债务。苏联提供的虽然是贷款，但利息在当时是最低的（英美援华贷款利息为 6.5% 以上），偿还条件也是对中国最有利的（农矿产品各半）。而且苏联提供的武器性能好、价格低，每架飞机仅折算 3 万美元。用这 2 亿美元的苏联贷款，国民党政府从苏联购买了 904 架飞机（中型和重型轰炸机 318 架，歼击机 542 架，教练机 44 架），坦克 82 辆，牵引车 602 辆，汽车 1516 辆，大炮 1140 门，轻重机枪 9720 挺，步枪 5 万支，子弹 1.8 亿发，炸弹 31600 枚，炮弹 200 万发，还有其他军用物资。[①] 这些物资一般是用卡车经新疆运送的。另有 1500 多名苏联军事顾问，2000 多名空军人员在中国参与对日作战。作为交换，苏联获得了有价值的物资，如皮革、钨和其他稀有金属以及大量的粮食。苏联最后一批援华军事物资是 1941 年 8 月提供的。1941 年 10 月苏联由于要进行抗击德国法西斯的卫国战争，所以停止了对华军援。

有各种迹象表明，中国共产党在战争时期不是通过接受外来援助，而是经过独立自主、自力更生和艰苦卓绝的斗争而成长壮大起来的。中共遵义会议以后，毛泽东在党内的领导地位得以确立，中共纠正了苏共和共产国际的错误领导，进一步提出了"马克思主义中国化"的路线方针。1935 年底，共产国际第七次代表大会通过决议，共产国际执委会将不再干预中国共产党的内部事务，而只对其政策进行监督。美国罗斯福总统派往苏联的特使哈里曼的印象证实了中国共产党人"开拓他们谋取政权的道路"，"基本上依靠自己的力量，并且无视斯大林的忠告"。[②] 这些都让美国人认定，中国共产党的行动独立于莫斯科，他们没有从他们的苏联同志那里获得有价值的支持。[③]

抗日战争时期，虽然中国共产党很少得到来自苏联的援助，但是对于苏联援助一直抱有期望。1935 年 9 月，毛泽东曾经提出，中共是共产国际的一个支部，中国革命是世界革命的一部分，"我们首先要在苏联边界创造一

① 《抗战苏联对华三次军事贷款简介》，http://www.xinjunshi.com/ziliao/xiandaizs/kangri/200412/879.html。

② 哈里曼·阿贝尔：《秘密使命——作为罗斯福特使访丘吉尔和斯大林，1941~1946》，斯图加特班迪，1979，第 209 页。

③ Gordon H. Chang, *Friends and Enemies. The United States, China, and the Soviet Union, 1948 - 1972*, Stanford, CA, 1990, p. 11.

个根据地，然后向东延伸"；① 中共必须在地理上靠近苏联，政治上物质上得到帮助，"军事上得到飞机大炮"。② 在同年12月的瓦窑堡会议上，这个"打通苏联"的战略得到批准，中共中央政治局决定，巩固陕甘苏区，并从那里"东征"，由山西向绥远进发，以便建立与蒙古的联系。"把苏联红军和中国红军在反对共同敌人日本帝国主义的基础上结合起来"，以便从莫斯科得到装备和物资。③

从苏联来到延安的王明给这种乐观的期待泼了一瓢冷水，他说，由于苏联和国民党已经达成了协议，所以即使苏联空军飞机飞越中国领土，向延安空运武器和弹药也是不可能的。结果，1937～1941年，苏联援助几乎全部给了国民党政府。当然中国共产党也不是完全没有得到苏联的援助。除了通过共产国际的安排，苏联接受了大批的中国共产党人到苏联接受培训以外，也有几次是斯大林主动提出帮助装备中国共产党的军队，因为斯大林担心日本会从蒙古方向进攻苏联，所以请毛泽东把共产党的部队调遣到蒙古人民共和国边境，以牵制日本军队。与此相联系，斯大林表示愿意以现代化军事装备来配备这些部队。苏联提供这些援助的主要出发点是"保卫苏维埃祖国的安全"，④ 保卫以苏联为代表的共产主义事业。当时共产国际把日本侵华战争视为针对苏联，并且号召各国共产党武装起来"保卫苏联"。

1945年以后，斯大林曾经摇摆于两个选择之间：①为了壮大社会主义阵营而支持中国共产党人的解放事业；②为了不与美国在远东发生战略冲突而维持与国民党政府的关系。据沈志华考证，苏联对于中国共产党新政权的最初援助是不公开的，主要有两个渠道：一个是通过苏联对中长铁路的管理权向中国共产党的东北地方政府提供军需物品，另一个是利用旅大地区的苏联军事管制区为解放军的前线作战供应军服、军鞋、炮弹等物资。苏联虽然希望在东北地区发挥作用，但这种援助是在不影响与美国的战略合作，保持与国民党的正常外交关系的基础上提供的。⑤

---

① 毛泽东1935年9月12日在政治局会议上的报告，引自杨云若、杨奎松《共产国际和中国革命》，上海人民出版社，1988，第374页。

② 迪特·海茵茨希：《中苏走向联盟的艰难历程》，新华出版社，2001，第43页。

③ 迪特·海茵茨希：《中苏走向联盟的艰难历程》，新华出版社，2001，第44页。

④ 黄修荣编《共产国际与中国革命关系史》（下），中共中央党校出版社，1989，第164页。

⑤ 沈志华：《苏联专家在中国（1948～1960）》，中国国际广播出版社，2003，第27、32～33页。

二 新中国的对外政策及苏联援助

1. 历史背景

1947 年是中国人民革命的战略转折年，也是国际战略格局的转折年。1947 年初，中国人民解放军在几个战场上夺取了主动权，蒋军则开始失去主动性。毛泽东在 1947 年 2 月 1 日指示全党，准备"迎接中国革命的新高潮"。5 月 30 日毛泽东在新华社发表评论，提出："为了建立一个和平的、民主的、独立的新中国，中国人民应当迅速地准备一切必要的条件。"[①] 同年 7～9 月，中国人民解放军转入了全国规模的反攻；10 月，毛泽东起草了《中国人民解放军宣言》，不仅提出"打倒蒋介石！解放全中国！"的口号，而且就新中国成立后的政治制度、财产制度、土地制度、民族政策和外交政策等提出主张。[②]

在国际上，继丘吉尔 1946 年发表了针对苏联和社会主义阵营的有关"铁幕"的激烈演讲之后，1947 年 3 月 12 日，美国总统杜鲁门致函国会，号召对所谓的共产党"集权统治"展开斗争，并保证向所有"自由国家的人民"提供美援。"杜鲁门主义"的一个重要工具就是《马歇尔计划》。这个在 1947 年 6 月 5 日由美国国务卿马歇尔宣布的对欧洲提供巨额经济援助的计划，目标直指以苏联为首的社会主义阵营。此后，杜鲁门于 1949 年进一步提出与苏联社会主义阵营争夺世界其他地区的"第四点计划"，[③] 美国政府进而宣布："美国不应给共产党中国以官方的经济援助，也不应鼓励私人在共产党中国投资。"[④] 1947 年 9 月底，苏联作出了反应，成立"共产党和工人党情报局"，日丹诺夫在成立大会上宣布：国际政治的力量已经分裂为两个不可调和的"阵营"，一个是"帝国主义—反民主的"阵营，一个是

---

① 毛泽东：《蒋介石政府已处在全民的包围中》，《毛泽东选集》（一卷本），人民出版社，1968，第 1123 页。

② 毛泽东：《中国人民解放军宣言》，《毛泽东选集》（一卷本），人民出版社，1968，第 1131～1135 页。

③ Harry S. Truman, Inaugural Address of President (January 30, 1949), *Department of State Bulletin 33*, p. 125. 参见周弘《美国：作为战略工具的对外援助》，周弘主编《对外援助与国际关系》，中国社会科学出版社，2002，第 182～185 页。

④ 上海市国际关系学会编印《战后国际关系史料》（第一辑），第 75、100、114 页。转引自董志凯、吴江《新中国工业的奠基石——156 项建设研究》，广东经济出版社，2004，第 30 页。

"反帝国主义—民主的"阵营。与此相适应，1948 年苏联驻哈尔滨总领事马里宁约见中共东北军区副司令员兼政委高岗，表示尽管苏联与蒋介石政府尚未断绝外交关系，但可以通过其他民主国家对中共的新政权提供援助。不久，斯大林又召见苏联交通部副部长科瓦廖夫，提出要给予新中国一切可能的援助。在他看来，如果社会主义在中国胜利，其他一些国家也将走上这条道路，社会主义在全世界的胜利就有了保障。因此，"为了援助中国共产党人，我们不能吝惜力量和金钱"。①

在世界出现东西方阵营的时候，中国共产党的领导人及时地将战略定位锁在社会主义阵营一边，虽然当时斯大林还坚持《雅尔塔协定》和与国民党签署的条约，只与国民党政府保持官方关系。根据薄一波的回忆，中国共产党的战略选择主要基于两个主要出发点：一是安全需要，二是经济发展需要。他写道："国、共双方，犹如两个人打架，苏联这个巨人站在我们背后，这就极大地鼓舞了我们的锐气，大刹了国民党的威风。"中国要准备从新民主主义向社会主义的过渡，需要苏联"首先帮助我们发展经济"。② 由于"杜鲁门主义"的盛行，要英、美等西方国家放弃它们在中国的第一伙伴国民党，不在军事和经济援助方面偏袒国民党，是不可能的。当然还有第三个出发点，就是中国共产党和以苏联为首的社会主义阵营存在着意识形态的联系。在国际势力因意识形态而出现分裂的时候，这种联系就显得尤为重要。

1948 年美国国会通过了给中国 4 亿美元赠款的议案，③ 但是，美元挽救不了国民党政权。10 月底，人民解放军占领了整个东北。此时，莫斯科开始改变对中国革命前途的看法。

2. 中方的要求

1949 年 1 月底，斯大林派政治局委员米高扬去西柏坡执行一项与中共领导人进行会谈的秘密使命。米高扬在西柏坡与中国共产党的领导人讨论了一系列重大的战略和双边关系问题，例如"如何夺取政权"，"怎样组建政府"，甚至包括解释什么是"人民民主模式"和"民主集中制"，以及"旅

---

① 沈志华：《苏联专家在中国（1948~1960）》，中国国际广播出版社，2003，第 31 页。
② 薄一波：《关于重大决策与事件的回顾》（上卷），中共中央党校出版社，1991，第 36 页。
③ 〔美〕麦克法夸尔、费正清：《剑桥中华人民共和国史（1949~1965）》，中国社会科学出版社，1990，第 285 页。

顺口、中长铁路、新疆及外蒙古"等有争议的问题和"对未来中国共产党政府的承认"等很具体的问题。在这些会谈中，关于苏联向共产党中国提供经济和军事援助的问题具有重要的意义。对于中共方面提出的援助请求，米高扬给予了初步的原则性赞同。

迪特·海茵茨希在他的《中苏走向联盟的艰难历程》一书中详尽地描述了中苏之间关于经济援助的谈判过程。从这个过程中可以看出：①能否从苏联获得对于未来新中国的经济援助是中国共产党领导人在双边关系中最为关注的问题之一；②中国争取外援的主要目的不仅是为了获得安全保障，更重要的是为了在经济建设方面得到帮助。中国确信，在冷战开始后的世界格局中，苏联和社会主义阵营是他们获得援助的唯一来源。

迪特·海茵茨希说，毛泽东在米高扬面前表现得十分谦虚，多次称自己是"斯大林的学生"，奉行的是亲苏路线，一再强调中国共产党和联共（布）相比经验不足，希望莫斯科对于中国党和革命给予"指示和领导"。①周恩来在 2 月 1 日会见米高扬的时候，提出了具体的请求，例如提供反坦克武器，派苏联顾问来华，在军队组织、军事教育和后方建设（包括军事工业）等方面提供帮助。②

三天后（2 月 4 日），毛泽东、周恩来、刘少奇和朱德又与米高扬就苏联援助问题进行了一轮讨论。毛泽东首先代表中共就苏联过去给中国共产党提供的援助表示感激。他重复说，中国革命是世界革命的一部分。这里包含着两层意思：其一，援助中国就是援助世界革命的一部分；其二，中国革命是世界革命整体利益中的局部，所以如果苏联不能提供援助，中国也要想办法自力更生克服困难。毛泽东发出的信息准确无误："中国共产党需要苏联共产党的各方面援助。"③

刘少奇在简短地强调了苏联帮助中国建立工业基础的重要性之后，即提出具体的要求：①传授社会主义经济改造的经验；②提供相应的参考资料和

① 迪特·海茵茨希：《中苏走向联盟的艰难历程》，新华出版社，2001，第 256 页。
② 迪特·海茵茨希：《中苏走向联盟的艰难历程》，新华出版社，2001，第 262 页。
③ 俄罗斯档案文件，俄罗斯对外政策档案馆全宗 39，目录 1，案卷 39，第 58 页，引自列多夫斯基《米高扬对中国的秘密访问（1949 年 1～2 月）》，《远东问题》1995 年第 3 期，第 97 页，另见迪特·海茵茨希《中苏走向联盟的艰难历程》，新华出版社，2001，第 263 页。

派遣顾问和技术专家到各经济部门；③转让资本；④确定苏联援华的规模，以便中国根据这个情况安排国民经济计划。① 中方还提出，为了发行中国货币需要苏联提供白银，以及石油、原料、设备、卡车等物资。新中国虽然尚未诞生，但是中国共产党的领导人已经把目光投向了未来的国家建设，他们希望苏联能够帮助重建东北工业基地，把那里建设为"国家防御能力的锻造场"，制造汽车、飞机、坦克和其他装备的基地。中方甚至设想了几种苏联援助形式：苏中共同经营经济联合体，或者苏联提供贷款，用于开采沈阳、锦州和热河等地的钨、锰、钼、铝等矿藏。他们还和米高扬谈到了贷款建设铁路，请不少于 500 人的苏联专家顾问团（经济顾问和财政顾问）来华帮助工作，等等。②

中国共产党的援助要求虽然迫切，但自始至终都体现了实现民族独立和在国家之间寻求公平和平等的原则。2 月 6 日，毛泽东正式向米高扬提出由苏联提供 3 亿美元有息贷款的请求，他说："3 亿，这是我们的需要。我们不知道你们是否能给这个数目，是少一些或是多一些。但即使你们不给，我们也不会感到受伤害。我们不要求提供无偿的援助，因为这是中国对苏联的一种剥削。我们请求提供付息的、将来中国能偿还的贷款。这一点对中国工人来说是重要的。他们应知道，苏联的贷款是必须偿还的。"③

毛泽东不仅需要资金方面的援助，也需要人力方面的援助。他在 1949年 5 月发给斯大林的电报中请求斯大林派遣经济建设的苏联专家。他解释说："解决军事任务，即最后消灭敌人，我们能够完成……但解决第二个任务（即经济建设）——并不比第一个任务次要……（我们在这方面）很需要你们的帮助。"④

毛泽东争取苏联援助的既定方针来自他对国际局势的基本判断。他曾经对张治中说，第二次世界大战后，世界上产生了两个大的集团：一个是以美国为首的资本主义的、政治垄断的、侵略性的集团，一个是以苏联为首的社

---

① 1949 年 2 月 3 日刘少奇与米高扬的谈话，俄罗斯联邦总统档案馆，全宗 39，目录 1，案卷 39，第 44 页，引自列多夫斯基《米高扬对中国的秘密访问（1949 年 1～2 月）》，《远东问题》1995 年第 3 期，第 97～98 页。
② 参见迪特·海茵茨希《中苏走向联盟的艰难历程》，新华出版社，2001，第 264～265 页。
③ 迪特·海茵茨希：《中苏走向联盟的艰难历程》，新华出版社，2001，第 265 页。
④ 1949 年 5 月 3 日，毛泽东给斯大林的电报，见《毛泽东年谱》（下卷），中央文献出版社，2002，第 496 页。

会主义的集团。"我们只能到以苏联为首的集团中去，我们不能到以美国为首的集团中去。……第三条道路是没有的。……我们也反对第三条道路的幻想。……我们在国际上属于以苏联为首的一边，真正的援助也只能从苏联方面获得。"①

中国共产党的领导人深切地知道，中国经济脱胎于旧中国殖民地半殖民地经济，工业基础极其薄弱，布局很不合理，国民经济严重依赖国外。在八年抗日战争之中，基础设施又遭到了严重破坏，难以保证新中国的民族独立和经济发展。由于国际形势向两极格局的快速转变，依靠英、美政府的援助，只能是幼稚的幻想。因此，中国共产党采取了一系列积极主动的步骤，争取从苏联获得援助。

3. 苏方的立场

在与米高扬的会谈中，关于经济问题的谈话占用了很长时间。米高扬在其最后发往莫斯科的电报中汇报说：他的中国会谈伙伴们，在一般性的政治和政党问题上，在农民和一般性国民经济等问题上是很内行的。但是在企业经济方面，他们的知识不够丰富，对工业、运输业、银行业只有一些很模糊的设想。他们对被没收的资产没有数字，不知道在中国有哪些最重要的外国公司，也不知道它们是属于哪个国家的。他们也不拥有外国银行在中国活动的情报。他们甚至不知道哪些企业属于"官僚资本"，应予以国有化。"他们的所有经济计划都具有一般方针的性质，没有具体化，甚至对被解放区应控制什么也没有具体的计划。他们驻扎在一个偏僻的村子里，与实际相隔离。"从会谈中可以看出，他们对什么应作为国家经济基础（大银行、大工业等）掌握在自己手中，也没有具体的计划。②

在米高扬看来，中国共产党所需要的不仅仅是飞机、坦克和贷款，而且更重要的是建设社会主义国家的基本经验，是制造飞机、坦克的技术，使用和支配贷款的计划。当1949年4月毛泽东再次向莫斯科提出贷款请求时，他得到的是一种拖延性的回答。斯大林告诉毛泽东，以货换货是没有问题

---

① 1949年4月8日与张治中的谈话记录，见余湛邦《毛泽东与张治中的一次重要谈话》，载于《中共党史资料》1993年第48期，第152~153页。

② 米高扬电报，俄罗斯联邦总统档案馆，全宗39，目录1，案卷39，第94~95页，引自列多夫斯基《米高扬对中国的秘密访问（1949年1~2月）》，《远东问题》1995年第3期，第104页。另引自迪特·海茵茨希《中苏走向联盟的艰难历程》，新华出版社，2001，第260页。

的，这不需要最高苏维埃的批准，但贷款问题不能由政府自己决定，因为批准贷款是最高苏维埃的责任，在批准前，还必须由申请国提出一个书面文件。①

根据这种情况，米高扬建议中国同志向莫斯科提出一个具体的申请援助物资的清单。中国领导当即表示，将派一个专门代表团赴莫斯科，在那里商谈下一步的经济和军事援助问题以及贷款事宜。1949 年 6 月 21 日，以刘少奇为首的中国共产党代表团秘密地访问了苏联。7 月 31 日《真理报》报道了以"高岗为首的满洲人民行政机关代表团"访问苏联洽谈贸易的消息。

4. "一边倒"的外交政策与中国道路的选择

1949 年 6 月 27 日，中国共产党代表团到达莫斯科后的第二天，斯大林就于晚上 23 时在克里姆林宫的办公室会见了代表团，进行了一个小时的谈话，谈话的内容几乎全部是苏联对共产党中国的未来援助，包括商品贷款、派遣苏联专家和军事援助。斯大林称，联共（布）中央决定向中共中央提供 3 亿美元的贷款，在两党之间签订这样一个援助协定是历史上第一次。这笔贷款的年息为 1 厘，将以机器设备、各种原材料和其他商品形式向中国提供，每年平均 6000 万美元，5 年贷完，10 年内偿清。关于贷款协定的签订，斯大林说，可以有两个方案：第一个方案是由联共（布）中央代表和中共中央代表签署，第二个方案是由苏联政府代表和现有东北人民政府代表签署，待全国民主联合政府在中国成立后，再由苏中两国政府间通过条约形成协定。② 中国同志选择了后者。

刘少奇用了几个最高级形容词感谢了斯大林，感谢苏联"以史无前例的极其优惠的条件，向中国所有的生活与工作领域提供巨大援助"。毛泽东得知后，给斯大林发电报表示，贷款的利息低了，应当提高。斯大林则回复说，苏联向所谓的"西边的民主国家"贷款，年息仅为 2 厘。中国同那些国家的情况不同，中国还在打仗，破坏还在继续，因此中国需要更多的援助，给中国的条件也应更加优惠。③

在这次会谈 4 天以后，即 7 月 1 日，毛泽东发表了《论人民民主专政》，

① 迪特·海茵茨希：《中苏走向联盟的艰难历程》，新华出版社，2001，第 267～268 页。
② 协定后来采取了第二套方案，即"东北方案"。
③ 迪特·海茵茨希：《中苏走向联盟的艰难历程》，新华出版社，2001，第 310～311 页。

热情洋溢地论述"一边倒"的外交政策：

"你们一边倒。"正是这样。一边倒，是孙中山的四十年经验和共产党的二十八年经验教训给我们的，深知欲达到胜利和巩固胜利，必须一边倒。积四十年和二十八年的经验，中国人不是倒向帝国主义一边，就是倒向社会主义一边，绝无例外。骑墙是不行的，第三条道路是没有的。我们反对倒向帝国主义一边的蒋介石反动派，我们也反对第三条道路的幻想。

"不要国际援助也可以胜利。"这是错误的想法。在帝国主义存在的时代，任何国家的真正的人民革命，如果没有国际革命力量在各种不同方式上的援助，要取得自己的胜利是不可能的。胜利了，要巩固，也是不可能的。伟大的十月革命的胜利和巩固，就是这样的，列宁和斯大林早已告诉我们了。第二次世界大战打倒三个帝国主义国家并建立各人民民主国家，也是这样。人民中国的现在和将来，也是这样。请大家想一想，假如没有苏联的存在，假如没有反法西斯的第二次世界大战的胜利，假如没有打倒日本帝国主义，假如没有各人民民主国家的出现，假如没有东方各被压迫民族正在起来斗争，假如没有美国、英国、法国、德国、意大利、日本等资本主义国家内部的人民大众和统治他们的反动派之间的斗争，假如没有这一切的综合，那么，堆在我们头上的国际反动势力必定比现在不知要大多少倍。[1]

"我们需要英美政府的援助。"在现时，这也是幼稚的想法。现时英美的统治者还是帝国主义者，他们会给人民国家以援助吗？我们同这些国家做生意以及假设这些国家在将来愿意在互利的条件之下借钱给我们，这是因为什么呢？这是因为这些国家的资本家要赚钱，银行家要赚利息，借以解救他们自己的危机，并不是什么对中国人民的援助。这些国家的共产党和进步党派，正在促使它们的政府和我们做生意以至建立外交关系，这是善意的，这就是援助，这和这些国家的资产阶级的行为，不能相提并论。孙中山的一生中，曾经无数次地向资本主义国家呼

---

① 毛泽东：《论人民民主专政》（1949 年 6 月 30 日），《毛泽东选集》（第 4 卷），人民出版社，1991，第 1473～1474 页。

吁过援助，结果一切落空，反而遭到了无情的打击。在孙中山一生中，只得过一次国际的援助，这就是苏联的援助……我们在国际上是属于以苏联为首的反帝国主义战线一方面的，真正的友谊的援助只能向这一方面去找，而不能向帝国主义战线一方面去找。①

"一边倒"的外交政策迅速通过党内系统传达到党的各级领导，在中共党内取得高度共识。邓小平在1949年7月19日写给中共中央华东局诸同志的信中说，要打破帝国主义的封锁，一面要从军事上占领两广云贵川康青宁诸省和沿海诸岛及台湾，一面采取外交政策的一面倒。他传达毛泽东的指示说："这样是主动的倒，免得将来被动的倒。"在一边倒的同时，"内部政策强调认真地从自力更生打算，不但叫，而且认真着手做"，说毛主席讲"更主要的从长远的新民主主义建设着眼来提出这个问题"。②

《论人民民主专政》的发表和"一边倒"外交政策的确定与苏联承诺对中国革命进行大规模经济援助相关，更与社会主义阵营和帝国主义阵营的直接对立相关。就在苏联酝酿大规模援助中国共产党及其未来政权的同时，1949年4月19日，美国国会紧急通过了"公共法第47条"，在1948年《经济合作法》的基础上附加了"通过经济援助，在中国任何一个不在共产党控制的地区内，以总统认定的任何方式、期限和条件"提供援助的条文，从而开始了美国对台湾国民党政权长达半个多世纪的经济和军事援助。③ 在世界分裂为两个阵营的时代，政治上的同盟关系和经济上的援助关系都来自同一阵营。

1949年7月4日，刘少奇通过电报，征得了毛泽东的同意，签署了共分四部分的报告，连同一封信，送交联共（布）中央和斯大林。报告讨论了中国革命的形势和前景（新政治协商会议和中央政府）、"对外关系"问题和双边关系问题（苏中关系）。报告充分地反映了中国共产党人对于时局问题、中国特性问题以及未来发展道路问题的深刻思考。

---

① 毛泽东：《论人民民主专政》（1949年6月30日），《毛泽东选集》（第4卷），人民出版社，1991，第1474~1475页。

② 邓小平：《打破帝国主义封锁之道》（1949年7月19日），《邓小平文选》（第一卷），人民出版社，1994，第134页。

③ *US Code Congressional and Administrational News*, 1950, pp. 203-204.

报告的第一部分强调了"世界无产阶级和人民民主力量，尤其是苏联"给予中国人民的帮助，同时突出了"马克思主义中国化"的价值，以及"中国道路"的模式特征："组织反帝民族统一战线的经验"，搞"土地革命"、在农村地区"进行武装斗争"和"农村包围城市"的经验，"在城市进行秘密斗争和公开斗争"，并把它同武装部队的行动结合起来的经验，以及"在中国这样的国家"建设马克思列宁主义政党的经验。中国共产党人的结论是：这些经验"对于其他殖民地半殖民地国家可能是有益的"。①

从"马克思主义中国化的道路"出发去讨论中国发展的前景，必然的结论就是争取苏联的帮助，但是不依赖苏联的帮助，立足于根据中国的国情学习苏联，所以，这种学习，或者"倒"只可能是"主动的"。报告的第二部分提到了需要培养中国自己的干部，希望能派几位有经验的苏联同志来华，帮助开展工作。这个部分没有就中国未来的经济发展模式提出任何具体的想法，这也证明了当时的中共领导人尚不具备这个方面的知识和经验。这个推测可以在报告的第四部分中找到旁证，在这部分中，刘少奇提出：

> 我们长期在农村地区打游击战，因此对于外部事务很不熟悉。目前，我们行将管理这样一个大国，搞经济建设，又要进行外交活动。还有许多东西都需要我们学习。在这方面，联共（布）给予我们以指教与帮助是非常重要的。我们急需这种指教和帮助。除了派苏联专家来中国帮助我们外，我们还希望派苏联教师来中国帮助我们讲课，而中国则向苏联派来学习考察团。此外，我们还想派大学生来苏联学习。（斯大林批注：可以）②

正像米高扬的判断一样，中共领导人在国际战略问题上显示了洞察力和判断力。报告提出：

> ……在国际政策方面，毫无疑问，我们将同苏联保持一致，就此我

---

① 迪特·海茵茨希：《中苏走向联盟的艰难历程》，新华出版社，2001，第326页。
② 俄罗斯联邦总统档案馆，全宗45，目录1，案卷328，第49页。另见迪特·海茵茨希《中苏走向联盟的艰难历程》，新华出版社，2001，第343页。

们已经向各民主党派做了一些解释（斯大林注：是的）……我们希望，在各种对外政策问题上，都能得到联共（布）和约·维·斯大林同志的指教（斯大林注：是的）。①

有良好的政治气氛为前提，刘少奇的报告进一步介绍了中共关于苏军驻扎旅顺口、外蒙古独立和苏联从东北搬走机器设备等问题上的口径。②当然，报告最终还是要落实到苏联援助和3亿美元贷款上，因为即将取得解放战争全面胜利的中国共产党人所面临的最为急切的任务是经济建设和管理国家。刘少奇重申"完全同意"斯大林提出的贷款条件，并感谢苏联给予中国人民的帮助。两天之后，即7月6日，刘少奇再次致函斯大林，提出了8点具体问题和请求，涉及非常广泛的需要苏联援助的领域，敦请斯大林就贷款和派专家等事宜作出批示，这些等待援助的领域包括：

（一）让中国代表团在苏联了解各级政府结构、中央与地方的关系、党政机关和群众团体之间的关系、武装部队、人民法庭、公安机关、财金机关的组织设置，文化、教育机关以及外交部的结构。在经济政策和管理方面，了解工业、农业和商业的协调发展，国家预算、地方预算、工厂、机关、学校、国营农场和集体农庄的概算，国有企业、地方企业、工厂、机关、学校的副业与合作企业之间的关系，银行、合作社、海关、对外贸易部的组织与作用，税收体系的职能和交通运输的结构等，了解文化组织，党、群众、青年和工会的组织结构和运行方式。③

---

① 俄罗斯联邦总统档案馆，全宗45，目录1，案卷328，第47页。另见迪特·海茵茨希《中苏走向联盟的艰难历程》，新华出版社，2001，第337页。
② 报告解释说，因为中国当时还不能靠自己力量保卫自己的边防，如果不同意在旅顺驻扎苏军，就是帮助了帝国主义；应当尊重蒙古人民自己的选择，如其按民族自决原则要求独立，中国就应予以承认，如其表示愿意同中国合并，中国将对此表示欢迎；东北的机器设备原本是属于日本人的，苏联作为战利品将它们搬走是用于自己的社会主义建设，同时也是出于不让这些机器设备落到中国反对派政党手中用以反对中国人民的考虑。苏联的做法是完全正确的。斯大林表示了赞同。引自迪特·海茵茨希《中苏走向联盟的艰难历程》，新华出版社，2001，第340~341页。
③ 俄罗斯联邦总统档案馆，全宗45，目录1，案卷328，第52~53页。

（二）请苏联政府建立一所专门培养中国干部的苏联学校，为新中国培养所需要的建设和管理国家与企业的干部……设工业系、贸易系、银行业务系、法律系、教育系等。

（三）建立苏联与中国之间的交通联系，包括邮电通信、海陆运输、空中联系，并且帮助中国建立飞机修理厂和培养空军干部等。

（四）帮助中国建设中国海军，培养海军干部。

（五）帮助解放新疆，解决空军支援问题。

（六）帮助中国扫雷、打捞沉船和建立海岸防务。

（七）东北向苏联出口80万~100万吨粮食，换取机器设备，苏联帮助建设鸭绿江水电站。

（八）建立苏中文化联系，翻译政治、科学和文化著作，在中国建立俄文图书馆，开设书店等等。[1]

总而言之，20世纪40年代的中国百废待兴。中国共产党人不仅面临着夺取战争最后胜利的使命，而且肩负着在积贫积弱的基础上建设现代化国家的任务，外来援助不仅是重要的，而且是关键的。起先中共提出的要求还都是在军事援助领域，例如朱德建议派300~400人去苏联学习空军，同时购买100架飞机，连同现有的空军组成一个攻击部队，准备于1950年夏，掩护渡海，夺取台湾。毛泽东提出请苏联在半年至一年内培训1000名飞行员和300名机场勤务技术员，另外购买100~200架歼击机、40~80架轰炸机，等等[2]；后来就考虑到邮电通信乃至文化交往方面的建设。

5. 苏联援助与中苏国家关系

如前所述，中国在争取苏联援助的谈判中一直体现着平等的国家关系。中国争取苏联援助是积极主动的，是在特定的历史时期，特定的国情条件下采取的特殊政策。这些政策虽然带有深刻的时代烙印，但是始终没有丧失"中国特色"。在与苏联协商援华事宜时，毛泽东强调中方不向苏联请求

① 迪特·海茵茨希：《中苏走向联盟的艰难历程》，新华出版社，2001，第347~348页。
② 1949年7月25日毛泽东给斯大林的电报，俄罗斯联邦总统档案馆，全宗45，目录1，案卷328，第139页。另见迪特·海茵茨希《中苏走向联盟的艰难历程》，新华出版社，2001，第371~373页。

"无偿援助"。① 在援助活动之中，中方并不欢迎与苏联共同开办合股公司的提议，实际上，毛泽东极其反感合营这种合作形式，他曾说过："你们就是不相信中国人，只相信俄国人。俄国人是上等人，中国人是下等人，毛手毛脚的，所以才产生了合营的问题……在斯大林的压力下，搞了东北和新疆两处势力范围、四个合营企业。② 后来，赫鲁晓夫同志提议取消了，我们感谢他。"③

1949 年 8 月底，中华人民共和国尚未宣告成立，30 名苏联高级别专家就受斯大林派遣从沈阳来到北京，在中南海受到毛泽东的接见。科瓦廖夫说，"由斯大林派来的"专家将给予"无私的援助"，周恩来在致辞的时候则强调中苏之间的对等关系："苏联的援助是无产阶级国际主义相互援助的具体表现，中国强大了，也是对苏联的一种支持和加强。"④

刘少奇对苏联的访问给毛泽东晚些时候出访苏联，处理 1945 年国民党政府同苏联政府签订的《中苏友好互助条约》，作了很好的铺垫。尽管如此，修订 1945 年那个根据《雅尔塔协定》签署的，损害中国主权和利益的条约仍然是一项艰巨的工作。1949 年 12 月 16 日，毛泽东刚到莫斯科，就向斯大林提出了订立《中苏友好互助条约》的问题。斯大林表示，《雅尔塔协定》规定，千岛群岛交给苏联，南库页岛及其邻近岛屿交还苏联，大连成为自由港，苏联恢复租用旅顺港为其海军基地，中国的长春铁路由中苏共同经营、共同管理。如果将大连、旅顺和中长铁路交还中国，就可能牵动《雅尔塔协定》，从而影响到千岛群岛和库页岛的归属。在谈判陷入僵局的时候，毛泽东把话题转到 3 亿美元的贷款问题，得到了斯大林爽快的肯定。毛泽东又从建立中国海军谈到解放台湾，希望得到苏联的海空军支持，而斯大林则答复说，提供援助是不成问题的，但援助的形式必须考虑。这里主要的问题是不给美国提供进行干涉的口实。⑤

---

① 王奇：《"156 项工程"与 20 世纪 50 年代中苏关系评析》，《当代中国史研究》2003 年第 2 期。
② 1950 年 3 月和 1957 年 7 月，中苏两国政府分别签订有关创办中苏股份公司的四个协定，在中国境内开办民用航空公司、石油公司、有色及稀有金属公司和造船公司。
③ 毛泽东：《同苏联驻华大使尤金的谈话》（1958 年 7 月 22 日），《毛泽东文集》（第 7 卷），人民出版社，1999，第 385～386 页。
④ 迪特·海茵茨希：《中苏走向联盟的艰难历程》，新华出版社，2001，第 400 页。
⑤ 中共中央文献研究室编《毛泽东传》（上卷），中央文献出版社，2003，第 34～35 页。

中苏这一轮高峰会议并不顺利，因为涉及国家利益的敏感问题，所以斯大林采取了拖延的战术，后来西方国家制造谣言，说斯大林把毛泽东软禁起来，反而促使斯大林下决心签订中苏新约，使中苏谈判进入新的阶段。1950年1月31日，毛泽东致电刘少奇，通报新约谈判情况说："同过去的情况不同的，即是苏方已应我方要求，将中长路、旅顺口在三年内无条件交还给我们，大连则在一年内将产权交还给我们，惟自由港地位待对日和约订立后解决，系为应付美国，实际上亦完全由我处理。"①

除了上述敏感问题，"援助条款"毫无疑问地占据了《中苏友好互助条约》的核心位置。从中方的角度来看，在遭受帝国主义封锁、战争破坏的情况下，共产党开始以执政党的心态看待建设需求，并想方设法寻求外来援助。在1949年底1950年初毛泽东在苏联期间，中共连续向斯大林提出了具体的援助请求。12月底，刘少奇电告斯大林，请求苏联按计划培训飞行员，向人民解放军提供93000吨高级汽油和38000吨非高级汽油等。斯大林部分地满足了这一请求。彭德怀提出，人民解放军进入新疆后，给养不能得到保障，通货膨胀加剧，鉴于自然条件特别困难，很难从中国内地向新疆提供援助。对此要求，斯大林没有反应，毛泽东在谈判的时候不得不重提此事。对于人道主义救援，斯大林反应迅速。毛泽东1月2日告诉斯大林，东北松花江上的水电站正遭受决堤的威胁，倘若大堤决口，东北工业将受到危害，松花江平原数百万居民将遭受穷困，哈尔滨和吉林等城市将被淹没。斯大林在5天之内就派出4名水利专家去中国，继后又派出7名专家。② 在当时，人道主义援助和现在类似，也较少涉及国家利益和主权，因此无论对于援助的一方，还是对于受援的一方，都比较能够达成协议并快速实施。

三 体现在苏联对华援助中的国家利益

1. 苏联的国家利益

前面讲到，苏联改变了援助国民党的政策，转而援助中国共产党，这里有一个中国国内的原因和一个国际的原因。在中国国内，中国共产党的节节胜利使斯大林认识到中国共产党将取得解放战争的全面胜利，并将取代国民

---

① 中共中央文献研究室编《毛泽东传》（上卷），中央文献出版社，2003，第49页。
② 迪特·海茵茨希：《中苏走向联盟的艰难历程》，新华出版社，2001，第531页。

党，建立代表人民利益的合法政府。苏联与国民党之间建立的国家间关系将随着政权的更迭而过时。在国际上，美苏两大集团对峙的冷战格局已经形成，苏联需要进一步巩固社会主义阵营，用以抵抗来自西方各方面的压力。1947 年的《马歇尔计划》和 1949 年的杜鲁门"第四点计划"与苏联对社会主义国家提供援助几乎同步，这不是一个偶然的现象。在 1949 年底和 1950 年初，苏联驻华使馆不断报告美国挑拨中苏关系的情况，称："现在美帝国主义在对华政策中非常重视中苏关系问题。美国把希望寄托在当它承认人民政府之后，就可以借助贸易使中国在经济上依附于它，然后再对中国施加政治影响。美国害怕中国参加以苏联为首的社会主义体系。"① 不仅美国害怕中国加入东方阵营，苏联方面也害怕中国成为"第二个南斯拉夫"。中国幅员辽阔、资源丰富，有重要的战略地位。为了壮大社会主义阵营，发展和西方对峙与抗衡的力量，巩固远东的防线，苏联方面作出了巨大的让步，放弃了在中国东北的各种利益。基于同样的原因，斯大林决定向中国提供援助，认为"要把苏中两国在世界政治中的战略伙伴关系放在高于一切的位置，认为在国际事务中应保持苏联在世界的领导作用，鼓励中国领导人使中国在亚洲地区国际关系问题上发挥作用，所以为此付出代价是符合目的的"。②

有理由相信，苏联对"社会主义大家庭"的成员们是有所区别的。例如，苏联对华援助条款的草案参照苏联与东欧国家缔结的条约，其中的表述提到"立即"给予"一切所拥有的军事和其他援助"。这一条款在第二稿时被苏方改为：提供"一切可能的经济援助"。③ 斯大林一直担心毛泽东会成为第二个铁托，后来他还改变了条约签订之前与中方达成的援助协议，在专家待遇问题上提出了更加苛刻的条件。④ 在核武器研制这样的敏感领域里，苏联援助始于赫鲁晓夫时代而不是斯大林时代。⑤

朝鲜战争爆发后，中国出兵朝鲜的举措改变了这种局面。毛泽东说："苏联人从什么时候开始相信中国人的呢？从打朝鲜战争开始的。从那个时

---

① 见《1950 年中苏条约谈判中的利益冲突及其解决》，沈志华、李丹慧：《战后中苏关系若干问题研究——来自中俄双方的档案文献》，人民出版社，2006，第 24～25 页。

② 王奇：《"156 项工程"与 20 世纪 50 年代中苏关系评析》，《当代中国史研究》2003 年第 2 期。

③ 迪特·海茵茨希：《中苏走向联盟的艰难历程》，新华出版社，2001，第 593、598 页。

④ 沈志华：《苏联专家在中国（1948～1960）》，中国国际广播出版社，2003，第 79～86 页。

⑤ 沈志华：《苏联专家在中国（1948～1960）》，中国国际广播出版社，2003，第 312 页。

候起，两国开始合拢了，才有一百五十六项"。① 沈志华认为，中国加入了以苏联为首的社会主义阵营，使得苏联在亚洲的安全和战略利益得到了保障，因此，苏联也就向中共提供庇护和经济保障。有关中长铁路、旅顺港和大连的协定最终基本上是按照中方的意愿签订的。② 在这种背景下，中苏两国的经济合作和苏联对华援助活动才开始大范围地展开。

苏联对华援助并不是完全无私的，其中也夹杂着国家和民族的利益。例如，1949 年 12 月 31 日，周恩来递交了一份协议文本，对少数几个地方作了修改，提出中国不仅以供应原料（以及黄金和美元），而且也以提供制成品来偿还贷款。这一条被苏方拒绝了，除苏方草案规定的偿还方式以外，只允许以茶叶进行偿付。③ 再如，据赫鲁晓夫回忆，斯大林有一次，可能是在 1949 年上半年，在其亲信中问，谁知道中国在什么地方有金矿和钻石矿。贝利亚回答说，中国的宝藏多得很，只是毛泽东瞒着我们不讲。如果苏联给他一笔贷款，他就得给我们一些东西作为偿还。④ 这段逸闻的真伪可以通过 1950 年 1 月 29 日苏方向中国代表团提出的一份附加于贷款协定的议定书得到旁证：

议 定 书

中华人民共和国中央人民政府与苏维埃社会主义共和国联邦政府业已签订的关于苏联贷款给中国的协定相联系，双方政府达成如下协议：

鉴于苏联缺乏战略原料（钨、锑、铅、锡）而陷于紧迫形势，中华人民共和国中央人民政府满足苏联政府愿望，并宣布同意在近 10 ~ 12 年内以每年商品周转协定的方式，把全部剩余的钨、锑、铅、锡单独卖给苏联。

抄送：斯大林、莫洛托夫、贝利亚、米高扬、卡岗诺维奇、布尔加宁同志。

---

① 毛泽东：《同苏联驻华大使尤金的谈话》（1958 年 7 月 22 日），《毛泽东文集》（第 7 卷），人民出版社，1999，第 387 页。此处所说的"一百五十六项工程"指我国第一个五年计划期间，由苏联援助中国建设的 156 项大中型工业项目，实际进行施工的项目为 150 项。
② 沈志华：《苏联专家在中国（1948 ~ 1960）》，中国国际广播出版社，2003，第 79 页。
③ 迪特·海茵茨希：《中苏走向联盟的艰难历程》，新华出版社，2001，第 617 页。
④ 迪特·海茵茨希：《中苏走向联盟的艰难历程》，新华出版社，2001，第 618 页。

针对这个要求，1 月 31 日周恩来对苏联草案提出了修改意见，要求确定上述金属按照世界市场价格出售，延长供货期为 14 年。周恩来还提出把部分剩余金属产品卖给其他人民民主国家，如捷克斯洛伐克就希望购买 1600 吨钨。米高扬回答，苏联准备购买全部剩余产品。周恩来进一步提出，如果苏联提供经济和技术帮助，中国可以迅速提高产量，米高扬答应给予帮助。[①]

2. 中国的国家利益

争取到苏联对新中国的经济援助既有政治上的意义，也有经济上的意义。毛泽东认为，世界上的许多力量都是可以交错利用的，就像他在《论人民民主专政》中强调的，如果没有苏联的存在，没有社会主义阵营的出现，没有资本主义国家内部人民大众的斗争等等综合性因素，堆在新中国头上的反动势力压力将会强大许多倍。争取苏联援助等于争取到了整个社会主义阵营对新生政权的政治支持，但又绝不仅限于此。在经济上，中国希望借助苏联援助尽快地发展自己，只有经济发展起来了，才可能在政治上自立于世界民族之林。

1950 年，《中苏友好互助条约》以苏联政府和中国政府间条约方式签字，苏联也完成了从援助国民党政府向援助共产党政府的过渡。此后，中苏友好同盟关系的一个重要标志——苏联对华援助迅速得到实施，成为中苏两国友好的见证。这种友好关系在中国抗美援朝战争之后和中国的第一个五年计划期间达到了最佳状态。在那个时期，苏联政府动员了巨大的人力、物力，帮助中国编制计划、援建项目、供应设备、传授技术、代培人才、提供低息贷款、帮助中国建设，并且向中国提供研究和平利用原子能的技术和工业方面的帮助，这些都受到中国领导人的高度赞扬。

1955 年，以毛泽东主席、刘少奇委员长、周恩来总理兼外交部部长的名义致电苏联领导集体，庆祝《中苏友好互助条约》签订五周年。电文说，苏联对新中国的帮助是"全面的、系统的和无微不至的"：

苏联政府先后帮助中国新建和扩建共达 156 项的巨大工业企业，派

---

① 俄罗斯联邦对外政策档案馆，全宗 07，目录 23A，卷宗 18，案卷 235，第 73、83 页。转引自迪特·海茵茨希《中苏走向联盟的艰难历程》，新华出版社，2001，第 618~619 页。

遣大批优秀专家帮助中国建设，几次给予中国优惠贷款，将中苏共同管理的中国长春铁路和苏联机关于 1945 年在中国东北境内由日本所有者手中获得的财产无偿地移交中国，将中苏合营企业的苏联股份出售给中国，并决定把中苏共同使用的旅顺口海军根据地和该地区的设备交由中国完全支配，最近又建议在促进原子能和平用途的研究方面给予中国以科学、技术和工业上的帮助。

中国政府和中国人民感到"这种兄弟友谊无上珍贵"。①

3. 社会主义阵营内部的国际主义成分

当然，在 20 世纪 50 年代的时候，中苏之间这种"兄弟友谊"体现的是一种东西对峙和两极格局下的国际主义。斯大林说：

> 中国和欧洲各人民民主国家［却］脱离了资本主义体系，和苏联一起形成了统一的和强大的社会主义阵营，而与资本主义阵营相对立……这些国家在经济上结合起来了，并且建立好了经济上的合作和互助。这个合作的经验表明，没有一个资本主义国家能像苏联那样给予人民民主国家以真正的帮助和技术精湛的帮助。②

薄一波认为，苏联对华援助同斯大林本人的支持分不开，而斯大林是一位"有无产阶级国际主义思想的领导人"。他进一步回忆说，主管经济工作的陈云也曾经说过："苏联是社会主义国家，那时他们对我们的援助是真心诚意的。比方说，苏联造了两台机器，他们一台，我们一台。能做到这样，确实是尽到了他们国际主义义务。"③ 到了 1981 年 3 月中共中央起草《关于建国以来若干历史问题的决议》时，陈云还提到，第一个五年计划中的"156 项"确实是援助，应当按照事情本来的面貌去撰写苏联工人阶级和苏

---

① 《毛泽东主席、刘少奇委员长、周恩来总理兼外交部部长 1955 年 2 月 12 日给苏联伏罗希洛夫主席、布尔加宁主席、莫洛托夫外交部部长庆祝〈中苏友好互助条约〉签订 5 周年贺电》，转引自杨英杰《苏联对于我国第一个五年计划的伟大援助》，中国财政经济出版社，1956，第 5 页。

② 斯大林：《苏联社会主义经济问题》，人民出版社，1953，第 27 页；转引自杨英杰《苏联对于我国第一个五年计划的伟大援助》，中国财政经济出版社，1956，第 34 页。

③ 薄一波：《若干重大决策与事件的回顾》（上卷），中共中央党校出版社，1991，第 300 页。

联人民对中国的情谊，以表明中国共产党人是公正的。①

不仅苏联援助体现了国际主义，而且在中方的思维方式中也有国际主义的成分。在中苏两国签订的协定中规定，中方在 1954～1959 年向苏方提供钨砂 16 万吨、铜 11 万吨、锑 3 万吨、橡胶 9 万吨等战略物资，作为苏联援建项目的部分补偿。薄一波认为："向苏联提供战略物资，不仅是偿还，也是我们的国际主义义务。"②

第二节　苏联对华援助的概况

一　苏联对新中国的援助规模及领域

1949～1960 年的 10 多年间，苏联向中国提供了 11 笔数额比较大的贷款，主要用于援建改建一批特大型工业企业。所谓苏联援华的"156 项工程"其实只是一个标志性的用语。薄一波后来回忆说，这些项目有的是我方提出的，有的是苏方提出的，经过多次商谈才确定下来。经过商谈确定的项目有 174 项。经过反复核查调整后，最后确定为 154 项。实际施工的为 150 项，其中在"一五"期间施工的有 146 项（一说为 141 项）。③ 加上"二五"期间新签订的中苏协议项目，苏联援华建设项目超过了 300 项，④ 1960 年苏联撤援时建成 133 项，其他在建项目继续建设，到 1969 年"156 项"实际完成。⑤ 因为此前统计苏联援华工程为"156 项"，所以后来一直沿用"156 项工程"来统称苏联援华项目。

苏联援助以资金转移这种方式带动了大量的设备和物资转移，数以万计的顾问专家来华帮助工作，并且通过这些设备和人员的交流，转移了技术，培训了中国的专业技术人才，还通过技术合作、优惠贸易、合股公司等形式向中国转移了物资、技术和管理经验。这些援助对于新中国来说，

① 《陈云文选（1956～1985）》，人民出版社，1986，第 258 页。
② 薄一波：《若干重大决策与事件的回顾》（上卷），中共中央党校出版社，1991，第 301 页。
③ 薄一波：《若干重大决策与事件的回顾》（上卷），中共中央党校出版社，1991，第 297 页。
④ 彭敏主编《当代中国的基本建设》（上），中国社会科学出版社，1989，第 52～53 页。
⑤ 董志凯、吴江：《新中国工业的奠基石——156 项建设研究》，广东经济出版社，2004，第 4 页。

不是用"及时"和"必需"就可以概括的。中国社会科学院经济研究所的董志凯等在经过了十数年的研究和调查追踪的基础上作出了"156 项"是"中国工业化的奠基石与里程碑"的高度评价，以"156 项"为核心，中国建设了近千个工业项目。[①] 正是有了苏联的援助，新中国在短短几年的时间里恢复了生产，在工业现代化的道路上迈进了一大步，建立了管理现代化工业的规章制度，还在一些尖端国防科技领域里，例如在原子能研究和原子能和平利用方面，奠定了"前进的基础"。[②] 苏联援助不仅推动了中国现代化工业的起步，而且产生了长久的制度影响，同时具有突出的战略意义。这一时期苏联援助的"附加价值"是数字所无法概括的，将 20 世纪 50 年代的苏联援助和 80 年代以后的西方对华援助作简单的数量对比并没有太多的意义。

根据不完全统计，1950～1959 年，中国引进苏联技术设备投资共计 76.9 亿旧卢布（折合人民币 73 亿元），其中 1950～1952 年完成 2.4 亿旧卢布，占 3.1%；1953～1957 年完成 44 亿旧卢布，占 57.2%；1958～1959 年完成 30.5 亿旧卢布，占 39.7%。同期，引进东欧各国技术设备投资共计 30.8 亿旧卢布（折合人民币 29.3 亿元）。这些投资中有很大一部分用于军事和国防建设，这方面的投资占到贷款总额的 73%，只有 27% 用在了经济建设上。这同当时中国的国际和国内条件直接相关，也反映了中苏战略同盟关系对援助活动的影响。从总量上看，苏联对华援助与对其他社会主义国家的援助相比并不算多。根据苏联方面公布的材料，截至 1957 年 7 月，苏联向社会主义阵营各国的贷款数目达到了 280 亿卢布。苏联还向其他新独立的国家提供援助，例如 1954～1957 年苏联给印度的贷款有 10 亿多卢布，偿还期 12 年。从总额上看，苏联给中国的贷款与这些国家相比为数并不算少，约占给社会主义国家贷款总额的 1/5，但是其中用于经济用途的贷款却少得可怜。主要原因并不是苏联不愿意提供经济援助，而是中国领导人不愿意大规模地向外举债。[③]

---

① 董志凯、吴江：《新中国工业的奠基石——156 项建设研究》，广东经济出版社，2004，第 1 页。

② 杨英杰：《苏联对于我国第一个五年计划的伟大援助》，中国财政经济出版社，1956，第 12 页。

③ 沈志华、李丹慧：《战后中苏关系若干问题研究——来自中俄双方的档案文献》，人民出版社，2006，第 198 页。

如果按照项目来统计，那么中国从 1950 年开始同苏联签订了第一份《中苏协议书》，委托苏联就一批建设项目进行设计并提供成套设备。根据国民经济恢复和建设的需要，这第一批建设项目主要集中在煤炭、电力等能源工业，钢铁、有色、化工等基础工业，以及国防工业等方面，共计 50 项。抗美援朝战争爆发以后，为了巩固国防，取得战争的胜利，中国在 1953 年以国防军事工业及相关的配套项目为重点，与苏联签订了第二份《中苏协议书》。根据这个协议，苏联向中国供应成套设备的建设项目共计 91 个。1954 年 10 月中国又与苏联签订了第三批苏联供应成套设备的建设项目《中苏协议书》，引进能源工业和原材料工业等项目共 15 项，并决定扩大原订 141 项成套设备项目的供应范围。至此，中国与苏联签订的援建项目共计达到 156 项，即"156 项工程"。1955 年 3 月中国又与苏联签订了新的《中苏协议书》，协定包括军事工程、造船工业和原材料工业等建设项目，共 16 项，随后通过口头协议又增加 2 个项目。此后，中国对项目进行增减和拆并等调整。1958 年和 1959 年中国再与苏联先后签订了几个由苏联供应成套设备的项目建设《中苏协议书》，共涉及 100 多个建设项目。整个 50 年代，中国通过《中苏协议书》获得苏联帮助的成套设备建设项目共计 304 项，单独车间和装置 64 项。[1]

20 世纪 50 年代的苏联对华援助不是限于经济和国防领域，而是涉及中国国防安全、国民经济和社会文化等各个领域，援助范围远比 1978 年之后的西方对华援助更为全面。1978 年以后的西方对华援助基本上没有涉及军事、文化（文艺演出）和体育这三个领域，而苏联对华援助却包括了这些领域。例如，歌剧《茶花女》就是中国的艺术家在苏联专家的指导下排练出来的，而组织这样的文艺演出在当时不是市场行为，而是国家行为。

苏联对华援助主要集中在工业部门里，在苏联实际援建的 150 个工业项目中，有 44 个是军工企业，20 个是冶金工业企业，24 个是机械加工企业，52 个是能源企业，还有 3 个轻工和医药工业企业。[2] 其中，军事领域的合作是苏联对华援助的一项主要内容，从苏联援华贷款的基本用途就可以清楚地看到这一点（见表 2-1）：

---

① 彭敏主编《当代中国的基本建设》（上），中国社会科学出版社，1989，第 52~53 页。

② 王奇：《"156 项工程"与 20 世纪 50 年代中苏关系评析》，《当代中国史研究》2003 年第 2 期。

表 2 - 1　20 世纪 50 年代中国接受苏联贷款一览表

单位：亿卢布

序号	时间	金额	用途
1	1950 年 2 月 14 日	12	经济建设
2	1951 年 2 月 1 日	9.86	购买军用物资
3	1952 年 9 月 15 日	0.38	种植橡胶
4	1952 年 11 月 9 日	10.36	购买 60 个步兵师装备
5	1953 年 6 月 4 日	6.1	购买海军装备
6	1954 年 1 月 23 日	0.035	有色金属公司
7	1954 年 6 月 19 日	0.088	有色金属和石油
8	1954 年 10 月 12 日	5.46	特种军事用途
9	1954 年 10 月 12 日	2.78	转让中苏合营公司苏联股份
10	1955 年 2 月 28 日	2.47	转售安东苏军物资
11	1955 年 10 月 31 日	7.23	转售旅大军事基地苏军物资
总　计		56.76	

注：此处所用货币为旧卢布。

　　苏联援助以军事工业和重工业为主，这个布局是根据中国方面的要求而确定的。新中国成立之初，中国军队的兵种单一，主要以步兵为主，武器装备落后，国防工业极不发达。蒋介石虽然退守台湾，但是国民党军队仍然占有海空优势，加上台湾岛上建有美军基地，对刚刚成立的新中国政权构成现实的威胁。由于缺乏现代化的海军装备，在 1949 年 10 月 25 ~ 27 日的金门古宁头战役中，解放军后援部队的木船不及国民党军队的铁甲舰，致使登陆部队全军覆没，损失达 9000 余人。由于缺乏有效的空军阻击能力，中共中央首脑机关刚刚进入北平，北平就于 1949 年 5 月 4 日遭到国民党空军的轰炸。1949 年 10 月 ~ 1950 年 2 月，国民党空军对大陆地区进行了 26 次空袭，其中 1950 年 2 月 6 日对上海的空袭造成的危害最大，致使当时上海功率最大的杨浦发电厂受到重创，上海生产停顿，全国本来就上涨的物价和处于瘫痪状态的经济形势更加难以控制。威胁还来自资本主义阵营的经济封锁和禁运。美国将中国列入"巴统"管制国家之列，禁运货单达 400 多种。① 因

---

① 董志凯、吴江：《新中国工业的奠基石——156 项建设研究》，广东经济出版社，2004，第 30 页。

此，恢复经济与保障安全是新中国面临的两大任务，而没有安全保障就没有经济的恢复与发展。在这种情况下，中共领导人向苏联提出帮助建设海军和空军的请求，苏联方面作出了积极的响应。1950 年 1 月以前，至少有 711 名海军专家和 878 名空军专家已经开始在中国工作。新中国的海军和空军就这样在苏联的帮助下建立起来。①

苏联对华援助还涉及尖端的国防科技领域，例如苏联为中国的原子能工业发展提供了技术和工业方面的支持。1955 年 4 月 27 日，以刘杰、钱三强为首的中国政府代表团在莫斯科与苏联政府签订了《关于为国民经济发展需要利用原子能的协定》，确定由苏联帮助中国进行核物理研究，并且进行以和平利用原子能为目的的核试验。按照协议的规定，苏联派遣专家为中国设计并建造一座试验性的原子反应堆和回旋加速器，苏联还无偿提供有关原子反应堆和加速器的科学技术资料，提供能够维持原子反应堆运转的数量充足的核燃料和放射性同位素，培训中国的核物理专家和技术人员。苏联派到中国的核物理专家是一流的，包括"苏联原子弹之父"库尔恰托夫最亲密的助手之一沃尔比约夫。

与原子能项目相比，导弹研究是属于纯军事目的的，又与原子弹密切相关，苏联在这方面的援助相对要谨慎一些，但是在 1956 年后，苏联也打开了在这一领域与中国进行合作的大门。1956 年 9 月，中国方面由 40 多人组成的庞大的代表团到莫斯科与苏联进行协商。苏联方面尽管有一些保留，但仍然十分友好和热情。苏方代表团团长、国家对外经济联络委员会主席别尔乌辛在谈判中认为，中方提出的有些产品型号性能已经落后，主动建议提出更新的产品型号。9 月 14 日，苏方提交了协定草案，别尔乌辛对中方代表团的领军人物之一聂荣臻说，这种协定在苏联外交史上还是第一次，因为中国是最可靠、最可信任的朋友。此后，在 1957~1958 年，苏联向中国提供了几种导弹、飞机和其他军事装备的实物样品，交付了导弹、原子能等绝密技术资料，派遣了有关的技术专家来华，为中国的原子弹事业的发展作出了不可磨灭的贡献。②

综上所述，苏联对华援助的范畴远远超出了 1978 年以后中国接受西方

① 沈志华：《苏联专家在中国（1948~1960）》，中国国际广播出版社，2003，第 92~101 页。

② 沈志华：《苏联专家在中国（1948~1960）》，中国国际广播出版社，2003，第 311~333 页。

发达国家的"官方发展援助"，只有把苏联对华援助与冷战条件下中苏同盟关系的发展联系在一起，才能够解释。新中国政权的巩固、中国现代工业体系的建立以及计划经济体制的形成与苏联援助是分不开的，因此其作用和意义极其深远，不能简单地用苏联对华援助的规模来衡量。

二 苏联援助的主要形式

苏联对华援助可以大致分为：提供低息贷款、援建重点项目、进行技术合作和在中苏贸易中实施价格补贴等四种方式。除了这四种方式以外，这里还将重点讨论一下尚未引起足够重视的"软"方式：共享管理经验，还有就是要专门讨论苏联援华专家的作用，用时下流行的术语就是"人力资源"或"智力技术"方面的援助。

1. 提供低息贷款

1949 年 7 月 30 日，刘少奇以东北地方政府的名义与马林科夫初步签订了中苏之间的贷款协定，数额 3 亿美元，年利率为 1%，为期 5 年。毛泽东在 1949 年底 1950 年初访苏时，双方以中央政府的名义再次签订贷款协议，金额为 12 亿旧卢布（折合 3 亿美元），年利率仍为 1%，10 年内偿还，作为《中苏友好互助条约》的重要组成部分。[1] 随后在 1951~1955 年，中国又先后 10 次与苏联签订贷款协定，年利率为 2%，偿还期 2~10 年。中国于1950~1955 年向苏联贷款总额为 56.6 亿旧卢布（折合人民币 53.7 亿元）。到 1964 年，中国比《中苏友好互助条约》规定提前一年偿清全部贷款本息，共付利息 5.8 亿多旧卢布（折合人民币 55.5 亿元）。[2] 苏联的低息贷款主要用于购买苏联生产的设备、机器和各种材料，以及偿付苏联移交物资的费用，货单由中方提供。因此，苏联援华贷款主要是以实物而非资金的形式提供的。

2. 援建重点项目

苏联对华援助的一个重要内容就是帮助中国进行一批重点项目的建设，也就是"156 项工程"。项目实施的目的是帮助中国迅速建立起布局相对合理、技术比较先进、门类基本齐全的工业体系，为中国工业化的进一步发展

---

① 沈志华：《建国初期苏联对华援助的基本情况》，http://www.shenzhihua.net/zsgx/000140.htm。

② 彭敏主编《当代中国的基本建设》（上），中国社会科学出版社，1989，第 57 页。

奠定基础。与重点项目建设相配套，苏联为中国提供了极其全面的技术支持，包括：派遣大批苏联专家来华工作，向中国提供完整的技术资料，以接受留学生和技术干部实习等方式帮助中国培养自己的技术队伍，等等。

苏联和东欧社会主义国家援建中国的项目规模都是比较大的。苏联帮助新建和扩建的有鞍山、武汉、包头三大钢铁联合企业，长春第一汽车制造厂，武汉重型机床厂，哈尔滨汽轮机厂，兰州炼油化工设备厂，洛阳第一拖拉机制造厂等；德意志民主共和国帮助建设的有西安仪表厂、郑州砂轮厂；捷克斯洛伐克帮助建设的有辽宁电站、影片洗印厂；波兰帮助建设的有新中国糖厂和佳木斯糖厂等。毫不夸张地说，是这些外来的企业奠定了中国现代工业的基础。

苏联和东欧各国不仅提供了援建企业所需的机器设备，而且从地质勘察、厂址选定、设计资料收集、技术设计、建筑、安装和开工运转的指导，以及新产品技术资料的提供，一直到新产品的制造，都给予了全面、系统的"一条龙"帮助。以苏联援建的哈尔滨量具刃具厂为例，从工厂的整体布局到设备制造、产品图纸、各种产品的技术操作规程和生产管理设计，都由苏联方面协助完成。在项目建设的过程中，凡是中国能够生产的设备，能够进行的设计，援助方都主动提出由中国自行解决，以促进中国设计能力的提高和生产的进一步发展，[1] 因而不仅在项目的提出和设计方面，而且在项目的实施方面都体现了受援国的主导权和国家平等的原则。

3. 进行技术转让

在1953年5月15日签订的《中苏经济合作议定书》中，有一个无偿向中国提供技术文件的独立条款。根据这个条款，苏联几乎是无保留地向中国提供了苏联国内相关援助领域里的最新技术。[2]

从苏联和东欧国家引进的成套设备在当时都是比较先进的。例如，苏联在帮助建设长春第一汽车制造厂的过程中，曾动员了好几个设计部门的专家，综合了苏联国内各厂的建设经验，并结合中国的具体情况，设计出了最新的汽车制造厂，该厂的许多设备当时在苏联也是最先进的。[3] 在援建鞍山

---

① 彭敏主编《当代中国的基本建设》（上），中国社会科学出版社，1989，第54页。

② 沈志华：《建国初期苏联对华援助的基本情况》，http://www.shenzhihua.net/zsgx/000140.htm。

③ 彭敏主编《当代中国的基本建设》（上），中国社会科学出版社，1989，第54页。

钢铁公司的过程中，苏联设备本已到位，因为苏联国内用最新的工艺生产出更先进的设备，苏方又及时地将最新设备运到鞍山，替换此前已经到位的"过时"设备。① 就连西方学者麦克法夸尔和费正清也承认："苏联技术援助和资本货物的重要性不论如何估计也不为过。它转让设计能力的成果被描述成技术转让史上前所未有的。此外，中国看来已接受了苏联国内最先进的技术。在有些情况下，转让的技术是世界上最佳的。"②

在科学技术领域里，1954 年 10 月中国同苏联签订了科学技术合作协定，以后中国又同东欧各国分别签订了科学技术合作协定。到 1959 年，中国从苏联和东欧各国获得了 4000 多项技术资料。苏联提供的主要是冶炼、选矿、石油、机车制造和发电站等建设工程的设计资料，制造水轮机、金属切削机床等的工艺图纸，生产优质钢材、真空仪器等工业产品的工艺资料。东欧各国提供的主要是工业各部门和卫生、林业、农业等方面的技术资料。这些先进的技术资料，对于提高中国工农业的技术水平和新产品的生产能力具有重大的意义。而且，在提供技术资料时采取的是互相支援的优惠办法，不按专利对待，仅收取复制资料的成本费用。③

由于赫鲁晓夫需要中共领导人在政治上支持他在社会主义阵营中的领导地位，所以决定将中苏技术合作扩大到尖端军事科技领域。1957 年 10 月 15 日毛泽东第二次访苏的前夕，中苏双方在莫斯科签订了国防新技术协定。协定规定苏联将援助中国发展核能力，向中国提供有关的技术资料和原子弹样品。12 月 11 日，中苏两国科学院院长在莫斯科签订了两国科学院合作协定。为了有利于中国实现科技发展远景规划，1958 年 1 月 18 日，中苏两国政府又在莫斯科签订了《关于共同进行和苏联帮助中国进行重大科学技术研究的协定》。协定规定：在中国执行第二个五年计划期间，即 1958～1962 年，中苏共同进行和苏联帮助中国进行 122 项重大科学技术研究，其中包括一些高、新技术的研究。

正是因为苏联几乎无保留地向中国提供技术援助，中国才出现了提倡全

---

① 杨英杰：《苏联对于我国第一个五年计划的伟大援助》，中国财政经济出版社，1956，第 12～13 页。
② 〔美〕麦克法夸尔、费正清：《剑桥中华人民共和国史（1949～1965）》，中国社会科学出版社，1990，第 185～186 页。
③ 彭敏主编《当代中国的基本建设》（上），中国社会科学出版社，1989，第 54～57 页。

面学习苏联的潮流。1953 年 2 月 7 日毛泽东在中国人民政治协商会议第一届全国委员会第四次会议上公开发表指示，要求全国学习苏联："要学习苏联……要认真学习苏联的先进经验……我们不仅要学习马克思、恩格斯、列宁、斯大林的理论，而且要学习苏联先进的科学技术。我们要在全国范围内掀起学习苏联的高潮，来建设我们的国家。"[①] 周恩来也指示："有计划地组织大批科学工作人员和技术人员向现在在中国的苏联专家学习，把他们当导师来利用，而不要当作普通工作人员来利用。"[②]

4. 促进中苏贸易

还有一部分苏联援助是通过中苏贸易的形式实现的。通过中苏贸易，苏联向中国提供了大批中国生产建设急需而又无法从国际市场上买到的商品，其中一些商品的作价还低于国际市场价格。以矽钢片为例，苏联卖给中国的矽钢片的价格仅为香港市场价格的一半，而且按照合同价格固定不变，不受国际市场价格上涨的影响。[③]

5. 管理技术援助

在苏联援华项目中找不到"管理技术援助"这个名词，但这个方面的活动是实实在在地发生了，而且其作用丝毫也不亚于任何机械设备方面的援助。在 1978 年以后的西方援助中，有"技术援助"（Technical Assistance）的专栏，多用于专业和管理技术领域，与苏联对新中国在各个层面上的管理技术方面的帮助比较类似，但是苏联对中国在各层管理技术领域里的帮助，无论从深度还是从广度来看，都超过了西方对华援助，其影响力之深远，至今还很难作出最终的评价。但恰恰是在这个领域里，目前还很少有充分的认识或论述。

具体地讲，在这个领域里的苏联援助主要体现在两个主要的方面，但绝不仅限于这两个方面：一是苏联对中国编制第一个国民经济发展五年计划所提供的帮助；二是苏联专家对各个援建企业的现代化工业管理体制和规程所

---

① 转引自杨英杰《苏联对于我国第一个五年计划的伟大援助》，中国财政经济出版社，1956，第 35 页。

② 周恩来：《关于知识分子问题的报告》（1956 年 1 月 14 日），《周恩来选集》（下卷），人民出版社，1984，第 184 ~ 185 页。

③ 沈志华：《建国初期苏联对华援助的基本情况》，http://www.shenzhihua.net/zsgx/000140.htm。

作出的贡献。当然，苏式管理的引进还对新中国的高等教育体制、文艺体育团体，以及军事院校建制等发挥着难以估量的作用。

（1）编制"一五"计划。

1952年初，根据周恩来总理的提议，中央决定成立由周恩来、陈云、薄一波、李富春、聂荣臻、宋邵文等6位同志组成领导小组，组织领导"一五"计划的编制工作。薄一波后来详细地叙述了中国在编制第一个五年计划时接受苏联同志指导的过程：1952年8月，以周恩来为团长、陈云和李富春同志为副团长的政府代表团赴苏，征询苏联政府对《五年计划轮廓草案》（以下简称《草案》）的意见，商谈苏联援助中国进行经济建设的具体方案。苏联政府领导人看了《草案》后，以为"还不能算是五年计划，不仅不是计划，即使作为指令也不够"。周恩来和陈云在苏逗留了一个多月的时间，两次会见了斯大林。斯大林对中国的"一五"计划提出了一些原则性的建议。他认为，《草案》里考虑的5年中工业年平均增长20%的速度是勉强的，建议降到15%或14%。他强调，计划不能打得太满，必须留有后备力量，以应付意外的困难。他同意帮助中国设计一批企业，并提供设备。薄一波认为，斯大林的意见有很深刻的启发意义。[①]

薄一波后来回忆说："在国民经济恢复时期，中财委和后来成立的国家计划委员会，曾经编制过几个粗线条的年度计划纲要，也曾试行编制10年或15年的远景发展规划。但都因没有经验、地质资源情况不清、可供使用的统计资料极少、人才不足、知识不足等因素，没有搞出成型的东西来。后来向苏联学习，并得到苏联政府的具体援助，计划的编制工作就比较顺利了。"[②]

周总理和陈云同志回国后，李富春率领代表团继续同苏联有关部门广泛接触，征询意见，商谈苏联援助的具体项目，时间达9个月之久。1953年4月4日，米高扬向李富春通报了苏共中央、苏联国家计划委员会和经济专家对中国"一五"计划的意见。要点如下：

①从中国的利益和整个社会主义阵营的利益考虑，"一五"计划的基础

---

① 薄一波：《若干重大决策与事件的回顾》（上卷），中共中央党校出版社，1991，第286页。

② 薄一波：《若干重大决策与事件的回顾》（上卷），中共中央党校出版社，1991，第285～286页。

是工业化，首先建设重工业，这个方针任务是正确的；

②从政治上、舆论上、人民情绪上考虑，五年计划不仅要保证完成，而且一定要超额完成，因此，工业的年平均增长速度调低到14%～15%为宜；

③要注意培养自己的专家；

④加强地质勘探等发展经济的基础工作；

⑤大力发展手工业和小工业，以补充大工业之不足；

⑥要十分注意农业的发展，不仅要大量生产质量好、价格低的农机具和肥料，还要保证工业品对农村的供应，发展城乡物资交流；

⑦巩固人民币，扩大购买力，发展商品流通；

⑧工业总产值的增长速度要大于职工人数的增长速度，以保证劳动生产率的提高；劳动生产率的提高速度要大于工资的增长速度，以保证国家的积累；技术人员的增长速度要大于工人的增长速度，以保证技术水平的提高。

薄一波认为，这些意见虽然主要是立足于苏联的经验而谈的，但基本上符合当时中国的实际。薄一波承认："老实说，在编制'一五'计划之初，我们对工业建设应当先搞什么，后搞什么，怎样做到各部门之间的相互配合，还不大明白。""我们参考这些（苏联的）意见对计划草案作了较大的调整。"[1] 最后确定的"一五"计划工业发展构成是：军事工业企业占44%（其中航空工业12%，电子工业10%，兵器工业16%，航天工业2%，船舶工业4%），冶金工业占20%（其中钢铁工业7%，有色金属工业13%），化学工业占7%，机械加工企业占24%，能源工业企业占52%（其中煤炭占25%，电力25%，石油2%），轻工业和医药工业仅占3%。这些工业构成中国比较完整的基础工业体系和国防工业体系，而苏联援建的项目正是这些体系的骨架，"起到了奠定"中国"工业化初步基础的重大作用"。[2]

（2）制定企业管理规章制度。

苏联对于中国现代化企业管理的帮助与"一五"计划的编制相关联、

---

[1] 薄一波：《若干重大决策与事件的回顾》（上卷），中共中央党校出版社，1991，第287～288页。

[2] 薄一波：《若干重大决策与事件的回顾》（上卷），中共中央党校出版社，1991，第297～299页。

相配套。为了完成"一五"计划，还需要制定工业产品标准、技术操作规程和技术经济定额。[①] 不仅如此，还需要各行各业通过完整的现代的管理体制，保证这些标准、规程和定额能够贯彻实施。

在企业管理方面，苏联专家发挥的作用最为显著。新中国成立初期，中国还停留在手工业生产阶段，对于管理大工业几乎没有经验和知识。1947年陈云主管东北经济工作时，曾对大连造船厂实行的苏联八级工资制拍手叫好。1949年，石景山发电厂发生重大事故后，苏联专家发现这是由于操作失当引起的，于是帮助编制了一套工厂运行规程，要求工人按规程操作。由于中国处于工业化的初期阶段，所以这样的现象并不是孤立的。1951年8月14日，苏联专家莫谢耶夫在对《中国西北天然石油产地开采草案》提出书面意见时，尖锐地批评说："草案中根本没有谈到石油工业的管理问题。发展石油开采和人造石油的全部计划，只有在解决全国所有石油工业的管理组织问题的条件下，才能制定和执行。"[②] 同年12月27日，苏联专家向中国政府递交了《关于制定1951～1955年恢复和发展中华人民共和国经济国家计划方针的意见书》，提出有关工业发展方针及管理建议，要求把提高劳动生产率作为工业的中心任务之一，具体办法包括生产设备的现代化和合理使用，改善生产技术程序，采用先进作业法，提高工人技能，开展劳动竞赛，实施计件工资制，适当的劳动分工和企业专业化，降低生产成本，实行经济核算制，统一度量衡等一系列措施。[③]

在这种情况下，各行各业、各层各级建立了计划机构，各个企业开始使用计划表格、确定生产责任制，实施"流水作业法"，在工矿企业里掀起了完整地学习苏联管理工业生产的规章制度、加强生产的科学管理、提高劳动生产率的热潮。从1000多名苏联专家直接参与，利用苏联管理铁路的经验，帮助中长铁路制定的12条工业化管理制度可以看出，除了市场机制以外，苏联向中国传授了计划经济条件下管理现代化工业所必需的所有技术和经验：

① 沈志华：《建国初期苏联对华援助的基本情况》，http://www.shenzhihua.net/zsgx/000140.htm。

② 《1949～1952年中华人民共和国经济档案资料选编》工业卷，第768页。转引自沈志华《苏联专家在中国（1948～1960）》，中国国际广播出版社，2003，第123页。

③ 《1949～1952年中华人民共和国经济档案资料选编》工业卷，第768页。转引自沈志华《苏联专家在中国（1948～1960）》，中国国际广播出版社，2003，第12～124页。

①列宁——斯大林工作作风；

②建立新的工业组织机构和新定员表，确定工作人员职责；

③编制综合性的生产财务计划；

④制定技术组织措施，为提高劳动生产率和降低成本开展"满载超轴500公里运动"；

⑤开展爱国主义劳动竞赛；

⑥签订集体合同；

⑦确定自有流动资金、实施材料清查，加速流动资金流转；

⑧实施经济核算制；

⑨改善机车车辆的运用情况；

⑩根本地改善固定资产的日常维修；

⑪组织技术学习；

⑫改善工人与职员物质生活条件；等等。①

除了工矿企业以外，苏联还派遣农场经理、总会计师等苏联专家，向中国人传授管理国营农场的经验，同时提供农业机械设备，使中国人"在最短期间内学会……经营大型农场的先进经验"。②

到了1952年末，现代化管理制度已经基本上在新中国的公共部门得到了确立。财政部在这一年年终的工作报告中称，三年来建立起一套基本的财政法规，如预算暂行条例、预算科目、会计报表制度、银行执行预算出纳业务条例、企业财务管理制度、基本建设投资监督拨款办法、财政监督制度以及各种税收制度等，共20多种法规。这些都是在苏联专家帮助下，吸收苏联经验并根据中国工作情况拟定的。③ 而新管理制度的确立使得中央的管理更加有效，重工业部能够在24小时内掌握全国各钢铁厂的生产情况。④ 这对于社会主义计划经济体制在中国的确立至关重要。

---

① 杨英杰：《苏联对于我国第一个五年计划的伟大援助》，中国财政经济出版社，1956，第24页。

② 杨英杰：《苏联对于我国第一个五年计划的伟大援助》，中国财政经济出版社，1956，第25页。

③ 《1949～1952年中华人民共和国经济档案资料选编》工业卷，第755页。转引自沈志华《苏联专家在中国（1948～1960）》，中国国际广播出版社，2003，第126页。

④ 《人民日报》1951年2月15日。

三　苏联专家的作用

外援资金的流动往往离不开人才的流动，对于外援项目的实施来说，专家指导和人员培训是关键的环节。在这方面，苏联对华援助与后来的西方援助有类似之处。苏联专家涉猎的领域与苏联援助的领域相匹配，来华的重工业方面的专家顾问占了很大比重。

沈志华在收集和挖掘了大量史料的基础上，梳理、对比、考证并分析了苏联专家援华情况的历史现象，认为苏联专家在中国的情况不同于他们在东欧各国的情况。首先，他们是应中国方面的要求到中国来的，他们在各个方面，特别是在科学技术领域里向新中国提供了支持，在中国加强军事力量和恢复国民经济方面发挥了重要的作用。在中苏之间出现争议的时候，中国不像东欧那样抵制苏联专家，而是提出了"少而精"的原则，尽量使苏联专家在科学技术领域继续发挥作用。毛泽东说："即使有十个波兰赶（苏联专家），我们也不赶。我们需要苏联的帮助。"[1]

沈志华认为，苏联派往中国的顾问和专家不仅人数非常多，而且延续的时间相当长，涉及面也极其广泛。1947～1956年，苏联向各人民民主国家总计派出14000多人，而1950～1956年派往中国的苏联顾问和专家就有5092人。1956年以后，苏联撤回了在东欧各国的大部分专家顾问，但在华专家不仅留下来，而且人数还有增加，到过中国的苏联顾问专家总计超过了18000人次。[2]

苏联援华的顾问一般是苏联的高级干部如副部长、总局副局长或司局长的级别。来华后在各政府主管部门负责机构设置、规章制度建设和管理体制设计等方面的工作。军事专家通常也归入顾问范畴。专家是专业技术人员，是根据苏联援助项目的合同聘请的，一般在企业或经济主管部门工作，解决具体的技术问题。

在20世纪50年代，苏联顾问和专家遍及中央政府和军队各个系统的领导和管理机构，从所有大型企业、重点院校到技术兵种的基层部队，从安

---

[1] 毛泽东：《同苏联驻华大使尤金的谈话》（1958年7月22日），《毛泽东文集》（第7卷），人民出版社，1999，第389页。

[2] 沈志华：《苏联专家在中国（1948～1960）》，中国国际广播出版社，2003，第4页。对于具体人数的统计，历史学家有较大的差别，这里选用了沈志华的结论。

全、军事、经济、情报到教育、文化、体育、卫生等各领域和部门，都有苏
联顾问和专家（参见表2－2）。

表2－2　苏联技术专家历年来华人数

单位：人

年份	1952	1953	1954	9155	1956	1957	1958	1959	1960
专家数	294	428	541	790	1422	2298	1231	1153	1156

　　苏联专家像苏联其他援华项目一样，也是在中国的一再要求下，才派来
中国的。因此，在这个方面，主导权也在中方。早在1948年，时任中共东
北局书记、东北军区司令员的林彪就曾经给斯大林写长信，要求苏联向东北
派出包括技术专家、财政专家、计划专家和国民经济专家，以及教师和校长
在内的100多名苏联专家。后来，毛泽东又提出了要求苏联派遣包括各行各
业专家在内至少500人的需求。[①] 1949年1月，当米高扬和科瓦廖夫在西柏
坡的时候，中共的几大书记都在谈话中提出了请苏联派遣顾问和专家来华帮
助工作的要求。这些要求是十分急切的。

　　1949年6月16日，刘少奇为中共中央起草了一个指示，讲道："我们
将要聘请大批苏联专家，来帮助我们的经济工作……不久的将来，苏联专家
会来到中国，他们将分配到财政、金融、贸易、合作、工业、农业、铁路、
交通、工厂、矿山等经济机关中去工作。这是一件大事，这是一件对中国人
民空前有利的好事。"[②]

　　新中国成立初期，面临的严重问题之一就是缺乏科学技术人才。旧中国
培养出来的工程技术和科学人员本来就很少，经过长年的战争，留在各个领
域的技术人才可以说是屈指可数。中国共产党长期从事武装斗争和农村工
作，严重缺乏管理城市和经济建设的经验和人才。这个问题，中共中央在西
柏坡的时候就已经有了充分的认识。新中国建立以后，这种人才和经验短缺
的现象就更加突出了。1949年10月，中央财政经济委员会主任陈云告诉苏联
大使罗申，新中国从国民党那里接受下来的工程师和专家总共只有2万人，他

---

①　沈志华：《苏联专家在中国（1948～1960）》，中国国际广播出版社，2003，第44～47页。
②　《刘少奇传》（下卷），第646页。转引自沈志华《苏联专家在中国（1948～1960）》，中国
　　国际广播出版社，2003，第62页。

们大多数人的政治观念是反动和亲美的。鞍山钢铁企业 70 名工程师中有 62 名是日本人。日本人被遣送回国后，东北的技术人员占钢铁行业的比例降至 0.24%。其他地区的情况也不乐观，华北 150 万名党员中有 130 万是文盲或半文盲，区委以上的领导干部中，近 50% 没有文化或文化不高。由于缺乏经验和相关的专业知识，中方甚至无法提出要求苏联提供经济援助的货物清单。①

在这种条件下，苏联顾问和专家来华帮助工作，对于中国经济的恢复和发展就不仅是必要的，而且是急切和必需的了。对于知识、技术和经验的渴求被毛泽东用非常简单明了的语言表达了出来："我们必须学会自己不懂的东西。我们必须向一切内行的人们（不管什么人）学经济工作。拜他们做老师，恭恭敬敬地学，老老实实地学。"②

前面讲到，对于派遣顾问和专家到中国帮助工作，苏联和斯大林给予了支持。第一批专家来华前，斯大林曾指示，苏联专家的任务就是把所有的知识和技能告诉中国人，直到他们学会为止。③ 在这种原则的支持下，苏联专家在中国发挥了他们的历史性作用，同时给经济恢复和建设中的新中国创造了巨大的价值。例如，过去中国一直被认为是贫油国家，而苏联专家根据石油生成的原理，认为中国的地下应当有石油资源，并向中国技术人员传授了先进的油田勘探方法，解决了低压油田的产油问题。苏联专家推广了 16 种先进施工方法，每安装一部锅炉节省人工 25000 个。太原马丁炉接受苏联专家建议，每炉冶炼时间从过去的 10 小时 42 分缩短到 4 小时 54 分。在整修北京下水道工程中，为了考察下水道是否需要重修，苏联专家亲自钻进污臭的暗沟，察看沟砖被侵蚀的程度，提出合理的意见，节省了开支。苏联专家还介绍了深耕、密植、轮作、合理灌溉和施肥等经验，提高了农作技术。④即使是中苏关系紧张，毛泽东批评赫鲁晓夫的援助政策时，也还特别提到帮助援建武汉长江大桥的苏联专家西宁，称赞他和中国同行同甘共苦，努力工

---

① 沈志华：《苏联专家在中国（1948~1960）》，中国国际广播出版社，2003，第 105、108 页。
② 毛泽东：《论人民民主专政》（1949 年 6 月 30 日），《毛泽东选集》（第 4 卷），人民出版社，1991，第 1481 页。
③ 中共中央文献研究室编《建国以来刘少奇文稿》（第 1 卷），中央文献出版社，1998，第 73 页。转引自王奇《"156 项工程"与 20 世纪 50 年代中苏关系评析》，《当代中国史研究》2003 年第 2 期。
④ 彭敏主编《当代中国的基本建设》（下），中国社会科学出版社，1989，第 588、590~592 页。

作，创造了世界一流的架桥水平。① 翻开那个时期的《人民日报》，类似这样的报道频繁出现。苏联在华专家往往亲自参加从选址、设计、安装、开工到产品制造和检验的所有环节，为各行各业改进工艺、提高效率、节约成本、增加产量作出的贡献不可估量。同时，苏联专家还用他们的知识、经验和责任心感动着与他们共同工作的中方人员。当时的出版物是这样描写的："我国人民永远忘不了苏联专家他们那种崇高的国际主义精神，高度的责任心，科学的工作方法和实事求是的工作作风，他们对于我国人民的深情厚谊，将写成诗篇和传说，流传和生长在中国人民的子孙后代中。"② 薄一波深情地回忆说："每当回顾'156'工程的建设，总是想到不要忘记斯大林，不要忘记苏联人民，不要忘记那些来华帮助过我们的苏联专家。"③

苏联对华援助活动在各个领域和各个层次上都是由中方主导的。援华贷款的购货清单是由中方提供的，援建的重点项目是在中方提出的要求的基础上双方共同商定的，苏联提出的修改意见也基本是根据中国的实际情况作出的。④ 在具体的项目实施过程中，根据中方的要求而改变原计划的情况也时有发生。⑤

尤其重要的是，苏联派遣到中国工作的专家到中国后由中方分配工作，受中方各级负责人的领导，不像后来西方援助那样，要成立独立的"项目办公室"，援助方的主任往往想方设法争取主导权。1950年3月21日，苏联外交部为在中国的企业和机构工作的苏联专家制定的工作细则指出，苏联专家的任务是在中国的经济建设和文化建设事业中，向中国的企业、机构和组织提供全面的组织准备上和技术上的帮助。因此，苏联专家是应中国的邀请来华，帮助中国人进行社会主义建设的，指挥棒在中国人手中，而不是在苏联专家的手上。

---

① 毛泽东：《同苏联驻华大使尤金的谈话》（1958年7月22日），《毛泽东文集》（第7卷），人民出版社，1999，第385~394页。

② 杨英杰：《苏联对于我国第一个五年计划的伟大援助》，中国财政经济出版社，1956，第35页。

③ 薄一波：《若干重大决策与事件的回顾》（上卷），中共中央党校出版社，1991，第297~299页。

④ 沈志华：《建国初期苏联对华援助的基本情况》，http://www.shenzhihua.net/zsgx/000140.htm。

⑤ 详细情况参见杨英杰《苏联对于我国第一个五年计划的伟大援助》，中国财政经济出版社，1956。

在苏联对华援助的活动中，不排除苏联方面"大国主义""形式主义"和作风武断的倾向。这在军队系统内表现得尤为突出。例如福建多山，而苏军的平原练兵条例并不完全适用，但中方提出这个问题的时候，苏军顾问彼得罗舍夫斯基却说，这是"侮辱了伟大斯大林所创造的伟大的军事科学"，[①] 给中方施加压力。其实，中国军队有多年的作战经验，而且中国的国情与苏联也相去甚远，不似在经济领域里，中国的经济和科学建设基本上是从头做起。所以，苏联专家在经济和经济管理领域里的作用要大于在军事领域。

但在经济领域里出现了另外一种盲目模仿苏联和盲从苏联专家的现象。当时在全国上上下下出现了一种事事听从苏联专家、全面照搬苏联经验的依赖思想，说是"孩子哭了抱给娘"。[②]有个典型的例子：中国通过苏联援助建立了自己的飞机制造业。有一种机型引进的时候机翼下面有一块突出的东西，此后，中国制造的这个机型的机翼下面都多出这块东西。长期以来，没有人知道这块东西的用途。后来，苏联专家感到好奇，告诉中方，那架引进的飞机机翼下面有破损，突出的东西是"补丁"。[③] 周恩来就批评过这类现象："没有全面规划，头痛医头，脚痛医脚，碰到什么问题就去请教苏联"；[④] 还说，"那种以为不必建立我国自己的完整的工业体系而专门靠国际援助的依赖思想，是错误的"。[⑤]

就援助活动的总体进程来看，中国处于主导地位是毫无疑义的，苏联的援助主要是为中国提供其所要求的物资、设备、技术和管理经验。尽管苏联援助事实上促成了苏联模式的计划经济体制和政治制度在中国生根发芽，但这是中国的自主选择，也就是说，中国的需求在先，苏联的援助在后，而并不是苏联以援助为诱饵或媒介，推动中国的体制改革。

[①] 毛泽东接见苏联大使尤金时彭德怀的插话，见《毛泽东文集》（第7卷），人民出版社，1999，第391页。

[②] 沈志华：《苏联专家在中国（1948～1960）》，中国国际广播出版社，2003，第254～255页。

[③] 2006年11月10日对前财经委工作人员访谈记录。

[④] 周恩来：《关于知识分子问题的报告》（1956年1月14日），《周恩来选集》（下卷），人民出版社，1984，第182页。

[⑤] 周恩来：《第一个五年计划的执行情况和第二个五年计划的基本任务》（1956年9月16日），《周恩来选集》（下卷），人民出版社，1984，第225～226页。

四 苏联终止对华援助

苏联对华援助是以中苏同盟关系为基础的，中苏同盟关系的破裂直接导致了苏联对华援助的终止。

在1956年的"波兰事件"中，中国共产党明确地表示承认波兰的"自主性"，反对"大俄罗斯沙文主义"，敦促苏联改变处理社会主义阵营各国关系的方式和方法。随着社会主义阵营中国家关系的紧张化，中苏之间出现了一系列的分歧。这些分歧在1958年开始表面化并突出地表现在"长波电台""联合舰队"等议题上。苏方提议出资七成，中方三成，共同在中国南方建设一座大功率长波电台，使用时间双方各半。毛泽东则认为这个问题事关国家主权，坚持中方承担建立电台的全部费用，建成后共同使用。[1] 至于苏方建议与中国建立"共同舰队"，弥补苏联自然条件差的议题，也遭到了毛泽东的激烈反对。[2] 毛泽东还曾主动约见苏联大使尤金，公开批评苏联的大国主义，说苏联把中国看做"第二个南斯拉夫"，是个落后民族，毛泽东把"共同舰队"称为"海军合作社"，表示如果涉及政治（指主权）问题，中国连半个指头也不让。[3]

从1958年下半年起，由于中苏之间分歧的扩大，苏联开始收缩对中国的技术转让，只给中国一般技术，对高、新技术则能拖就拖，能推则推。1958年下半年，毛泽东在一次内部讲话中评论苏联援助时说："'无私援助'，基本对，但也有些保留。这也是人之常情，不见怪，大界限里还有小界限。"[4] 从1959年

---

[1] 《毛泽东外交文选》，中央文献出版社、世界知识出版社，1994，第316页。赫鲁晓夫1958年7月底访华，同意了中方的意见。后来中苏关系恶化，苏联没有援助中国建设这座拟议中的长波电台。转引自王泰平主编《中华人民共和国外交史（1957~1969）》（第二卷），世界知识出版社，1998，第224页。

[2] 1958年7月21日，苏联驻华大使尤金向毛泽东口头转达了苏共中央主席团的建议，希望建立一支"共同舰队"。苏联的自然条件使它不可能充分发挥核潜艇的作用。苏联的黑海，战争中容易被敌人封锁，波罗的海也是这样。在北面有摩尔曼斯克港可以通往北冰洋，但那里并不宽阔，不能广泛活动。苏联东面的海面又邻近韩国和日本，不能算安全。中国海岸线很长，条件很好。苏共中央主席团希望同中国商量建立一支共同舰队，越南也可以参加。后来，赫鲁晓夫否认有此传话，称尤金理解有误。王泰平主编《中华人民共和国外交史（1957~1969）》（第二卷），世界知识出版社，1998，第225页。

[3] 《毛泽东外交文选》，中央文献出版社、世界知识出版社，1994，第322~333页。

[4] 王泰平主编《中华人民共和国外交史（1957~1969）》（第二卷），世界知识出版社，1998，第221~222页。

开始，苏联对中国的技术转让限制更严。涉及高、新技术的转让几乎停止，双方签订的各项有关科技合作的协定和议定书的执行情况更差。6月20日，苏共中央致函中共中央说：苏联将不向中国提供原子弹样品，实际上单方面退出了国防新技术协定。

此后，中苏两党龃龉不断，在经济政策、中印边界等问题上反目。在1959年中印边境战争期间，苏联甚至同印度签订协议，向印度提供15亿卢布的巨额贷款。两党之间的意识形态分歧扩大到了国家关系。1960年7月16日，苏联政府照会中国政府，借口中国不信任苏联专家，不尊重苏联专家的建议，以及向苏联专家散发三篇纪念列宁的文章，单方面决定召回全部在中国工作的专家，并撕毁经济援助合同，停止供应中国建设需要的重要设备。7月25日，苏联政府又通知中国政府，苏联专家将从7月28日开始撤离，9月1日撤完。[1] 苏方甚至要求苏联专家将施工未完的工程图纸带走，希望通过施加经济压力来达到政治目的。苏联对华援助就此告终。

赫鲁晓夫突然撤离苏联在华专家的做法严重影响了中国的社会主义建设，[2] 使一些正在施工的建设项目被迫停工，一些正在试验生产的厂矿不能按期投入生产。薄一波后来评估说，这种国际关系领域里的反常做法"严重地打乱了我国的经济建设，使我国的经济生活'雪上加霜'"。苏联政府的这种背信弃义行为，理所当然地引起中国人民的愤慨，甚至连一些苏联专家也并不认同这种非理性的做法，他们有些人在依依惜别之际主动留下了一部分图纸，与苏联援助的其他影响一道，继续对中国的发展和建设产生着影响。

第三节　苏联援助对中国建设社会主义计划经济体制的影响

苏联对新中国的援助时间虽然不长，数额也并不算大，但是对中国经济的恢复，工业体系的建立以及中国发展道路的选择却发挥着难以估量的作

---

[1] 王泰平主编《中华人民共和国外交史（1957～1969）》（第二卷），世界知识出版社，1998，第235页。

[2] 薄一波：《若干重大决策与事件的回顾》（下卷），中共中央党校出版社，1991，第891～892页。

用。苏联政府的突然撤援虽然给中国的经济生活造成了巨大的困难，包括
"156 项工程"在内的许多限额以上建设项目一直拖到 60 年代后期才完工投
产，但是由于通过苏联援助进入中国的并不仅仅是资金和设备，更包含了观
念、方式和体制，这些方面的影响不可能随着资金和设备的停止供应而消
失。时至今日，在中国的各行各业，特别是党政机关、国有企业、大都市建
筑、人民习尚、高校建制，甚至宪法条文中，都还可以看到苏联影响的痕
迹。沈志华认为，这是由一种自上而下的过程引起的变化。[①] 但是，许多国
家接受外援都是一个自上而下的过程，却产生了截然不同的结果，所以，原
因要从援助方和受援方两个方面去寻找，从观念、方式和体制的输出和引进
中去寻找。简言之，要从方式与方向的互动中去寻找。当接受苏联援助的大
方向选定了之后，苏联援助的方式就在很大程度上将中国引上了计划经济的
方向。这一节主要讨论新中国工业体系的形成及其对于中国工业化道路的选
择这两个相关的问题。

一 苏联援助与新中国的工业体系的形成

中华人民共和国建立之初，国家积贫积弱，经济极端落后，加上多年战
争的破坏和战后帝国主义的军事包围、经济封锁和物资禁运，中国经济处于
瘫痪的境地，直到 1951 年，"还无法做到真正独立"。[②]

在两极国际格局已经形成的历史背景和国际条件下，新生的社会主义政
权通过积极争取，从社会主义阵营得到了真诚和切实的援助。苏联援华的许
多项目都是旧中国没有的。更重要的是，在旧中国，由于半殖民地经济的需
要，为数不多的工业设施有 70% 左右集中在东南沿海一带，而苏联援建项
目大都配置在东北地区、中部地区和西部地区，使中国的工业布局迅速展
开，"大大促进了内地经济的发展"，[③] 改变了旧中国工业布局不合理的状
况，也改善了国家经济安全状况。

---

① 沈志华、李丹慧：《战后中苏关系若干问题研究——来自中俄双方的档案文献》，人民出版
社，2006，第 99 页。

② 据说这是刘少奇的原话。见中央财经领导小组办公室编《中国经济发展 50 年大事记》，人
民出版社、中共中央党校出版社，1999，第 35 页。

③ 薄一波：《若干重大决策与事件的回顾》（上卷），中共中央党校出版社，1991，第 297 ~
299 页。

苏联援建的大型企业分布在各个工业领域里，按照中苏两国的共同计划，在"一五"计划期间，中国在黑色冶金、有色金属、煤炭、电力、石油、机器制造、动力机械制造和化工方面，要超过"一五"前生产能力1倍，建立起中国自己的汽车工业和拖拉机工业，钢铁、煤炭、电力和石油等主要工业产品达到苏联"一五"计划时的水平，接近或超过日本1937年的水平。① 这样快速的工业化速度是世所罕见的，当然也是和苏联援助分不开的。

随着一部分苏联援建项目的建成投产，在中国出现了第一批大型现代化企业，大大增强了中国重工业和国防军事工业的能力，填补了一批生产技术领域的空白，取得了建设大型现代化项目的初步经验。"一五"计划期间各基础工业部门和国防军事工业新增的生产能力中，有70%～80%是由苏联援建的"156项工程"提供的，如炼铁、炼钢、轧钢能力等；有的行业，如炼铝和汽车制造等，苏联援助甚至达到了100%。苏联援助使中国基础工业和国防工业生产能力大幅度提高，改变了中国钢铁工业生产品种单一，有色金属工业只采不炼，机械工业和国防工业制造能力极低的局面。中国过去不能生产和制造的许多工业产品和机床设备，这时都能够自行生产了。②

中国要在基础相当落后的情况下，快速建设现代化工业国家，不仅缺乏资金、设备和技术，更缺乏经验和人才。在所有这些方面，苏联援助都发挥了不可替代的作用。苏联援助替代了工业发展过程中需要耗费许多年才能积累起来的资金投入，带来了需要几代人的学习和实践才能获得的知识和技能。苏联援助是"一条龙"式的援助：从勘察设计、自动化机械设备的供应，到建筑、安装、开工生产的技术指导和人才培养等，"从头到尾"都有苏联专家的参与和指导，在有些工厂，自动化和半自动化设备95%以上是苏联供应的。③ 董志凯在对"156项工程"进行了10多年的研究之后说，"156项工程"重点建设项目的完成，"形成了巨大的社会生产

---

① 沈志华：《建国初期苏联对华援助的基本情况》，http：//www.shenzhihua.net/zsgx/000140.htm.

② 彭敏主编《当代中国的基本建设》（上），中国社会科学出版社，1989，第56页。

③ 杨英杰：《苏联对于我国第一个五年计划的伟大援助》，中国财政经济出版社，1956，第17～18页。

力，与其他千余工业建设项目相配套，在中国初步建立了相对独立的自主的完整的国民经济体系，为我国工业化奠定了基础"，"代表了新中国建设的一个时代"。①

二　苏联援助与新中国发展道路的选择

这是一个显而易见，同时又是有争议的问题。显而易见的是，在苏联和东欧社会主义国家的援助下，中国的现代化经济体系几乎是从无到有地建立起来了。过去中国人总是在说"以俄为师"，在苏联援华的 10 年中，"走俄国人的路"这句话才是真正地落到了实处。刘少奇 1954 年 8 月 24 日在全国人大一届一次会议上说：

> 是的，我们所走的道路就是苏联走过的道路，这在我们是一点疑问也没有的。苏联的道路是按照历史发展规律为人类社会必然要走的道路。要想避开这条路不走，是不可能的。②

的确，中国是从苏联人那里学会怎样建设社会主义的，而且学习的不仅是怎样建设社会主义的工业、农业和科教等，而且是根本制度，是一整套的方法和理念。这套制度一旦确立，就有了自身的运行规律和特殊动力，有了一种刚性。

理解这个问题的一个关键是看苏联援建项目在中国国民经济中的分量。事实上，这些项目形成了中国 20 世纪 50 年代工业建设的核心。"一五"计划中明确规定五年计划的基本任务之一是："几种主要力量进行以苏联帮助我国设计的 156 个建设单位为中心的，由限额以上的 694 个建设单位组成的工业建设，建立我国的社会主义工业化的初步基础。"③

苏联援建项目不仅主导着新中国现代化工业的发展方向，而且创造了一

---

① 董志凯、吴江：《新中国工业的奠基石——156 项建设研究》，广东经济出版社，2004，第 666、679 页。

② 《刘少奇选集》（下卷），人民出版社，1985，第 154～155 页。转引自沈志华《苏联专家在中国（1948～1960）》，中国国际广播出版社，2003，第 200 页。

③ 《中华人民共和国发展国民经济的第一个五年计划（1953～1957 年）》，人民出版社，1955，第 16 页。

整套与之相关的计划管理体制。举例来说，苏联援建的大型工业建设项目，结构复杂，技术要求高。为了确保这些项目的胜利完工和投产，必须在全国范围内调配资源。为此，1959 年成立了全国设备成套工作机构，在生产、基建、科研、设计部门之间进行协调和指导，形成全国"一盘棋"的格局。一个建设项目包括基本生产车间、辅助车间、厂内运输、公用系统，需要的设备数量大、台件多、规格杂。例如安装一套 2.5 万千瓦火力发电机组就要设备 5000 余种 12000 多台件，需要组织全国 50 多个工厂为其进行配套生产。[①] 在经济社会还不够发达的中国，组织这样大规模的生产需要强大的规划和组织，而由于中国最悠久的制度遗产之一是从中央到地方的行政网络，这种行政力量就很快地被调动起来，进行世界上出奇有效的工业规划和组织工作，使中国以接受苏联援助为契机，走出了建立社会主义计划经济体制的第一步，以后的路就根据这第一步的方向自动延伸了。

中国社会科学院编写的《当代中国的基本建设》中有这样一段精彩的描述：

> 为了更好地调配资源，确保"156 工程"的实施，中国在 1959 年成立了成套机构（注意这是一级行政管理机构），物资分配时采取划指标的办法，即：根据国家的生产和分配计划，把设备资源切块分配给各部，由各部自己具体装配到各个建设项目，然后集中到成套部门按分配的指标组织订货和供应。这是一种过渡的办法，缺点是资源不能集中使用。一方面重点项目的设备有缺口，另一方面有些设备又有多余，分散在各部。1960 年 9 月，全国成套经理会议总结了实践经验，决定改进组织设备成套供应办法。1961 年，由国家确定一批重点骨干项目作为成套公司组织设备成套的对象。成套项目需要的设备，凡属国家统一分配的，由国家计委或物资局直接划给成套总局，并由机械制造部门提早安排生产、组织订货，保证供应。不属国家分配的，经过分交，明确供应单位，由有关部门纳入生产供应计划，优先保证。[②]

---

① 彭敏主编《当代中国的基本建设》（下），中国社会科学出版社，1989，第 575 页。
② 彭敏主编《当代中国的基本建设》（下），中国社会科学出版社，1989，第 581～582 页。

围绕着苏联援建的"156 工程"而建立起的一整套计划管理体制就是这样根据"156 工程"的需要而滚雪球似的发展起来了。据当年在财经委工作的同志回忆，不只是成套设备机构，就连计委和经委也是根据苏联的模式建立起来的。① 要调动那么多的资源，规划和管理大型工业企业，中国既没有经验，也没有相应的机制，要保证特大型企业的供应，就要去逐层地组织生产和安排生活。于是，一种层级式的行政管理体制就逐步地完善起来了。这种体制在调动资源方面十分有效，但是由于中国的基础差，底子薄，所以这种调动也难免出现脱节的现象，甚至会出现工业领域里的"消化不良"和对其他资源的"竭泽而渔"。

对于庞大的苏式体系可能在中国产生"消化不良"的问题，陈云早有察觉。他在进行了一系列的实地调研以后说，苏联援建的项目在"一五"期间投产的为数很少，仅占 4% ~6%，主要的是在"二五"期间投入生产，有些要到第三个五年才能起作用，有些项目可能还要推迟。他认为，主要的原因是："我国技术力量弱，提供的资料不准确，又常改变，翻译资料也需要耗费时间，加上我国与苏联在交接中有许多不便，苏方提供的许多成套设备可能不及时，常常会发生停工现象。同时，如鞍钢和长春汽车厂等大项目的建设，现在是以全国力量来支持的。"② 陈云还认为，将来如何发展，也是问题。按照五年计划，国防工业是很突出的。为了实现发展国防工业的计划，很多民用工业就必须跟上，而且跟得很吃力。有些民用工业，实际上也是为了配合国防工业而建立的，比如有些特殊钢厂、化工厂等。同时，由于高等学校和中等技术学校的毕业生距离具体需求太远，技术力量不足，也会影响建设的速度和质量，这个问题在 10 年内很难完全解决。所以，五年计划各部门的比例是有缺点的，要想真正实现这个计划，必须充分发挥地方的积极性。③

根据薄一波的回忆，陈云在 1954 年 6 月 30 日在向党中央汇报"一五"计划编制情况时，提到了四大比例、三大平衡：农业与工业的比例、轻重工

① 2006 年 11 月 10 日对前财经委工作人员访谈记录。
② 陈云：《关于第一个五年计划的几点说明》（1954 年 6 月 30 日），《陈云文选（1949 ~ 1956）》，人民出版社，1984，第 235、239 ~240 页。
③ 陈云：《关于第一个五年计划的几点说明》（1954 年 6 月 30 日），《陈云文选（1949 ~ 1956）》，人民出版社，1984，第 234 ~244 页。

业之间的比例、重工业各部门之间的比例、工业发展与铁路运输之间的比例，财政收支平衡、购买力与商品供应之间的平衡、主要物资的供需平衡，此外，还强调了技术力量的供需平衡。① 最敏锐的发现应当是广泛调动积极性的问题。因为如果按照中央最初的设想，全国都要"集中主要力量进行以苏联帮助我国设计的 156 项建设单位为中心的、由限额以上的 694 个单位组成的工业建设，建立我国的社会主义工业化的初步基础"，为此要"发展部分集体所有制的农业生产合作社"，"发展手工业生产合作社"，"建立对于农业和手工业的社会主义改造的初步基础"，还要"建立对于私营工商业的社会主义改造的基础"。②

这是一条庞大的社会主义改造工程，它调动资源，进行社会主义现代化建设的作用是显而易见的。但是，正像薄一波在回顾中所说："我们自己在经济建设的各个方面都缺乏经验，很自然要搬用苏联管理经济的一些办法，这就更进一步强化了中央权力过分集中的体制。"③ 王奇说，苏联援助是给中国的社会主义计划经济模式"注入了苏式基因"。"和苏联一样，中国选择了优先发展重工业的工业化战略，具有资本密度大、技术含量高、建设周期长的特点，需要巨额投资和大规模的资本积累，除了国家几乎没有任何力量能够启动、组织整个工业化的进程。"④

这种体制的优点是明显的：它使中国在几年的时间里"超过了旧中国一百年的发展水平……使得中国的工业技术水平从建国前落后于工业发达国家半个世纪，迅速提高到 20 世纪 40 年代的水平"。⑤ 这种体制的缺陷也是突出的：它使一切资源都集中在国家手里。过于强大的行政力量往往忽略市场信号，也不善于利用"看不见的手"去配置资源，因此难免产生调配不周、动力不足等一系列需要进行调整与改革的问题。

---

① 薄一波：《若干重大决策与事件的回顾》（上卷），中共中央党校出版社，1991，第 303 页。
② 李富春副总理 1955 年 7 月 5 日代表国务院向第一届全国人大第二次会议所作的《关于发展国民经济的第一个五年计划的报告》，引自薄一波《若干重大决策与事件的回顾》（上卷），中共中央党校出版社，1991，第 285 页。
③ 薄一波：《若干重大决策与事件的回顾》（下卷），中共中央党校出版社，1991，第 781 页。
④ 王奇：《"156 项工程"与 20 世纪 50 年代中苏关系评析》，《当代中国史研究》2003 年第 2 期。
⑤ 王奇：《"156 项工程"与 20 世纪 50 年代中苏关系评析》，《当代中国史研究》2003 年第 2 期。

严格地讲，调整与改革始于 1955 年。毛泽东在外出巡视工作期间，听到了一些地方负责人关于中央对经济统得过死，要求向下放权的反映。当时，中国统一管理的程度已经达到了极致：淮南两万多人的大煤矿，矿领导在财政支出上仅有 200 元以下的批准权，无增加一名工人的权力。① 回到北京后，毛泽东多次讲话，要求改革经济管理体制，发挥中央和地方两个积极性。1956 年 4 月 25 日，毛泽东在经过大量的系统调研之后，发表了《论十大关系》的讲话，要求调动国内外一切积极因素，妥善处理各方面的矛盾关系，兼顾国家、集体和个人的利益，争取一切可以争取的力量，为社会主义建设事业服务，并且明确地提出：

特别值得注意的是，最近苏联方面暴露了他们在建设社会主义过程中的一些缺点和错误，他们走过的弯路，你还想走？过去我们就是鉴于他们的经验教训，少走了一些弯路，现在当然更要引以为戒。②

1957 年，中共中央成立了经济工作五人小组，8 月，这个小组就提出了包括实行"大计划、小自由"的计划制度，实行分级管理、层层负责，以及简化计划程序和不必要的表格等在内的三点意见书。五人小组代国务院起草的关于改进工业管理体制、商业管理体制和财政管理体制的三个规定在 1957 年 11 月 14 日经第一届全国人民代表大会常务委员会第 84 次会议批准，自 1958 年起施行。也就是说，早在 20 世纪 50 年代中期，中国就已经开始从中国的国情出发，探索经济体制改革的方式了。只是改革的思路一直围绕着如何完善计划经济，而没有考虑到利用市场机制调节经济，不知道计划与市场是可以相结合的，社会主义和市场经济不是相互排斥的，以为一搞市场机制就走资本主义道路了。③

在苏联终止了对华援助以后，从苏联引进的计划经济体制继续运行了 20 多年。期间经过多次改进和调整，都是围绕着"放权"和"收权"转圈子，

---

① 薄一波：《若干重大决策与事件的回顾》（下卷），中共中央党校出版社，1991，第 782 页。
② 毛泽东：《论十大关系》（1956 年 4 月 25 日），《毛泽东选集》（第五卷），人民出版社，1977，第 267 页。
③ 薄一波：《若干重大决策与事件的回顾》（下卷），中共中央党校出版社，1991，第 794 ~ 795 页。

出现了"一统就死，一放就乱"的怪圈。直到中共十一届三中全会以后，邓小平提出了中国的社会主义还处于初级阶段，确立了改革开放、利用计划和市场这两种调节手段的方针，① 中国的发展开始进入一个崭新的阶段。

随着国家经济体制改革的深入和社会主义商品经济的发展，以苏联援建的"156项工程"为核心的设备成套工作开始进行了相应的改革。改革的重点是由计划分配、供应成套设备，转向用合同、承包等市场经济方法组织工程技术设备成套供应。1984年以后，指令性计划产品逐步缩小，市场成分逐步增加。②在这个市场化的过程中，中国又接受了来自西方的援助，并通过吸纳西方援助，学习市场经济的经验、方式和体制。

---

① 薄一波：《若干重大决策与事件的回顾》（下卷），中共中央党校出版社，1991，第804页。
② 彭敏主编《当代中国的基本建设》（下），中国社会科学出版社，1989，第588、590~592页。

第三章

1979 年以来的对华多边援助

　　十一届三中全会后，中国开始进行渐进式的经济政治体制改革，并把对外开放定为中国的基本国策。与此同时，中国再度主动寻求外来援助，在坚持自力更生的基础上，积极利用一切可以利用的外部资源，为中国的经济建设和现代化进程服务。1979 年，中国首先开始接受联合国系统的援助，随后，各个多边援助机构和双边政府援助开始大量涌入中国。与 20 世纪中期的情况不同，1979 年后中国接受的援助基本上来自西方世界。在此过程中，多边援助机构在对华援助中扮演了重要的角色（见图 3 - 1）。

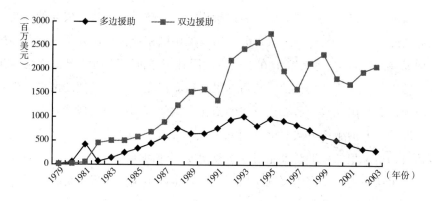

图 3 - 1　1979 年以来中国接受的多边和双边援助

资料来源：OECD/DAC, *International Development Statistics*（*CD-ROM*），2005。

中国接受援助是要"为我所用"，加快中国的发展进程。而多边援助机构，无论是联合国系统的援助机构还是世界银行，都是西方主导的，因此都以推广市场经济和创造市场经济长期平稳运行的条件为根本目的。它们在向中国提供援助资金、帮助中国发展的同时，也推动了中国市场经济体制的建立和巩固。

联合国援助机构基本上是"政府间"机构，而世界银行则更多地反映市场经济在全球发展的需求，两者就如何在全球范围内推动市场经济有一些不同的观点和做法。联合国更注重市场经济发展中出现的社会问题，比如贫困问题、妇女问题和基本社会权利问题等等，从而强调政府干预，进而创造市场经济平稳运行的外部环境；而世界银行则强调自我调节的市场的关键作用，极力通过援助活动减少政府对经济活动的干预。这些区别也反映到它们在中国的援助活动之中。但是，作为国际性的援助机构，它们的援助活动又明显地具有一些与双边援助不同的特点。例如，它们可以在全球范围内调动人力和资源，并建立和巩固了互相联系的一个个全球性网络，从而使得资金、技术、信息、观念和经验可以迅速地在援助国和受援国之间传播。在全球化加速发展的环境下，多边援助机构在国际援助活动中的作用会得到加强。

第一节　多边机构及其性质

目前，提供官方发展援助的多边机构绝大多数是在二战后成立的，是二战后国际关系体系的重要组成部分。向发展中国家提供援助并不是这些多边机构成立的初衷，[①] 而是它们在二战后国际环境不断变化的情况下逐渐承担起来的责任。这些变化包括二战后的民族独立浪潮，冷战时期的两极对峙和冷战结束后的国际政治和安全形势的变化，国际范围内的以现代企业的发展及完善为核心的生产方式和经济组织形式的变化，以及经济全球化的趋势。多边机构所承担的援助活动是对这些重要变化的回应。

这里所说的主要多边援助机构一个是联合国系统中的援助机构，另一个

---

① 在二战后初期成立的国际组织中，大多数组织的目的是重建被战争破坏的国家职能、国家体系和以国家为基础的国际关系体系。

是布雷顿森林体系下的世界银行，它们分别以自己的方式提供发展资金或发展援助。在冷战结束后，这两个机构的援助活动出现了融合的趋向。除了这两大系统之外，一些区域性机构主要是各个地区性的开发银行，如非洲开发银行、亚洲开发银行等，也是重要的多边援助机构，但是它们往往被视为世界银行的地区翻版，并在实际的援助活动中受到世界银行政策方向的影响，所以，并不是我们观察的重点。此外，冷战结束后，由于全球性问题的重要性不断上升，新出现了一些半官方的发展援助基金，如全球环境基金、全球基金等，主要是集中于解决某一类的发展问题，它们也成了重要的提供多边援助的渠道，这些新的多边援助渠道多半与联合国援助机构或世界银行有着千丝万缕的联系，并借助这些机构现成的网络和资源开展援助活动，它们的出现和发展成为近期国际援助体制演变的一个重要内容。基于上述理解，本章将集中讨论联合国和世界银行两大援助系统，来观察多边援助机构在二战后对外援助的历史进程里所扮演的角色。

一　联合国援助机构

联合国的诞生是第二次世界大战后建设国际新秩序的最重要的尝试，也是二战后国际关系体系的最重要的内容。在冷战时期，联合国是唯一没有受到两极对峙影响的国际组织，它包括来自东、西方阵营的成员国。随着民族解放运动的发展，大量新独立的民族国家加入了联合国，并取得了与发达国家成员（除了安理会常任理事国之外）相同的表决权力，因此，联合国成为这些新兴民族国家在世界体系中争取政治和经济权利的重要场所。冷战之后，随着国际政治力量对比发生的变化，联合国也面临着挑战和考验，但是，其作为最重要的全球性安全组织的地位并没有改变，同时由于其对国际问题的理念以及各国的支持，其在二战后不断发展的全球性援助活动中也扮演了重要的角色，成为主要多边援助机构之一。

1. 联合国机构承担发展责任的法律依据：《联合国宪章》和《世界人权宣言》

两次世界大战带来的苦难使人们开始反思 19 世纪以来以民族国家为基础的国际体系的固有缺陷。[①] 联合国自成立之初就是一个承担了多重使命的

---

① 关于二战后秩序重建的讨论和 19 世纪国际体系的主要问题见随后"世界银行"部分。

政府间国际组织。1945 年签署的《联合国宪章》开宗明义地宣告：

> 我联合国人民同兹决心欲免后世再遭今代人类两度身历惨不堪言之战祸，重申基本人权，人格尊严与价值，以及男女与大小各国平等权利之信念，创造适当环境，俾克维持正义，尊重由条约与国际法其他渊源而起之义务，久而弗懈，促成大自由中之社会进步及较善之民生，并为达此目的力行容恕，彼此以善邻之道，和睦相处，集中力量，以维持国际和平及安全，接受原则，确立方法，以保证非为公共利益，不得使用武力，运用国际机构，以促成全球人民经济及社会之进展，用是发愤立志，务当同心协力，以竟厥功。①

可见，在此宗旨之中包含了安全目标，如宽容、睦邻友好、为维护国际和平与安全而团结一致、反对为实现某一国家的私利而使用武力，也包括了发展目标，如实现全球的经济和社会进步。② 而联合国的方式之一即是"促成国际合作"，并通过国际合作"解决国家间属于经济、社会、文化及人类福利性质之国际问题"。《联合国宪章》第 9 章第 55 条更加详细地说明了联合国具体的经济与社会发展目标：

> （子）较高之生活程度，全民就业，及经济与社会进展。
>
> （丑）国际经济、社会、卫生及有关问题之解决；国际文化及教育合作。
>
> （寅）全体人类之人权及基本自由之普遍尊重与遵守，不分种族、性别、语言或宗教。③

而随后在 1948 年，联合国把社会和经济权利写入了《世界人权宣言》，这样，这些权利就成为普世性的原则。如《世界人权宣言》第 2 条所言：

---

① http://www.un.org/chinese/aboutun/charter/preamble.htm, 2006 年 11 月 13 日。

② 见《联合国宪章》"序言"，及 Richard Jolly, et al., *UN Contributions to Development Thinking and Practice*, Indiana University Press, 2004, pp. 5 - 6。

③ 见《联合国宪章》第 9 章，http://www.un.org/chinese/aboutun/charter, 2006 年 11 月 13 日。

人人有资格享有本宣言所载的一切权利和自由，不分种族、肤色、性别、语言、宗教、政治或其他见解、国籍或社会出身、财产、出生或其他身份等任何区别。

并且不得因一人所属的国家或领土的政治的、行政的或者国际的地位之不同而有所区别，无论该领土是独立领土、托管领土、非自治领土或者处于其他任何主权受限制的情况之下。①

《宣言》中把基本人权分为 12 类，从生命、自由和安全直到受教育和享受基本生活水平的权利，等等。在二战后的发展中，这些基本人权变得越来越具体，一直发展成为今天被全世界普遍接受的一些人的基本权利，包括：不受歧视、思想和集会的自由、参与和民主权利、文化多元与多样性、摆脱贫穷、社会正义，以及全球范围内的平等，等等。② 正因为实现普世性的人的基本权利是联合国机构参与国际援助活动的一个根本出发点，人的基本权利和人类发展一直是联合国援助的一个根本主题，尽管在不同时期的侧重点会有所不同，但这与以推动市场经济的全球扩张和为跨国公司提供全球性服务的世界银行形成了鲜明对比。也许正是由于这些原因，在二战后初期，苏联和整个社会主义阵营留在联合国内，却没有参加布雷顿森林机构。

与世界银行不同，联合国首先是一个百分之百的"政府间"组织。联合国是由成员国组成并为成员国服务的国际性机构，其经费来自成员国缴纳的会费；而世界银行则是一个服务于成员国但又超越了民族国家疆域的全球市场力量的机构，其经费部分来自成员国，更多的则是来自国际资本市场。其次，联合国是一个目标多重的机构，既承担了政治责任，也承担了经济和社会责任，目标与责任之间相互影响；而世界银行则是一个专门机构，以"技术性"和"非政治性"自居，其活动虽然受到了成员国政治决策的影响，但更多的是反映了市场经济在全球发展的现实需求。世界银行的总部设在华盛顿，受到美国各种渠道的影响，联合国主要发展机构设在纽约，其他专门机构散在欧洲各地，也吸纳了不少欧洲的发展理念。这决定了在二战后

---

① 见《世界人权宣言》，http://www.un.org/chinese/hr/issue/udhr.htm，2006 年 11 月 13 日。

② 见《世界人权宣言》以及 Richard Jolly, et al., *UN Contributions to Development Thinking and Practice*, Indiana University Press, 2004, p.7。

的发展援助活动中，联合国援助机构援助方式有别于世界银行。

2. 联合国与世界发展：从 1945 年至 20 世纪 70 年代的情况

（1）联合国发展观念的一些思想渊源。

"什么是发展？"以及"如何实现发展？"这两个问题是所有关于发展的理论、观念和战略最终需要回答的根本问题。20 世纪 40 年代末 50 年代初，联合国提出了实现人的基本权利（包括政治权利、社会权利和文化权利，等等）的目标，但是，这些目标并没有被具体化并落实到联合国的各种发展活动和政策之中。一个重要的原因就是，在当时关于发展问题的种种讨论中，西方经济学家占据了主导地位。他们普遍相信西方发展道路的普适性，认为"欠发达国家"摆脱贫困和落后的唯一出路就是重新去走西方国家走过的经济发展之路。[①]

"发展问题"是长期由经济学主导的一个研究领域，经济学的思想从古典经济学家亚当·斯密开始，一直到熊彼特、凯恩斯和阿玛蒂亚·森，影响了人们对发展问题的理解，也决定了针对发展问题的各种解决方案的内容。这些经济学说涉及经济生活的各个方面，从经济发展、财富分配、国际贸易、国际分工直到经济发展中的道德因素和公民参与成分（民主）。总体来说，二战后关于发展的讨论，从七个方面受到了这些学说的影响：

第一，国际贸易与发展，包括贸易自由化与贸易保护主义的问题；

第二，农业与工业在发展中的角色和位置；

第三，市场与国家在推动发展中所扮演的角色；

第四，人口问题和科技发展的重要意义；

第五，工资、利润和财富分配；

第六，法律和制度框架的重要意义；

第七，发展过程中应当遵循的道德律例以及社会公正的问题。[②]

这里不能详细地介绍各个学说的主要观点，但是，这些学说触及的根本问题至今仍然影响着人们对发展问题理解，同时也就影响着发展援助的投向。比如，市场与国家的关系问题。密尔（John Stuart Mill）很早就注意到

---

① Richard Jolly, et al. , *UN Contributions to Development Thinking and Practice*, Indiana University Press, 2004, pp. 7 – 8, 49 – 50.

② Richard Jolly, et al. , *UN Contributions to Development Thinking and Practice*, Indiana University Press, 2004, pp. 40 – 45.

了这个问题，他关心社会中个人的平等，主张国家应该采取更加积极的干预手段才能保护个人的权利，因为生产规律是由科技条件决定的，但是，财富分配的规则却是由人类社会的各种制度和习俗决定的。实际上，密尔已经开始注意到市场、国家和社会三者之间的关系在决定发展道路方面发挥的关键作用。[①] 这些思想设定了二战后发展观念的基本框架，尽管各个时期主流发展观念的内容有所区别，但是其所针对的核心问题没有超出上述范围。

（2）"欠发达（underdeveloped）地区"与联合国最初的发展观念：从成立到 20 世纪 50 年代末。

在二战后最初阶段，虽然大部分发展中国家还没有脱离殖民体系成为独立的民族国家，但是，世界发展之不平衡已经十分突出，成为二战后秩序重建不得不面对的问题。冷战使欠发达地区的发展问题与两个阵营之间的对立与争夺联系在了一起。1949 年，杜鲁门提出了被视为美国对外援助里程碑的"第四点计划"，为发展中国家提供财政转移和知识技术。杜鲁门的"第四点计划"反映了当时西方的主流发展观念，即通过帮助欠发达地区实现西方式的"现代化"来推动这些地区的发展，主要是经济发展，因为人们相信经济发展的好处会自动地渗透到各个不同的地区和人群之中。因此，从二战后到 20 世纪 60 年代，发展被等同于"经济发展"，这样的局面直到 70 年代才有所改变。[②]

从二战后到 20 世纪 50 年代末，联合国机构的援助观念受到了当时主流发展观念的影响。尽管联合国在 40 年代末就提出了人的全面发展的问题，但是，当时联合国援助机构所倡导的仍然是"经济发展"。同时，由于受到二战后占主导地位的凯恩斯经济学说的影响，联合国强调国家干预在推动欠发达地区经济发展的过程中所起的重要作用，以及政府在动员与组织工业化方面的重要角色。[③]

---

① Richard Jolly, et al. , *UN Contributions to Development Thinking and Practice*, Indiana University Press, 2004, pp. 41 – 42.

② Richard Jolly, et al. , *UN Contributions to Development Thinking and Practice*, Indiana University Press, 2004, pp. 49 – 51, and Stephen Browne, *Foreign Aid in Practice*, Pinter Reference, 1990, pp. 3 – 42, and Caroline Robb, "Changing power relations in the history of aid," in L. Groves and R. Hinton（eds.）, *Inclusive Aid*, Earthscan, 2004, pp. 21 – 41.

③ Richard Jolly, et al. , *UN Contributions to Development Thinking and Practice*, Indiana University Press 2004, pp. 7 – 9, 50 – 54.

但是，虽然同样是侧重于经济发展，联合国机构与布雷顿森林机构在一些基本观念和方法上还是有所区别的。例如，世界银行坚持贷款要有一定的"硬"度，以培育市场责任感，而联合国却关注"需求"。追根溯源，导致这些观念差异的是两个机构不同的构成。国际货币基金组织和世界银行都是联合国系统下的专门机构，但是，它们是相当独立的、以推动市场经济的发展为宗旨，其背后的动力是自我调节的市场不断扩张的自然倾向以及市场经济的运行规则。联合国援助机构也维护市场经济，但是更加强调人的因素，以及其他与发展相关的议题。这首先是因为联合国是一个"政府间"机构，其经费主要来自成员国的捐助，决策也依据了"一国一票"的规则。其次是因为联合国援助机构具有的更为广泛的代表性。虽然联合国援助机构（例如联合国开发计划署）也是西方主导的，[①] 不同机构的总部散落在纽约、日内瓦、巴黎和维也纳等处，但是其成员不仅包括了苏联阵营的社会主义国家，在民族解放运动之后，大量新独立的民族国家（其中绝大部分是发展中国家）也加入了联合国，并通过联合国获得了更加平等地参与国际事务的权利。社会主义国家的发展经验和发展中国家的现实需求都有可能反映到联合国机构的发展政策之中。所以在二战后国际范围内的援助活动中，联合国提供了一种与世界银行不尽相同的观点和声音，虽然随着历史的发展，它们之间的合作与日俱增。

例如，1949 年，联合国发表了一份报告《欠发达国家进口和出口的相对价格》（*Relative Prices of Exports and Imports on Underdeveloped Countries*），指出，国际贸易中初级产品与工业制成品价格变动的趋势是：工业制成品相对于初级产品的价格不断上涨。随着欠发达国家和地区在国际分工中日益成为初级产品的提供者，它们在国际贸易体系中越来越处于不利的地位，越来越被边缘化。基于这些对二战后经济发展的分析，1952 年联合国大会通过一份决议，号召成员国采取措施保证初级产品的价格维持在一个公平合理的水平，从而保证欠发达国家和地区能够积累起经济发展所需资金并能够维持当地的工资水平，进而提供其基本生活水平。[②] 尽管如此，在联合国系统

---

① Stephen Browne, *Foreign Aid in Practice*, Printer Reference, 1990, pp. 3 - 20.

② Richard Jolly, et al., *UN Contributions to Development Thinking and Practice*, Indiana University Press, 2004, pp. 55 - 57.

内，西方国家长期拥有主要的话语权。

（3）20 世纪 60 年代："联合国发展之十年"的成败。

1961 年 9 月 25 日，美国总统肯尼迪在联合国大会发表演说，表示美国愿意为提高欠发达国家和地区的社会发展水平作出贡献，并建议把 20 世纪 60 年代定为"联合国发展之十年"。联合国大会迅速回应了肯尼迪的提议，通过第 1710 号决议，即 resolution 1710（XVI），20 世纪 60 年代就正式成为"联合国发展之十年"。联大号召成员国，无论是发达国家还是发展中国家，增加在发展方面的投入，以带动发展中国家的经济发展和社会进步。[①]

与此相适应，联合国提出了一整套具体的发展目标，包括工业化，农业开发，有效的国民经济计划，消除文盲，饥饿和疾病，促进教育和职业技术培训，增加对发展中国家的政府财政转移支付和私人投资，增加欠发达国家的出口收入，以及把裁军节省下来的资源用于经济和社会发展。所有这些都是为了缩小发展中国家与发达国家之间的差距，推动发展中国家的现代化进程，以及解决在世界人口中占有相当大比例的贫困人口问题。这些具体的目标又被进一步简化成为一个经济发展指标：争取在 1961～1970 年的 10 年间，使发展中国家实现每年最低为 5% 的经济增长率。[②] 因此 60 年代的联合国继续了对发展的简单理解，即把发展等同于经济发展。首先，人们认为生活条件的改善，社会和人类的进步必须以经济增长为前提；其次，人们认为经济增长自然而然地会带动社会进步和生活水平的提高。[③] 但是，在"联合国发展之十年"结束后，这些观点受到了挑战。在 1960～1970 年，有约 70 个低收入国家实现了最低 5% 的年均经济增长率，约 20 个国家实现了超过 6% 的年均经济增长率。但是，发展中国家经济的发展并未带来预期的生活水平的改善和社会进步。尽管发展中国家在某些方面的状况得到了明显的改善，比如，发展中国家的人均寿命普遍延长、婴儿

---

① Richard Jolly, et al., *UN Contributions to Development Thinking and Practice*, Indiana University Press, 2004, pp. 85 - 87.

② Richard Jolly, et al., *UN Contributions to Development Thinking and Practice*, Indiana University Press, 2004, p. 86.

③ Richard Jolly, et al., *UN Contributions to Development Thinking and Practice*, Indiana University Press, 2004, p. 109.

死亡率普遍下降等，但是，贫困人口的数量在增加。因此，"联合国发展之十年"是以欢呼和期待开始的，却以反思而结束。这也促成了 20 世纪 70 年发展观念的转变。①

（4）20 世纪 70 年代：发展观念的转变。

20 世纪 60 年代末联合国机构在规划第二个"发展之十年"时，已经提出要把发展的重点聚焦于与贫穷、饥饿、疾病作斗争，并要明显地改善穷困人口的社会生活水平。② 20 世纪 70 年代，联合国的发展观念发生了重要的变化。导致这些变化的原因一方面在于 60 年代"发展之十年"留下了大量的经验和教训；另一方面在于发展中国家在国际舞台上采取了更加积极的姿态，寻求保护自己的权利和利益。

20 世纪 70 年代以前联合国提出的发展战略是在发展中国家复制西方的经验，其主要内容包括建设现代工业、从农村向城市转移劳动力、鼓励储蓄和投资、提倡贸易自由化，以及推动私有化，等等。这些战略符合发达国家的利益并多半是由发达国家倡议的。③ 从 20 世纪 60 年代的发展趋势来看，发展中国家同时经历着政治上的"去殖民化"和经济上的"再殖民化"过程。70 年代，这种状况发生了变化。发展中国家不仅要争取自己的政治权利，也开始保护自己的经济权利。由于联合国的性质是一个以"主权国家一律平等"为基本原则的政府间国际组织，所以成为发展中国家争取在国际秩序中的平等地位的重要舞台，这是推动联合国发展战略改变的一个重要原因。

1973 年的石油危机之后，联合国提出了建立"新国际经济秩序"（New International Economic Order，NIEO）的主张。1974 年联合国大会通过的"建立新国际经济秩序行动计划"（Programme of Action on the Establishment of an NIEO）主要包括了以下内容：④

---

① Richard Jolly, et al., *UN Contributions to Development Thinking and Practice*, Indiana University Press, 2004, p. 107.

② Richard Jolly, et al., *UN Contributions to Development Thinking and Practice*, Indiana University Press, 2004, p. 109.

③ Richard Jolly, et al., *UN Contributions to Development Thinking and Practice*, Indiana University Press, 2004, p. 136.

④ Richard Jolly, et al., *UN Contributions to Development Thinking and Practice*, Indiana University Press, 2004, p. 122.

- 加强主权国家对经济和资源的控制；
- 加强对外国投资水平和投向的控制；
- 维持或提高原材料和初级产品出口价格，提高其出口换汇购买工业制成品的能力；
- 促使发达国家进一步向发展中国家开放市场；
- 降低技术转让成本；
- 增加发展援助的规模；
- 减少一些发展中国家的债务负担；
- 增加发展中国家在联合国和布雷顿森林机构中的发言权，等等。

建立"新国际经济秩序"的倡议试图改变国际体系中既存的权力关系，增加发达国家向发展中国家的财政转移支付。① 这样的建议是不可能由国际货币基金组织或世界银行提出的。正因为"新国际经济秩序"触及了发达国家以及国际资本的根本利益，所以遭到了来自发达国家的强烈抵制，结果不了了之。这从侧面反映了联合国有限的动员能力，实际上，联合国提出的关于工业化、增强国民经济计划、增加积累等建议能够得到发达国家和发展中国家的一致支持而得以付诸实施。与减贫有关的倡议则"如春风过驴耳"，长期被发达国家和世界银行置之一旁，直到 20 世纪 90 年代才随着非传统安全问题的出现而成为全球性的议题。②

这一时期，联合国另一个重要的贡献是提出了以"人类基本需求"为主的发展观念和援助理念。③ 在"联合国发展之十年"中，联合国的一些援助机构已经开始通过提供技术援助加大了对人力资本的投入。这些前期活动为 20 世纪 70 年代的观念变革创造了条件。70 年代，联合国的机构分别提出了"就业导向"的发展战略、"人类基本需求"和"增长中的再分配"等新的发展观念，在一定程度上扭转了把发展仅仅视为

---

① Richard Jolly, et al., *UN Contributions to Development Thinking and Practice*, Indiana University Press, 2004, p. 122.

② Richard Jolly, et al., *UN Contributions to Development Thinking and Practice*, Indiana University Press, 2004, p. 124、136.

③ Robb, Caroline, Changing Power Relations in the History of Aid, in Groves, L. & Hinton, R. (ed.), *Inclusive Aid*, Earthscan, 2004, pp. 21 – 41.

经济发展的看法，而是强调促进发展的战略应该以满足"人类基本需求"、创造就业机会和消除贫困为目标。在这些发展战略执行过程中，出现了日后在发展援助活动中极其盛行的"参与式方法"，同时，这些观念自然而然地导致了日后发展援助活动日益关注人的基本权利的倾向。①

1971 年中国恢复了在联合国合法席位之后，在政治、安全和观念领域代表广大发展中国家的利益，但是由于联合国发展机构鲜明的西方导向，中国表示了坚决不接受援助的立场。20 世纪 70 年代联合国发展观念的转变也包含了一些"中国因素"。由于西方在联合国系统中就人权问题向中国等国施加压力，中国与其他一些发展中国家一起在联合国中提出了"发展观"和生存权的问题，并利用联合国的讲坛不断阐述自身的立场。70 年代末期，由于中国开始实行改革开放政策，亟须用于经济建设的资金和技术，中国拒绝接受联合国援助的立场出现了转机，但是，中国政府同时强调了需要警惕随援助而来的西方影响。

3. 联合国与世界发展：20 世纪 80 年代之后的变化

从 20 世纪 80 年代起，联合国逐渐被边缘化，它在影响发展进程方面的作用越来越多地让位于布雷顿森林体系。这主要是因为冷战结束后，联合国援助机构的资源急剧减少，一些机构甚至面临生存危机。联合国开发计划署在 1998～1999 年出现了财政危机，只能筹集到勉强维持其生存的 6 亿美元核心资源。在此后 6 年时间内，它的核心资源恢复到 8 亿美元，但是距离90 年代初的最高点 11 亿美元仍有一些差距。② 但是，导致联合国地位削弱的根本原因不是冷战的终结，而是从 20 世纪 80 年代起，自由市场经济在世界范围内加速发展的趋势。

（1）"华盛顿共识"与联合国地位的削弱。

20 世纪 80 年代是进行全球性经济调整的时期。在经历了经济停滞、发达国家的福利国家危机和发展中国家的债务危机之后，自由主义的经济学说卷土重来，取代了在二战后长期占主流地位的凯恩斯主义，并导致了发展政

---

① Richard Jolly, et al., *UN Contributions to Development Thinking and Practice*, Indiana University Press, 2004, pp. 112 – 121.

② 根据有关会议发言整理。

策的一系列调整。这些调整是由布雷顿森林机构和主要发达国家推动的，其主要内容集中体现在"华盛顿共识"之中。①

国际货币基金组织认为，70 年代出现的经济问题多是源于过度的政府财政开支、对进口的数量控制，等等。因此，各国政府应该减少公共开支，并让市场力量确定价格水平。在此基础上，"华盛顿共识"又增添了三方面的改革内容：全面的经济自由化，包括贸易、支付体系和境外投资；私有化；以及整顿国内市场，建立和巩固鼓励商品、劳动力和资本自由流动的商品、劳动力和金融市场体系。所有这些内容都是为了削弱国家干预、推动自由市场经济的进一步扩张。为了推动这些改革措施，世界银行向发展中国家提供了大量的"结构调整贷款"，带动受援国采取相应的政策改革。

在这个时期，联合国提出了第三个十年发展战略，其中包括了创造就业和满足人类基本需求等由联合国机构首倡的发展观念。但是，这些战略没有能够有效地发挥影响。布雷顿森林机构成为主导力量，而联合国只能采取一些被动反应行动，修补世界银行的结构调整战略带来的负面影响。例如，1984 年，联合国儿童基金会发表了一些报告，指出许多国家的结构调整措施造成了收入分配和儿童福利等方面的倒退，等等。1987 年，儿童基金会的另一份报告进一步给出了"修正版"的结构调整建议，希望布雷顿森林体系提出的改革战略中能够照顾到更多群体的福利需求。②

冷战的终结更加突出地显示了联合国捉襟见肘的处境。在苏联阵营解体后，市场经济体系迅速向苏东地区扩张。但是，如何实现从计划经济向市场经济的转轨？布雷顿森林机构与联合国之间有着不同的主张。国际货币基金组织以及主要西方国家给转型国家开出的处方是"休克疗法"，全面推进经济活动的自由化和私有化。而联合国的欧洲经济委员会（Economic Commission for Europe）则认为经济体制改革的首要任务是进行竞争性的市场经济平稳运转所必需的法律、金融和制度方面的改革，为市场经济创造必要的外部环境。因此，它建议西方向中东欧国家提供的援助应该主要用于制

---

① Richard Jolly, et al. , *UN Contributions to Development Thinking and Practice*, Indiana University Press, 2004, p. 150.

② Richard Jolly, et al. , *UN Contributions to Development Thinking and Practice*, Indiana University Press, 2004, pp. 150 – 151.

度建设，私有化也应该采取一种渐进的方式，以法律和制度改革为先导，并首先在小企业中进行私有化，再扩大到大型企业。① 结果是，布雷顿森林机构占了上风，多数中东欧国家采用了"休克疗法"，并承担了由此而来的巨大的社会和经济后果。

联合国机构没有能够主导中东欧国家的转型并不是因为它缺乏必要的知识和经验。在二战后，联合国一直是社会主义国家参与国际事务的重要渠道，而且联合国机构也有着在这些国家进行技术援助的经验。联合国下的地区委员会——欧洲经济委员会包括了欧洲地区的资本主义国家和社会主义国家，每年公布中东欧国家中的社会和经济发展状况。与布雷顿森林体系相比，联合国对计划经济的知识储备是相当丰富的。但是，联合国缺乏动员大量资源的能力。联合国援助机构的经费主要来源于成员国缴纳的会费和成员国或私人部门的捐赠，它没有像世界银行那样从国际资本市场融资的渠道。② 尽管联合国是世界上最大的提供赠款的国际机构，每年通过联合国系统向发展中国家提供的赠款总额达 50 亿美元，但是，与世界银行的贷款规模相比，③ 联合国机构的资金规模就很有限了。更何况这些赠款是通过联合国多个不同的机构提供，有些是实物援助，更加分散了有限的资源，也限制了这些资源的使用方式和领域。

（2）冷战结束以来的变化和联合国发挥作用的方式。

冷战结束后全球化的持续发展也突出了不断加深的全球性的贫困问题。大范围的贫困与非传统安全问题交织在一起，贫困甚至成为恐怖主义的根源，这直接威胁到全球市场体系的维系和发展。因此，联合国提出的满足"人类发展需求"的观点受到关注。创造需求不仅可以扩大对于产品和服务的消费能力，而且直接服务于安全和稳定。

联合国的各多边机构由于在资金占有量等方面难以与布雷顿森林机构

---

① Richard Jolly, et al., *UN Contributions to Development Thinking and Practice*, Indiana University Press, 2004, p. 157.

② Richard Jolly, et al., *UN Contributions to Development Thinking and Practice*, Indiana University Press, 2004, pp. 156 – 158.

③ 世界银行的贷款自 20 世纪 90 年代以来几乎年年超过 200 亿美元，1999 年更是达到了 290 亿美元规模。见章晟曼《先站住，再站高》，文汇出版社，2006，第 165～166 页；以及 Richard Jolly, et al., *UN Contributions to Development Thinking and Practice*, Indiana University Press, 2004, p. 257。

抗衡，因此，冷战结束之后，联合国的援助机构更加集中于那些布雷顿森林体系忽视了的领域。首先，联合国在人类发展方面开展了更多的活动，尤其是在经济和社会发展之间建立起密切的联系，并以有限的资源通过联合各成员国的力量，组织世界性论坛，提倡对于环境、就业、妇女等问题的关注，争取在发展问题上的话语权。从 1990 年开始，联合国推出了一系列的《人类发展报告》（*Human Development Reports*），使得人们重新关注 20 世纪 70 年代就已经提出来的满足"人类基本需求"的发展理念，建立起一套简便易行的评价指标体系，用以评估不同国家在不同领域的人类发展状况，并且组建了一个独立的"全球治理委员会"（Commission on Global Governance），推出系列报告，分析与治理有关的安全、政治、经济、发展和环境问题。① 它通过出版系列报告、进行评估和研究，以及组织国际会议的方式，来影响国际舆论。联合国作为一个全球性的政府间组织，拥有其他机构所没有的组织和动员力量。1990 年召开的世界峰会有 71 个国家参加；2000 年召开的千年峰会有 147 个国家参加。尽管国际会议可能有流于清谈之嫌，可是，这样一些活动回应了寻找新的发展模式、思路和丰富发展内涵的现实需要。因此，会议或多或少能够推动一些发展战略适应发展中国家的现实需要。同时，由于国际会议尤其是峰会具有全球性影响，为动员国际非政府组织的资源创造了条件，也为影响各个成员国的国内政策开辟了一些渠道。②

4. 联合国与发展援助：机构、工具与方式

从前面的分析中可以看出，联合国在发展观念方面与布雷顿森林机构之间一直存在着差距。这些差距是由联合国这个庞大、复杂的全球性政府间组织的性质决定的。同时，它的机构性质还决定了其发展援助机构的资金来源、管理方式以及提供援助的方式。

（1）联合国系统下的援助机构。

参与发展援助活动的联合国机构可以分为两大类：一类是直属机构，或筹集机构，以提供发展援助资金；另一类是专门机构，也是执行机构，专门

---

① Richard Jolly, et al. , *UN Contributions to Development Thinking and Practice*, Indiana University Press, 2004, pp. 177 – 179.

② Richard Jolly, et al. , *UN Contributions to Development Thinking and Practice*, Indiana University Press, 2004, pp. 180 – 183.

负责在各自领域内的发展援助活动。联合国发展机构的具体情况见图 3－2。①

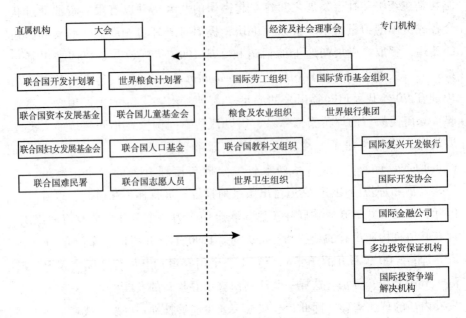

图 3－2　联合国发展援助机构结构

　　直属于联合国大会的援助机构有联合国开发计划署、联合国儿童基金会、联合国人口基金和世界粮食计划署，等等。这些机构主要是筹资机构，项目的具体执行由专门机构负责。联合国开发计划署是联合国系统中最重要的一个援助机构，它不仅是全球最大的多边发展援助机构，同时也是联合国系统促进发展活动的中心协调组织，其宗旨就是向发展中国家提供技术援助。其前身是 1949 年成立的技术援助扩大方案和 1958 年设立的旨在向较大规模发展项目提供投资前援助的特别基金。根据联合国大会决议，这两个组织于 1965 年合并成立了今天的联合国开发计划署（简称开发署）。②

　　开发署的经费主要来自各国的自愿捐助（称为核心资源），其资金拥有

---

① 根据联合国组织机构图整理，见 http//www.un.org/Chinese/aboutun/chart.html，2006 年 11 月 13 日。

② 中华人民共和国对外贸易经济合作部及中国国际经济技术交流中心：《21 年与 21 世纪》，2002，第 1～2 页，以及网页：http://www.bjwto.org/tp/Article_Show.asp? ArticleID = 662，2006 年 11 月 15 日。

量占联合国发展援助系统总资源的一半以上。该署 1992～1996 年筹集的资源总量为 97.83 亿美元，其中核心资源为 46.7 亿美元，受援助国政府费用分摊 22.37 亿美元，第三国政府费用分摊 5.52 亿美元，其余为各类专项基金和其他收入。开发署 1997～1999 年的核心资源筹措目标为每年 11 亿美元。

尽管开发署的资源来自成员国的自愿捐助，但是，其管理机构却不像世界银行那样，谁出钱多，谁就拥有更大的发言权。首先，确定受援国需要依据一些硬标准，开发署资金的 80% 被指定用于人均国民生产总值低于 500 美元的低收入国家；60% 须用于最不发达国家。其次，开发署的政策制定与管理并不是分离的，像世界银行那样。援助活动的决策体现了非常浓厚的"政府间"的色彩。

开发署的总部设在纽约，其组织机构包括：①执行局，这是决策机构，由 36 个成员国组成，其中亚洲 7 个、非洲 8 个、东欧 4 个、拉美 5 个、西欧和其他国家 12 个。执行局成员由经社理事会按地区分配原则和主要捐助国和受援国的代表性原则选举产生，任期 3 年，执行局每年举行 3 次常会和 1 次年会。②秘书处，按照执行局制定的政策在署长领导下处理具体事务。在 134 个国家设有驻地代表处。署长任期 4 年。

联合国开发计划署所提供的发展援助以赠款为主，是最大的向发展中国家提供无偿技术援助的多边机构。开发署的技术援助包括提供国内外专家、资助国内外培训、考察及购买有限的硬件设备，等等。一般来说，开发署主要是一个筹供资机构，并不负责具体的项目执行。以前，具体的援助活动由联合国系统中的专门机构执行，例如，农业项目交由粮农组织、卫生项目交由世界卫生组织，等等。该署的项目以前主要由工发组织、粮农组织、劳工组织等联合国专门机构执行。从 20 世纪 90 年代以后，开发署的项目转为重点依靠受援国政府执行，1996 年，由受援国政府执行的项目在开发署项目总数中所占比重已达 70% 以上。这一趋势与联合国机构的政府间性质息息相关，体现了联合国机构为主权国家服务的"辅助性"机构的性质。

也正是由于联合国机构的政府间性质，从决策程序上来说，所有成员国不论大小、贫富都是按照大致相同的标准参与决策，所以，尽管事实上大国仍然拥有较大的影响力，可是，小国和穷国同时获得了表述自己意见的机会。联合国不是"辅助"大国的机构，而是"辅助"所有主权国家的机构。

冷战结束后，一方面，两个阵营为了在联合国中拉选票而提供援助的动力消失了；① 另一方面，随着经济全球化的进一步发展和国际资本在全球范围内的扩张，联合国机构这个"发展中国家的讲坛"一度成为一个不太受欢迎的角色。

20世纪90年代，联合国机构在70年代以满足人类基本需求为宗旨的发展观的基础上，提出了"人的可持续发展"的发展目标。开发署随之调整了援助战略，从传统的技术援助，转向了消除贫困、增加就业、妇女参与发展和环境保护等重点援助领域。但是，在"人的可持续发展"问题上，发展中国家与发达国家存在着相当大的分歧。发达国家要求开发署将合作领域更加集中于扶贫和环保，并鼓励其参与受援国制度建设方面的活动，加强与受援国之间的政策对话，帮助它们制定发展战略，甚至要求开发署协调受援国所有的援助活动。而广大发展中国家则认为：开发署的援助应基于受援国的发展规划及其优先领域，并且对受援国的需求作出及时灵活的反应；开发署应继续坚持普遍性、中立性、公平性以及无偿和自愿的特征。辩论的最终结果是，将开发署建成联合国系统内的主要"反贫困机构"。

发达国家对这样的结果并不满意，这表现在联合国开发计划署的财政状况上。冷战之后，主要捐助国（主要是发达国家）开始勒紧钱袋，减少对开发署的捐助。20世纪90年代，由于主要捐助国未能按时履行出资承诺，开发署可供分配的核心资源呈连年下降趋势。1992年为11.779亿美元（历史最高点），1994年为9.3亿美元，1996年仅有8.5亿美元，较上年进一步下降8.4%，1998～1999年度，开发署甚至面临着真正的财政危机。这一局面引起了广大发展中国家的强烈不满。而发达国家却强调资金的"合理"使用及其效益和影响，无意增加捐款。

为此，开发署不得不进行一系列改革。1997～1998年，应联合国大会和开发署执行局要求，开发署改革了筹资办法，资金仍以资源捐款为主，但是捐助国须作未来三年的承诺。在筹资改革的过程中，发达国家也乘机对开发署的援助活动施加影响。例如，要求实施"面向效果"的援助，从而加强了援助的附加条件。

---

① 根据有关会议发言整理。

  尽管与冷战时期相比开发署的核心资源在下降，可是，它的非核心资源却在加大，出现了一些限定了用途的主题基金和信托资金，而且这部分资金规模仍在扩大。[①] 全球问题日益突出，主权国家解决这些问题的能力越来越显得不足，因此必须加强国际层面上的协调。联合国在其中发挥着不可替代的作用，其资源和网络可以用来为解决全球性问题服务。同时，限定资金的用途也回避了开发署的"政府间"决策程序，限制了发展中国家对开发署资金的发言权。这样，开发署的角色就在悄悄地发生着变化，由一个全球发展政策的主要制定者在向一个"服务提供者"的角色转变。

  联合国系统中的其他直属机构的资金来源与决策方式与联合国开发计划署类似。

  联合国系统下的另一类援助机构为专门机构，包括：国际劳工组织、联合国粮食及农业组织（粮农组织）、联合国教科文组织、世界卫生组织、世界银行和国际货币基金组织等。其中，世界银行和国际货币基金组织非常独立，基本不受联合国大会和经社理事会决策的约束，是特殊的专门机构。而其他的各专门机构与联合国直属机构类似，也是政府间性质的国际组织，只不过其活动范围限定在一些具体的领域里。

  以联合国教科文组织为例。[②] 教科文组织是联合国系统中专门从事教育、科学和文化领域中国际合作的组织。在联合国系统中，教科文组织的覆盖面最广，联合国共有成员国 192 个，教科文组织的成员国有 191 个。其经费主要来自成员国缴纳的会费，以及其他联合国机构、成员国或私人部门及非政府组织的捐赠。其预算两年一次，每年的会费约有 3 亿美元，是其核心资源，其他来源的经费也大致有这么多，因此按年度计算，教科文组织每年的经费在 6 亿美元左右。教科文组织与联合国开发计划署一样，会员缴纳的会费因各成员国的人口、经济规模等的不同而不同，按照这些硬指标确定各个成员国应该承担的份额。但是各国的投票权都是一样的，一国一票。其主要的决策机构大会是由地位平等的成员国组成的，而主要的政策执行机构执行局则是由大会选举产生。其他专门机构（除布雷顿森林机构之外）的情况与教科文组织类似。

---

① 根据有关会议记录整理。

② 根据访谈记录整理，并参考了中国教科文组织网站：http://www.unesco.org.cn。

（2）联合国援助机构的工具与方式。

联合国通过两种工具影响世界发展进程。首先，是通过提供发展援助，主要是赠款性质的技术援助。联合国援助机构，无论是直属机构还是专门机构，都强调与受援国政府之间的合作。这一方面是由联合国政府间组织的性质所决定的；另一方面，是因为在联合国开展援助活动的早期强调国家干预对经济社会发展的重要作用，因此，向主权国家政府提供援助顺理成章。其次，则是通过各种各样的"软工具"影响发展观念。前面已经提到了联合国机构如何通过出版系列报告、开展独立评估和研究，以及组织国际会议等方式影响发展观念。除此而外，联合国还设定各种发展目标，并对成员国实现这些目标的情况进行"标准化"的评估。

联合国在不同时期设定的发展目标不同。20世纪60年代，联合国以经济发展为主要目标，提出了发展中国家实现5%最低年增长率的目标。70年代，增长的目标涵盖了经济增长、工业化、再分配和国际贸易等方面，联合国提出的发展目标也就更加全面：一方面，号召发展中国家实现6%的最低年增长率，同时，人均国民生产总值的增长不得低于3.5%；另一方面，联合国还提出发展中国家的工业制成品应该占到世界总额的25%。80年代，联合国的发展目标继续扩展，开始关注世界范围内的分配不公、贫困加剧的现象以及发展中国家在发展过程中的经济结构调整，其目标包括了年国民生产总值增长率不低于7%，最不发达国家的增长率达到7.2%，发展中国家农业部门实现4%的年增长率和制造业9%的增长率，以及为发达援助国设定的标准，即0.15%的官方发展援助应该给予最不发达国家。90年代以来，联合国倡议实现发展中国家7%左右的增长率。

除了经济指标之外，联合国提出的发展目标还包括了大量的经济社会指标，例如，预期人口寿命、婴儿死亡率、孕产妇死亡率等基本人类发展指标，卫生方面的卫生服务和疾病预防，教育方面的提高识字率，等等。

这些指标成为衡量发展中国家的发展状况，以及援助国和援助机构的发展战略的重要依据，间接地影响了人们的发展观念。尽管联合国机构的资金一直不是很充分，但是，其所拥有的"软实力"不容忽视。

联合国援助机构一向以援助政府为主，但是，也越来越注重吸纳非政府组织和私人部门的参与。同时，注重在援助活动中采取"参与式方法"，保证目标人群能够真正参与援助活动的决策，并从援助活动中受益。因此，援助"国家"的方式也在经历着改变，援助活动不单单是帮助受援国政府，也是在推动受援国内的改革。这与国际范围内的趋势是一致的。

二　世界银行

世界银行是一个重要的提供发展援助的多边机构，它和国际货币基金组织一起构成了布雷顿森林体系。世界银行是一个庞大的集团，一般说来，世界银行通常指国际复兴开发银行（IBRD）和国际开发协会（IDA）。国际复兴开发银行成立于 1946 年，成立之初主要是向欧洲受到战争损害的国家提供资金，帮助它们进行经济重建，当它在欧洲经济重建之中的主要任务结束后，就开始向广大发展中国家提供发展援助。国际开发协会成立于 1960 年，是向发展中国家提供发展援助的最大的国际机构，到 20 世纪 80 年代末，约有 40% 的多边援助是通过国际开发协会提供的。[①]

世界银行的诸多机构中，最重要的也是最早成立的是国际复兴开发银行。它成立于第二次世界大战刚刚结束之际。当时，"如何规划二战后的世界秩序？"这一问题是战后重建过程中各方关注的主要问题。规划二战后的世界秩序具有至少两层含义：首先，是战胜国如何分配战争的胜利果实，并处理战争遗留问题；其次，在更深层次上，规划二战后的世界秩序意味着对二战之前的国际秩序进行全面反思。两次世界大战及战争间歇期间的经济萧条突出体现了二战前的国际经济和政治体系的固有缺陷，也反映了民族国家体系的局限，二战后国际秩序的建设必须回应这些问题，才能保证较长一段时期内的和平、稳定和繁荣。二战后国际组织的建立是西方主导的，大体上体现了当时各主要大国的政治共识，同时由于世界各国处于发展的不同阶段，所以在经济秩序方面着意解决的主要是发达国家面临的问题。因此，我们可以看到布雷顿森林体系和联合国的宗旨首先是为重建民族国家体系、稳定国际秩序服务，特别是布雷顿森林体系的创始者们认为，创造和维护市场经济体系在国际范围平稳运行的条件并缓和先天具有扩张倾向的市场与受疆

---

① 世界银行集团的其他机构还包括：国际金融公司（IFC），成立于 1956 年，是世界银行集团中面向私人部门的机构，主要目标是促进发展中国家内的私人投资，也为政府和其他公共部门提供技术援助；多边投资担保机构（Multilateral Investment Guarantee Agency，MIGA），成立于 1988 年，主要是为向发展中国家提供的外国直接投资提供担保，以降低其投资风险；以及国际投资争端解决机构，是一个投资诉讼机构。

界局限的民族国家体系之间的矛盾是其首要任务。随着东西方阵营对峙局面的形成，以及民族独立运动后新兴民族国家（多为前殖民地国家）与发达工业国（多为前宗主国）南北矛盾的演化，国际组织成为在各类国家之间平衡利益的重要舞台，同时也是一些西方大国继续发挥世界影响的重要渠道。当时的东方集团以苏联为首参加了联合国，但是，这没有从根本上影响二战后国际经济体制的性质。

1. 布雷顿森林体系的建立：宗旨和理论前提

布雷顿森林体系建筑在对二战的反思上。波兰尼（Polanyi）认为，二战动摇了 19 世纪以来以自由市场为核心的国际关系体系，从而使世界进入了一种在市场和社会之间进行艰难选择的两难境地："此种机制（自由市场体制）之存在再不可能不危及社会之人文与自然的组成。它给人类带来了肉体上的毁灭并将其所处变为蛮荒。社会不可避免地要采取措施来保护自己，但是，无论采取何种措施，都将损害市场自我约束的机制，破坏工业生活，并因此以另外一种方式危害社会。"[1]

二战后国际多边机制建设的根本动力就是要平衡既存的民族国家和具有不断扩张的内在动力的市场经济，进而恢复和稳定以民族国家为基础的国际体系。二战后成立的最重要的国际组织联合国的宗旨为：推动国际合作以解决具有经济、社会、文化或人道主义性质的国际问题。[2] 这些问题往往是单个主权国家无力解决的。联合国的活动领域是全方位的，而布雷顿森林机构的职能局限在经济领域，与联合国相比，它更多的是一个"技术性"的机构，因而，国际货币基金组织和世界银行成为联合国系统的组成部分。同为布雷顿森林机构，国际货币基金组织和世界银行之间还是有分工的。国际货币基金组织的主要职能是负责调节短期的汇率变动，并监管成员国对外收支平衡的情况；世界银行则主要是为发展项目提供长期投资。[3] 因为联合国是建立在尊重既存的民族国家体系的基础上的，是一个"政府间"组织，所以世界银行在成立之初也自然是一个"政府间"机构，为民族国家服务，回应成员国的利益和需求。所以，根据成立之初签订的协议，世界银行只能

---

① Karl Polanyi, *The Great Transformation*, Beacon Press, Boston, 1957, pp. 3 – 4.
② Stephen Browne, *Foreign Aid in Practice*, Pinter Publishers Ltd., 1990, p. 4.
③ Michelle Miller-Adams, *The World Bank: New Agendas in a Changing World*, Routledge, 1999, p. 15.

通过政府提供贷款。①

　　为布雷顿森林体系提供思想资源的是 20 世纪 30 年代以来开始兴盛的凯恩斯经济学，即在强调私人企业以及市场经济的核心地位的基础上强调国家干预的必要性。② 布雷顿森林体系的四个核心目标充分体现了凯恩斯经济学的影响，即充分就业、价格稳定、经济增长和财政收支平衡。③ 在二战后初期的年代里，民族国家体系仍然是国际体系的核心，所以，世界银行与其他国际组织的定位是相同的，即服务于民族国家，在经济干预中，它所起的只是辅助性的作用，一方面世界银行依靠成员国政府来实现其预设的传统发展目标；另一方面世界银行也承担了民族国家无法独立完成的一些职能。因此，在布雷顿森林体系的设计中，包含了这样的假设，即所有成员国内都存在着现代的资本主义市场经济，拥有发达的私人部门、相当自由的产品和要素市场、发达的商业银行体系、调控货币政策的中央银行和管理财政预算的财政部，等等。④

　　很显然，如果把世界银行看作一个仆人的话，那么它必须同时为三个主人服务。首先，作为一个政府间机构，它需要服务于成员国；其次，作为一个国际金融机构，它需要为市场经济服务；再次，由于世界银行是一个国际经济组织，它服务的是世界的市场而非国家的市场，世界市场中的

① Michelle Miller-Adams, *The World Bank*: *New Agendas in a Changing World*, Routledge, 1999, p. 5.

② Sixto K. Roxas, "Principles for institutional Reform," in Griesgraber and Gunter (eds.), *Development*: *New Paradigms and Principles*, Pluto Press, 1996, pp. 1 – 26.

③ 根据 1989 年 2 月 16 日修订生效的《国际复兴开发银行章程》，其宗旨如下："（i）通过使投资更好地用于生产事业的办法以协助会员国境内的复兴与建设，包括恢复受战争破坏的经济，使生产设施恢复到和平时期的需要，以及鼓励欠发达国家生产设施与资源的开发。（ii）利用担保或参加私人贷款及其他私人投资的方式，促进外国私人投资。当私人资本不能在合理条件下获得时，则在适当条件下，运用本身资本或筹集的资金及其他资源，为生产事业提供资金，以补充私人投资的不足。（iii）用鼓励国际投资以发展会员国生产资源的方式，促进国际贸易长期均衡地增长，并保持国际收支的平衡，以协助会员国提高生产力、生活水平和改善劳动条件。（iv）就本行所贷放或担保的贷款与通过其他渠道的国际性贷款有关者作出安排，以便使更有用和更迫切的项目，不论大小都能优先进行。（v）在执行业务时恰当地照顾到国际投资对各会员国境内工商业状况的影响；在紧接战后的几年内，协助促使战时经济平稳地过渡到和平时期的经济。"转引自章晟曼《先站住，再站高》，文汇出版社，2006，第 282 页。

④ Sixto K. Roxas, "Principles for institutional Reform," in Griesgraber and Gunter (eds.), *Development*: *New Paradigms and Principles*, Pluto Press, 1996, p. 5.

行为者：跨国公司、非政府机构必然也是它要侍奉的主人。正是由于这一原因，世界银行体现出了一些与联合国不相同的特点，成为一个带有政治色彩的"非政治性"的机构。[①] 世界银行在成立之初，就在美国的主导下确定了："银行和它的官员不应干预其他成员的政治事务，反过来也不应当在制定政策的时候受到相关成员国政治特性的影响。它们在决策的时候只应当考虑经济因素，而且这些考虑应当是中立的。"[②] 直到今天，世界银行都以非政治、中立和技术先行自居。但是，在冷战时期，东西方的对峙并不仅仅是意识形态和政治制度的对峙，而且是不同的生产方式和经济制度之间的对峙，因此，世界银行不可避免地成为西方阵营手中服务于其重大政治和战略目标的、"非政治性"的工具。在冷战结束后，国际关系发生了变化，冷战时期被忽视的一些深层的经济生产方式的变化显现出来，而世界银行作为一个服务于市场经济的国际金融机构的性质也变得前所未有地突出出来。

2. 二战后的国际格局与世界银行

二战后国际格局的发展有两条主要线索，首先，是冷战和东西对峙的两极格局的形成。直到 20 世纪 80 年代末，两极对峙的局面才随着苏东阵营的瓦解而改观。东西方阵营的对峙是冷战时期国际关系发展的主要线索。其次，在二战后飞速发展的民族解放运动中，英国、法国、荷兰等国多年经营的殖民帝国瓦解，一大批殖民地获得了政治独立，解除了它们和旧宗主国之间的政治依附关系，但是，经济上的依附状况并没有彻底改变。掩盖在殖民体系之下的矛盾浮现到国际关系之中，成为二战后国际关系发展的又一个主题——南北关系。南北关系的这条发展脉络与东西对峙紧紧交织在一起，解决与发展中国家的冲突与矛盾的种种努力往往同时服务于争夺"中间地带"的战略目标。这就是二战后世界银行逐渐发展成为一个重要的援助机构的大背景。

---

① Michelle Miller-Adams, *The World Bank: New Agendas in a Changing World*, Routledge, 1999, p. 5.

② US Department of State, Proceedings and Documents of the United Nations Monetary and Financial Conference, Bretton Woods, New Hampshire, July 1 – 22, 1944, Washington: USGPO. 1946, I: 88. 转引自周弘《美国：作为战略工具的对外援助》，载于《对外援助与国际关系》，中国社会科学出版社，2002，第 202 页。

（1）冷战及作为政治工具的世界银行。

世界银行是联合国大系统之一员，其成员却并非包括了所有联合国会员国。由于世界银行成立的理论前提是承认并奉行市场经济，因此，在其成立初期，世界银行的成员以西方资本主义国家为主，随着冷战的展开，它自然而然地成为西方阵营主导的重要的国际组织，成为在第三世界推行市场经济体制的重要渠道。

西方阵营中的老大哥——美国从一开始就把世界银行视作实现其全球战略目标的重要机构而苦心经营。美国在世界银行成立的过程起到了重要的推动作用和主导作用。成立世界银行的动力来自美国。1941 年，美国财政部就开始筹划建立一个国际性的银行，美国财政部的一个名叫怀特（Harry Dexter White）的顾问提议通过建立世界性的银行，促进私人资本的国际流动，鼓励各国有效地利用资本。世界银行的启动经费是 100 亿美元，但是当时除了美国之外，很少有其他外国银行参股，所以，1945～1960 年，美国一直是世界银行最大的股东。在这种情况下，美国支持世界银行的动机是什么呢？按照当时美国财政部部长亨利·摩根陶的解释，美国的目的是确立美国财政部在国际金融体系中的主导地位，换言之，就是通过建立世界银行，确立由美国政府主导的国际金融体系。[①]

所以，美国从一开始就把世界银行这个国际组织作为工具，并利用多种渠道影响世界银行的决策，服务于美国的长期战略。世界银行集团中的国际复兴开发银行（1946 年）承担了复兴和发展两个重要使命。在当时的情况下，国际复兴开发银行的主要职能是协助欧洲国家的经济重建。由于欧洲重建需要很大的财力，国际复兴开发银行无力负担，于是，美国又另外启动了《马歇尔计划》，将支持欧洲重建的工作归入双边援助的范畴。这样，世界银行的使命比较明确地定为"发展"。1951 年，杜鲁门任命了一个美国专家顾问团，提出为了实现"第四点计划"需要建立一系列的国际机构，所以，世界银行家族扩大，1956 年成立了国际金融公司，1960 年成立了国际开发协会。美国在这两个机构中分别承担了 17% 和 20% 的份额，并且至今仍然占据着支配地位。

---

① 周弘：《美国：作为战略工具的对外援助》，载于《对外援助与国际关系》，中国社会科学出版社，2002，第 201～206 页。

在冷战初期，世界银行系统配合"第四点计划"从事发展中国家的工作，主要是通过增加农业生产，实现工业贸易自由化，阻止苏联周边地区的国家和苏联结盟。1961年，肯尼迪政府加强了发达国家通过世界银行这个渠道向发展中国家的财政支付，旨在增强第三世界的自我增长能力，促进民主框架下的经济增长和社会稳定。其中所包含的与苏联进行"制度竞争"的目的清晰可见。20世纪80年代世界银行全面推动的"结构调整贷款"成为影响发展中国家向自由市场经济靠拢的有力手段。冷战时期，世界银行一直是美国与苏联进行对抗与竞争的一个重要的战略工具，世界银行奉行非政治、中立、技术先行的原则，然而其援助活动却直接带来了具有深刻的政治和战略意义的结果，这一事实也是许多针对世界银行的批评的焦点。另一方面，冷战结束之后，苏联阵营的瓦解也使得世界银行作为冷战工具之一的作用消失了。世界银行如何在新的国际条件下重新确定自己的位置，这也十分自然地成为世界银行在冷战后面临的一个重要问题。

（2）南北关系和经济全球化条件下的世界银行。

南北关系是二战后国际格局发展的另外一条重要线索。冷战结束后，东西对峙的局面已经改观，但是，南北问题继续存在，并因为国际环境的变化成为日益突出的全球议题。世界银行是发达国家向发展中国家财政转移支付的一个重要渠道，其角色的演变必然与南北关系的发展紧密相连。

布雷顿森林会议召开之时，日后被统称为"第三世界"的广大发展中国家多数尚未获得独立，在政治和经济两方面依附于宗主国。因此，在讨论二战后国际秩序时，这些地区的发展问题并不是讨论的焦点，世界银行和国际货币基金组织主要服务于欧美主要工业国的利益和需求。但是，欠发达国家和地区同样是国际经济和政治体系的一部分，一战之前国际体系的痼疾同样影响到了这些国家和地区，它们也同样受到了战争和萧条的打击。在规划二战后国际秩序时，如果仅仅在这些国家和地区恢复一战前的秩序是不能够解决它们所面临的复杂问题的。正是基于这样的深层原因，也是由于欠发达国家的据理力争，国际复兴开发银行把推动这些国家和地区的发展写入了创始条约之中。但是，只有在1951年美国通过双边的《马歇尔计划》向欧洲国家提供了大笔的经济重建援助之后，援助欠发达国家和地区的发展才逐渐成为世界银行的主要职责。①

南北问题随着二战后全球范围内经济活动形式的变化而演变。二战后，现代企业制度的建立和发展是一个非常重要的现象。在 19 世纪，经济活动的主体是个人，在所有的市场活动中占据着核心地位的是企业家而非企业。二战之后，现代企业迅速发展，企业的经营管理与所有权逐渐分离，企业的生产与经营活动也逐渐超出了国家疆域的界限，大的跨国公司在世界经济中扮演着愈来愈重要的角色。企业取代了个人，成为经济活动的组织中心和推动经济不断发展的动力来源。因此，与 19 世纪的自由市场经济相比，20 世纪中后期的市场经济的组织方式已经出现了巨大的变化。以追逐利润最大化为天然目标的资本以大型跨国公司的形式，在全球范围内寻找最佳的商业机会，包括廉价生产要素以及因国别政策而导致的税收方面的优惠，等等。在这样的条件下，世界银行这个国际经济组织的活动必然要服务于跨国公司的经营活动，为大企业建立全球市场机制成了世界银行的宗旨。一方面，它要为跨国公司的全球活动创造稳定的外部环境；另一方面，它在发展中国家的援助活动也或多或少地具有为国际资本"开路"的意图。例如，20 世纪 50 年代和 60 年代，世界银行致力于在发展中国家进行基础设施建设，从 80 年代起，世界银行推行"结构调整贷款"，都是在为国际资本在发展中国家的经济活动创造条件。② 另一个例子是，在 1997 年亚洲金融危机中，世界银行向遭受危机冲击的国家提供了大量的贷款援助，以稳定国际金融秩序。③

由于第三世界国家的工业化和经济发展不再能够孤立于外部的国际环境，在其发展进程中，必然要使用外来的资本，以及吸引跨国公司在其境内创立分支机构。因此，这些国家在工业化和经济发展过程中所面临的种种问题自然而然地与南北问题交织在一起。跨国公司在发展中国家的活动带来了多重影响。首先，它改变了这些国家中的社会结构，跨国公司一方面为专业

---

① Sixto K. Roxas, "Principles for Institutional Reform," in Griesgraber and Gunter (eds.), *Development: New Paradigms and Principles*, Pluto Press, 1996, pp. 6 – 9.

② Michelle Miller-Adams, *The World Bank: New Agendas in a Changing World*, Routledge, 1999, p. 2.

③ 在 20 世纪 90 年代，世界银行的贷款业务一直在 200 亿美元左右的规模徘徊，1997 年的贷款规模是 1990 年以来的最低点，只有 191 亿美元。然而，1998 年，世界银行的贷款总额出现了井喷式的增长，跃升至 286 亿美元，打破了世界银行的历史纪录。章晟曼：《先站住，再站高》，文汇出版社，2006，第 48 ~ 49 页。

人员提供了大量的工作机会，并培养了一个能够从其经济活动中受益并分享西方价值观念和生活方式的社会阶层，与此同时，在农业经济中自给自足的农民、小手工业者却由于外来的冲击而不得不改变生活方式，甚至失去了赖以谋生的手段。其次，跨国公司是追求利益最大化的经济主体，其活动也必然具有外部效应，需要依靠国家干预来解决。但是，发展中国家的政府往往缺乏干预跨国经济活动的能力。世界银行作为一个国际性的经济组织，也部分地承担了纠正市场失灵的责任。因此，它的援助活动延伸到经济部门之外的社会领域。随着冷战的终结和经济全球化的进一步发展，世界银行在扶贫、环保和社会基础设施建设方面的作用日益突出，同时，它在援助活动中也日益注重吸纳非政府组织的参与。

3. 世界银行：资金、决策和管理以及与其他援助方的关系

上述世界银行的宗旨及种种特性充分地表现在其制度框架和援助活动之中。以下将从世界银行的资金来源、基本制度框架、决策方式、与受援国的关系以及与其他援助机构之间的关系等方面，分而述之。

（1）世界银行的资金：来源及投向。

在前面提到的世界银行集团涉足发展援助的4个机构中，有3个机构是面向政府的，即国际复兴开发银行、国际开发协会以及多边投资担保机构，只有国际金融公司旨在资助发展中国家私人经济的发展，并以民营企业为援助对象，即便如此，国际金融公司也同时以技术援助的形式向受援国政府提供援助。① 因此，世界银行主要是一个政府间组织，是一个首先为成员国政府提供服务的国际金融机构。

世界银行的资金来源决定了其政府间组织的性质。国际复兴开发银行是世界银行集团中最重要的机构，其最初的资金来源是成员国认缴的股份。其成立之时，法定资本为100亿美元，分为10万股，每股10万美元，成员国应该以认股的方式取得国际复兴开发银行的资格，并根据各自拥有的股份决定其在银行的投票权。在很长一段时间里，美国是国际复兴开发银行的主要出资国，因此，时至今日，美国仍然在世界银行的决策和管理中扮演着特殊的角色，世界银行的行长由美国总统提名，尽管其他国家在世界银行中拥有85%的表决权，可实际上只有美国一家有"一票否决权"。

---

① The World Bank Office, *Facts and Figures 1980 – 2006*, Beijing, 2006, p. 3.

　　但是，成员国提供的股本并不是国际复兴开发银行的唯一资金来源。世界银行是一个独立经营的金融机构，成员国提供的资金为其在国际金融市场上的融资和经营活动提供了担保。国际复兴开发银行的另外两个重要的资金来源是：①从国际金融市场上获得的借款；②转让债券及经营的利润收入。在 2005 年，国际复兴开发银行从国际资本市场上筹集的资金就达到了 130 亿美元。① 由于国际复兴开发银行的活动是由主要发达国家的政府财政作担保的，它能够以优惠的条件从国际金融市场上融资，而经过多年经营，它积累起巨额的自有资本。自 1985 年以来，国际复兴开发银行的净收入每年都在 10 亿美元以上，到 1997 年底，其自有资产达到了 180 亿美元。② 这些资金都不是来自成员国的。20 世纪 80 年代以来，世界银行之所以能够在一定程度上坚持自己的政策目标而偏离一些主要资助国的政策轨道，③ 是与其逐渐增强的财政自主分不开的。

　　在世界银行集团中向发展中国家提供援助的另一个主要机构是国际开发协会，其资金来源包括：国际复兴开发银行的部分净收益、国际开发协会本身的信贷收入、会员国认缴的股本，以及发达国家每 3 年一次的补充资金。根据国际开发协会 2006～2008 年的财政预算，其预算资金为 242 亿特别提款权，相当于 353 亿美元，其中包括新增捐款 207 亿美元，国际开发协会获得的信贷偿还和投资收入 127 亿美元，以及来自国际复兴开发银行的净收益结转 15 亿美元。

　　显然，国际复兴开发银行与国际开发协会的资金构成是不同的。由于国际复兴开发银行的资金主要来自国际金融市场的融资，它向发展中国家提供的只能是贷款，而且贷款条件并不特别优惠，达不到 OECD/DAC 所规定的官方发展援助的标准，即包含有 25% 的赠与成分，在 OECD/DAC 的统计中，国际复兴开发银行向发展中国家提供的贷款往往被列入 "其他官方资金流动"（Other Official Flows，OOF）一类。而国际开发协会的资金主要来自发达国家的捐助，它就有可能以更加优惠的条件向发展中国家提供援助。

---

① 见 http：//www.worldbank.org。

② Michelle Miller-Adams, *The World Bank*: *New Agendas in a Changing World*, Routledge, 1999, p. 12.

③ 周弘：《美国：作为战略工具的对外援助》，载于《对外援助与国际关系》，中国社会科学出版社，2002，第 201～206 页。

其援助虽然也以贷款为主，但是贷款条件要远远好于国际市场融资，有些贷款是无息的。正因为如此，国际开发协会为贷款国设定了"门槛"，按照2005年的标准，人均收入在895美元以下的国家才可以申请它提供的软贷款，目的是保证低收入国家能够优先得到援助。

同样是贷款，除了贷款条件比国际金融市场融资更为优惠之外，世界银行（指国际复兴开发银行与国际开发协会）与私人的金融机构还有什么不同？

首先，由于两个机构的资金构成程度不同地包括了成员国政府的资金，世界银行的贷款就多多少少需要附加一定的政治条件。1948年，国际复兴开发银行开始向欠发达国家提供发展贷款时，对贷款国的资格作了一些限制：第一，只有参加国际货币基金组织的国家才能够成为国际复兴开发银行的成员；第二，只有成员国才能申请贷款，私人生产性企业申请贷款要有政府担保；第三，成员国申请贷款一定要有工程项目计划，贷款专款专用，国际复兴开发银行每隔两年要对贷款项目进行全面检查。这些规定首先将大多数苏东阵营的社会主义国家排斥在外，南斯拉夫曾于1948年向国际复兴开发银行提出过贷款申请，但是并没有很快得到同意。同时，也确立了世界银行贷款的政府导向，只有政府或有政府财政担保的企业才能成为贷款对象，这与一般的国际金融市场融资是完全不同的。这种做法其实是在推动政府支持企业，后来其他西方国家特别是欧洲国家也开始效仿。

其次，世界银行的贷款包括了多种要素，不仅给受援国提供了资金，同时，世界银行的贷款项目承载了"知识"（并不仅仅是技术）转移的功能。其最初的援助活动就是"两条腿走路"的，一方面为受援国的生产性项目提供资金，另一方面为受援国的改革计划提供指导。1949年，世界银行宣布在成员国开设培训班，以讲座和讲习班的形式培训青年专业人员和管理人员。此后，世界银行进一步发展其政策咨询及研究力量，1956年成立了经济发展学院，旨在帮助成员国解决面临的经济政策问题，以及提高成员国对贷款项目的规划和管理能力，因为他们过去不熟悉市场的规则。目前，世界银行所具有的庞大的研究能力使其具有"知识银行"的美名，[1] 它为一些发展中国家的内部机制改革提供了不可或缺的智力资源。无论是国际复兴开发

---

① 根据访谈记录整理。

银行还是国际开发协会的贷款，都包括了技术合作的内容，主要用于项目的预投资及可行性研究，以及与项目有关的培训和咨询活动。①

最后，世界银行的贷款多用于私人资本不愿投入的部门。世界银行的贷款一般是长期的，国际复兴开发银行的贷款为期 15 ~ 20 年，宽限期为 5 年左右，利率参照伦敦同业银行拆借利率浮动。国际开发协会的软贷款条件更为优厚。世界银行贷款规模大、期限长、利率低，所以可以用来帮助发展中国家进行私人资本所不愿承担的公共产品的生产。20 世纪 50 年代和 60 年代，世界银行的贷款重点用于帮助发展中国家进行基础设施建设、农业以及进口替代型的工业项目。从 20 世纪 60 年代末到 80 年代初，解决贫困问题成为世界银行的政策重点，其关注的重点转向了增长的再分配、促进收入分配平等，以及人力资源的投入等方面。20 世纪 80 年代，世界银行利用贷款项目带动受援国的经济结构调整，推动市场经济体制的建设。在冷战结束后，它的重点领域重新转向了减贫，大量增加了在社会领域（环保、卫生、教育和社会保障等）的投入，并把推动良治列入政策重点之中。② 尽管不同时期世界银行关注的重点领域有所不同，但是，世界银行的贷款基本上都用来改善适应市场经济的公共产品和服务。从这一点来看，世界银行绝不仅仅是一个投资者，而且是一个建制者；它也不仅仅是一个市场的开拓者和市场机制的建构者，而且是建造了与市场传统相匹配的一整套公共服务体制，用于弥补市场失灵和维护市场的长久运转。

（2）世界银行的决策和管理。

如前所述，世界银行是一个政府间的国际金融组织，简单地说来，它是一个由成员国政府出资担保而成立起来的银行，所以，世界银行既需要保证成员国在决策和管理中的参与，又需要按照银行的方式运作。因此，世界银行的决策与管理是分开的，分别由带有政治色彩的理事会和执董会，以及由专业人员组成的银行管理机构负责，国际复兴开发银行和国际开发协会共同由一个相同的管理机构管理，是"一套人马、两块牌子"。③

世界银行的政策决定权掌握在具有政府间性质的理事会（Board of

---

① Stephen Browne, *Foreign Aid in Practice*, Pinter Publishers Ltd. , 1990，pp. 78 – 79.
② 胡鞍钢、胡光宇：《援助与发展》，清华大学出版社，2005，第 129 ~ 131 页。
③ 关于世界银行的决策和管理体系参见 http：//www. worldbank. org。

Governors）和执行董事会（Executive Directors）手中。理事会是世界银行的最高权力机构，由成员国各指派一名理事和一名副理事组成。理事一般由各国财长、中央银行行长或其他相当地位的高级官员担任。[①] 在理事会之下设执行董事会，负责执行理事会决议及行使由理事会授予的其他职权，是世界银行真正的决策机构。执董会由 24 名执行董事组成，任期 2 年。每名执行董事任命一名副执行董事，在执行董事缺席时代理其行使职权。24 名执行董事中有 5 名由在银行中持有股份最多的 5 国（即美国、英国、德国、法国和日本）指派，其余 19 人由其他成员国按地区划分为 19 个选区，每个选区推选一人，其中，中国、俄罗斯和沙特阿拉伯独立构成一个选区，各有一名执行董事。执行董事会设主席席位，由世界银行行长担任。[②]

在执董会中，各个成员国的表决权根据各成员国认缴的股本来确定。在成立之初，美国缴纳的股金最多，约 32 亿美元，也因此拥有了 35% 的投票权数，紧随其后的是英国，占 14%。[③] 此后，随着成员的增多，世界银行的投票权数历经调整，目前，在国际复兴开发银行中，拥有表决权最多的 5 个国家依次是：美国，16.39%；日本，7.86%；德国，4.49%；英国和法国，各占 4.3%。在国际开发协会中，拥有表决权最多的 4 个国家是：美国，13.40%；日本，10.36%；德国，6.65%；法国，4.17%。同时，针对不同的问题，执董会表决方式也不同。一般性议题经由简单多数即可获得通过，但是，重要的决议必须获得 85% 以上的表决才能生效，所以，在国际复兴开发银行中，美国实际上拥有一票否决权，它也是唯一一个在重要问题上拥有否决权的国家。[④]

由于世界银行是一个专业性的国际组织，在政治性的理事会和执董会之外，又建立了一个庞大的专业机构负责世界银行的日常经营。在一定程

---

① 理事会的主要职责是：批准接纳新成员、增加或减少银行资本总数、暂停成员国资格、裁决对执行董事会解释国际复兴开发银行协定所产生的意义、安排与其他国际组织的合作办法、决定终止银行业务并决定银行的资产分配及决定银行及收入的分配等。

② 根据《国际复兴开发银行协定》，执行董事会主要行使三大权力：第一，通过财务计划、业务计划，监督世界银行的年度行政预算，决定下一年度资金和工作人员的分配方案；第二，审查具体的政策建议，决定世界银行的政策方向；第三，审查世界银行的业务评估，保证世界银行和各成员国从已有的经验教训中受益。此外，执董会掌握的一项重要的权力是贷款项目的审批权，同时它负责向理事会会议提交财务审计、行政预算和年度经营报告。

③ 章晟曼：《先站住，再站高》，文汇出版社，2006，第 13 ~ 14 页。

④ 章晟曼：《先站住，再站高》，文汇出版社，2006，第 227 页。

度上，世界银行的政治决策与经营决策是分离的。在世界银行的管理机构中，行政首脑是世界银行行长，由执董会选举产生，不得由理事或执董兼任，任期 5 年。世界银行行长可以参加理事会，但无投票权。由于行长同时兼任执董会的主席，其参与执董会，一般也没有投票权，只是在双方票数相等时可投决定性的一票。实际上，世界银行的历任行长都是由美国政府推选的。

政治决策和日常经营之间的分离反映了世界银行作为成员国政府的工具和作为独立的金融机构两种角色之间的冲突。尽管由政府间代表组成的执董会是名义上的决策机构，但是，实际运作中，执董会与银行管理机构之间的关系是极其复杂的。在世界银行日常运转中起主导作用的是市场力量，不是政府力量。

世界银行这样一个承担了发展援助任务的庞大的国际金融机构，其职能极其复杂，不仅雇员具有良好的知识背景，而且银行内部也存在着复杂的分工体系。因此，世界银行中积蓄了大量的市场人才，任何其他组织都难以与之比拟。由于功能复杂，到 2000 年，世界银行的副行长级的职位已经增加到了 27 个，人才结构和具体业务相应地非常复杂，1 万名正式职员分别来自160 个国家，每年在建项目有 1100 个，进入筹备期的项目超过 600 个，其中每年递交执董会审批的项目有 350 个，还有大量的调研、技术援助和其他各种形式的合作项目。[1] 很显然，世界银行管理机构作出的"技术"决策可能具有深远的政治影响，但是，没有雄厚的知识后盾就没有办法理解以及评估这些技术决策可能带来的影响及影响可能涉及的范围。因此，尽管具有"政府间"性质的执董会仍然扮演着重要的角色，但是，世界银行的管理机构也具有相当大的独立性。[2]

由于世界银行所采取的组织制度，其管理机构的独立地位得到进一步加强。世界银行采用的是分级管理，行长由执董会确定（实际上由美国推选），行长拥有聘用其他高级管理人员的权力。各个国家当然希望自己国家的公民进入银行高层，但是，世界银行内部的人员遴选程序复杂，在任选干

---

① 章晟曼：《先站住，再站高》，文汇出版社，2006，第 54、116 页。

② Michelle Miller-Adams, *The World Bank*: *New Agendas in a Changing World*, Routledge, 1999, p. 19.

部时，除了专业和人品方面的考虑，还要平衡地域、性别乃至种族，这将政治力量的影响降到了最低。[1]

而且，成员国政府还努力通过加强执董会来牵制世界银行的管理机构。这反映在执董会的人员数目上。随着世界银行在国际金融市场中权重的加大，执董会的规模也越来越大。在20世纪70年代，每个执董办公室的人员不过5~6人，随着各国派驻人员数目不断增加，目前整个执董会的执董加上工作人员已经有250多人，在世界银行主楼里整整占去了两层。[2] 尽管如此，执董会仍然无法控制世界银行的日常业务，而是成为一个重要的磋商机构。所有要被否决的议案是不会被提交到执董会上讨论的。当一个议案在讨论中遇到重大分歧时，主持会议的主席就会暂停讨论，由秘书长去进行非正式磋商。按照担任过中国派驻世界银行执董、后又在世界银行管理机构中担任高级职务的章晟曼的说法："执董会或许帮不了你办成什么事情，不过，执董会可以让你什么事情也办不成。"[3] 可见，执董会手中所掌握的、能够干预世界银行管理的有效手段只有否决权了。

（3）国际援助体系中的世界银行。

综上所述，世界银行是一个具有多重目标、多重职能的复杂的国际金融机构，既不像一般的政府间国际组织，也不同于一般的以营利为目标的银行。世界银行通过政府担保在国际金融市场融资，向发展中国家政府提供贷款，实现促进发展的目标。在这个过程中，世界银行与主要向其提供政府担保的发达国家、接受贷款的发展中国家、国际资本市场、其他援助机构以及受世界银行活动影响的其他利益相关者之间建立起复杂的关系。其具体情况见图3-3。

由图3-3可以看出，围绕着世界银行的援助国与受援国之间的关系与双边渠道中的援助国和受援国之间的关系是非常不同的。最显著的一点是援助资金的提供与监管之间的部分分离。在双边援助中，援助资金来源于援助国（方）的财政预算，因而，双边援助明显是政府行为，援助活动在援助国政府的监督之下，并且要有助于实现援助国在受援国的经济、政治、战略

① 章晟曼：《先站住，再站高》，文汇出版社，2006，第117页。
② 章晟曼：《先站住，再站高》，文汇出版社，2006，第28页。
③ 章晟曼：《先站住，再站高》，文汇出版社，2006，第27、226~230页。

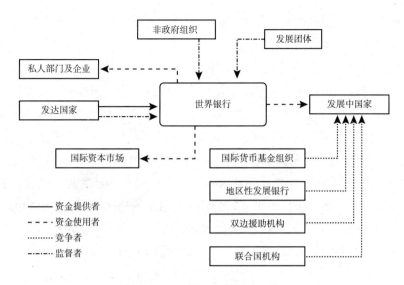

图 3 - 3 世界银行的关系网络

资料来源：Michelle Miller-Adams, *The World Bank: New Agendas in a Changing World*, Routledge, 1999, p. 14。

和安全目标。但是，从图 3 - 3 中可以看出，世界银行的资金主要来源于两个渠道：①成员国（主要是发达国家）认缴的股份，因此，那些为世界银行提供了股本的发达国家得以监督世界银行的政策和活动；②从国际金融市场上的融资，但是，国际金融市场并不直接干预世界银行的活动，相反，没有向世界银行提供资金的国际非政府组织和援助集团却能够监督世界银行的政策与活动。此外，原本应该为成员国（尤其是发达国家）以及国际资本市场提供服务的世界银行，在援助活动中却与发达国家的双边援助活动以及国际资本在发展中国家的投资形成了某种竞争关系。如何理解这些现象？

准确地说，世界银行这个国际金融机构是由主权国家创立的一个旨在为主权国家服务的机构。在创建世界银行（包括国际货币基金组织）的过程中，成员国以让渡部分主权为代价换取这一机构所带来的好处。因此，为主权国家服务的机构同时削弱了主权至上的原则。① 结果，世界银行的发展带来了一些"始料未及的后果"（unintended consequences）。

---

① Daniel D. Bradlow and Claudio Grossman, "Adjusting the Bretton Woods Institutions to Contemporary Realities," in Jo Marie Greisgraber and Bernhard G. Gunter (eds.), *Development: New Paradigms and Principles*, Pluto Press, 1996, pp. 29 – 33.

最突出的发展趋势是成员国对世界银行的控制不断减小。究其原因，是因为随着市场规则在全球范围内的确立和巩固，市场经济的运行动力逐渐成为世界银行背后的主要推动力量，导致其"政府间"的色彩逐渐减少。因此，世界银行朝着成为一个独立力量的方向发展，成员国政府也支持这种力量的存在。成员国对世界银行的控制不断减小，首先表现在发达国家控制世界银行的能力不断降低。一方面，世界银行不断扩大，其成立时成员国只有38个，此后有两次大规模的扩大，一次是在20世纪60年代的民族解放浪潮中，一次是在90年代苏东阵营解体后，世界银行新增的成员国大多是接受世界银行贷款的国家。世界银行的扩大导致了发达国家对其控制能力和程度的不断降低。美国的投票权从创始时的35%，降到目前的16.4%，仅限于世界银行的发达国家成员，决策权力是日趋分散而非集中。[1] 另一方面，世界银行的业务评价体系实际上增加了一些大的发展中国家的发言权。从20世纪70年代开始，无论是世界银行的成员国还是其管理者都把年度贷款规模作为一个基本的业务评价指标，为了维持贷款的规模，世界银行必须倾听一些大的借款国的要求。[2] 例如，从20世纪90年代开始，世界银行减少了在基础设施方面的投入。但是，亚洲金融危机过后，世界银行的贷款规模迅速下降，2000年和2001年的贷款规模连续低于危机前的水平。因此，世界银行开始考虑重新增加基础设施贷款的规模。[3] 2003年中国和印度驻世界银行的执董联合提出增加基础设施贷款的建议，得到世界银行方面的响应，推动了世界银行的政策转变。[4]

发达国家控制世界银行能力减弱的趋势与世界银行在国际金融市场上融资能力的不断增强是相伴而生的，与此同时，另一个发展趋势是，非政府组织对世界银行援助政策和援助活动的干预程度不断加大。非政府组织主要通

---

[1] Michelle Miller-Adams, *The World Bank: New Agendas in a Changing World*, Routledge, 1999, p. 14.

[2] Michelle Miller-Adams, *The World Bank: New Agendas in a Changing World*, Routledge, 1999, pp. 5 - 10. 按照曾担任世界银行常务副行长的章晟曼的话来说："从世界银行自身的发展来说，保持一定规模的贷款数额也是必需的。我从来没有看到过一家贷款数量萎缩的银行，却能够保持高昂的士气和可持续的盈收。在世界银行，每10亿美元的项目，需要约200个员工，如果贷款总额持续下滑，我们怎么养——或者说为什么还要养那么多人呢？"见章晟曼《先站住，再站高》，文汇出版社，2006，第163页。

[3] 章晟曼：《先站住，再站高》，文汇出版社，2006，第136~144页。

[4] 根据访谈记录整理。

过一些公众宣传活动以及对世界银行项目进行评估来影响世界银行的援助活动。此外，世界银行建立了一些正式渠道吸纳非政府组织在世界银行决策中的参与。[1] 非政府组织的参与与前两个趋势只是巧合，还是有着内在的逻辑联系？实际上，跨国公司的成长和国际资本活动领域的不断扩大是所有这些变化最根本的原因。跨国公司的经营活动同时给发展中国家带来了经济成长的机会以及与经济成长相伴而生的社会问题。出面解决这些问题的首先是发展中国家的政府，同时，跨国公司还会通过资助非政府组织的方式来解决发展的负面影响。[2]

因此，这三个趋势从不同的侧面反映了世界银行服务于国际资本的国际金融机构的性质正不断增强。这导致了世界银行对成员国国内政策影响能力的不均衡发展，世界银行对接受其贷款的发展中国家国内政策的影响能力远远高于对发达国家的影响能力。[3] 首先，这是因为发达国家是资本的拥有者；其次，则是因为这些国家有着完善的市场体系，以及纠正市场失灵的有效的国家干预手段，与发展中国家相比，它们抵御市场全球化的外在压力的能力更强。

基于这些原因，随着经济全球化的发展，世界银行在国际援助体系中的地位势必会得到进一步增强。就世界银行与受援国之间的关系来说，世界银行通过贷款这个杠杆在受援国发挥影响。所有国家在接受世界银行贷款的同时，必须接受与贷款有关的各种附加条件，包括了进行相关的政策改革，等等。[4] 在 20 世纪 90 年代以后，世界银行也开始尝试通过贷款推进一些制度改革，尽管这与世界银行中立的、非政治的属性相违背。1990 年，世界银行的法律总顾问就撰文指出，世界银行虽然无权评判借款国家的政治问题，

---

[1] 1982 年成立了非政府组织——世界银行委员会。见 Michelle Miller-Adams, *The World Bank*: *New Agendas in a Changing World*, Routledge, 1999, pp. 11, 65 – 68, 96 – 99. 关于非政府组织影响世界银行政策的具体例子见章晟曼《先站住, 再站高》, 文汇出版社, 2006, 第 170 ~ 179 页。

[2] Sixto K. Roxas, 1996, "Principles for institutional Reform," in Griesgraber and Gunter (eds.), *Development*: *New Paradigms and Principles*, Pluto Press, 1996, pp. 6 – 9.

[3] Daniel D. Bradlow and Claudio Grossman, "Adjusting the Bretton Woods Institutions to Contemporary Realities," in Griesgraber and Gunter (eds.), *Development*: *New Paradigms and Principles*, Pluto Press, 1996, pp. 30 – 32.

[4] Michelle Miller-Adams, *The World Bank*: *New Agendas in a Changing World*, Routledge, 1999, pp. 14 – 18.

但是可以考虑这些国家"内政外交"所直接产生的经济影响。前任世界银行行长沃尔芬森上台后，在世界银行内掀起了一股"反腐败风暴"，他公开表示在世界银行支持的项目中，将不再容忍腐败，世界银行将采取措施保证自己的贷款行为符合最高的道德标准。① 随着世界银行业务领域的扩大，世界银行对借款国政策影响会有所增强。

就世界银行与其他多边援助机构的关系来说，世界银行与其他多边援助机构之间的职能融合的趋势会进一步发展。从 20 世纪 70 年代起，世界银行与国际货币基金组织之间的最初分工界限就被打破了，此后，两个机构之间职能重叠、交叉和融合的趋势不断发展。② 各个地区发展银行是世界银行的翻版，但是，地区发展银行不具有世界银行雄厚的智力资源，因此，它们无力领导或推动类似世界银行"结构调整贷款"一类的贷款项目，而只能遵循世界银行的模式，或者与世界银行合作开展项目。从世界银行与联合国援助机构的关系来看，世界银行和国际货币基金组织名义上是联合国下属的专业机构，但是一贯不受联合国其他机构决议的约束，而是经常独立地提出自己的政策主张。由于世界银行的活动范围增加，扩大到了环境、教育、卫生以及治理等领域，世界银行的政策与联合国其他专业机构的成规或正在讨论尚未出台的政策立场之间存在差距。世界银行或者扩大自己在一些政策领域的专家队伍，或者必须增加与联合国援助系统之间的合作，以使得自己的活动符合相关领域的国际准则，并能够借助联合国一些专业机构所拥有的技术力量。在环境保护领域，世界银行的做法是培养自己的专业能力，结果世界银行主导了这一领域的多边援助活动，新成立的全球环境基金和蒙特利尔议定书项目都是由世界银行执行的。在其他专业领域中，世界银行偶尔会咨询联合国相关机构的意见，例如在卫生问题上，世界银行会咨询世界卫生组织。③ 但

---

① 章晟曼：《先站住，再站高》，文汇出版社，2006，第 122～134 页。

② Michelle Miller-Adams, *The World Bank: New Agendas in a Changing World*, Routledge, 1999, pp. 15 - 16; and Daniel D. Bradlow and Claudio Grossman, "Adjusting the Bretton Woods Institutions to Contemporary Realities," in Griesgraber and Gunter (eds.), *Development: New Paradigms and Principles*, Pluto Press, 1996, p. 45.

③ Michelle Miller-Adams, *The World Bank: New Agendas in a Changing World*, Routledge, 1999, pp. 16 - 18; and Daniel D. Bradlow and Claudio Grossman, "Adjusting the Bretton Woods Institutions to Contemporary Realities," in Griesgraber and Gunter (eds.), *Development: New Paradigms and Principles*, Pluto Press, 1996, pp. 45 - 47.

是，世界卫生组织在世界银行的政策制定中只是扮演了咨询者的角色，无力主导世界银行的决策。无论如何，由于联合国援助机构的经费下降，而世界银行的经济实力不断上升，世界银行相对于联合国机构的优势将不断增加，这是不可避免的。

从世界银行与双边援助国的关系来看，主要的双边援助国也是向世界银行提供最初的政府担保的发达国家。随着世界银行的独立性增强，其援助活动与双边援助国的国别政策表现出了很大的不同。推动双边援助活动发展的动机极其复杂，包括了各种经济、政治和人道主义的因素，而在世界银行的援助活动中，占据突出地位的是促进经济发展，在某些情况下，银行业绩甚至成为决定政策方向的重要因素。2002～2003 年，世界银行重新加大对中等收入国家的贷款规模的决定与双边援助国普遍支持的在全球范围内减除贫困的主要目标有一定的差距，而导致这种政策调整的一个重要因素是世界银行贷款规模的下降。[①] 但是，世界银行这个资金和知识储备雄厚、网络庞大的机构，必然是双边援助国希望利用的一个重要渠道。因此，出现了双边援助国投入资金参与世界银行项目的情况，[②] 以及双边援助国在世界银行中设立信托基金，委托世界银行执行某种特定目的的援助活动的情况，[③] 也出现了双边援助机构受世界银行委托执行一些援助项目的情况。[④] 从长期来看，世界银行对双边援助机构的影响是会进一步加强的。

4. 冷战后的转变与发展

总的说来，前面提到的世界银行的种种发展趋势是一个连续的脉络，是在二战后的经济、政治发展过程中逐渐展开的。冷战之终结改变了世界银行生存和发展的外部环境，提出了新的需要解决的问题，世界银行在其内在的发展动力的推动之下进行改革，以适应外在环境变化带来的挑战。

（1）环境的变化以及世界银行的角色转变。

冷战之终结从多个方面影响和改变了世界的秩序。从经济角度来看，

---

① 章晟曼：《先站住，再站高》，文汇出版社，2006，第 151～160 页。
② 即"blending"，英国提供赠款参与世界银行在中国的卫生项目就是一个例子。
③ 根据访谈记录整理。
④ 德国技术合作公司：《德国技术合作公司在中国：以人为本》。德国技术合作公司的合同中有 13%（约合 1 亿美元）是其承担的多边机构的委托业务，其委托方包括世界银行、亚洲开发银行和联合国开发计划署等。

冷战后，社会主义阵营国家迅速向市场经济制度转型，迅速扩大了国际资本流动的范围，并推动了全球市场的形成。所以，伴随冷战终结而来的是经济全球化的发展和全球问题的不断突出。但是，经济全球化并不是冷战之后才开始的，而是二战后国际经济的一个持续的发展趋势。超出国界的经济活动同时带来了主权国家无力解决的全球性问题，冷战后国际资本流动范围和规模的扩大，以及国际政治环境的变化使得这些问题更加突出。

在市场经济体制迅速向全球扩展的过程中，世界银行这个服务于市场经济体系的国际机构必然会随之扩张。这首先反映在世界银行的不断扩大上，其次则反映在世界银行业务领域的扩张上。这个一贯以非政治性为原则的机构，其介入和干预受援国政策制定的范围和程度都在增加。而且，通过执行贷款项目以及开展与贷款项目有关的与借款国之间的政策对话，世界银行在借款国的经济、社会政策的制定和政策的具体执行过程中都发挥着影响。因此，除了借款国政府之外，还有广大的利益相关群体会受到世界银行贷款活动的影响，他们必然要求参与世界银行与借款国之间的政策对话，并参与同贷款活动有关的决策过程。①

冷战结束后，世界银行业务的扩展与其创始时确定的一些组织原则之间存在着冲突。第一，世界银行是一个向政府提供贷款的机构，无论是国际复兴开发银行还是国际开发协会都不能直接向私人部门提供贷款，在世界银行集团中，只有国际金融公司可以直接向私人企业贷款。世界银行的作用是通过影响政府的宏观政策为私人企业的经营活动创造良好的环境。因此，长期以来，世界银行主要是与贷款国政府之间进行对话和磋商，非政府部门并不充分。第二，世界银行原则上是一个"非政治性"的机构，目前，世界银行通过重新解释"非政治性"的含义来扩大自己的活动领域。业务的扩展会触及一些政治性的话题，比如前面提到的反腐败问题，而这些问题对世界银行以往所坚持的"中立的、技术性"的立场构成了挑战。这些情况导致了世界银行在冷战后的一些政策、机制和组织原则方面的调整。

---

① Daniel D. Bradlow and Claudio Grossman, "Adjusting the Bretton Woods Institutions to Contemporary Realities," in Griesgraber and Gunter (eds.), *Development: New Paradigms and Principles*, Pluto Press, 1996, pp. 40 – 41.

（2）冷战后的调整：扩大参与范围。

在冷战结束后，世界银行种种战略调整中比较突出的一个方面是扩大了政策制定的参与范围，这与世界银行作为一个"政府间机构"之性质不断削弱是一致的。扩大参与范围首先针对的是世界银行政策和贷款活动具有深远意义，尤其是在会影响借款国的宏观政策和制度的现状。大量的非政府主体被纳入世界银行的政策制定之中，这些非政府主体既包括非政府组织，也包括以营利为目的的私人企业。扩大参与范围的努力在 20 世纪 80 年代世界银行推行"结构调整贷款"时就已经开始，90 年代起，各种推动非政府组织和私人部门参与的努力迅速增多。其中，世界银行鼓励私人部门的参与更是其回应外部变化的主动变革。[1]

另一方面，世界银行扩大参与也是对经济全球化的负面影响的回应。经济全球化不仅在全球复制着市场经济体系，同时也在复制着西方的生活方式和消费观念。因而，在推动了发展中国家的经济发展的同时，也造成了对资源的无节制的开发和利用，成为一些全球性问题的根源。同时，在资源有限的前提下，经济全球化也必然带来财富的不均衡分配，因为有限的资源不可能支持全球范围内的高消费。因而，经济全球化同时造成了全球的贫困问题，这使得南北关系变得更为复杂，贫困问题不仅渗透进发达国家社会内部，而且影响了它们生存的外部环境。发展成为全球普遍关注的问题，要求重新审视发展的内涵和促进发展的方式成为全球范围内的呼声。[2] 世界银行不得不面对这些外在的压力，因为作为一个推动市场经济全球化的国际经济机构，它必须在全球范围内承担弥补市场缺陷的责任。

随着参与主体的扩大，世界银行必然会更加积极地利用贷款这个杠杆，干预借款国的政策制定。这种干预不是通过国家行为来实现的，而是通过世界银行这个市场经济在全球快速发展的工具。它不仅为私人资本的流动开辟

① 1982 年成立了非政府组织——世界银行委员会。见 Michelle Miller-Adams, *The World Bank: New Agendas in a Changing World*, Routledge, 1999, pp. 65 – 68, 96 – 99。
② Sixto K. Roxas, "Principles for Institutional Reform," in Griesgraber and Gunter (eds.), *Development*, Pluto Press, 1996, pp. 16 – 19; Jordan, Lisa, "The Bretton Woods Challengers," in Griesgraber and Gunter (eds.), *Development: New Paradigms and Principles*, Pluto Press, 1996, pp. 80 – 84.

道路，同时为了市场经济的平稳发展而关注市场经济的负面影响，仅仅从国与国之间的关系或者南北关系的角度是无法透彻地理解世界银行在冷战后世界体系中的作用的。

第二节 多边援助在中国

1979 年以来，中国接受的多边援助主要来自联合国援助机构、世界银行、亚洲开发银行以及一些在世纪交替之际新出现的全球环境基金和全球基金等。其中，在中国开展业务时间最长、影响范围最大的是联合国援助机构和世界银行。如前所述，这两个机构的性质和援助方式有很大区别，这些差异渗透在其对华援助的整个过程之中。这一节将分别讨论联合国和世界银行在中国开展援助活动的情况。

一 联合国机构的对华援助

联合国援助机构是最早向中国提供发展援助的机构。1979 年 6 月，中国与联合国开发计划署签订了《合作基本协定》，中国开始接受联合国系统的援助。农业部门利用的第一笔外援资金就是世界粮食计划署的粮食援助，用于人道主义目的。[1] 随后，联合国其他机构陆续进入中国开展活动。

联合国援助机构在中国开展活动已有约 30 年的历史，在这期间，这些机构在中国活动的领域和方式不断发生着变化。比如，世界粮食计划署1979 年开始向中国提供援助时，主要是以人道主义援助为主，到了 20 世纪90 年代末期，其援助活动已经转向了以农村综合开发为重点。在 2005 年底世界粮食计划署停止向中国提供粮食援助，但是，它在中国的活动并没有终止，而是转而探索与中国在其他领域的合作。[2]

从整体上看，联合国援助机构对华援助活动是它们与中国之间合作关系的一个重要组成部分。随着中国的发展，这种合作方式也从接受援助为主转向更加平等的合作关系。例如，世界粮食计划署目前主要是探索从中国筹资

---

① 2006 年 2 月 23 日世界粮食计划署罗生莲访谈记录，以及相关会议发言。
② 2006 年 2 月 23 日世界粮食计划署罗生莲访谈记录。

以及进货的可能性，使中国从接受粮食计划署援助的受援国变为粮食计划署的多边网络中的一个出资国和供货国。[①] 虽然近期中国接受的联合国机构援助的数额整体上呈下降趋势，但是，这并不意味着中国与这些联合国援助机构之间的合作也会相应地减少，而可能恰恰相反。所以，通过在华援助活动而建立起来的中国与联合国机构之间的各种各样的交流渠道和合作关系会在未来成为进一步深化与发展合作的坚实基础，我们对联合国对华援助的分析也就不仅仅是在总结历史，而是面向未来。

1. 联合国对华援助的整体情况

由于中国是一个人口大国，一个主要的发展中国家，也是在地区和国际舞台上具有重要影响力的大国，所以几乎所有涉足援助活动的联合国机构都在中国开展了活动。

（1）联合国对华援助的规模。

联合国开发计划署是联合国系统内最大的援助机构，它在对华援助中也扮演了最重要的角色。此外，向中国提供援助的主要联合国直属机构还有世界粮食计划署、联合国人口基金、联合国儿童基金会等。其中，按资金总量计算，世界粮食计划署向中国提供的援助最多，约合 10 亿美元，主要以实物方式提供，在 26 年中，粮食计划署向中国提供了 400 万吨粮食，主要用于人道主义救援和农业发展合作。[②] 位居次席的是联合国开发计划署，在 1979～2004 年的 25 年间，联合国开发计划署向中国提供了约 5.17 亿美元的赠款，用于资助开发计划署与中国政府之间的合作项目。[③] 其次是联合国儿童基金会，1980～2005 年，向中国提供了约 3.39 亿美元的赠款。再次是联合国人口基金，1980～2003 年，向中国提供了约 1.9 亿美元的赠款。[④]

从上述数字来看，联合国援助机构的对华援助的规模无法与世界银行的对华援助相比。两者对华援助规模的比较见图 3-1。因为，世界银行的对华援助以贷款为主，贷款中还包括了大量条件并不十分优惠的"硬贷款"，

---

① 2006 年 2 月 23 日世界粮食计划署罗生莲访谈记录。

② 2006 年 2 月 23 日世界粮食计划署罗生莲访谈记录。

③ 中华人民共和国对外贸易经济合作部及中国国际经济技术交流中心：《21 年与 21 世纪》，2002，第 325～341 页，以及截至 2005 年 12 月的政府有关统计数字。

④ 资料来源：截至 2005 年 12 月的政府有关部门统计数字。

而联合国援助机构以提供技术援助为主，对华援助基本上是赠款，所以两者对华援助的"含金量"不同。但是，仅仅依据"赠款"一类援助进行比较，世界银行的资金规模也基本与联合国机构持平。根据 OECD/DAC 的统计，1979～2003 年这段时间，联合国主要援助机构向中国提供的赠款总额为 17 亿美元，而 1981～2006 年（截至 6 月 30 日），世界银行向中国提供的赠款总数远超过联合国主要援助机构对升援助额。① 参见图 3-4。

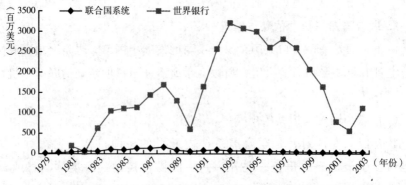

图 3-4 联合国援助机构与世界银行对华援助之比较

资料来源：OECD/DAC，2005，*International Development Statistics*（*CD-ROM*）。其中，联合国机构对华援助包括了世界粮食计划署、联合国开发计划署、联合国儿童基金会和联合国人口基金。

但是，这些数字不能完全反映联合国机构对华援助的整体规模。这与联合国机构对华援助资金的来源有关。从上述的联合国直属机构来看，其对华援助的援款并不完全出自其核心资源。这些机构可以直接为在中国开展的援助项目提供资金，例如，联合国开发计划署根据人口总数和人均国民生产总值两个硬指标确定对华援助的规模，为中国提供援助资金。但是，在开发计划署或中国政府发现了比较好的项目，而开发计划署又无力资助的时候，它就会出面寻找其他资金来源，因此，它也是一个重要的筹资渠道。在联合国其他直属机构以及专门机构中也存在着类似的情况。②

1990～1996 年，联合国在华各个机构非核心资源，即通常所说的"预

---

① 资料来源：OECD/DAC，2005，*International Development Statistics*（*CD-ROM*）。其中，联合国机构对华援助包括了世界粮食计划署、联合国开发计划署、联合国儿童基金会和联合国人口基金，以及截至 2006 年 6 月的政府有关部门统计。

② 根据访谈记录整理。

算外资金"或从其他渠道筹集来的资金，占其对华援助项目总金额的比例
见表 3 - 1。

表 3 - 1　非核心资源占联合国机构对华援助项目总金额的比例（1990 ~ 1996 年）

单位：%

机　　构	1990 年	1993 年	1996 年
粮农组织（FAO）	67	89	80
国际劳工组织（ILO）	0	0	0
联合国开发计划署（UNDP）	4	22	36
联合国教科文组织（UNESCO）	70	84	82
联合国人口基金（UNFPA）	0	1	0
联合国难民署（UNHCR）	0	0	0
联合国儿童基金会（UNICEF）	11	22	37
联合国工业发展组织（UNIDO）	80	100	95
世界粮食计划署（WFP）	0	0	0
世界卫生组织（WHO）	1	19	1
平均值	8	16	25

　　近年来，联合国系统的对华援助整体呈下降趋势，虽然不同的机构对华
援助总体规模的变化趋势并不十分一致（如图 3 - 5 所示）。但是，在对华
援助规模下降的同时，联合国机构与中国政府之间的其他合作继续深化和发
展，而且一些通过援助活动建立起来的发展合作的渠道正在由中国接受援助
的渠道向着中国提供援助的渠道发展，一些机构与中国在提供发展援助方面
的合作已经开始了。

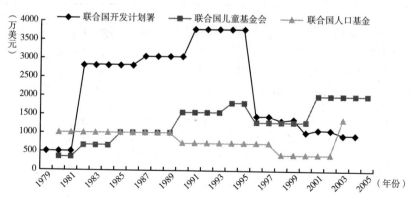

图 3 - 5　联合国主要直属机构对华援助年度发展趋势

资料来源：相关政府部门统计数字，截至 2005 年。

（2）联合国对华援助的部门和地区分布。

联合国机构对华援助涉及的领域和地区都极其广泛。以联合国开发计划署为例，截至 2005 年，联合国开发计划署在中国的援助活动涉及农业、工业、能源、交通、通信、教育、医疗卫生、金融、财税、扶贫、环保、引进外资、经济体制改革、社会福利、妇女发展等诸多领域，覆盖了中国所有省份，在城市和农村地区都有分布。①

由于统计方面存在的问题，② 很难通过数据反映联合国系统整体对华援助的部门和地区分布的情况。现有的一些数据只能反映联合国系统在特定时期或其单个机构对华援助的部门分布情况。虽是管窥蠡测，但聊胜于无。

根据联合国系统的统计，20 世纪 90 年代联合国机构核心资源资助的对华援助项目的部门分布大致如表 3 - 2 所示。

表 3 - 2　联合国系统核心资源在联合国各援助机构
共同关心的领域的分配情况*

单位：百万美元，%

核 心 领 域	1990 年		1993 年		1996 年	
	总量	占比	总量	占比	总量	占比
1. 针对所有人群的基本社会服务	22.1	27	29.3	25	26.6	6
2. 获得生活资源以及充分就业	19.6	24	13.9	12	7.5	7
3. 减贫和社会发展	18.0	22	27.8	24	26.0	24
4. 性别平等和改善妇女地位	2.7	3	4.6	4	2.9	3
5. 农业可持续发展、食品安全和自然资源	20.6	25	40.0	35	37.7	37
总　计	83.0	100	115.6	100	100.7	100

* UN, *Situation Analysis of the UN System in China for 1990 - 1996*, Beijing November 1995, p. 5. 各援助机构包括粮农组织、国际劳工组织、教科文组织、人口基金、难民署、儿童基金会、工发组织、粮食计划署和世界卫生组织。

---

① 中华人民共和国对外贸易经济合作部及中国国际经济技术交流中心：《21 年与 21 世纪》，2002，第 2、325 ~ 341 页。

② 统计方面的问题主要表现在：第一，由于联合国的对华援助由多个渠道提供，很难整合数据而得出联合国对华援助的全貌。第二，一些项目是跨部门的，并具有多重目标。以联合国儿童基金会的项目为例，2003 年 8 月立项的"社区为基础的农村饮水水质砷监测系统"项目，在山西、青海、吉林、黑龙江、山东、安徽、河南和内蒙古自治区、新疆维吾尔自治区、宁夏回族自治区以及新疆生产建设兵团等地执行，兼有卫生和扶贫双重目标。这类项目中方与联合国方面的统计归类标准不同，无法统一。第三，联合国系统中专门机构的资金来源多头，既包括了筹供资机构提供的资金，也有其他渠道筹集的资金，很难确定专门领域中来自联合国援助机构的资金份额。

从表 3 - 2 中可以看出，20 世纪 90 年代中前期，联合国系统对华援助的部门分布变化比较明显地反映在三个领域。首先，"针对所有人群的基本社会服务"和"获得生活来源以及充分就业"方面的援助资金分配比例持续下降，前者的总量变化不是很大，后者从绝对规模上来看，也在急剧减小。其次，针对农业可持续发展、食品安全和自然资源问题的援助资金比例在上升，资金规模也在扩大。但是，由于这个统计中没有包括非核心资源，因此，不能反映联合国机构对华援助的总体情况。

联合国开发计划署是联合国系统中重要的援助机构，它对中国的援助情况有着比较完整的统计，其基本趋势和部门分布状况与上述联合国系统对华援助的情况基本一致。联合国开发计划署对华援助的部门分布见图 3 - 6，部门分布的年度变化见图 3 - 7。

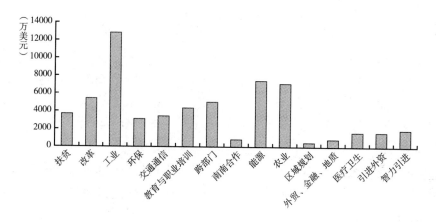

图 3 - 6 联合国开发计划署对华援助的部门分布情况

资料来源：中华人民共和国对外贸易经济合作部及中国国际经济技术交流中心：《21 年与 21 世纪》，2002，第 325 ~ 341 页。

从图 3 - 6 和图 3 - 7 中可以看出，联合国开发计划署对华援助涉及的部门十分广泛。其援助资金投入最多的 3 个部门依次是工业、能源和农业。位居第 4 位的是改革类的援助，主要是为中国的改革提供智力和经验支持。在不同年份，开发计划署对华援助的重点领域也有所不同。1979 年联合国开发计划署刚刚进入中国的时候，工业是援助活动的重要领域，直到 1992 年开发计划署才退出了工业部门。1986 ~ 1989 年，教育与职业培训是援助的另一个重要领域。自 1987 年起，开发计划署加大了在改革方面的投入，

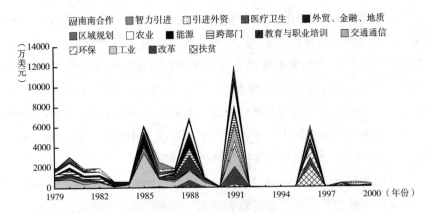

图 3-7 联合国开发计划署对华援助部门分布年度变化

资料来源：中华人民共和国对外贸易经济合作部及中国国际经济技术交流中心：
《21 年与 21 世纪》，2002，第 325～341 页。

1990～1992 年，改革方面明显是开发计划署的一个重要领域，随着开发计划署对华援助的规模减小，改革方面的投入也逐渐减少，但是，它在总资金中仍然维持了一定的比例。另一个重要的趋势是 1995 年后开发计划署加大了在扶贫领域的投入。总的说来，从 1979 年开始的初期合作的特点是，援助基本上以设备为主。进入 20 世纪 90 年代，开发计划署的对华援助逐渐转为软件与硬件并重，进入 21 世纪后，对华援助全部用于"软件"以及良治等制度建设领域。[①] 如果考虑到儿童基金会、人口基金和世界卫生组织对华援助稳中有升的趋势，可以推测，联合国援助机构整体对华援助的部门分布是在向社会领域和政治改革领域倾斜。

前面已经提到，联合国对华援助覆盖了中国所有的省份，在不同时期，援助的重点地区有所区别，目前，联合国对华援助向着中西部内陆地区倾斜。

（3）联合国机构对华援助的一些特点。

联合国系统在中国开展援助活动的机构多、活动领域广泛、提供援助的方式多样、援助以赠款为主，这些都是联合国对华援助与世界银行相比比较突出的特点，这些特点源自联合国机构性质和运行方式的多样性。

以联合国专门机构为例。首先，它们是某一领域中政府间国际组织，负

---

① 根据有关会议发言整理。

责推进成员国在这些具体领域中的交流与合作。其次，在这个基础上，这些专门组织利用自身非常有限的资源在发展中国家开展援助活动，各个机构的援助活动一般不超出本机构的活动领域，例如世界卫生组织一般开展卫生领域的援助活动，而教科文组织则在教育、科学和文化等领域开展活动。再次，由于这些专门组织具有某方面的专门知识和经验，并建立起了该领域的全球合作网络，它们成为该领域援助活动必须借重的力量，因此，它们也执行一些其他机构出资的援助项目，并收取一定比例的管理费用，这些费用成为它们重要的资金来源。[①]

前面提到了联合国直属机构一方面向中国提供发展援助资金，另一方面也是中国发展项目的一个重要筹资渠道。联合国专门机构的情况与此类似，它们是合作推动者、资金提供者，还是重要服务提供者。例如，联合国粮农组织就利用成员国或其他多边机构提供的信托基金，发挥粮农组织在技术、经验、信息、专家网络等方面的优势，在中国执行由其他援助者出资的项目。例如，粮农组织曾执行过比利时资助的"三北"防护林项目、意大利资助的农业普查项目等。2005 年前后，粮农组织得到了美国国际开发署的资助，在中国进行禽流感防控方面的工作。

因此，联合国机构在中国的援助活动不仅是其与中国合作的一个重要部分，而且客观上还推动了中国与联合国机构之间合作的发展。中国受援活动所推动的中国与联合国机构之间的交流是双向的。这也与联合国机构的政府间性质有关。

（4）不断加强的联合国系统内部的政策协调。

由于联合国系统包括的机构数目众多，加强彼此之间的政策协调成为提高援助效率的一个重要方面。在联合国系统中，注重协调的倾向在 20 世纪 90 年代之后明显增强，这部分需要归因于 90 年代后联合国援助资源减少的现实状况。以世界粮食计划署为例，在 20 世纪 90 年代中期以前，世界粮食计划署在中国独立执行项目。1996 年后，粮食计划署开始与其他多边援助机构合作执行一些中国项目，主要是与国际农业发展基金（IFAD）合作。截至 2000 年，两个机构共合作执行了 6 个项目。2001 年以后，世界粮食计划署的所有项目都是与国际农业发展基金合作开展的。在这些合作项目中，

---

① 一般管理费在 13% 左右。根据访谈记录整理。

世界粮食计划署与国际农业发展基金共同进行项目的设计、监督、检查等项目管理工作。世界粮食计划署加强与其他联合国援助机构之间的合作主要原因有二：第一，粮食计划署在中国的援助资金有问题，尤其是在 20 世纪 90 年代中后期以后。第二，与联合国系统下的战略调整有关，20 世纪 90 年代后，联合国加强了不同机构之间的合作，以便充分发挥各个机构的比较优势，优化资源配置。在对华援助中，联合国已经采取了制订联合国系统对华援助方案的做法。在 2005 年 3 月推出的《联合国对华发展援助框架（2006～2010 年）》中，联合国各援助机构明确表达了加强协作的愿望，如联合国系统驻华协调代表马和励（Khalid Malik）所说："作为一个规划框架，它旨在与布雷顿森林机构一起，协调联合国在中国的发展业务活动，并概要地阐述了联合国系统共同的目的、目标和战略。"而且，联合国不仅要加强联合国系统内部的对华援助政策协调，同时还进一步加强与其他多边援助机构之间的合作，主要是与世界银行的合作。参与制定 2005 年对华政策框架的不仅有联合国所有驻华机构，而且还有世界银行。[①]

（5）中国政府的联合国援助管理体系。

由于联合国系统的援助机构数目多，覆盖的领域广泛，而且多为政府间组织，注重与中国政府之间的协调，所以，中国政府针对联合国对华援助的管理也采取了以商务部牵头、多个部委协作的方式。

1979 年中国刚开始接受联合国援助时，国务院决定由对外经济联络部负责管理开发计划署的援华方案和工发组织的援助活动；国务院人口领导小组负责管理联合国人口基金的援助方案，中国人民保卫儿童全国委员会负责管理儿童基金会的援助方案。1981 年，国务院决定由对外经济联络部统一归口管理联合国系统的对华援助活动。1983 年，随着中国政府内部的机构调整，对外经济贸易部负责归口管理联合国发展机构的多边援助和外国政府的双边援助，除工业发展组织外，联合国各专门机构在其经常预算或特设基

---

① 见《联合国对华发展援助框架（2006～2010 年）》，2005 年 3 月，参与"框架"制定的有联合国系统驻华机构，包括：联合国儿童基金会、联合国人口基金、世界粮食计划署、联合国粮食及农业组织、联合国国际劳工组织、世界卫生组织、联合国教科文组织、联合国工业发展组织、联合国难民署、联合国开发计划署、联合国艾滋病规划署、联合国环境规划署、联合国毒品和犯罪问题办公室、国际农业发展基金、联合国妇女发展基金会、联合国贸易与发展委员会以及世界银行的驻华机构。此外，中方主管部门商务部也参与了"框架"的制定。

金项下对中国的援助则由国务院部门对口管理。① 因此，由商务部（及其前身对外经济贸易部）统一协调的只是联合国三大筹资机构的援助活动，即联合国开发计划署、联合国儿童基金会和联合国人口基金，再加上联合国工业发展组织。② 世界粮食计划署和专门机构的对华援助则分散在各个相关部委之中，例如，农业部归口管理世界粮食计划署和农业发展组织的援助活动，原劳动和社会保障部（及其前身）负责国际劳工组织的援华活动，卫生部负责世界卫生组织，教育部负责教科文组织，等等。③

由此可以看出，商务部在中国受援管理中扮演了重要的角色，承担了大量的工作。为了更加有效地协调和管理联合国开发计划署对华援助事务，以及更好地统筹规划中国接受外来援助的工作，1983 年 3 月 12 日在对外经济贸易部下设立了专门负责联合国开发计划署及联合国工业发展组织对华援助事务的"中国国际经济技术交流中心"（简称"交流中心"）。而且，随着中国改革开放的深入，交流中心还承担起了管理民间组织在华援助活动的职能。

2. 接受联合国对华援助的决策：1979 年的情况

中国与联合国援助机构的合作可以 1979 年为界，分为前后两个阶段。1972～1978 年是第一个阶段，中国主要是派代表出席联合国有关经济、贸易和社会发展的国际会议，参与审议发展决策，并向一些联合国发展业务机构提供捐款，同时也承办了一些小型项目和技术与发展经验的交流活动。④

中国自恢复联合国合法席位起就面临着如何处理与国际社会关系的问题。很显然，基于政治和安全考虑，中国积极利用联合国这个多边渠道，发挥国际影响。在这个阶段中，中国同联合国开发计划署、工业发展组织、技术合作促进发展部和贸发会议等有关经济、发展业务的多边机构建立并发展了合作关系。中国先后当选为工发组织理事会、贸发会议理事会和联合国开发计划署理事会的理事国，出席每年的理事会会议及工发组织和贸发会议定期召开的大会，参与这些机构的政策制定、财务和行政工作的审议以及向发

① 石林主编《当代中国的对外经济合作》，中国社会科学出版社，1989，第 506 页。
② 中华人民共和国对外贸易经济合作部及中国国际经济技术交流中心：《21 年与 21 世纪》，2002，第 2 页。
③ 根据访谈记录整理。
④ 石林主编《当代中国的对外经济合作》，中国社会科学出版社，1989，第 496 页。

展中国家提供援助的计划审议等工作。在联合国及其发展系统的各种国际会议上，中国代表充分阐述中国政府的原则立场，介绍中国的经验，并以鲜明的态度支持广大发展中国家的合理要求，积极维护发展中国家的权益。①

可是，除了利用联合国发展渠道在国际舞台上发挥政治影响之外，中国有无可能利用联合国等发展机构的援助加快中国的经济建设和发展步伐？在加入联合国之后，中国政府领导人就在考虑这个问题。在 1974 年召开的第六次特别联大上，以邓小平副总理为团长的中国政府代表团出席了会议，并在会上作了重要发言。在发展问题上，邓小平强调："政治独立和经济独立是不可分的。没有政治独立，就不可能获得经济独立；而没有经济独立，一个国家的独立就是不完全、不巩固的。"他还指出："自力更生决不是'闭关自守'，拒绝外援。我们一向认为，各国在尊重国家主权、平等互利、互通有无的条件下，开展经济技术交流，取长补短，对于发展民族经济，是有利的和必要的。"② 这说明在 1974 年邓小平复出主持政府工作的时候，就已经考虑到了接受外援的问题。但是，由于中国国内的政治局势和邓小平暂时离开领导岗位，接受外援的政治决策被搁浅了。

根据前对外经济贸易部副部长魏玉明的回忆，③ 1978 年以前，接受外来援助是对外经济工作的一个禁区，甚至在 1976 年中国遭受了唐山大地震那样的自然灾害时，中国也以"自力更生"为由婉拒了来自各方的援助。

在 20 世纪 70 年代末，随着国内政策的松动以及中国改革开放进程的启动，从事外交工作和对外经济工作的部门开始考虑接受外来援助。据魏玉明回忆：

> ……这个"禁区"（注：指接受外来援助）能不能打破，这在当时外交部门工作的同志中，不无考虑。环视世界上，不管是资本主义还是社会主义及一些发展中国家，不是也在大量接受外援吗?!
>
> 我国为什么不能接受外援来发展自己的经济呢？这不能不使人们深思，特别是我们从事对外经济工作的同志，一种责任感激发我们去考虑

① 石林主编《当代中国的对外经济合作》，中国社会科学出版社，1989，第 496 页。
② 邓小平联大发言见《新华月报》1974 年第 4 号，第 10～11 页。石林主编《当代中国的对外经济合作》，中国社会科学出版社，1989，第 497～498 页。
③ 魏玉明：《中国与联合国的经济合作》，《国际贸易》1995 年第 10 期，第 11 页。

和思考这个问题。①

在这样的情况下，时任对外经济联络部副部长的魏玉明开始主动寻求机会，推动中国方面的政策改变，中国开始接受联合国开发计划署的援助就是在他的参与之下实现的。根据他的回忆：

> ……1978 年秋，联合国开发计划署在阿根廷首都布宜诺斯艾利斯召开技术合作大会，我当时任对外经济联络部副部长，主管这方面的工作。经中央批准我率团参加这个大会。临行前，产生了个念头，借此机会顺访在美国的联合国开发计划署，了解一下我们之间合作的可能性。但"外事无小事"，需要与有关方面商量。首先征得了当时外交部部长黄华的同意，认为可以去谈谈，试试看。这个意见也得到了外经部领导的同意与支持，并上报国务院批准。事后想来，从这件事的过程看，说明上上下下都是有考虑的，一旦提出也就顺理成章了。
>
> 阿根廷大会后，我专程访问了联合国开发计划署总部，与莫尔斯署长进行了会谈，表示了我方与该署开展"有给有取、双向合作"的愿望。当时在座的该署太平洋局局长约瑟夫表示惊讶，甚至怀疑是否翻译给译错了，因为我国不接受外援给他印象至深。署长表示赞赏，并提出将派专人到中国访问后具体商谈。②

中国接受联合国援助机构的援助标志了中国政府方面一个重要的政策转变。从此，中国政府开始利用一切可以利用的国际条件，探索多种渠道，为社会主义现代化建设服务。这意味着中国开放了一条与国际社会交流的重要渠道。1978 年 10 月 18 日，魏玉明代表中国政府致函莫尔斯，表示中国欢迎联合国开发计划署为中国学习和获得国外先进技术和管理经验提供技术援助。双方以换文形式确定了联合国开发计划署向中国提供技术援助的原则。1979 年，联合国开发计划署助理署长兼亚洲太平洋局局长约瑟夫率团访华，同年 6 月，中国与联合国开发计划署签订了《合作基本协定》。1979 年 1

---

① 魏玉明：《中国与联合国的经济合作》，《国际贸易》1995 年第 10 期，第 11 页。
② 魏玉明：《中国与联合国的经济合作》，《国际贸易》1995 年第 10 期，第 11 页。

月，联合国开发计划署理事会特别会议决定，1979～1981年，从联合国开发计划署第二周期准备金中拨出1500万美元援助中国，这在当时是一个不小的数字。从此，中国与联合国援助系统的合作进入了第二个阶段，即"有给有取"的新时期。继联合国开发计划署后，中国根据"有给有取"的方针，全面开展了与联合国各个援助机构之间的发展合作。①

中国接受援助是以促进"自力更生"为目的的。1982年9月8日，胡耀邦在中国共产党第12次全国代表大会上作了题为《全面开创社会主义现代化建设的新局面》的报告，其中提到了在新的历史时期"坚持自力更生"与"扩大对外经济技术交流"的问题：

> 实行对外开放，按照平等互利的原则扩大对外经济技术交流，是我国坚定不移的战略方针。我们要促进国内产品进入国际市场，大力扩展对外贸易。要尽可能地多利用一些可以利用的外国资金进行建设，为此必须做好各种必要的准备工作，安排好必不可少的国内资金和各种配套措施。要积极引进一些适合我国情况的先进技术，特别是有助于企业技术改造的先进技术，努力加以消化和发展，以促进我国的生产建设事业。我们进行社会主义现代化建设，必须立足于自力更生，主要靠自己艰苦奋斗。这是绝对不能动摇的。扩大对外经济技术交流，目的是增强自力更生的能力，促进民族经济的发展，而决不能损害民族经济。国内能够制造和供应的设备特别是日用消费品，不要盲目进口。要在统一计划、统一政策和联合对外的前提下，发挥地方、部门和企业开展对外经济活动的积极性，同时反对任何损害国家民族利益的行为。我们千万不要忘记，资本主义国家和资本主义企业决不会因为同我们进行经济技术交流，就改变它们的资本主义本性。我们在坚持实行对外开放政策的过程中，一定要坚决警惕和抵制资本主义思想的侵蚀，反对任何崇洋媚外的意识和行为。②

---

① 石林主编《当代中国的对外经济合作》，中国社会科学出版社，1989，第499页；以及中华人民共和国对外贸易经济合作部及中国国际经济技术交流中心：《21年与21世纪》，2002，第1页。
② 胡耀邦在中国共产党第12次全国代表大会上的报告《全面开创社会主义现代化建设的新局面》，1982年9月8日。见中国共产党新闻网：http://cpc.people.com.cn/GB/64162/64168/64565/65448/4526430.html。

　　根据这种坚持自力更生为主、争取外援为辅的方针，中国政府国际经济合作中支持有利于促进自力更生的活动，主张一切国际援助应帮助受援国走上自力更生、独立发展的道路，而不应该造成受援国对外援的依赖。因此，中国主张多边经济技术合作活动必须符合发展中国家的具体国情和它们发展民族经济、实现自力更生的需要与愿望。同时，对直接分配给发展中国家的多边援助资金，应由受援国根据其发展目标和优先次序决定使用。在这方面，按照联合国系统的分工和工作程序，联合国有关组织和机构在发展中国家提出要求的情况下，可以参与意见，凡有利于促进自力更生的意见也应该得到受援国的尊重。[①]

　　基于这些方针和立场，中国接受外援的活动是在政府主导之下有序展开的。虽然针对不同渠道和不同类型的援助中国政府采取了不同的管理体制，但是，政府部门的参与及合作是必不可少的条件。在大多数情况下，多双边援助起到的是配合中国政府的发展政策、为中国自身的政策调整和制度改革提供帮助的作用，而非越俎代庖，替代了中国政府。

3. 在中国政府主导下的联合国对华援助：援助政策制定和项目执行的情况

　　联合国机构向中国提供的援助以赠款为主，但是，这些援助项目是以中国政府为主导完成的，无论是援助政策的制定还是援助项目的执行，联合国机构都只是扮演了辅助的角色。

　　联合国在提供援助的计划、实施、监督和评价方面有一套自己的工作程序，各个援助机构又根据各自的宗旨和性质，确定各自不同的做法。中国接受联合国援助的工作程序，是在联合国各有关机构的现行规章制度基础上，根据中国的情况适当调整而形成的。

　　一般来说，援助活动包括签订合作基本协定，编制国别计划，选择项目、拟订项目文件和实施项目，以及监督评价四个阶段。

　　与联合国各个机构的合作基本协定是由中国政府出面签订的。

　　国别计划是联合国与中国政府互动的产物。一般来说，国别计划的编制和审批过程如下：

　　第一，进行供需调查。这是联合国确定的程序，调查的内容也基本是联

---

　　① 石林主编《当代中国的对外经济合作》，中国社会科学出版社，1989，第 505 页。

合国援助机构所要求的，目的是保证援款的使用效果，使得资金的筹措与使用不脱节。在制订国别计划时，由联合国相关机构根据"硬指标"估算中国所需获得的资金份额，然后，在调查中国的经济社会基本状况和具体需求的基础上，确定重点援助领域和援助资金的部门和地区分配。

第二，编制计划。在前一个阶段工作的基础上，商务部（及其前身）作为归口协调部门，会同国家计划部门对各部门、各地区提出的项目综合平衡，确定援款的使用方案，拟订国别计划，报国务院批准。

第三，计划审批。这主要是由联合国机构承担的。商务部（及其前身）代表中国政府向开发计划署等援助机构的总部提交国别计划的正式文本，经其审核后，报送开发计划署等机构的理事会或执行局等决策机构批准。

在选择项目、拟订项目文件和实施项目的过程中，中国政府部门起到了关键的作用。具体合作项目是由中国政府选择的。项目文件由商务部或中国国际经济技术交流中心组织各受援单位编写，由商务部或中国国际经济技术交流中心审阅修改后，分送联合国有关机构征求意见，并取得同意。项目执行是在中国政府主导下完成的，每个援助项目都由中方任命项目主任，负责项目具体实施。

援助活动的监督和评价是联合国系统与中方共同完成的。项目主任需要同时向联合国和中方主管部门汇报项目进展情况，对项目计划的修订也是中外双方联合作出的。[①]

以联合国开发计划署的对华援助为例。1983 年中国国际经济技术交流中心成立后，归口管理联合国开发计划署在中国的援助活动，代表中国政府同其商定合作领域与项目，签署有关文件，并负责项目的具体管理与协调。[②] 中国与开发计划署的合作情况大致如下。[③]

第一，联合国开发计划署中有一个类似董事会的执行局，是开发署的政策制定机构。中国方面（主要是交流中心）需要根据执行局确定的政策框架，按照"硬指标"分配给中国的援助金额以及中国自己的现实需要选择项目。

---

① 石林主编《当代中国的对外经济合作》，中国社会科学出版社，1989，第 507～509 页。
② 中华人民共和国对外贸易经济合作部及中国国际经济技术交流中心：《21 年与 21 世纪》，2002，第 2 页，以及有关访谈记录。
③ 根据访谈记录整理。

第二，在项目立项程序方面，交流中心根据联合国开发计划署的总方针拿出项目设想和建议，与开发计划署驻华代表处谈判。一般中方按照国民经济发展五年计划设计项目。

第三，在项目的执行过程中，联合国开发计划署驻华代表处是服务提供者和项目监督者，项目的执行主要由中方归口部门交流中心负责。

联合国开发计划署驻华代表处主要对中方的项目执行情况进行监督。它所掌握的有效工具是一套严格的以预算管理为主的财务制度。首先，经费由总部统一管理和拨付。其次，项目周期一般为 3 年或 5 年，在项目立项后，需按年编制预算，每年需编制年度计划，详细指出年度的活动和经费安排。资金按季度拨付，而且是先开展活动、后付款。在拨付资金之前，中方要向代表处提交上一季度活动开展情况的报告。通过这样的方式，保证项目资金的使用符合项目的用途。

正因为中国政府在援助活动中起到了主导作用，联合国开发计划署的对华援助基本围绕着中国内部的发展政策而展开。从宏观的对华援助战略来看，联合国开发计划署对华援助战略与中国的"五年计划"同步，也是 5 年一次，并围绕中国政府历次"五年计划"的中心任务来确定联合国开发计划署的援助活动重点。

另外一个重要的联合国援助机构——世界粮食计划署在中国的活动情况与联合国开发计划署类似。粮食计划署在中国的对口部门是农业部，农业部直接与粮食计划署的总部及驻中国代表处联系。

与粮食计划署的合作项目基本上是由中方提出的。农业部接受的多边援助主要来自世界粮食计划署、联合国粮农组织以及国际农业发展基金，其中，世界粮食计划署共有约 70 个项目，资金总额累计为 10 亿美元；国际农业发展基金有 17 ~ 18 个项目，资金总额累计 4. 6 亿 ~ 4. 8 亿美元，多为无息贷款；粮农组织的项目比较多，但是资金总额并不多，为 5000 万 ~ 6500 万美元。此外，农业部还接受了一些双边援助。

无论是多边援助还是双边援助，都要遵循"以我为主"的原则。申请立项的项目必须符合三个条件：第一，项目设计要结合国民经济发展计划和中国发展的长期纲要；第二，要依照我国扶贫的长期计划；第三，要符合当地的经济发展计划。这是项目得以立项的前提条件。

项目立项一般要经过 3 ~ 5 年的准备期。首先，农业部要与各省的相关部门进行沟通，由省里的主管部门设计项目的范围和实施地区。省以及农业部和其他相关部委（贷款项目一般是国家计委和财政部、赠款项目为商务部）共同派员组成小组，进行实地考察，考察讨论中的项目是否与当地的发展目标相吻合、拟议中的受援地区是否符合接受援助的条件（主要是贫困程度），等等。之后，由受援地区起草项目计划书，由县一级，向地区、再向省一级逐级申报，省主管部门批准之后，由省里报到农业部，农业部联合上述相关部门共同批准立项。在国内的这些程序完成之后，由农业部出面与援助方接触，进行沟通，共同起草项目计划书，并组织项目预评估小组，对项目的可行性进行分析。在通过了项目预评估后，援助方驻华代表机构会将项目报到本部（国际组织的总部，或援助国的相关部门）审批，由各本部讨论、审批后，项目才正式立项。

在项目立项之后，中方（主要是农业部）还要与援助方就援助的到款方式和时间等磋商，并达成协议。之后，省、地、县三级要分头成立项目管理（或项目领导）办公室，在人事、财务以及其他项目执行需要涉及的部门之间进行协调，完成所有必需的程序，由各相关主管部门审批盖章、确定所有手续完备并符合所有相关规定之后，项目才能正式启动。

在立项过程中，项目计划的所有细节内容都已确定了下来，包括项目主要活动、预算、预期成果等。在项目的执行过程中，还要不断进行中期评估等，以保证项目的执行与项目计划相吻合。[1]

世界粮食计划署在中国的援助项目基本遵照这个程序。[2] 以粮食计划署在青海省执行的 5717 号项目为例。这个项目申请提出得很早，大约是在1987/1988 年的时候就提出了项目申请，但是立项执行是在 1997 年，经历了八九年的时间。这在所有的项目中是比较长的，一般项目的立项要花上三五年。

项目的立项过程如下：青海省项目地点的乡/县首先提出项目建议，逐级上报到省里的主管厅/局以及发改委（以前的计委），再由省里分头报到农业部和发改委，经国家一级审批之后，由农业部报到粮食计划署（总部），经审批最后立项。一般来说，项目立项阶段的所有前期投入是由地方

---

① 根据访谈记录整理。
② 见 2006 年 2 月 23 日世界粮食计划署驻华代表处罗生莲访谈记录。

政府承担的。

粮食计划署项目的选择是双方共同进行的，而且基本上遵循了自下而上的原则（bottom-up），各地方政府发挥了重要的作用。粮食计划署则是在不同的阶段派遣专家小组进行实地考察，包括评估团、确认团、技术检查团、开工团，等等。

项目在经总部审批之后，获得了经费和项目编号，就可以开始执行。但是此后，还要经过多道程序，以保证项目资金能够到位。自项目启动后，每年的检查更有四五次之多。所以，根据粮食计划署的官员的说法，可以严格保证项目质量，没有资金挪用的现象，粮食计划署提供的粮食也能真正到达受援者的手中。

粮食计划署在华项目的执行也要依靠中国政府部门。一般来说，项目省的农业厅会建立项目管理办公室。在粮食计划署在华援助活动的早期，由于有一些农业基础设施建设，如修水库等，所以早期在一些省份里，项目管理办公室设在水利厅。项目管理办公室是临时组建的，主要由各专业部门的专业人员组成，项目办主任是农业厅/水利厅人员。与项目办同步，成立项目领导小组，其职能为协调工作、监督和检查项目的进展，其最重要的任务是协调地方上的配套资金。项目领导小组的组长一般为主管农业的副省长，因为需要协调的部门比较多，主要负责工作的一般为农业厅/水利厅的副厅长。在地区、市县一级按照相同的模式设置领导小组和项目办。在村一级，成立项目执行委员会，由村长、会计、妇女代表、村技术员和村农民代表组成。任务是根据村里的实际需要做村一级的规划，然后层层上报，直至项目最后立项。

这样，从中央政府主管部门到项目村的村委会，在整个项目从立项到结项的过程中结成了一张组织有序的网络，所有与项目有关的组织和动员工作都是通过这张网络实现的。

正是因为有了这些制度和程序的保障，世界粮食计划署的援助项目才充分体现了中国各个不同发展阶段的现实需要。世界粮食计划署在中国开展援助活动的 26 年大致可以分为四个阶段：

第一个阶段是 1979～1982 年，主要工作是救助难民，项目地点集中在云南和广东，目标人群是流落在这两个省份中的印度支那难民，这一个阶段的工作应该属于紧急救助一类。

第二个阶段是 1983～1990 年，进行分部门的援助，如渔业、奶业、林业等。这个阶段是粮食计划署向中国提供援助的高峰期，项目数目多、金额大，全部为无偿援助，并纯粹以实物形式提供。这个阶段提供援助的形式与当时我国的国情有关，在这一时期中国仍然使用各类票证，包括粮票、布票等，而且物质相对匮乏。所以，这些实物援助的重点是大中城市中的老人或贫困人口，向他们发放粮票或奶票等，让他们到固定地点领取。

第三个阶段是 1991～1996 年，主要执行的是农业综合开发项目，以工代赈（food for work）是主要的援助形式。根据各地的情况，进行农业基础设施建设，包括修水库、道路、水渠、平整土地等，当地的受援人口出工，得到粮食。根据劳动时间和质量计算应得的粮食数量，平均算来，一个劳动力劳动一天可以得到 3.5 公斤粮食。

第四个阶段是 1997～2000 年，主要是进行农村综合开发，除了前一个阶段的基础设施建设之外，还包括给农村人口提供培训的内容，涉及农村的基础教育和公共卫生事业的发展。在这一个阶段中，强调妇女在生产和生活中的作用。1995 年，第四届世界妇女大会在北京召开，当时粮食计划署的总裁是一位女士，因而把提高妇女地位列入援助工作的重要主题之中。针对妇女的活动有教育方面的扫盲、技术培训等，基础卫生方面的地方病预防和产前、产后检查等。援助的形式也是提供粮食，一位妇女参加一天培训，不仅不交学费，而且能够获得一定数量的粮食以弥补误工一天所带来的损失。

粮食计划署的对华援助活动清楚地反映了中国政府主导、中外互动的联合国系统对华援助活动的状况。

4. 联合国机构如何发挥影响

但是，联合国援助机构并非无法通过援助活动在中国发挥影响。联合国机构发挥影响并不是依靠资金优势或是行政力量，而是通过其所拥有的各种各样的"软资源"向中国渗透它们所持有的发展观念。这些软资源包括联合国援助机构长期积累的知识和经验，主要是表现在项目内容选择以及与项目执行有关的培训和项目管理程序上；同时，也包括联合国这个国际机构所拥有的网络资源，例如国际性的专家库、国际性的采购网络、与国际非政府组织畅通的联系渠道以及国际性的融资渠道，等等。

（1）依靠农业领域的知识储备和国际网络为中国提供技术和资金支持：

粮农组织在中国的技术合作项目。[①]

粮农组织是联合国系统中的一个推动农业领域全球合作的专门机构，其主要是通过技术援助的方式向发展中国家提供援助。但是，援助活动只是其所有活动中的一个组成部分。粮农组织的活动主要有以下几个方面。

第一，组织政策论坛，开大会、理事会等，对粮农组织主要关心的粮食安全、有关技术标准等进行协调，确立（或推荐）一些重要的技术标准（如 CODEX、食品法典），并协调成员国之间的贸易政策。

第二，收集信息，收集成员国之间在粮食和农业方面的信息，并在成员国之间进行交换。

第三，技术推广，比如将中国的农业技术推广到其他地区。

因此，粮农组织是进行农业领域国际合作的一个重要的信息、技术和经验交流以及成员国协调彼此政策立场的渠道。同时，粮农组织有能力组织一些需要跨国合作的项目，也有能力在国际范围内调配资源。

一般来说，粮农组织的援助项目按地域分布的标准可以分为四类：第一类是国别项目，集中在某一个国家中进行。第二类是区域项目，如昆虫防治，需要在邻近的几个国家中同时进行才能取得成果。第三类是南南合作项目，如发展中国家在特别粮食安全问题上的合作。一般涉及三方，以中国和尼日利亚之间的南南合作项目为例，中国出专家，粮农组织负责国际旅费，尼日利亚负责项目的当地费用。第四类，就是全球性的项目，主要是在粮食领域的全球规则制定。

中国 1973 年恢复了在粮农组织中的席位，但是接受粮农组织的技术援助却在 1978 年。当年 10～11 月，中国与粮农组织共同组织了一个"橄榄生产和技术"考察团项目。由于粮农组织以提供技术援助为主，它对华援助的金额并不大，每年都在 100 万美元左右，分成若干个小项目，最大的项目不超过 40 万美元。由于项目以技术合作为主，这些资源都用于引进技术、经验或制度，少量的投入就能够带来比较大的产出。

举例来说，粮农组织执行的海南椰子树虫害项目，害虫源自印尼，由于在中国的生存环境发生了变化，缺少天敌，因此造成重大损害。针对这种情况，项目活动以引进天敌、请专家和在国内组织培训为主。这些工作都是软

---

① 见 2005 年 12 月 14 日粮农组织驻华代表处张忠军访谈记录。

的，没有引进太多的物资和设备，但发挥了重要的影响。

粮农组织对中国的技术援助是中国政府主导的。粮农组织发挥影响所依靠的一是其知识优势，包括农业技术方面的，也包括以市场经济为基础的管理和组织经验；二是其国际性的专家网络。在具体项目的立项过程中一般的程序是：中国政府方面确定需求，由农业部向粮农组织驻华代表处提出正式的申请，代表处根据粮农组织的标准，完成项目计划书，然后，再由粮农组织去寻找可能的资助。在这一过程中，粮农组织也参与项目的选择，并通过按照自身的标准撰写项目计划书，保证了援助项目与粮农组织的基本宗旨和目标一致，并与粮农组织本身关注的问题和领域相一致。其次，粮农组织负责为项目筹集资金，这依靠的是粮农组织的国际网络，同时，项目也必须反映了农业领域内的一些主要的国际关切，否则，项目无法得到资助。

这方面的一个例子是粮农组织在中国进行的"粮农统计中心和中国农业普查项目"。在1978年前的计划经济条件下，中国农业统计实行的是从生产开始的逐级申报制度。改革开放后，农村实行了家庭联产承包责任制，农业统计基本调查对象从560万个生产队一下子转变为5亿农民，给相关统计工作造成巨大困难。那么，如何在市场经济条件下开展农业统计工作？中国缺乏这方面的经验。而粮农组织从20世纪30年代起就要求其成员国开展农业普查工作，积累了大量的在市场经济条件下进行农业统计工作的经验。为了解决农业统计难题，进而为农业部门市场经济的进一步发展创造条件，从20世纪80年初开始，粮农组织就提议与中国政府共同开展农业普查项目。1987年11月，项目正式立项，由意大利政府提供资金。在这个项目之下，粮农组织在中国召开了500多场研讨会，提供了2600台计算机，帮助中国在24个省、市建立了农业统计分中心，直接帮助中国完成了1997年的第一次农业普查工作。更重要的是，通过这个援助项目，粮农组织帮助中国建立起平时以抽查为主、定期进行农业普查工作的农业统计制度。①

从20世纪90年代起，粮农组织在与中国的合作中更加重视与政策和规则制定有关的合作。比如粮农组织关于农药残留标准的项目、食品安全的法律问题、土地制度、农业行政机构和农技推广制度等，这些项目的投入一般

---

① 伍建平、郑波：《FAO援华项目综合评估报告》，李正东主编《联合国粮农组织援华项目总结交流会文集》，2005，第4页。

不大，农药残留标准项目的预算仅为 3000 美元，但影响是全国性的。同样，粮农组织主要依靠它在这些方面的知识储备和国际网络在中国发挥作用。粮农组织作为一个专门机构具有农业领域中的知识、经验和网络优势，这些优势也成为其他援助机构所要借助的资源。例如，世界银行就出资与粮农组织一起在中国执行了"中国土地制度"项目，在几个县、乡做试点。如果项目成功的话，中国政府自然会推广这些试点县、乡的经验。

（2）通过项目转变观念和政府职能：联合国人口基金在云南的艾滋病防治项目。

联合国机构的项目依靠中国政府来执行。虽然这种合作方式使得项目执行受制于政府部门的合作意愿与执行能力，但是，它同时创造了直接影响政府相关部门工作人员的渠道，带动了他们观念的转变，并且，在一些情况下，带动了政府机构职能的转变。联合国人口基金在云南的一个艾滋病防治项目就是很好的例子。[①]

到 2006 年 3 月为止，人口基金项目由腾冲县计划生育协会（以下简称计生协）承担。腾冲县计生协是政府中计划生育工作的主管部门，但是，一个机构挂了两块牌子，对内是"计生局"，为县政府中的一个部门，对外是计生协，属民间组织一类。腾冲县计生协接受的外援项目只有两个：一个是联合国人口基金的艾滋病项目，侧重于宣传；另一个是世界卫生组织的艾滋病防治项目，侧重于实际干预，以推广安全套的使用为主，活动要落实到目标人群。

人口基金项目以针对艾滋病的宣传为主。从 2004 年 10 月开始，云南省政府和联合国人口基金联合考察项目点。当时，人口基金倾向于把项目点定在瑞丽，希望加强在跨边界人群中的艾滋病宣传。但是，云南省计划生育协会选定了保山市腾冲县，腾冲县也愿意接受这个项目。最后，根据中方意见把项目点确定在腾冲县，项目活动仍然以开会和散发宣传品为主。随后，人口基金追加援助资金，扩大了项目范围，后来瑞丽也被包括到了项目之中，在瑞丽的活动依据人口基金的意见，以针对跨边界人群为主。项目时间也延长了，原定 1 年，后延长半年，到 2006 年 3 月结束。

人口基金项目以宣传为主，因此投入不大，最初的项目预算只有 3 万美元，随着项目活动、期限和覆盖地域的扩展，追加了 1 万美元。中国政府没

---

① 见 2006 年 3 月 6 日云南省腾冲县计生协联合国人口基金项目办公室访谈记录。

有为项目提供配套资金，因为外方的资金已经足以支付项目活动所需经费。

项目的主要活动有：前期的调研，在目标人群中进行问卷调查，了解有关情况以及同伴教育，等等。这些工作是在云南省计划生育协会提出要求的情况下，由腾冲项目办的有关人员独立完成的，工作程序等也完全是由腾冲县的项目执行者确定的。

人口基金在项目中起到的作用首先是确定项目内容，包括：第一，确定了目标人群，包括青年流动人口和娱乐场所的服务人员，要求在县服务站为这些人群提供培训；第二，进行同伴教育；第三，从长期来看，要改变目标人群的行为方式。其次，则是派遣专家对项目人员进行了培训。腾冲县的项目工作人员都是第一次做这样的工作，以前的相关工作经验就是在 20 世纪 90 年代初做过的计划生育项目。为了人口基金项目，保山市计生协为腾冲县计生协提供了数码相机和计算机等设备，项目人员自学，并应用这些设备开发了宣传品。

在人口基金项目中，没有专职的项目工作人员，所有项目工作人员都是由腾冲县计生协的工作人员兼职。人口基金项目工作占到了一个工作人员工作量的 2/3，副局长工作量的 1/3。财会人员也是由计生协的出纳兼职出任。国家计生协、云南省计生协和人口基金三头对腾冲县项目进行管理，腾冲县项目办要向这三方汇报工作。

人口基金项目针对的主要是性工作者和家庭。其中，针对家庭的安全套发放完全依靠计生协原有的网络，以前，计生协有自己的渠道定期发放安全套，现在一物两用。2005 年总共发放安全套 23 万只，共有两大块：一是在农村育龄妇女之间，一是通过疾控中心；另有市场营销发放了 8 万只。

项目带来了腾冲地区的观念变化，其不仅仅限于艾滋病防治领域。首先，推广使用安全套得到了政府和社会的认可。最初推广使用安全套时，政府和社会舆论普遍持反对的态度，认为这种做法有鼓励卖淫嫖娼的嫌疑。随着项目的执行，人们越来越清楚推广使用安全套的意义。其次，项目推广了"同伴教育"的方法。这是"参与式方法"的一个"变种"。性工作者接受培训会得到报酬，也间接改变了其与项目工作人员之间的不对等关系。

总的说来，联合国人口基金通过援助项目，带来了项目地——腾冲县在以下几个方面的变化。

第一，政府机构的职能发生了改变，以应对新出现的社会问题。比如，以前专门负责计划生育工作的计生协（计生局）系统参与到了防治艾滋病的工作中来。通过已经建立起来的发放网络，发放用于防治艾滋病目的的"安全套"，并同时利用这些网络进行艾滋病防治的宣传教育工作。借此，一方面强化了政府在艾滋病防治领域中的作用和角色，另一方面充分利用了现有的资源和网络，优化了资源，使得有限的资金发挥了最大的效益。

第二，政府部门和社会舆论出现了转变，这集中体现了人们观念的变化。这种变化是通过一些潜移默化的方式实现的。例如，建议项目工作人员使用"性工作者"这样比较中立的称呼，在性工作者中推行"同伴教育"，并给参与者支付报酬，等等。这些工作方式背后是妇女平等、减少社会歧视等联合国机构在发展援助中一贯倡导的基本观念。联合国机构在这些观念的基础上，开发了一套成熟的体现在项目过程中的"技术"。因此，通过培训，以及在具体的项目执行过程中，与项目有关的人员，无论是项目工作人员还是目标人群或者相关人群都会接触到这些观念，并有可能转变观念。

所以，尽管在项目立项和执行的过程中，中国政府有关部门一直占据着主导地位，但是，联合国人口基金的影响依然清晰可辨，并且不会随着项目的结束而终结。

（3）知识就是力量：云南省腾冲县妇联联合国儿童基金会贫困地区儿童规划与发展项目的影响。[①]

2001～2005 年，联合国儿童基金会在云南省腾冲县妇联资助了一个贫困地区儿童规划与发展项目（LPAC），项目目标人群是腾冲县贫困山区中的妇女和儿童，儿童基金会投入了 173.7 万元人民币。项目的一个重要内容是为腾冲县境内贫困村寨的妇女提供小额信贷，儿童基金会援助资金中有110 万元用于发放小额信贷。但是，项目最主要的不是为贫困地区的妇女提供资金，而是提高她们的生产技能和整体素质，并通过项目改变她们的生存条件和社会地位。

这一项目紧扣中国政府的妇女儿童政策，即国务院制定的妇女发展纲要和儿童发展纲要。项目是由云南省商务厅向商务部申请的。根据项目协议，儿童基金会与云南省和腾冲县两级政府共同出资资助这个项目，出资的比例

---

① 腾冲县妇联：《腾冲县 LPAC 项目汇报材料》，以及 2005 年 3 月 6 日云南省腾冲县妇联联合国儿童基金会小额信贷项目办公室访谈记录。

大约是1:1，儿童基金会的资金主要用于提供信贷资金和培训费等，而地方政府分担的费用主要用于支付项目办的办公费用和人员工资、组织下乡进行培训的相关费用、项目人员出门培训的差旅费等（具体情况见腾冲县妇联提供的项目介绍）。

具体的项目条件由省级政府相关部门确定，很少是由腾冲县自己提出来的，但是承担了项目执行与管理的具体工作。在项目启动时，腾冲县就成立了县里的项目领导小组，有多个部门参与，而且所有的项目参与单位都是自始至终参与到项目的活动之中。在县项目领导小组下设项目办，负责具体的项目管理和执行，项目办设在腾冲县妇联内，具体的工作由妇联负责。项目的管理机构深入到项目乡。在项目乡，受援妇女组成妇女小组，5~8个小组组成一个大组，大小组的组长都是履行义务，并不从项目中领取工资。

联合国儿童基金会在项目中主要扮演了培训者和督导者的角色。小额信贷项目中的一项重要的工作是培训，所有项目参与者都要参加以下几个方面的培训：小组组建、生产技能、生命知识、市场分析和制订经营计划等。其中，小组组建依照了儿童基金会的模式，而其他方面的培训则使用了儿童基金会提供的培训资料。

培训采取了以点带面的方式，先是对项目办人员进行培训。腾冲县小额信贷项目办的工作人员一年有两到三次的培训机会，到成都、天津、上海、贵州、广西、北京等地由儿童基金会聘请专家对他们进行培训。老师一般为中方专家，如农业大学的小额信贷专家等。学生一般是各省、县的同行。在接受了培训之后，项目办的工作人员回到腾冲就负责对目标人群进行培训，自己由学生变成了老师。除了去外地接受培训之外，儿童基金会方面还会组织专家到腾冲培训项目官员。

这些培训为腾冲县培养了大批人才。按照县主管部门的总结：

> ……县、乡项目工作人员除了积极参加省、儿童基金会的学习以外，不断加强理论学习，钻研项目知识手册，不断提高自身素质，增强工作责任心，作为一名项目工作人员必须明确：一是要知道自己该怎样做，才能知道项目妇女工作，才能体现LPAC项目宗旨；二是了解项目妇女最需要什么，她们急需解决什么困难；三是能为项目妇女提供及时、方便、快捷的信息，帮助项目妇女真正脱贫致富；四是要随时了解

项目妇女的生产生活状态，确保小额信贷的偿还。在五年的项目工作中，成长了一批项目工作者，也锻炼了每一位项目工作者，县、乡项目办有的项目工作人员走上了领导岗位，县、乡项目办工作人员无论走到哪里做培训，都深受项目妇女欢迎。[①]

在提供培训之外，儿童基金会的另外一项重要的工作就是对项目的执行情况进行评估。儿童基金会的专家会直接到项目点，对项目的执行情况进行评估，一般评估是在中方有关部门官员（主要是云南省商务厅官员）的陪同之下进行的。评估有两个方面：一是对项目执行效果的评估，儿童基金会专家会直接到接受贷款的农户家里做访谈，详细询问贷款前后农户生活状况的差别。二是对项目财务情况的审计，由外方聘请的专家独立进行。儿童基金会的评估工作也带动了中国政府进行项目评估。中方独立评估的内容与儿童基金会大致相同。

腾冲县小额信贷项目执行得很好。项目活动不仅改善了目标人群的经济状况，而且改善了她们的精神面貌：

在腾冲，当你走进 LPAC 项目寨子的时候，你就会发现，不但整个寨子道路干净、整洁，每走进一户项目户家，尽管他们家没有宽敞明亮的房子，但是处处整洁干净，LPAC 项目不但为项目村经济的发展起到推动作用，村容、村貌、村风也有较大程度的好转。[②]

因此，2005 年项目结束之后，儿童基金会表示虽然不会再向腾冲地区注入资金，但是，已经注入的项目资金仍然留在腾冲，继续滚动放贷。因而，项目办仍然会按照以前的方式继续工作。目前，儿童基金会与腾冲县政府已经达成了谅解备忘录，项目办仍然要继续向儿童基金会汇报工作。

根据当地政府项目工作人员的介绍，小额信贷项目不仅有效地为当地的扶贫工作作出了贡献，而且加强了项目乡的基层组织建设。小额信贷项目下的网络建设依托了原有的妇女组织，在项目执行前，妇女组织的结构是，在

---

① 腾冲县妇联：《腾冲县 LPAC 项目汇报材料》。
② 腾冲县妇联：《腾冲县 LPAC 项目汇报材料》。

县一级设有妇联，乡设妇女工作委员会，村设妇女小组组长，定期组织活动。党的组织不如妇女组织紧密。在执行了小额信贷项目的 5 个项目乡，妇女组织的联系更加紧密。项目下的妇女小组 7 天召开一次例会，大组 1 个月开一次例会。而且，项目培训改变了妇女们的讨论话题，大组、小组的会议都以传播农业技术、共同摆脱贫困为主题。一个项目乡中的妇女大组组长是一个养殖能手，在推广冬包谷种植时，她本人先行栽植，起到了示范作用，然后再向其他参与者传播种植技术。

在实行家庭联产承包责任制之后，以生产队为主的组织结构解体，妇女组织在农村基层组织中占有更加重要的位置。目前，项目乡的基层组织恢复到了生产队时期的组织状态，并进行了许多工作，如传播技能、宣讲基础卫生知识等。这样，儿童基金会的小额信贷项目就进一步巩固了妇联的工作队伍和网络，可以以此为基础争取执行其他扶贫贷款，包括在中国政府自己的扶贫项目中扮演更加重要的角色。

二　世界银行的对华援助

世界银行是一个"银行"，其对华援助的资金构成完全不同于联合国系统。截至目前世界银行集团中的 4 个主要援助机构都在中国开展了活动。由于中国经济的发展，2000 年后，以提供软贷款为主的国际开发协会已经不再向中国提供贷款，因此，目前活跃在中国的是国际复兴开发银行、国际金融公司和多边投资担保机构。这 3 个机构与其说是发展援助机构，不如说是发展投资（或融资）机构。因为国际复兴开发银行的硬贷款一向不符合 OECD/DAC 确定的包含 25% 赠与成分的官方发展援助的标准，国际金融公司是世界银行集团中的私人融资机构，专门向私人企业提供贷款，与发展中国家政府的合作仅限于一些以改善投资环境为目的的技术合作，而多边投资担保机构则是为在发展中国家的私人投资提供担保。

世界银行的对华援助以贷款为主，而且，条件并不是很优厚的"硬贷款"占了大部分。在世界银行的对华贷款项目中也融入了大量的赠款，这些赠款有些是其他多边机构提供的，有些是由双边援助国提供的。赠款主要用于与贷款项目有关的技术合作，如项目前期调研，或者用于推动一些中国政府并不是很感兴趣的改革方案，还有一些情况下，赠款融入了贷款项目中，以软化贷款条件。

　　世界银行以提供贷款为主同其性质有关，世界银行是一个建立在市场经济规则基础上的国际金融机构，不仅其资金来源于国际资本市场，其管理要遵循市场融资和投资的规则，而且它影响援助国的方式也要唯市场经济马首是瞻。提供贷款一来可以增强受援国的市场责任感，无须偿还的赠款是不可能达到这样的效果的；二来可以将受援国纳入国际金融体系之中。因此，世界银行的对华贷款业务兼有发展援助与发展投资的作用。

　　世界银行向中国提供第一笔发展贷款是在 1981 年，用于支持中国的大学发展项目。根据 OECD/DAC 的统计，1979～2009 年，中国接受官方发展援助总额为 662. 95 亿美元，[①] 而从 1981 年至 2010 年 7 月 6 日，世界银行向中国提供的贷款总额就有 478. 22 亿美元，其中符合 OECD/DAC 官方发展援助标准的来自国际开发协会的软贷款约为 99. 47 亿美元，尽管不符合官方发展援助标准但仍然含有赠与成分的国际复兴开发银行硬贷款达 378. 76 亿美元。[②] 世界银行对华贷款与总体对华官方发展援助之比较[③]见图 3 - 8。

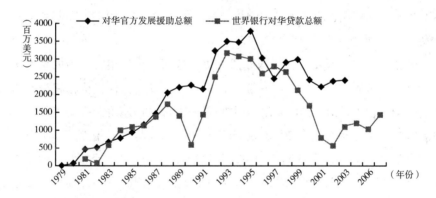

图 3 - 8　世界银行对华贷款与总体对华官方发展援助之比较

　　资料来源：The World Bank Office, Beijing, 2006, *Facts and Figures 1980 - 2006*，以及 OECD/DAC, 2005, *International Development Statistics*（CD-ROM）。

---

①　根据 OECD/DAC 最新统计数据整理计算得出，http：//stats. oecd. org/Index. aspx，截至 2011 年 4 月 5 日。

②　世界银行官方网站提供的中国贷款一览表统计数据，http：//www. worldbank. org. cn，截至 2011 年 4 月 5 日。

③　根据 OECD/DAC 最新统计数据整理计算得出，http：//stats. oecd. org/Index. aspx，截至 2011 年 4 月 5 日；世界银行官方网站提供的中国贷款一览表统计数据，http：//www. worldbank. org. cn，截至 2011 年 4 月 5 日。

与其他援助机构相比，世界银行对中国的援助规模大，同时管理集中。双边和其他多边机构的对华援助是分头由各个援助国的援助机构、联合国系统下的多个筹资机构和专业机构、非政府组织等规划、执行和管理，政出多门，目标各异，资金分散。因此，世界银行在对华援助中发挥了超出其资金规模所显示的重要作用。

1. 世界银行对华贷款的一般情况

从世界银行对华贷款的年度走势来看，20 世纪 80 年代，世界银行对华的贷款规模呈上升趋势，在 20 世纪 90 年代，世界银行对华贷款规模急剧上升，是世界银行对华贷款的高峰期。1995～1997 年这三年中，中国一直是世界银行最大的借款国，每年的借款总量在世界银行的贷款总量中所占的份额都超过了 13%。[1] 从 2000 年开始，由于中国经济的发展，世界银行停止向中国提供国际开发协会的软贷款，但是，国际复兴开发银行的对华硬贷款仍在继续，目前，中国的贷款余额在世界银行各借款国中居首位。结合贷款的使用，世界银行还向中国提供了大量的赠款，截至 2006 年 6 月 30 日，世界银行对华赠款总数达到约 14 亿美元。[2]

除了国际复兴开发银行和国际开发协会这两个世界银行集团的主要援助机构之外，世界银行所属的国际金融公司和多边投资担保机构也积极在中国开展活动。中国目前是国际金融公司投资增长最快的国家之一，截至 2006 年 6 月 30 日，国际金融公司在中国共投资近 30 亿美元（其中 23 亿美元为国际金融公司自有资金，7 亿美元来自银团中的其他银行），用于 115 个项目。截至 2006 年 6 月 30 日，多边投资担保机构为在华投资项目提供的担保累计达 1.358 亿美元，担保的项目集中在基础设施建设（94%）和制造业（4%）两个部门。[3]

本部分集中在国际复兴开发银行和国际开发协会的对华贷款上。世界银行（主要指上述两个机构）对华贷款的发展趋势见图 3–9。

尽管 20 世纪 80 年代世界银行对华贷款的规模逊于 90 年代的贷款规模，但是，80 年代中国接受到的外来直接投资数量很小，所以，世界银行贷款成为当时中国获得外来资金的一个重要渠道，90 年代之后，随着对华外国

---

① 章晟曼：《先站住，再站高》，文汇出版社，2006，第 57 页。
② 《中国与世界银行集团合作概况》，2006 年 8 月 23 日。
③ 章晟曼：《先站住，再站高》，文汇出版社，2006，第 57 页。

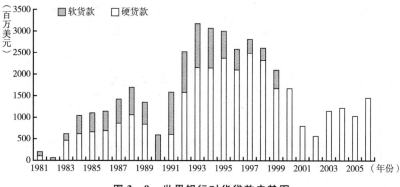

图 3 – 9　世界银行对华贷款走势图

资料来源：The World Bank Office, Beijing, 2006, *Facts and Figures 1980 – 2006*，2006 年数字截至 2006 年 6 月 30 日，贷款金额按照承诺额计算。

直接投资的规模迅速上升，世界银行作为一个重要的资金提供方的作用反而明显下降。世界银行与同期对华外国直接投资的比较见图 3 – 10。

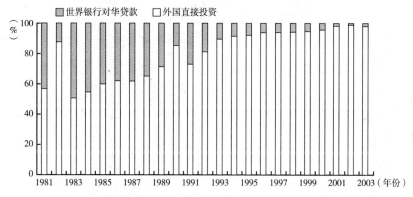

图 3 – 10　世界银行对华贷款与同期对华外国直接投资的比较

资料来源：The World Bank Office, Beijing, 2006, *Facts and Figures 1980 – 2006*，以及 WDI online, http: //devdata. worldbank. org/dataonline/, accessed on 30/10/2006。其中，外国直接投资为外国直接投资的净流入量，按 "current US dollars" 计算（FDI net inflows, BoP in current US dollars）。

世界银行对华贷款涉及的领域非常广泛，1981 ~ 2011 年，世界银行向中国提供的 478. 22 亿美元的贷款共资助了 326 个项目,① 涉及包括文体和旅

① 资料来源：The World Bank Office, Beijing, 2006, *Facts and Figures 1980 – 2006*，以及《中国与世界银行集团合作概况》，2006 年 8 月 23 日。

游在内的国民经济各个部门。① 其中，交通、农业、能源、城市发展与环
境是其主要的援助部门，用于这些部门的贷款数量在世界银行对华贷款
总量中所占的比例依次为 28%、25%、15% 和 19%。总体看来，世界银
行贷款重点投放在与生产直接相关的基础设施建设和环境保护等领域，
以及直接用于农业和工业等生产部门。在社会领域的世界银行贷款规模
不大，在世界银行对华贷款总额中的比重也不是很高，卫生和教育两个
领域的贷款只占其贷款总量的 2% 和 4%。世界银行对华贷款的部门分布
见图 3－11。

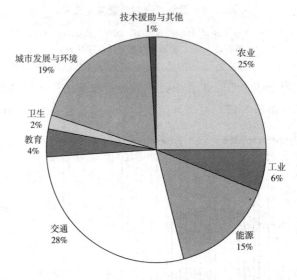

图 3－11　世界银行对华贷款的部门分布

资料来源：The World Bank Office, Beijing, 2006, *Facts and Figures 1980 – 2006*。

　　在不同的时段，世界银行对华贷款所侧重的重点部门也不同。总的来
说，农业和交通这两个领域一直是世界银行关注的重点。在 21 世纪初期的
几年中，世界银行在农业领域的投入有所下降，但是，因为沃尔福威茨就任
世界银行行长以来，中国和世界银行各自作了一些政策调整，巩固了扶贫在
世界银行对华政策中的重要地位，② 所以，农业领域的投入近两年呈上升

---

① 根据访谈记录整理。
② 2005 年 10 月 12 日世界银行行长沃尔福威茨访华期间在兰州发表的谈话。

趋势。比较明显的变化是 20 世纪 90 年代以来，世界银行增加了在"城市发展与环境"方面的贷款，1990 年以前，这个领域的贷款额是非常小的。总体数量很小的教育贷款在 20 世纪 80 年代初期却在世界银行对华贷款中占了相当大的比重，实际上，世界银行向中国提供的第一笔贷款就是教育贷款，用于发展高等教育。[①] 从 1997 年开始，世界银行对中国工业部门的贷款就完全终止了。世界银行在不同年度对华贷款投入部门的不同情况见图 3 - 12。

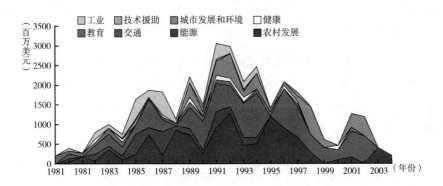

图 3 - 12　世界银行对华贷款部门分布年度变化

资料来源：The World Bank Office, Beijing, 2006, *Facts and Figures 1980 - 2006*，2006 年数字截至 2006 年 6 月 30 日，贷款金额按照承诺额计算。

由于世界银行支持的项目多为跨省项目或全国性项目，很难计算分摊到各省份的贷款额度。但是，从地域分布来看，世界银行对华贷款遍及除西藏以外的所有省、直辖市、自治区，并体现了国家的区域发展重点。据粗略估算，用于中西部地区的贷款占世界银行对华贷款总承诺额的比例超过60%。[②]

世界银行对华援助在不同时期的侧重点是不同的，但这不是世界银行单方面所决定的，由于世界银行贷款是由政府举借或由政府担保，所以世界银行贷款被列为主权外债，这些贷款不仅以中国国内需求为主，而且政府主导了项目的计划、分配、执行和管理。世界银行对华贷款充分反映了中国在不同时期的需求，同时，世界银行也努力通过贷款项目在中国推动一些它所期

---

① The World Bank Office, Beijing, 2006, *Facts and Figures 1980 - 2006*.

② 《中国与世界银行集团合作概况》，2006 年 8 月 23 日。

望的改革。与双边援助一样，世界银行在中国的贷款活动也是中外互动的结果，只是这种互动的方式和影响呈现不同的特点而已。

2. 恢复席位及中国内部世界银行贷款管理体制的形成

1979 年中国开始接受联合国机构提供的发展援助，这是中国政府接受外援政策的一个转折点。自此，中国向其他国际援助机构和双边援助国打开了大门，并积极寻求外来援助，以加快中国经济建设和改革开放的步伐。1980 年，邓小平在接见意大利记者时公开发表了对吸收外来援助的看法：

> 归根到底，我们的建设方针还是毛主席过去制定的自力更生为主、争取外援为辅的方针。不管怎样开放，不管外资进来多少，它占的份额还是很小的，影响不了我们社会主义的公有制。吸收外国资金、外国技术，甚至包括外国在中国建厂，可以作为我们发展社会主义社会生产力的补充。当然，会带来一些资本主义的腐朽的东西。我们意识到了这个问题，但这不可怕。[1]

在这样的大背景下，1979 年后，中国积极与国际货币基金组织（IMF）和世界银行接触，要求恢复中国在这两个组织中的合法席位。1980 年 5 月 15 日，世界银行执董会正式决定恢复中国在国际复兴开发银行、国际开发协会和国际金融公司中的代表权，[2] 1981 年世界银行向中国提供了第一笔发展贷款。

（1）恢复合法席位及最初的交流。

从 20 世纪 70 年代末和 80 年代初的条件来看，恢复中国在 IMF 和世界银行中的合法席位是符合双方利益的决策。从 IMF 和世界银行来看，接纳中国是因为中国是一个规模巨大的潜在市场，与中国的合作能够加强这两个机构在全球的影响。世界银行在其对中国援助活动的评估报告中指出："对于世界银行来说，让世界上最大的国家加入使之有机会成为

---

[1] 邓小平：《答意大利记者奥琳埃娜·法拉奇问》（1980 年 8 月 21 日、23 日），《邓小平文选》（第二卷），人民出版社，2001，第 351 页。

[2] 新华社：《世界银行决定恢复我代表权》，《人民日报》1980 年 5 月 17 日。

真正的'世界'银行，并使之有机会和一个想引入社会主义市场经济的国家合作。"①

而对中国来说，恢复在世界银行中的合法席位是中国改革开放政策的一个部分。世界银行不仅是一个长期优惠资金的重要来源，能够为中国提供进行经济建设所需资金，而且是中国参与世界经济体系的一个重要渠道。在中国第一次参加世界银行年会时，中方代表、时任财政部部长和中国驻世界银行理事王丙乾申明了中国的立场：

> 为了加速实现现代化，中国将继续主要依靠自力更生，同时努力发展对外贸易，引进先进技术，利用外贸，扩大同其他国家的经济合作和技术交流，并学习它们先进科学技术和管理技术。

当谈到国际经济问题时，王丙乾说，自从这两个机构成立以来，世界上发生了很大的变化。目前的国际货币体系已经不能适应新情况的需要，必须予以改革。他表示，应当早日建立公平合理的和稳定的国际货币体系，应当取消限制发展中国家贸易的障碍。工业发达的国家应当更直截了当地承担起进一步对发展中国家提供经济和技术援助的义务。他说，这些措施对发展中国家有利，但是最终也将有助于促进发达国家本身的稳定和发展。②

因此，自参与国际货币基金组织和世界银行的活动时起，中国就主动地通过这个渠道争取资金，并发表对国际经济体系的意见，争取有利于中国的经济建设和发展的外部环境。

（2）世界银行与中国的合作方式以及中国内部的世界银行贷款管理体制。

"一切经过政府。"这是世界银行与中国合作的一条基本原则。中国政府是世界银行在中国的唯一合作伙伴。在中国开展活动的世界银行机构先后有国际复兴开发银行、国际开发协会、国际金融公司和多边投资担保机构，其中，只有向私营部门提供贷款的国际金融公司可以无须经过政府而直接开展

---

① 世界银行业务评价局：《中国：国别援助评价报告》，中国财政经济出版社，2005，第 5 页。
② 新华社：《我代表首次参加国际货币基金组织和世界银行年会》，《人民日报》1980 年 10 月 14 日。

活动，其余各个机构都必须与中国政府合作。世界银行的法定义务（或者从另一个角度说，其法定权利）只是进行评估。[1] 而在实际的业务活动中，由于国际金融公司同时向中国的各级政府部门提供包括政策咨询在内的技术援助，因此，它的一部分活动（主要是技术援助部分）也需要与中国各级政府合作，尤其是要与财政部保持密切的联系。[2]

所以，世界银行的贷款项目是由中国政府主导的。贷款项目由中国政府提出，所要做的也是中国政府所想要进行的改革以及需要利用世界银行经验的项目。按照世界银行的反馈，世界银行与中国政府谈项目是最难的，但是，项目谈成后也是最放心的。世界银行的中国项目完全是"受援国主导"（country-driven），这与一些依赖世界银行贷款的小国完全不同。[3]

为了更好地组织和协调利用世界银行贷款的有关事务，中国内部逐渐建立和完善了世界银行贷款的管理体系。

在中国恢复国际货币基金组织和世界银行的合法席位的过程中，中国人民银行和中国银行起到了主导作用，基本的政策立场和具体执行方案都是在中国人民银行和中国银行的主持之下联合其他部门制定的。但是，世界银行并不仅仅是一个提供资金的机构，其项目活动往往牵涉到中国的宏观经济政策和部门经济政策的制定，所以，由银行负责管理世界银行贷款显然是不合适的。因此，从世界银行开展中国业务以来，中国内部就一直沿用了国家计划委员会（后几经变化，成为现在的国家发展和改革委员会）与财政部共同负责的管理体制。因为国家计划委员会是中国内部的投资主管部门，负责制定总体的投资和发展规划；而财政部则统一管理国家岁入，世界银行贷款是需要由政府偿还的，财政部门的参与必不可少。

根据国家有关文件，国家发改委（其前身为国家计委）与财政部之间的分工如下：

（一）国家计委会同有关部门及地方发展计划部门研究编制国家中长期和年度利用国际金融组织和外国政府贷款计划，提出利用贷款的方

---

[1] 根据访谈记录整理。
[2] 见 2006 年 10 月 9 日国际金融公司申晓方访谈记录。
[3] 根据访谈记录整理。

针政策、贷款总规模和投资结构及有关措施等，作为国民经济和社会发展中长期规划和年度计划的重要组成部分，报国务院审批。

（二）国家计委根据国务院行业主管部门（含计划单列单位）和地方发展计划部门提出的贷款申请，会同有关部门，依照国民经济和社会发展需要及国家利用外资方针政策，根据不同贷款来源的特点，经综合平衡后，分别制定利用国际金融组织和外国政府贷款备选项目规划。其中，利用世界银行、亚洲开发银行和日本政府贷款备选项目的规划，经商财政部后，报国务院批准。

（三）地方发展计划部门是地方利用国际金融组织和外国政府贷款规划及项目的归口管理部门，根据本地区的经济社会发展战略和重点，统一负责贷款备选项目的筛选及申报工作。各地发展计划部门要加强贷款规划工作，努力提高申报的贷款项目质量。需地方财政承担偿债责任或提供担保的项目，地方发展计划部门需商同级财政部门同意后上报或与同级财政部门联合上报国家计委和财政部。

（四）国务院行业主管部门可根据本行业发展规划和重点，向国家计委提出或牵头提出贷款项目申请。如贷款债务需由地方承担的，则需经地方发展计划和财政部门同意后方可上报。

（五）所有贷款项目均须列入相关贷款备选项目规划，并经国务院或国家计委批准后，由财政部统一组织对外提出，开展工作。对未经国家计委列入贷款规划的项目，各地方、部门在与国际金融组织和外国政府（政府贷款机构）联系、交往中，一律不得做出承诺。

（六）国家计委根据情况会同有关部门和地方发展计划部门研究分析国内外新情况，及时提出对策措施，着力优化贷款结构，努力提高贷款项目和整体规划质量。①

这样，计委（发改委）根据历次"五年计划"所确定的国民经济发展纲要，确定贷款总额和筹备贷款项目，由财政部向外方提出。在计委（发

---

① 国家发展计划委员会：《国家计委印发关于加强利用国际金融组织和外国政府贷款规划及项目管理暂行规定的通知》（计外资〔2000〕638号）。见国家发改委官方网站：http://www.ndrc.gov.cn。

改委）和财政部之间存在着正式的分工，计委（发改委）作为投资主管部门主内，负责内部的贷款项目计划，财政部主外，向外方提出项目，并与外方进行贷款项目谈判。①

这个总体管理框架至今没有大的变化，只是在 1994 年对世界银行贷款的转贷体制进行了调整。到 20 世纪 90 年代初为止，世界银行项目的转贷一般是由财政部直接转贷给用款单位，用款单位五花八门，有中央部委、地方政府、直属企业等，结果出现了用款和还款脱节的现象，项目单位或项目地区使用了世界银行贷款，却由中央财政承担了还款的责任。1994 年转贷体制改革主要贯彻了"谁承贷、谁还款"的原则，由使用贷款的部门、地方或项目单位承担还款的责任，理顺了世界银行贷款项目中从中央财政到省财政再到市财政之间的关系。②

（3）中国对世界银行认识的逐渐变化。

在相互交往中，中国对世界银行的作用和角色的认识不断深化。中国开始接受世界银行贷款之后不久，就发现它不仅是一个重要的资金来源，而且能够为中国提供其所需要的技术和经验。1983 年 5 月，邓小平在会见来访的世界银行行长克劳森时说：

> 占世界人口四分之一的中国在本世纪末摆脱贫困、落后的状态，建成一个小康社会，这对世界经济的稳定和发展将是一个重要贡献。他说，要达到这个目标还需要作出艰苦的努力。我们要有正确的经济政策，不光是国内政策，还有对外开放政策。要争取国际上的帮助，其中包括世界银行的帮助，这是很重要的。世界银行可以在资金、技术和经济管理方面给予帮助。③

而当时的国务院主要领导在会见克劳森时，则强调了世界银行在为中国提供政策咨询、培养人才方面发挥的重要作用：

---

① 根据访谈记录整理。
② 根据访谈记录整理。
③ 新华社：《邓小平赵紫阳会见世界银行行长克劳森 宾主表示今后双方合作的内容越来越丰富》，《人民日报》1983 年 5 月 17 日。

……在世界银行恢复中国合法席位以后的三年里，中国同世界银行之间的合作关系很好。我们对此表示满意。世界银行在向中国提供贷款和咨询、为中国培训人员方面做了不少工作。合作项目效果也很好……欢迎世界银行准备再次对中国的经济情况进行考察并写出第二个调查报告……在这方面，中国的有关部门将给予大力支持。

……帮助第三世界国家发展经济提供资金很重要，但是为它们培训人才，对它们的经济政策提供咨询也相当重要。发展中国家需要根据本国的具体情况来确定发展方向。[1]

到 20 世纪 80 年代末，在短短 10 年的时间里，世界银行已经在中国确立了"知识银行"的声誉。世界银行在谈到这段时期与中国的合作时指出："经过 20 世纪 80 年代，世界银行已经在中国具有相当的声望，而且对于那些支持经济改革的中国政策制定者和研究人员来说，世界银行是值得信赖的咨询机构。"[2]

因此，中国政府在利用世界银行贷款时，非常注重世界银行在为中国提供发展和改革所必需的知识和经验方面发挥的作用。目前，随着中国经济的发展和融资能力的不断提高，中国仍然继续接受世界银行并不优惠的贷款，就是为了继续与世界银行的合作，利用它的知识优势，推动中国的制度创新。同时，世界银行作为一个多边机构，也是中国向外输出发展经验的一个重要渠道。因此，除了在国内继续使用世界银行的贷款之外，中国也将进一步利用世界银行与其他发展中国家分享中国的发展经验。胡锦涛主席、温家宝总理等党和国家领导人多次指出，中国要坚定不移地推进改革开放，重视同国际金融组织的合作，拓宽与国际金融组织的合作范围。前财政部部长金人庆也明确指出，新时期继续加强我国与国际金融组织的合作，坚持以贷款合作为纽带，加大双方在制度建设、观念创新方面的知识合作。[3] 在中国内部的经济发展和外部环境都发生了巨大变化的条件下，中国继续接受世界银

---

[1] 新华社：《邓小平赵紫阳会见世界银行行长克劳森 宾主表示今后双方合作的内容越来越丰富》，《人民日报》1983 年 5 月 17 日。

[2] 世界银行业务评价局：《中国：国别援助评价报告》，中国财政经济出版社，2005，第 6 页。

[3] 《加强与国际金融组织合作 为构建社会主义和谐社会服务》，财政部副部长李勇在 2006 年全国国际金融组织合作工作会议上的讲话。

行等国际金融组织的发展援助和发展投资的主导原则也发生了变化：

> 以邓小平理论和"三个代表"重要思想为指导，以科学发展观为统领，以服从并服务于我国整体发展战略和国家根本利益为出发点，统筹国际、国内两个大局，继续加强与国际金融组织的全方位合作，为推进我国改革开放引资、引智，为社会主义现代化建设创造有利的外部环境，为全面建设社会主义和谐社会以及和谐世界服务。①

同时，利用这些贷款的重点也发生了变化。中国政府主管部门强调要充分利用世界银行贷款的杠杆作用，通过贷款项目带动知识合作，并加大知识合作向地方转移的力度：

> 与国际金融组织开展知识合作，有利于借鉴国际经验，推动体制改革和机制创新，有利于减少体制中不和谐的因素，促进社会和谐，而且有利于宣传我国改革开放和现代化建设成就以及和平发展理念，推动建设和谐世界，具有重要的现实意义。
>
> 我们过去与国际金融组织开展知识合作取得了很好的效果，今后，我们要进一步加大知识合作的力度，进一步提高知识合作的成效：继续坚持和完善与国际金融组织知识合作规划制度，加强知识合作的计划性、前瞻性和预见性；敦促国际金融组织加强其内部资源的整合协调，加大对华知识合作力度；加强对知识合作管理，建立和完善与国际金融组织知识合作管理办法；促进知识合作与贷款合作结合，使知识合作与贷款合作互相促进、互相支持。
>
> ……从各地了解到的情况看，地方对与国际金融组织开展知识合作的积极性高，对世界银行智力资源的需求很迫切。同时，我们与世界银行开展知识合作也离不开地方的大力支持和配合。地方加强与国际金融组织知识合作，有利于扩大贷款合作领域，提高项目综合效益。广东省以合作调研带动贷款合作，形成了"合作调研→贷款合作→改革创新"

---

① 《加强与国际金融组织合作 为构建社会主义和谐社会服务》，财政部副部长李勇在 2006 年全国国际金融组织合作工作会议上的讲话。

的良性循环。因此，加强与国际金融组织知识合作，我们必须高度重视
地方政府和财政部门的积极参与，特别是要有意识、有计划、有步骤地
加大向地方转移智力资源的力度。对于重要的知识合作课题或项目，均
要有选择地邀请地方参与。同时，也希望地方各级财政部门进一步提高
认识，积极主动地参与知识合作。①

中国的改革开放和社会主义市场经济的建设是一个渐进的过程，在不同时
期，由于中国内部改革的重点不同，所以，世界银行在中国活动的重点也不同。
总体看来，20 世纪 80 年代是以推动市场经济建设为主，在 20 世纪 90 年代，世
界银行的援助领域不断"软化"，渗透到了与市场体系配套的制度建设中。

3. 20 世纪 80 年代：以推动市场经济建设为主的世界银行贷款

1978 年以后，经济建设一直居于各项工作之首。而且，中国政府把推进体
制改革视为保证经济发展、实现四个现代化的关键。如"六五"计划所言：

> ……这是继续贯彻执行调整、改革、整顿、提高的方针，使国民经
> 济走上稳步发展的健康轨道的五年计划；是进一步推进我国现代化建
> 设，使人们生活继续得到改善的五年计划；是从我国实际情况出发，走
> 社会主义现代化经济建设新路子的五年计划。②

这样，中国政府和世界银行之间的合作就有了坚实的基础，改革的内在
动力为世界银行在中国的活动创造了良好的条件。

"体制改革和宏观调控（以及为改善宏观调控而进行的不断改革）一直
是世界银行对华援助战略的突出主题。"③ 早在 20 世纪 80 年代即是如此。
根据当时的情况，中国是一个实行计划经济的国家，不仅缺乏适应市场经济
体制的宏观制度环境，而且缺少按照市场经济的规则经营和管理企业的人才
和知识积累。同时，如前所述，世界银行与中国合作的一个基本原则是

---

① 《加强与国际金融组织合作 为构建社会主义和谐社会服务》，财政部副部长李勇在 2006 年
全国国际金融组织合作工作会议上的讲话。
② 见《中华人民共和国经济和社会发展第六个五年计划（摘要）》（1982 年 12 月 10 日第五届
全国人民代表大会第五次会议批准）"序言"部分。
③ 世界银行业务评价局：《中国：国别援助评价报告》，中国财政经济出版社，2005，第 7 页。

"一切通过政府"。世界银行就不可能越俎代庖，必须通过政府渠道来发挥影响，为中国政府提议的改革活动提供资金和技术（经验）的支持。

在这样的情况下，世界银行采取了"一手软、一手硬""两只手一起抓"的方法。"软"的一手是依靠世界银行雄厚的知识储备以及长期支持发展中国家经济发展和市场经济建设的经验，极力向中国输入新的观念，力图引导中国的改革方向。一方面，世界银行向中国政府提供政策咨询，并与中国政府合作开展宏观政策研究；另一方面，从一开始开展中国业务之时，世界银行就为中国政府有关人员提供大范围的培训。"硬"的一手则是在项目层面，为贷款项目规定一些不可通融的条件，例如，竞争性招标采购这样的"技术性"的条件。但是，因为世界银行的所有技术性的标准和条件都是以市场经济为前提的，中国接受这些条件、实行这些标准的结果是导致了企业经营制度、企业和政府关系的转变，推动着中国的计划经济体制向市场经济体制的方向转变，也就是"方式决定方向"。客观地说，这一时期世界银行通过这些方法，在中国推广了市场经济的一些基本规则、推动了与市场经济配套的一些宏观政策调整、培育了市场经济导向的企业管理制度，这些成就为世界银行在 20 世纪 90 年代扮演更加积极的角色打下了基础。

（1）政策咨询与宏观政策研究。

世界银行与中国合作初期就积极探索与中国政府进行宏观经济政策方面的交流。1980 年中国恢复了在世界银行的合法席位之后，双方即进行了密切的交流。1980 年夏，中国银行行长卜明率团访美，几乎同时，世界银行也派团访问中国。这次访问中，双方不仅达成了 5 个贷款项目的协议，而且，还提出了研究中国经济发展现状的设想。1981 年春，世界银行完成了第一份关于中国经济状况的研究报告的草稿。这份报告全面总结了新中国成立以来经济发展的特征，并指出中国经济发展所面临的主要问题。尽管中国政府最初不同意公开这份报告，但是，它给中国政府官员留下了深刻的印象。此后不久，中国改变了立场，同意公开这份报告。1983 年，世界银行公开发表了这份报告，并在中国国内和国际上都引起了巨大的反响。① 世界银行推出的第二份主要关于中国经济的报告

---

① Harold K. Jacobson and Michel Oksenberg, *China's Participation in the IMF, the World Bank, and GATT: Toward a Global Economic Order*, The Michigan, 1990, p. 109.

影响更大。当时的国务院领导人在读过报告后，要求国家体改委把报告的一些建议纳入第七个"五年计划"之中。① 中国方面对这些政策建议的评价也是比较积极的。在 1988 年 1 月财政部主持召开的"世界银行贷款工作经验交流会"上，当时的有关领导在谈到世界银行对中国经济发展和改革开放的贡献时指出：

> 世界银行还组织了两次较大规模的中国经济考察，对我国制定经济发展战略和经济体制改革规划提供了若干有价值的参考意见。②

（2）培训中方人员。

培训中方人员是另一项世界银行从一开始就积极推动的工作。在恢复席位的交流中，中方和国际货币基金组织及世界银行都表示了在这一领域进行合作的愿望。世界银行一进入中国，就开始全力推动人才培训，不仅接受中国推荐的人员在国外受训，而且与中国政府合作在中国国内组织人员进行培训。1980 年 9 月，在出席世界银行年会时，中国代表团根据中国政府确定的改革、开放、搞活的政策，以及国内经济建设形势发展的需要，向世界银行提出了为中国培训干部的要求。世界银行迅速地作出了反应，在 11 月，世界银行下属的经济发展学院（EDI）即派人来中国商讨合作培训的具体事宜；1981 年 5 月，在华盛顿举办了第一期中国高级官员一般项目计划管理研讨会，紧接着又在上海举办了第一期中级官员一般项目计划讲习班。与此同时，在上海财经大学成立了上海国际经济管理学院（即培训中心），这是世界银行经济发展学院设在中国的合作培训机构。③ 此时，世界银行向中国提供的第一笔贷款尚未批准。

按照中方有关材料的介绍，世界银行经济发展学院是世界银行中专门负责培训工作的机构，成立于 1955 年，其宗旨是促进世界银行成员国中从事经济发展的工作人员之间的经验交流。世界银行希望通过经济发展学院这个渠道，帮助成员国中的发展中国家改进经济管理、提高投资效益。接受培训

---

① 世界银行业务评价局：《中国：国别援助评价报告》，中国财政经济出版社，2005，第 5～6 页。

② 见 1988 年 1 月 22 日"世界银行贷款工作经验交流会"有关资料。

③ 见 1988 年 1 月 22 日"世界银行贷款工作经验交流会"由财政部教育司提供的资料。

的主要是成员国中从事经济发展规划、制定政策、投资分析和项目执行的官员。其教材的范围包括从经济计划、价格、发展政策到投资项目的设计、评估、执行，以及项目效果的评价等方面。①

到 1988 年初为止，经济发展学院与中国政府进行了三个阶段的合作培训。第一阶段是 1981～1982 年。这一期间先后举办了"国民经济管理""项目计划与管理"等主题的讲习班共 10 期。由于培训极其成功，中国方面逐渐重视培训，国内的培训需求迅速增长，超出了经济发展学院的能力，所以，1983～1985 年第二阶段的合作培训中，吸收了来自联合国开发计划署的赠款近 140 万美元，经济发展学院作为执行机构，负责具体实施为期 3 年的"中国经济管理与项目计划培训"项目，项目的一个重要内容是在中央财政金融学院成立了专门的培训中心。这一阶段的培训再次取得成功，所以，项目到期进行终期评估时，联合国开发计划署决定继续合作培训，提供了 120 万美元的资助，1986～1988 年第二个为期 3 年的培训项目，经济发展学院仍然是执行机构。

截至 1987 年 6 月底，世界银行经济发展学院与中国政府合作，先后举办了各种研讨会和讲习班 59 期，直接为各部、委、行，省、自治区、直辖市以及大中城市培训干部和师资达 2454 人，其中全部由司、局级领导干部参加的高级官员研讨会有 4 期，达 100 多人。国内的合作培训机构也从最初的两所学校（即上海国际经济管理学院和中央财政金融学院培训中心）发展到 12 所。同时，这些直接接受培训的学员在回到本单位后，会继续组织接替培训，由受训者变成了培训者，扩大了知识传播的范围，其影响远远超出这些数字的范围。②

三阶段合作项目的成功以及合作培训"供不应求"的局面反映出中国改革开放初期对知识、信息、技术和管理经验的渴求。世界银行成为中国获得其所急需的知识的一个重要渠道。中国方面的需求同时是合作培训涉及领域极其广泛的一个客观条件。在三阶段合作培训中，培训的内容大至宏观国民经济计划和管理，小到具体项目的可行性研究，涉及计划、财政、金融、交通、能源、教育、城建等国民经济许多部门。而且，尤其重要的是，培训

---

① 见 1988 年 1 月 22 日"世界银行贷款工作经验交流会"由财政部教育司提供的资料。
② 见 1988 年 1 月 22 日"世界银行贷款工作经验交流会"由财政部教育司提供的资料。

的内容迅速在各部门应用。其中，世界银行在项目工作上的一整套计划管理程序和方法被应用到中国投资银行、建设银行和农业银行等专业机构的管理之中，成为其管理贷款项目的基本方法。① 所以，世界银行业务局在评价 20 世纪 80 年代世界银行在中国的作用时指出："在 80 年代，世界银行在中国的作用是很明确的，即作为一个长期封闭国家的知识来源。"②

（3）贷款项目的附加条件。

世界银行"硬"的一手是给贷款项目附加一些不能通融的条件。世界银行指出："最初，世界银行大部分是接受中方的项目建议，很少做出修改，但坚持采用标准的采购及其他程序。"③ 由于世界银行有权利对项目进行评估，这些项目层面的附加条件给接受贷款的部门和项目执行单位带来压力，并最终推动了受援单位经营和管理方式的改变。这种"实践中学习的方式"不但带动了中国受援单位的相关管理机构、管理规章和管理原则的改变，而且培养了大批懂得这些管理程序和原则的人才。竞争性的招标采购就是一个例子。1984 年，在鲁布革水电站项目中世界银行要求项目必须进行竞争性招标采购，此后，这种做法在中国不断推广。2000 年出台了《招标投标法》，并从 1998 年开始推进政府采购中采用招投标办法。在世界银行项目执行过程中培养了大批人才，为中国这方面的制度建设创造了条件。④

由于改革开放初期，中国大部分企业是国有企业，其管理规章、工作流程等仍然延续着计划经济体制下的通行做法，没有建立起以市场经济为基础的企业制度，也不存在与这些企业制度配套的政策环境，世界银行的项目管理程序自然会"一石激起千层浪"，引出执行过程中的种种问题，而针对这些问题的种种解决办法逐渐推动了企业制度的改革，以及一些机构的变革。下面以 20 世纪 80 年代铁道部推行竞争性招标采购的情况为例，说明这些附加条件是如何发挥影响的。⑤

---

① 见 1988 年 1 月 22 日 "世界银行贷款工作经验交流会"由财政部教育司提供的资料。

② 世界银行业务评价局：《中国：国别援助评价报告》，中国财政经济出版社，2005，第 7 页。

③ 世界银行业务评价局：《中国：国别援助评价报告》，中国财政经济出版社，2005，第 6 页。

④ 根据访谈记录整理。

⑤ 见 1988 年 1 月 22 日 "世界银行贷款工作经验交流会"铁道部利用外资和引进技术办公室提供的资料。

20 世纪 80 年代，世界银行在中国的重点活动领域是基础设施建设，仅铁路建设一项，世界银行就于 1984～1986 年 3 年时间内向中国连续提供了 3 笔贷款，总额为 6.85 亿美元。[①] 对当时的铁道部来说，这是一笔"巨额资金"。考虑到当时中国进行铁路建设、不断扩大运输能力的现实情况，这笔资金的重要意义不言自明，但是，大钱同时带来了大问题。按照铁道部有关部门的总结，问题主要存在于以下几个方面：

1. 宏观意识不强，前期工作薄弱，决策理性化不够。
2. 项目前期和后期脱节，贷款与工程不同步，有外资的项目钱花不出去，想花外资的项目尚未成为贷款对象。
3. 采购环节多，周期长，进度慢。
4. 分部门管理，多头对外，关系不顺。

为了解决这些问题，铁道部专门成立了"铁道部利用外资和引进技术办公室"（以下简称外资办），负责从外资项目的立项、项目管理、采购到项目的事后评价的统一管理。这个办公室成立之后，首先就将外资项目纳入到铁道部的总体建设规划之中，保证根据国内的需求状况确定引进外资的数额和领域，编制了"七五"期间分年度利用外资规划方案和"七五"期间分年度主要技术和设备的引进计划，确保从宏观上控制外资投向和技术引进，使外资利用紧紧围绕扩张铁路运输能力、促进铁路技术进步的总体目标。

其次，在项目层面上，确定了新的工作重点环节。这包括：

1. 抓可行性研究，对确立项目、引进技术、采购重大设备进行科学的民主论证。
2. 与计划部门协同，安排好内外资配套，克服前期与后期脱节。
3. 建立引进和采购的分工负责管理制度，避免出现无人负责和轮

---

① 见 The World Bank Office, Beijing, 2006, *Facts and Figures 1980 - 2006*。到 1987 年为止，铁道部得到的外资贷款总额为 19 亿美元，世界银行贷款占到了 1/3 强。见 1988 年 1 月 22 日"世界银行贷款工作经验交流会"铁道部利用外资和引进技术办公室提供的资料。

流坐庄的现象。

同时，制定了与外资项目紧密相关的一些规章制度，包括利用外资建设项目的计划管理办法、采购管理办法、物资管理办法和财务管理办法，等等。

很明显，上面的问题中有相当大一部分是与世界银行贷款项目有关的内部规划和管理问题，而铁道部针对这些问题所采取的改革是出于更好地利用外资的内在动力。其中，只有与采购有关的问题是处于来自世界银行的外部压力之下的，这类问题成为外资办成立伊始就必须重点来抓的工作。

1987 年世界银行代表团到中国考察项目的执行状况，发现第一、二、三个铁路项目的采购工作进展缓慢，有钱花不出去，1984～1987 年，6.85 亿美元的贷款只用掉了 1.96 亿美元，还有近 5 亿美元存在世界银行里，造成了资金的浪费，同时也会影响到以后铁道部同类项目的申请。另外一个重要问题是已经完成的采购周期长、效率差。在第一个铁路项目已经签署的合同中，从开标到世界银行收到合同所花时间最短为 116 天，最长为 532 天，平均为 247 天，而一般的国际招标采购只需要 120 天左右。

为了改变这种状况，外资办制定了一系列非常详细而严格的管理办法，不仅扩大了采购的规模，而且缩短了采购的周期。由于这些管理办法非常清楚地显示出世界银行推行竞争性招标采购所带来的影响，所以这里不惮其烦，详细引述如下：

1. 初步建立了采购责任制，使采购工作基本走上了轨道。

对外资采购和引进技术的实施，试行由部外资办、项目主管业务局和项目主办单位分级分工负责；成立稳定、连续的采购技术组，确定负责人，参加采购的全过程。在几个月的试行过程中，在外资办归口管理统一对外的前提下，已初步划清部内各部门之间的采购分工，明确了采购环节中的工作责任，使设计、施工和建设单位在采购中各自发挥应有的作用。

2. 结合建设项目的工程进度，安排采购工作。

……

3. 加强对采购工作的过程控制。

……为避免失控，我们对每一标都按周期目标进行管理。根据采购内容的复杂程度等因素，排出从开标到铁道部初评、国家评标委员会定标、世界银行认可、技术商务谈判一直到签约的分阶段安排。并随时加以检查……

4. 建立标书的编审制度。

……我们分析了以前采购慢的原因，主要一条是标书质量差。有些标书漏洞很多，在发售后要进行大量的澄清工作；有些标书内容含混不清，致使欲投标者无法投标；有些标书则在技术标准上吃不准，以致在开标后边谈判边修改技术条件，有的延拖时日竟达一年；特别是少数标书在技术标准和技术要求上脱离我国国情，有盲目追求"世界之最"的倾向。

为了克服部分标书失控，我们初步建立了设计（或使用）单位编制标书初稿，部业务主管部门组织审查并对其技术标准负责，外资办组织审查并对标书质量负责的标书"一编两审"制度。重大标书还要送部技术负责人会议审查定稿，这样做的结果，使标书质量有所提高，得到世界银行有关人员的好评。

5. 统一组织评标，建立评标程序，提高评标的准确性和公正性。

（1）技术评标工作是在外资办统一组织下进行的，对每一标都组成一个评标班子，固定人员，对评标、谈判、签约、验收、使用负责到底。在开标前把参加评标的人员组织起来，划分组织、安排计划、分配任务、提出要求，交代评标方法和注意事项，为做好评标工作打下基础。

（2）规定了一套比较完整的评标程序，即主办单位（设计或使用单位）初评、部业务主管部门评审、外资办评审的"一评两审"程序。重大采购的评标结果送部领导审批。

（3）提高评标的准确性，避免草率定标。外商的投标往往存在以下两种情况：一是投标的内涵不相同，二是在技术规格上和报价上不完全。这两种情况在投标报价上都会出现实质性的差异，因此单单按唱标价格是不能定标的。对于前一种情况就要按分享报价仔细地加以核算，使各家报价能够在供货范围基本相同的基础上进行比较，由低到高排出顺序；如遇到第二种情况，则需要请有可能中标的厂商进行技术和价格澄清，这样就可以在定标时做到心中有数，使技术和价格基本落实，避免"隔山买老牛"的盲目性。

（4）把贯彻方针政策与执行采购准则结合起来。……

（5）注意了评标的公正性和程序的保密性。……

6. 鼓励采购代理人之间的友好竞争。

我部是利用外资贷款的大户，长期以来与招标公司建立了良好的合作关系……考虑到在当前改革形势下应该鼓励和促进竞争，我们办理了委托中国机械进出口总公司作为第二采购代理人的国内国外手续……由于采购引入了竞争机制，随之带来了效率和效益。

7. 建立横向联合。

……开展了与招标采购代理人和部物资局之间的横向联合，建立了定期会议制度……同时，还与招标公司、中机公司分别签订了委托代理采购协议，第一次以契约形式明确双方的职责和分工。

……

根据当时中国进行经济体制改革、改变计划经济运行方式的具体情况，可以把竞争性招标采购在铁道部系统带来的影响简单归纳如下。

第一，为经营性企业松绑，推动了直接干预生产过程的行政管理体系的变革。仅就铁道部的世界银行项目而言，"一个企业，多个婆婆"，以及部门之间互相扯皮、职责不清的现象有所改观，成立了专门机构负责采购业务，并明确了采购过程中企业以及政府不同部门之间的职责。这减少了行政管理体系对项目和企业经营活动的干预，同时，把技术和经济标准确定为采购定标的主要依据。

第二，引进了国际通行的招标采购程序，尽管在某种程度上，这些国际程序也根据当时中国国情在移植过程中有所调整。重要的是，通过竞争性招标采购，世界银行在中国引进了市场经济的方式，项目的执行方式和企业的经营方式都发生了改变，无论是企业还是有关的政府主管部门，都开始"按照客观经济规律办事"，计算成本和收益，竞争性地选择产品和服务，同时，开始用合同的方式规定交易双方的权利和义务，这为进一步的改革创造了条件。

第三，使得中国政府主管部门和有关企业对国际商业行为有了更深刻的理解。竞争性招标采购的影响不是单向的。它不仅是世界银行对中国施加影响的一种方式，而且创造了中国企业和政府与外部的交流渠道。显然，通过采取国际竞争性招标采购，中国有了更多的与国际公司做生意的机会，了解了国际商务的一些基本规则和诀窍，促进了中国融入世界经济体系之中。

第四，尽管铁道部的总结中没有提到，但是，显然这样的具体操作为中国培养了大批从事招标采购的技术和管理人才。

（4）20 世纪 80 年代世界银行在中国：成就与问题。

综观 20 世纪 80 年代，世界银行在中国的改革开放进程中发挥了重要的作用。世界银行对这一时期的中国业务极其满意，原因主要在于援助活动推动了中国向市场经济的转变。[①] 世界银行在中国的活动也得到了中国政府的高度评价，认为世界银行贷款"是有利于我国的现代化建设事业的"。但是，中国政府对世界银行贷款作用的认识显然是不同于世界银行的。中国政府主管部门认为世界银行的积极作用主要表现在三个方面：首先，世界银行的贷款提供了当时中国经济建设的资金；其次，世界银行贷款项目创造了比较好的经济效益和社会效益；最后，帮助中国引进了先进的设备、技术和经营管理经验。[②]

不论中国政府是否意识到了世界银行贷款项目所带来的经济领域之外的影响和这些影响的范围，世界银行贷款项目毕竟产生了外部效应，凸显了中国经济制度和行政体系中的一些固有缺陷，这些缺陷表现为贷款项目执行过程中的一些具体问题，包括：

> 有的虚报工作量多领贷款，有的国内配套资金不落实拖延了项目进程，有的挪用资金，还有的在贷款中搞了铺张浪费等等。[③]

而且，中央主管部门也清醒地认识到这不完全是项目管理层面的问题，而是有更深层次的原因：

---

① 世界银行业务评价局：《中国：国别援助评价报告》，中国财政经济出版社，2005，第 6 ~ 7 页。

② 见 1988 年 1 月 22 日"世界银行贷款工作经验交流会"有关资料。

③ 见 1988 年 1 月 22 日"世界银行贷款工作经验交流会"有关资料。

产生这些问题，有缺少经验的原因，也有管理不善的问题，责任不完全在下面，我们领导机关的工作也做得不够好。[①]

这些问题导致了中央政府层面的制度建设和改革。首先，在全国范围内，建立、完善和推行一整套贷款项目管理的规章制度，包括"项目的计划立项制度、项目管理制度、转贷制度、项目执行中的管理制度、财务会计制度、资金回收与偿债制度等"。[②] 其次，加强了贷款项目的规划和审计，不仅在技术层面做可行性研究，而且要算经济账，做财务上的可行性研究。这些不仅成为中国进一步改革所要着力解决的问题，而且为 20 世纪 90 年代以后的世界银行对华贷款活动设定了方向。

4. 20 世纪 90 年代以来的情况：深化和扩大市场经济体制改革

20 世纪 90 年代，世界银行的对华援助随着国际和中国国内两方面的情况进行了调整。从国际上看，冷战结束了，市场经济获得了在全球扩张的机会；从中国国内来看，初期的改革和经济成就创造了进一步推动中国向着市场经济体制转变的动力和条件。因此，世界银行这个在全球范围内服务于市场经济体制建设服务的金融机构，必然要继续在中国的存在，并在中国向市场经济的转变中发挥影响。冷战之后，世界银行作为西方阵营手中的制度竞争工具的角色发生了转变，它越来越明显地成为受经济力量推动的一个国际金融机构，服务于市场经济和全球化的市场经济中的主要角色（如跨国公司等）。这在 1989 年之后世界银行对华贷款决策中表现得非常明显。1989 年后，世界银行的决策层和管理层出现了严重的分歧。世界银行一度在七国集团的强烈要求之下中断了对华贷款，但是，其管理层希望能够继续对华贷款，保持和继续在中国所取得的改革成果。因此，1990 年，当时的世界银行行长科纳布尔不顾某些股东国的反对，敦促执董会同意恢复对华贷款活动。[③] 从 1991 年起，世界银行的对华贷款迅速超过了 20 世纪 80 年代的水平，成为世界银行对华贷款的高峰期（见图 3-9）。

---

① 见 1988 年 1 月 22 日 "世界银行贷款工作经验交流会" 有关资料。
② 见 1988 年 1 月 22 日 "世界银行贷款工作经验交流会" 有关资料。
③ 世界银行业务评价局：《中国：国别援助评价报告》，中国财政经济出版社，2005，第 6 页。

（1）不断调整着的世界银行对华战略。

20 世纪 90 年代以来，世界银行仍然以推动中国的市场经济改革为核心宗旨，但是，重点一直发生着变化，这一方面与世界银行自身的政策调整有关，更主要的是，世界银行的贷款反映了中国改革开放进程的实际需要。

从 1991 年开始，世界银行已经开始关注一些体制改革与宏观调控之外的问题。在 1995 年出台的第一个世界银行对中国的国别战略中，世界银行提出的 4 个主要问题是：宏观经济和结构方面的改革，基础设施瓶颈问题，减少贫困以及环境保护。① 显然，世界银行开始关注一些经济领域之外的问题，例如社会政策和环境保护，这方面的制度改革是与维持市场经济体系的平稳运转、保持经济的可持续增长以及建立现代企业制度紧密相关的。其中，一个突出的例子是 1994 年 7 月签约的"企业住房与社会保障体制改革"项目，其直接目标就是改变当时"企业办社会"的状况，在不大幅度触动既得利益的前提下，平稳有序地改变企业的生产和经营方式，以及为企业职工（雇员）提供基本社会保障的方式。② 可以看出，这一时期的世界银行对华援助活动是其 80 年代所推动的改革进程的延续。

1997 年起，对华援助的主题在 1995 年的国别报告基础上有所调整，确定了五大主题：宏观经济增长和稳定、基础设施、人类发展和减少贫困、农业和农村发展以及环境保护。③ 2002 年 12 月出台的对华援助战略则是更加突出地指明世界银行在中国的使命是推动中国实现两大转型：第一，以可持续的方式实现从农村和农业社会向城市和工业社会转型；第二，从中央计划经济向全球一体化的市场经济转型。④ 而要实现这样的宏观目标，世界银行就必须推动中国内部的结构性调整，这不仅是指宏观经济结构的调整，而且涉及在中国延续了上千年的实际上的地区分割，以及在计划经济体制下发展起来的部门分割的状况，推动中国的"国家建设"进程，使得中国能够真正整合成一个大市场，并建立起与大市场配套的社会保障体系和财富分配制度。

---

① 世界银行业务评价局：《中国：国别援助评价报告》，中国财政经济出版社，2005，第 7 页。
② 见《中国—世界银行住房与社会保障制度改革贷款项目》（内部资料）。
③ 世界银行业务评价局：《中国：国别援助评价报告》，中国财政经济出版社，2005，第 7 页。
④ 见 http://www.chinagate.com.cn/chinese/news/4105.htm，2006 年 11 月 8 日。

这样，20 世纪 90 年代以后，世界银行在中国援助活动明显包含了更多的内容。这首先表现在世界银行活动领域的扩张。2002 年的对华援助战略罗列出的在华主要活动如下。

第一，改善经营环境，加快中国向市场经济转轨，包括：加强宏观经济管理，促进中国"入世"后与全球经济的融合，改革金融部门，促进私营部门发展和企业改革，以及改善公共部门的管理和服务；

第二，满足贫困和弱势群体及落后地区的需要，包括：增加农业和非农业就业，改善落后地区的交通联系，发展人力资源，加强社会保障体系以及加强扶贫项目的针对性；

第三，促进环境可持续发展进程，包括：提高环境机构的有效性，改善空气质量、水资源管理、土地和自然资源管理，以及保护全球环境。①

2006 年 5 月，世界银行出台的 2006～2010 年对华国别援助仍然继续世界银行一贯的对华援助政策，它提出了 5 个援助领域：

第一，促进中国经济与世界经济的融合，包括深化中国对多边经济机构的参与，降低对内和对外贸易和投资壁垒，为中国的海外发展援助提供帮助。

第二，减少贫困、不平等和社会排斥，包括推动城镇化均衡发展，保障农村生活，扩大基本社会服务和基础设施服务（尤其是在农村地区）。

第三，应对资源短缺和环境挑战，包括减少大气污染，节约水资源，部分通过改革优化能源利用，改善土地行政管理，履行国际环境公约。

第四，深化金融中介作用，包括扩大金融服务（尤其是中小企业），发展资本市场，应对系统性风险，维护金融稳定。

第五，加强公共部门和市场制度，包括提升企业竞争力，改革公共部门，理顺政府间财政关系。②

与以前的对华援助战略相比，显然世界银行已经从注重推动中国内部的市场经济建设，发展到在巩固和推动内部改革成果的同时，进一步规范和引导中国对外的经济行为。由于中国融入世界经济体系的程度不断加深，以及经济体制改革的"溢出效应"不断波及更多的部门，世界银行的对华援助

---

① 见 http：//www. chinagate. com. cn/chinese/news/4105. htm，2006 年 11 月 8 日。

② http：//www. worldbank. org. cn/Chinese/content/overview_ cas_ 03. htm，2006 年 11 月 8 日。

活动领域随之扩展。

其次，世界银行越来越多地采取多地区、多部门的合作方式。例如，在西南扶贫项目中，世界银行积极推动"多部门综合扶贫规划和协同实施的做法"，将所有相关部门都吸纳到项目的规划和执行中，加强了不同部门之间的协作。① 在世界银行珠江流域综合整治系列项目中，项目不仅建立了省级各相关部门之间的合作机制，而且打破了城市和城市之间的行政区域限制，由各个行政区划自己独立提供污水处理这种公共服务，到行政区联合起来，在更高的区域层面合作提供公共服务，优化了资源、提高了效率、节约了资金。② 更重要的是，由于项目在区域层次上整合资源、提供服务，推动了区域范围内的市场一体化，并使得政府能够在更大的范围内调动资源和进行转移支付。

再次，世界银行的援助活动不断向内陆伸展。世界银行向中西部地区推进的结果是把市场经济的规则和做法带到了市场经济还不是很发达的内陆省份。例如，在"加强灌溉农业二期项目"中，通过改造传统的农业经营方式，推动了农业领域的"市场经济化"，即：

> ……鼓励各项目区成立农民经济合作组织，提高农民生产组织化程度，以增强农民抵御市场风险的能力，逐步树立竞争观念、协作意识……③

项目县河南省伊川县的一些农民就已经从自己生产、自己销售，变为替专门从事市场经营的公司生产、由专门公司负责产品的销售。参与项目活动的农民逐渐转变了生产方式，正在从"土里刨食"的农民向农业工人转变。④ 尤其是世界银行在中西部的一些扶贫项目，已经树立了"市场扶贫"的观念，认为发展市场经济是带动当地群众脱贫致富的有效渠道，因

---

① 国务院扶贫办外资项目管理中心：《中国外资扶贫（1995~2010年）：回顾与展望》，2005，第19页。

② 广东省财政厅：《以合作调研带动贷款，以贷款项目促进创新——广东省世界银行贷款珠江流域综合整治系列项目案例》。

③ 《农业综合开发利用外资成效显著》，由有关部门提供。

④ 《农业综合开发利用外资成效显著》，由有关部门提供。

此，也需要在项目所到之处进行与市场经济配套的政策、体制和政府机构改革，如有关政府主管部门所言：

> ……要使贫困农户真正有效地参与到市场竞争中，他们更需要的是包括信息、技术、金融、组织和市场在内的综合性服务。而在贫困地区，一些政府机构仍然处在按传统计划经济模式运行的状态下，缺乏向贫困农户提供这些服务的能力……①

同时，世界银行对华贷款向中西部的倾斜从客观上增加了中央政府向西部地区的财政转移支付、省级政府向本省贫困地区以及县级政府向贫困人群的财政转移支付。为了支付世界银行贷款项目的管理费用，中国政府采取了两种方法：第一，在转贷过程中加息，以此补贴项目运转成本。第二，由各级政府为世界银行项目提供配套资金。

配套资金的提供情况不同，需要依据项目地区和项目内容来确定配套资金比例。例如，世界银行的城市建设项目，一般都是在经济比较发达的东部地区，项目的配套资金比例比较高，一般要达到 1∶1。而世界银行的教育项目一般是在贫困省份，兼有扶贫的性质，这类项目的配套资金只有 30% 左右。一般来说，世界银行对中方的配套资金没有硬性的要求，以前，一般是提出要中方提供 10% 的配套资金，但是否承担主要是看中国政府的态度，看其是否愿意提供。但是中国政府主管部门一般要求使用世界银行贷款的地方提供配套资金，这种安排的主要目的是保证地方政府能够认真对待贷款项目。如果地方政府愿意提供资金，说明世界银行贷款项目符合地方需要，往往也是地方发展中的重点，这样就能够保证项目执行的效果。总的说来，世界银行项目的配套资金是由县级以上财政提供的。中央有明确的规定，世界银行贷款的汇率风险不能由县级以下的部门承担。②

因此，世界银行的贷款在中央政府与省和县级地方政府之间建立了复杂的关系，中央政府对外签约、负有最终偿还贷款的责任，同时，在某些情况

---

① 国务院扶贫办外资项目管理中心：《中国外资扶贫（1995～2010 年）：回顾与展望》，2005，第 39 页。

② 根据访谈记录整理。

下为地方政府提供项目执行所需的配套资金，参与世界银行项目的省或县级地方政府使用贷款，并利用地方财政资源还贷以及提供配套资金。这带动了中国政府内部资源在不同地区和群体之间的流动，客观上加强了各级政府的转移支付职能。

（2）"方式决定方向"：世界银行实现其宏观目标所采用的方法。

与其他援助机构和援助国相比，世界银行的对华援助战略显得更加"野心勃勃"。客观上说，世界银行在中国发挥了其他援助机构无法发挥的作用，实现了一些其他援助国和援助机构没有实现的宏观改革目标。之所以如此，首先，与世界银行这个机构的性质有关。支撑世界银行这个机构的是全球市场，因此，它就有能力在更大的范围内调动更多的资源，不受民族国家疆域和政府体系的限制。同时，它的援助活动以市场经济发展的需要为目标，以市场经济体系的运行逻辑为指导，世界银行的援助活动会带来一些明显的"跟进"效应。其次，则是与中国本身的一些特性有关。中国是一个庞大的国家。尽管援助具有巨大的杠杆作用，但是，希望援助活动能够带来大范围的影响，没有一定的资金规模是不可能的。只有世界银行这个机构，才有能力提供足够数额庞大的资金，并维持资金规模。再次，也是非常重要的一点，世界银行雄厚的发展市场经济的经验，以及与市场运行配套的知识储备起到了重要的作用。它通过提供中国政府需要的解决问题的方法，从长远上影响了中国的发展方向。

世界银行在对中国业务的评估中指出，世界银行不能通过贷款的直接影响或给援助附加条件来实现对华的战略目标，而是要依靠"各种说服和示范工作"。第一，通过以咨询和合作研究为主的技术援助影响政府高级官员，引导他们进行自上而下的改革。第二，与政策咨询同步设立相关的贷款项目，这些项目与世界银行试图在中国推动的政策或制度改革密切相关。第三，选择自己有愿望进行改革的合作伙伴，世界银行的角色只是给这些内部的改革计划提供技术支持。第四，世界银行"依靠成功项目的示范作用引入新的技术和管理方法，或者引入政策改革以发挥项目效果"。[①]

因此，世界银行依靠"资金"和"技术"这两条腿在中国的市场经济

---

① 世界银行业务评价局：《中国：国别援助评价报告》，中国财政经济出版社，2005，第7~8页。

建设和体制改革的进程发挥影响，两者缺一不可。而且，贷款项目更多的是知识、技术等软要素的载体。中国方面明显地感觉到了世界银行"软力量"的影响。根据政府主管官员的判断，不仅世界银行的贷款项目在向一些"软"领域倾斜，例如，加大了在社会领域的投入，同时，在各个具体的部门之中，贷款项目更加侧重"软件"的建设，例如，针对基础设施的援助项目，在修路的同时，也注重交通管理。[①] 尤其重要的是，世界银行贷款项目所承载的"软要素"是中国内部发展所需要的。随着市场经济在中国不断向前发展，以及中国从一个农业社会逐渐向工业社会演变，生产方式的巨大改变自然要求进行与之相适应的制度变革，这种变革的需要体现在各个不同的领域，表现为不同的问题，而且很多问题看似是技术性的。世界银行成为中国政府寻求技术帮助的一个重要渠道。

但是，如前所述，世界银行的一整套"技术"都是以市场经济为前提的，是为市场经济服务的技术。因此，世界银行针对中国的改革进程以及中国政府亟须解决的问题，通过"说服"和贷款项目的"示范作用"向中国政府推销它所选择的解决方法，进而从长远影响了中国整体改革的方向。下面通过 3 个案例详细地展示世界银行是如何通过提供解决具体问题"方法"而影响了中国的长期发展"方向"的。

案例 1　在中国推动现代企业制度发展的世界银行"企业住房与社会保障改革贷款项目"。

世界银行在中国的贷款项目一般是"内需主导型"的，即中国本身的体制改革遇到了一些关键问题，出现了对现有体制或机构进行调整的需要。这时，世界银行就与中国政府协商，向中国政府提供贷款，利用这些资金在比较小的范围内开展一些改革试点，同时，引导中国内部的改革方向。"企业住房与社会保障改革贷款项目"非常清楚地展示了世界银行的这种做法。通过项目，世界银行一方面减轻了项目地区企业的社会责任，为中国采取现代企业制度创造了条件；另一方面，世界银行推动了私人部门在社会领域的参与，把一些市场的运行规则引入公共服务部门，从而影响了公共产品的提供方式，即由政府和私人部门（或市场）共同提供公共产品和服务。

"企业住房与社会保障改革项目"是在 1994 年 9 月签约的。贷款总规

---

① 根据访谈记录整理。

模为 3.5 亿美元，包括了国际复兴开发银行提供的 20 年期、宽限期为 5 年的 2.75 亿美元硬贷款，以及国际开发协会提供的 35 年期、宽限期为 10 年的 0.75 亿美元的软贷款。同时，项目城市提供与其所接受的世界银行贷款规模相同的配套资金。这样的资金规模是极其巨大的。1979～2000 年的 21 年内，联合国开发计划署向中国提供的援助总额也不过 4.8 亿美元，加上中国政府提供的配套资金，其项目总金额累计仅为约 6 亿美元。[①] 而 1994 年世界银行与中国签订的贷款项目还不止一个。世界银行的贷款规模由此可见一斑。

世界银行"企业住房与社会保障改革贷款项目"的酝酿与准备可以追溯到 20 世纪 80 年代末。在 80 年代末期，中国的经济体制改革已经深入到工业部门和城市地区。前述"苏联对华援助"部分详细分析了中国的工业部门、工业企业制度以及计划经济体系都是在苏联援助的引导之下建立起来的，自然采用了"苏联模式"。20 世纪 70 年代末，中国的经济改革首先是从农业部门和农村地区开始的，这是计划经济的"边缘地带"，改革的阻力小、动力大。当经济体制改革和市场经济规则触及工业部门和城市地区之后，就带来了一系列的社会问题。因为，在计划经济体制下，企业承担了大量的社会责任，一些大型国有企业本身就像是一个"小社会"，附设医院、学校，为职工提供住房和基本的社会保障。不改变这种"企业办社会"的状况，寻找为经营性企业承担社会责任的替代方式，就无法在市场经济活动本来应该最活跃的城市地区，以及工业、服务业等行业中推广市场经济的运行规则，也无法推进现代企业制度的建设。

在这样的背景之下，20 世纪 80 年代，中国政府资金就开始寻找"企业办社会"这一问题的出路。[②] 其中，关于住房制度的改革 80 年代初就开始进行讨论，并开始在烟台和蚌埠两市进行试点，1988 年，中国政府召开了第一次全国性的住房制度改革工作会议，"全面系统地提出了我国住房制度改革的基本政策、指导思想、改革思路、目标和原则"。中国的住房制度改

---

① 中华人民共和国对外贸易经济合作部中国国际经济技术交流中心：《21 年与 21 世纪：联合国开发计划署与中国合作情况回顾》，第 325～341 页。

② 《中国—世界银行住房与社会保障制度改革贷款项目》，由有关部门提供。

革引起了包括联合国人类居住中心等国际组织以及世界银行的关注。1989
年 3 月，世界银行高级顾问伯兰特·雷诺率领世界银行代表团到进行了住房
制度改革的试点城市烟台进行实地考察，全面了解改革的进展情况，并向中
国政府提出了开展全国范围内的"企业住房与社会保障制度改革"的合作
意向。1991 年，这个项目正式列入了世界银行对华贷款项目之中，世界银
行方面与中国财政部共同开始了项目的准备工作。由财政部向各个地区发出
通知，世界银行则在全国范围内进行与项目内容有关的基础调查。中国方面
有 35 个城市提出了参与项目活动的申请。

1992 年，财政部与世界银行在 35 个申请城市中选择出 14 个备选城
市。① 之所以选择这些城市，"其目的是通过这些城市实施项目，带动这些
城市周围地区深化住房与社会保障体制改革，并通过其示范作用，推动这些
地区住房向商品化、社会化迈进"。5 月份，财政部和世界银行又共同从这
14 个城市之中选出了 5 个项目点，分别为北京、成都、烟台、宁波和广
汉。② 可以看出，从最初的项目设计开始，世界银行就有意识地选择最具有
"放大效应"的城市和地区，使得项目的经验可以辐射到项目城市之外的地
区。而住房的"商品化、社会化"一是强调改变住房和其他社会保障的提
供者，为企业甩包袱，推动现代企业制度的建设；二是强调市场机制在提供
住房和社会保障中的作用。

项目的目标界定是非常清楚的，即：

> 帮助四个项目城市建立一个以市场为基础的住房制度和坚实可靠的
> 社会保障安全网，把住房和社会福利的融资和管理从企业转移到社会机
> 构和市场机制上来，提高住房和社会福利的供给率、公平性和形成良性
> 循环机制。从而把企业从直接为职工提供住房和社会福利的责任中解脱
> 出来，以推进劳动力的合理流动和企业转换经营机制，提高企业的管理
> 水平。③

---

① 包括北京、上海、天津、广州、成都、深圳、武汉、南昌、烟台、宁波、蚌埠、唐山、青
岛和广汉。

② 后广汉因故退出了这个项目，所以最终执行了世界银行项目的只有 4 个城市。

③ 项目目标可以同时参考《中华人民共和国与国际开发协会开发信贷协定（企业住房与社会
保障改革项目）》，信贷编号 CR2642-CHA，1994 年 9 月 16 日。

由于世界银行拥有雄厚的知识储备，这些具有深远影响的政策试验在项目建议中变成了一些非常技术性的、针对中国情况的活动。项目准备阶段，世界银行东亚及太平洋地区中国蒙古局局长伯基先生专门致信给中方有关领导，介绍"企业住房与社会保障改革"项目的情况。① 此信开宗明义地讲道：

> 此信论述的是关于如何建立起市场型住房体制战略。

世界银行在剥离企业的社会责任的同时，并没有鼓励由政府来承担这些社会责任，而是提出了另外一条出路，即动员私人部门、发挥市场的力量来提供这些社会服务，即：

> 我们所提的战略，其主要一点是将目前企业及政府在住房上的资金重新以另一种方式实现，让工人直接投资，让银行及住房专业公司去管理住房，让金融从事转账等业务。

世界银行提出的战略完全是以竞争性的市场规则为逻辑的。首先，项目中减少了政府的直接干预，在改革方案中，世界银行坚决反对以名目各异的财政补贴的方式解决工人住房问题。因此，世界银行建议成立房屋管理公司来经营住房业务。房屋管理公司是要在市场上谋生存的经营者，是按照企业的方式组建的，需要参与市场竞争，需要按照成本以及市场经济中"看不见的手"来确定价格，而不依赖各种形式的补贴。

> 企业将把自己拥有的住房以股份投资的方式投入组成合股住房管理公司，股份的多少取决于企业拥有住房的价值。为保证竞争，每一个城市将允许成立几个这类公司……
> 为了推行这一做法又不依赖补贴，住房公司将提高房租，其水平要达到能支付房屋维修和住房再发展的程度。房租的构成主要应包括：管理费、维修费、折旧费、投资利润和财产税……这些结构费用的标准应

---

① 见伯基致中方领导人信函，由有关部门提供。

根据实际管理费用的情况及未来维修价格的提高不断调整……

由于在计划经济体制下，企业承担住房、医疗和职工子女教育等福利开支的做法是与职工的低工资联系在一起的，所以住房和社会保障制度的改革必然会带来企业内部的工资制度改革，以及相应的用人制度的变化。世界银行建议在这些方面也要引进竞争机制。

　　为使工人有能力支付全部房租，所有参加这一计划的企业应以住房补贴的方式增加职工工资，增加的数额要使职工个人能完全支付自己的住房……现在工资的增补也要考虑职工的岗位及作用等因素。因此，同等职位的工人要享受同样的工资增补水平，而不应考虑他们的实际住房情况是否一样。

此外，住房制度的改革还把住房和与住房有关的服务变成了可以在市场获得并可以在市场上交换的商品。由于住房这种商品的特殊性，住房商品化的发展自然会带来金融业的变革，即按照市场规律来操作金融业务：

　　建立起一个长期稳定的抵押金融业体制也是非常重要的。随着工资的增长，职工就会放弃租房，宁愿选择购置自己的住房，先决条件是能否借到长期贷款……
　　随着企业不会再继续提供资金，从事抵押贷款的银行就必须从公众那里筹集所需资金……为此，地方银行在筹措资金时对吸收的存款或债券要支付适当的利息。贷款利息水平要达到能够支付吸收存款的利息以及应付长期借贷业务的风险……利息补贴同价格补贴涉及面广，都不是一种稳妥的做法……

这些观点全都转化成了项目内容。① 而且，由于现代企业制度、社会保障体系和金融业的变革这三个项目内容之间具有内在的逻辑联系，任何一个

---

① 关于项目具体内容和执行情况还参考了 1996 年、1997 年和 1998 年世界银行贷款"企业住房与社会保障改革项目"的年度工作会议纪要。

领域的变化都具有外部效应，会带来其他领域的相应的变革。尤其重要的是，项目会创造有关行业进一步向着市场经济方向改革的动力。以项目所牵涉的金融领域的改革为例，住房贷款以及以住房贷款为条件的房地产市场在中国的成熟与发展，与世界银行推动的改革直接相关。根据"企业住房与社会保障改革项目"框架下的1995年银行部门培训计划，中国人民银行银行司提出的考察提纲，包括了房地产产权制度、房地产贷款的概念、分类和占贷款总额的比重、住房贷款机构的种类及其主要资金来源、住房抵押贷款的经营方式、其他房地产贷款的种类和经营方式、住房抵押贷款债权的转让、住房抵押贷款的市场风险管理技术、通货膨胀对房地产金融业务的影响以及政府或中央银行对房地产金融市场的调控手段。此外，世界银行还通过项目对中国的银行业务人员进行了住房抵押贷款操作的技术培训，使得他们了解如何开展住房抵押贷款业务，为此后中国在这个领域的变革培养了人才。可以说，世界银行在中国房地产业的发展中扮演了重要的角色。

案例2　世界银行在中西部发展中的角色：推动市场经济向内陆的扩展以及政府体系的改革和政府职能的转变。

世界银行在中国的贷款虽然是倾向于中西部地区的，但绝对不是以中西部地区为主的。世界银行在中国的贷款项目的地区和部门分布与中国市场经济的发展需求有着紧密的联系。以世界银行参与扶贫活动的情况为例，扶贫是对华援助活动的一个重要内容，但不是世界银行最早涉足的领域。最早参与到中国扶贫工作中的是联合国系统的相关机构，其中，最早的援助项目是1981年开始的国际农业发展基金北方草原与畜牧发展项目（1981～1988年）。世界银行是在1995年才开始介入扶贫领域的，与中国政府合作实施了西南、秦巴和西部三期综合扶贫项目。①

从1995年开始，随着中国国内发展重点的变化，世界银行开始关注贫困问题和中西部地区的发展问题。1996年出台的"九五"计划中，明确提出了加强区域经济协调发展的问题，以解决不断扩大的地区之间发展不平衡问题。按照国务院提出的规划，"中西部地区，要积极适应发展市场经济的

---

① 国务院扶贫办外资项目管理中心：《中国外资扶贫（1995～2010年）：回顾与展望》，2005，第4～5页。

要求，加快改革开放步伐"，① 为此，国务院提出了一些具体政策措施，其中包括引导外资向中西部流动，明确规定："国际金融组织和外国政府贷款60% 以上要用于中西部地区。"② 世界银行就是在这样的背景下逐渐增加面向中西部地区的贷款项目，最终仍是要引导中西部地区的发展以及与中国整体发展趋势相匹配的政策和制度改革。

推动中西部地区的发展是一项极其庞大的工程，需要考虑到资源、环保、产业结构调整、扶贫和农村社区发展、地区之间的经济布局等宏观政策因素，必定是跨部门的工作。而且，由于贫困地区多为内陆省份，经济发展程度以及市场经济的发展程度都要落后于沿海最早从改革开放中受益的地区。中西部的扶贫必然要牵扯不同地区之间的财政转移支付，③ 不仅政府必然要在其中扮演主导性的角色，而且需要加强政府体系之间的合作，打破部门分割（以及在一些情况下地区分割）的局面。世界银行加强在中西部地区的贷款活动一方面给中国政府的中西部发展战略提供了资金，客观上有助于解决中国内部发展面临的问题；另一方面，世界银行也希望通过参与推动市场经济从中国的沿海地区向内陆伸展，带动全国范围内的更深层次的制度改革。

①农业和农村地区生产方式的转变。推动市场经济向中西部的发展不仅要解决这些地区城市和工业部门中残留的计划经济遗产，而且还要面对农业部门和农村地区的发展问题。世界银行在中西部的贷款项目大量针对的是农业部门和农村地区，在这些部门和地区推动市场经济发展所面临的问题是不同的。在工业部门和城市地区，世界银行推动市场经济的发展需要改变苏联式计划经济的遗产，而在农业部门和农村地区推动市场经济的发展需要改变的是传统的以小农经济为主要特征的生产方式，把自给自足的小农经济改造成以市场为导向的农业生产和经营。

1998~2003 年，世界银行提供贷款支持"加强灌溉农业二期项目"，在

---

① 《中华人民共和国国民经济和社会发展"九五"计划和 2010 年远景目标纲要》（1996 年 3月 17 日第八届全国人民代表大会第四次会议批准）。

② 《中华人民共和国国民经济和社会发展"九五"计划和 2010 年远景目标纲要》（1996 年 3月 17 日第八届全国人民代表大会第四次会议批准）。

③ 在"九五"计划中就明确指出了要加强支持中西部地区发展的财政转移支付。见《中华人民共和国国民经济和社会发展"九五"计划和 2010 年远景目标纲要》（1996 年 3 月 17 日第八届全国人民代表大会第四次会议批准）。

河北、河南、安徽、江苏、山东五省执行。① 项目活动的一个重要内容就是带动项目地区农业生产方式的变革，主要是通过各种形式把分散经营的农户组织起来，引导他们根据市场需求和市场价格决定种植品种，在一些地区，还引导农民根据市场情况由从事种植业转而从事养殖业，提高产品附加价值，项目提供必要的资金和技术支持。在项目地区，普遍成立了蔬菜协会、葡萄公司、花卉合作社等各种形式的农民协作组织。这些组织一般由村干部、种植能手、营销人才牵头，对农户开展种植养殖技术辅导，提高生产水平，同时通过这些组织传递市场信息，并帮助推销产品，形成"基地＋农户""营销公司＋协会＋基地＋农户"等多种经营模式。

一个非常有代表性的例子是项目县河南省伊川县中溪村的变化。该村在世界银行"加强灌溉农业二期项目"改造的土地上实施林草间作 3500 亩，每亩可年产干草 500 多公斤，但农民既没有销售渠道也没有运输工具，只能等客户上门收购，市场需求量大时收入尚可，一旦上门的客户少了，传统的小作坊经营模式很难将这么多牧草销售出去，只好各自为战、竞相压价，落了个丰产不丰收。为解决村民牧草的出路问题，村里筹资 100 多万元成立了天象牧草股份有限公司，日加工牧草 16 吨，缓解了村民卖草难问题。公司还在 2004 年引进了国内优良獭兔品种建立了种兔繁育场，采用"公司＋基地＋农户"的形式组织农户发展畜牧业。农民从单纯种草转变为替公司养兔，以草养兔、卖兔赚钱。

②世界银行所推动的机构整合和政府职能转变。世界银行在中西部地区的贷款项目，尤其是扶贫项目，由于具有跨部门、跨地区的特征并且针对的是地区之间发展不平衡的问题，带动了全国范围内的财政转移支付，并推动了政府体系内部各个部门和各级政府之间的协作。同时，在农业项目和扶贫项目中，由于推广了参与式方法，不仅改变了政府在扶贫活动中扮演的角色，而且推动了政府职能的进一步转变。

世界银行在中西部的贷款规模是巨大的，项目完全依靠中国政府执行，项目活动又处在世界银行的评估压力之下，其带来的艰巨的管理任务是可以想象的。几乎所有的世界银行的项目都牵涉多个政府部门，以及多个省份。

---

① 关于世界银行"加强灌溉农业二期项目"的详细情况见《农业综合开发利用外资成效显著》，由有关部门提供。

加强针对具体问题的部门和地区间的合作是几乎所有世界银行项目的一个必然结果。20 世纪 80 年代，世界银行项目带来的部门和地区间协作的压力就已经存在，但是，一方面当时的世界银行项目以基础设施建设为主，项目活动以中央政府某个主管部门为主；另一方面，由于当时的计划经济体制没有完全松动，中央政府在全国范围内动员资源和调配资源的能力很强，这些项目引发的管理问题可以通过加强部门内部的协调与管理得到解决，例如，前面分析过的铁道部的案例。20 世纪 90 年代后，世界银行在带动政府机构整合方面发挥的作用日益突出。

以世界银行在中国的扶贫项目为例。在世界银行中国西南和秦巴山区扶贫贷款项目中，多个政府部门参与了项目的准备和执行。其详细情况如下：

（1）计划部门负责将项目建设列入五年发展计划，简化理想手续，落实以工代赈配套资金；（2）财政部门负责做好世界银行贷款的提款报账和债务落实工作，落实好财政配套资金；（3）各级扶贫部门作为世界银行项目办公室的上级主管单位，积极参与世界银行项目的实施管理，在资金、技术、扶贫项目组织与管理方面支持世界银行扶贫项目的实施；（4）教育部门将世界银行扶贫教育项目的实施与本部门的业务工作结合起来，为项目的实施提供行业指导、咨询与直接支持；（5）卫生部门充分发挥行业系统的业务优势，将世界银行扶贫卫生项目纳入本省区卫生保健发展计划；（6）劳动部门利用多年来形成的驻外机构网络为项目劳务提供输出、输入和监测服务，与世界银行项目办公室共同按计划完成省外、省内和县内的输出任务；（7）农林水电、交通和乡镇企业和工商部门为各类子项目提供行业和技术指导，结合本部门的业务，协同做好项目实施的技术指导、检查和管理工作；（8）各级税务部门检查落实项目区项目建设的税收优惠政策，海关部门帮助项目区用足用好对外经济政策，在办理项目进口物资手续时做到特事特办，优先办理；（9）环保部门为各级项目办公室提供保护环境的指导和服务，派专家参加项目活剧评估小组，监测项目尤其是加工企业建设对环境的影响，引进先进环保技术。[1]

---

① 国务院扶贫办外资项目管理中心：《中国外资扶贫（1995～2010 年）：回顾与展望》，2005，第 29 页。

为了配合包括世界银行扶贫贷款项目的管理，1995 年，国务院扶贫办成立专门管理项目的"外资项目管理中心"，全面负责"组织、协调世界银行等国际金融组织扶贫贷款项目的准备、实施和管理"。同时，在政府各级设立项目办，项目办一般按工作职能分为计划与监测、管理、财务和采购几个部分。在县以下，针对以村为单位、以农户为对象的项目实施方法，在所有项目乡成立了项目工作站，每个工作站根据工作量配备 3～5 名人员，实施和管理本乡世界银行扶贫项目。覆盖的行政村成立项目实施小组，一般由村委会主任担任组长，协助乡世界银行项目工作站实施本村项目。这样，就建立起了一直伸入到基层村的项目管理体系。

同时，世界银行项目建立了由各级领导小组、项目办及专家组组成的三级管理体系，中央、省和县的项目管理体系都包括这三个部分，并采取了分级负责、统分结合的项目管理模式。第一个层次是中央、省、市、县项目领导小组，具体负责重大问题的决策，协调各有关部门的工作；第二个层次是中央、省（区）、县项目办、乡镇项目工作站、村项目实施小组，具体负责项目的组织实施与管理工作；第三个层次是国家专家顾问组、省（区）技术顾问组、县专业业务局，具体对项目实施提供技术指导和培训。[1] 根据国务院扶贫办外资项目管理中心的评价，这种多部门参与和协作的方式"较好地解决了中国过去扶贫计划中存在的部门之间不协调的问题"。[2]

项目的管理办法是由世界银行和各级项目办共同制定的，包括计划管理、采购管理、进度管理、财务管理、档案管理，等等。这样，世界银行就通过扶贫项目把各个政府有关部门联系起来，并遵照世界银行的方式管理项目活动，以及对项目进行定期的检查和审计。[3] 同样重要的是，世界银行的扶贫项目还在基层政府与群众之间建立起了直接的联系渠道。这样，在项目地区，世界银行的贷款就不仅为地方财政提供了额外的资金，而且加强了政府机构的建设，改变了政府内部的权力分配的格局。更为重要的是，世界银

[1] 国务院扶贫办外资项目管理中心：《中国外资扶贫（1995～2010 年）：回顾与展望》，2005，第 26～27 页。
[2] 国务院扶贫办外资项目管理中心：《中国外资扶贫（1995～2010 年）：回顾与展望》，2005，第 19 页。
[3] 国务院扶贫办外资项目管理中心：《中国外资扶贫（1995～2010 年）：回顾与展望》，2005，第 26～27 页。

行的项目带动了基层组织的建设，这样，弥补了政府和个人之间原本缺失的联系纽带，客观上会增强政府的组织和动员能力。

但是，世界银行扶贫项目引起的政府机构内部，以及政府与项目地区群众之间的关系的变化并不意味着强化政府权力。在市场经济的发展过程中，市场（和以私人部门为主的市场主体）、国家（即政府）以及社会之间的力量需要取得平衡。而在中国这样一个以政府为主导的国家中，推动市场经济的发展往往意味着限制国家和政府的干预。因此，在"企业住房与社会保障改革项目"中，世界银行积极推动私人部门参与提供住房和社会保障服务，并极力反对表现为价格补贴和利息补贴的政府干预手段。在扶贫项目中，世界银行减少政府干预的主要手段是推广群众参与。

在针对双边援助和非政府组织的对华援助的分析中，会详细介绍"参与式方法"的情况。简单来说，参与式方法就是由项目参与人群认定需求、确定项目活动内容、参与执行与管理的项目活动的组织方法。不仅在针对农村地区的综合扶贫项目和农业项目中广泛应用了参与式方法，而且在其他各类项目中，鼓励参与也是世界银行的一条重要准则。

在世界银行"加强灌溉农业二期项目"中，就采用了参与式的方法，把农民自愿进行农业综合开发作为项目实施的前提条件。山东省郓城县在选择项目区时，深入农户征求意见，征得村民代表大会 2/3 以上人员同意后才确定项目，并将开发地块、资金额度、建设内容等在公示牌上一一公示。在山东枣庄市，一个项目村把施工方案拿到村民大会上讨论，根据群众的建议修改了项目活动方案，由建渡槽更改为铺设地下管道，得到了群众的支持。

除了发动群众参与决策，更重要的是让他们参与项目管理。在"加强灌溉农业二期项目"中，自主管理灌排区是项目着力推行的一项管理方法。在河南省伊川县葛寨村，过去用水收费管理不透明，农民不清楚钱用在哪儿、用了多少，水费很难收上来，经常无法跟供水公司及时结账，影响供水。浇水时，也往往是上游抢水、下游遭灾，有的人为守水甚至连续几夜睡在田头，还时常发生争吵。成立农民用水协会后，村民民主选出 8 人为代表，负责水利设施的日常管理、放水看水、收取水费以及与供水公司结算，并定期公布账务。农民心里有底，水费能较快收上来，灌溉用水得到充分保证。①

---

① 见《农业综合开发利用外资成效显著》，由有关部门提供。

外援在中国（修订版）

在实行了参与式方法的世界银行项目中，原本由政府主导的扶贫活动，变为了由社区主导的自主发展。政府尽管发挥了转移支付的职能，但是，政府在具体的决策、组织和管理过程中的作用被削弱了，取而代之的是一些基层社会组织以及私人部门。政府由决策者和经营者在向服务（包括资金、技术和一些必要的社会保障）提供者转变。

案例3 世界银行贷款"珠江流域综合整治系列项目"：援助方之间的合作、打破中国内部地域分割以及公共事业市场化运营的尝试。

尽管世界银行的一些项目积极配合了中国政府的中西部发展战略，但是，世界银行的援助活动并不是以推动落后地区的经济发展为核心目标，而是以市场经济体制在中国的建立和完善为宗旨，因此，一直以来，世界银行都在东部地区有大量的投入，其目的是解决这些地区市场经济进一步发展遇到的问题。世界银行的"珠江流域综合整治系列项目"就是为了解决广东这个最先推行改革开放的省份在继续发展中遇到的问题。

这个项目的目的是解决珠江流域的污染问题，是"城市发展与环境保护"一类的项目。[①] 20世纪90年代，珠江三角洲城市群经济高速增长，工业化和城市化带来了严重的环境问题，工业污水、生活污水和固体垃圾使得自然生态受到严重威胁。加上三角洲地区地形复杂，大量被污染的河流、小溪将珠江的三大水系连通污染，直接影响到三角洲分布的近30个城市和4000多万人口的生存和发展，成为制约广东经济社会健康和可持续发展的关键因素之一，也使南中国海的生态环境受到影响。

因此，2001年广东省向国家计划委员会、财政部申请利用世界银行贷款整治珠江广州河段的污水项目，得到了两个部委的批准并列入了世界银行贷款项目备选清单。此后，就开始了项目前期的调研工作。

在这个阶段，世界银行动员了大量的国际资源。2001年9月，加拿大国际发展署提供了80万美元的赠款完成了项目前期的调研工作。同时，为了更全面地掌握珠江流域水环境情况，财政部国际司和世界银行协助广东省申请到了法国政府提供的89万美元赠款，用于广州市的污水治理研究；新加坡政府提供了20万美元的赠款进行固体废物处理的研究；丹麦政府提供

① 关于世界银行贷款"珠江流域综合整治系列项目"的情况见广东省财政厅《以合作调研带动贷款，以贷款项目促进创新——广东省世界银行贷款珠江流域综合整治系列项目案例》。

了 20 万美元赠款进行水质模型研究。在这些前期工作的基础上，世界银行提出，需要先在广东省作出整个珠江流域的总体规划，然后分批、分阶段地规划项目，世界银行将根据各期项目计划提供贷款。目前正在执行的是针对广州市地区水污染问题的第一期，2004 年启动，贷款额为 1.28 亿美元，同时，全球环保基金提供了 1000 万美元的赠款用于鼓励区域合作和更新总体规划。

世界银行的贷款项目直接向广东省提出了解决珠江流域水污染问题的政策建议，而不是仅限于提供一些治理污染的设备和技术。项目前期的调研报告指出，整个珠江三角洲可以划分为 7 个城市群，在城市群内各个城市之间要强化协调与合作，才能提高城市发展、基础设施建设管理和服务的效率和效益，实现成本效益最优。同时，报告还提出了解决珠江三角洲城市群发展和环境问题的 4 个核心战略：推行区域性的基础设施管理与服务提供、推行综合性的水资源管理、推行综合性的固体废物管理、创造项目融资条件。

在这个项目中，世界银行要推广的也不是先进的环保技术，而是要改进政府的组织结构和职能划分以适应不断扩张的市场的需要。广东省是中国市场经济最先扎根的地方，也是中国市场经济体制比较成熟的地方。在广东省已经出现了跨越行政区划界限的市场，但是，为市场经济活动提供支持的公共产品和服务却仍然由限制在各自的行政区划之内的各级政府承担。统一的市场与分裂的治理结构之间的冲突反映到了环保领域，世界银行的项目则是要打破行政区划的界限，推动制度变革以满足统一市场的需求。因此，世界银行希望珠三角的城市间和城市内能打破行政区域限制，实现城市间和城市内不同区域在污水处理方面的合作，其理由仍然是市场经济的逻辑，因为这样才能"在最小成本的基础上实现环境效益和经济效益的最大化"。

为了鼓励区域间的合作，世界银行举起了一根"胡萝卜"，世界银行向实行区域间合作的地区提供来自全球环境基金的赠款，广州市洛溪岛污水收集系统项目、广州市南岗污水处理系统项目、佛山市镇安污水处理系统三期扩建工程分别是两个行政区域间合作建设污水处理设施的项目，分别获得了 227 万美元的赠款作为激励。

世界银行珠江流域治理项目推动的区域间合作同样并不意味着鼓励政府集权的趋势，减少政府干预、发挥市场机制和私人部门的作用是世界银行的一贯原则，在环境领域也不例外。项目最初提出的 4 个核心战略中，前 3 项是与跨行政区划提供公共服务与公共产品有关的，第 4 项则是要实现"公共事业市场化运营"。

一方面，世界银行在珠三角地区推广"污水收费制度"。以往污水处理厂的运营成本是政府、企业和市民共同负担的。在污水处理费不可能大幅度提高的情况下，污水处理厂的运营成本越高，意味着政府补贴支出越多、负担越重。因此，世界银行首先在广东省推动污水收费制度的改革，要求项目城市适当地提高污水的收费，最终做到保本微利，以减少政府补贴、推动环保设施的市场化。其次，随着污水处理厂获得了"经济自由"，不再依靠财政补贴，世界银行就为解除政府经营公共设施的职能创造了条件。因此，与污水收费制度改革相匹配，世界银行希望建立一个独立核算的污水服务公司来运营和管理整个城市的污水设施，这样可以做到有效运营并促进收费改革等措施的实施。项目市广州和佛山都建立了这样的污水服务公司。

另一方面，世界银行还推动污水处理这项公共事业中的融资多元化，充分发挥市场机制的作用，从而进一步减少政府在这个领域的管理和经营职能。在东莞市，以 BOT 模式建设的 36 家污水处理厂已经陆续动工。随后，政府在污水处理领域的职能就由经营者变为监管者。所以，援助方为东莞提供了 40 万美元的赠款用于 BOT 的管理研究，其方向是：引导民营资金投入污水治理；BOT 模式下收费和运营方式的研究。这些研究旨在解决如何加强对 BOT 污水处理厂的运营进行管理与监督、如何征收污水处理费更加合理有效等问题。

而这种市场导向的经营方式一旦出现，必然会带来相关公共产品和公共服务向市场化发展方向转变。政府职能就一点一点地随着市场化的发展而转变。

从以上 3 个案例里可以清楚地看出世界银行以市场经济的发展与完善为宗旨。无论是在社会保障领域、扶贫领域还是环境保护领域，世界银行的贷款项目要解决的都是中国市场经济进一步发展面临的现实问题，而且，世界银行开出的处方都是以市场经济运行的逻辑为基础，以市场的自主运行和私人部门的经济活动为主，政府干预和调节为辅。世界银行作为一个知识银行向中国输入的正是关于市场经济的知识，从企业应该如何进行经营和管理，到政府应该如何干预和调控。同时，由于世界银行与中国政府合作，所有的贷款项目都是在世界银行的指导下由中国各级政府完成的，因此，它的贷款项目所带动的改革直接影响了政府内部结构和制度的转变。虽然世界银行的贷款完全由中国政府控制，也很少附加条件，它所发挥的影响却是很多多边或双边的赠款项目完全无法相比的。从某种程度上讲，世界银行的力量正是市场经济的力量，世界银行在中国的成功也是市场经济在中国的成功。

世界银行在中国发挥的是知识银行的作用，不仅世界银行自己这么说，而且中国政府主管部门也是这么认为的。[①] 世界银行的知识优势体现在细节之中。项目的目标和项目内容环环相扣，推行市场经济的总体战略能够转化成为符合市场经济的逻辑、适合项目地区情况同时又能够带来"外部效应"的部门改革方案或地区发展战略。项目具有非常强的可操作性，保证了执行，也保证了项目结果的可持续性。世界银行针对具体问题的改革方案在政策目标和政策执行之间有着非常强的逻辑联系，而这恰恰是中国自己的弱项，大量改革方案因为缺少可操作的执行方案，导致政策和执行之间脱节，最终使得一些改革不了了之。按照中国方面的评价，世界银行的计划"具有科学性"，因此，世界银行成为中国一些政府部门制定政策或计划所倚重的"知识库"，也成为推动一些必要改革的重要外部力量。[②]

"方式决定方向"，世界银行通过为中国提供解决具体问题的具体方案，推动着中国社会主义市场经济的发展，成为在中国改革开放进程中发挥重要影响的援助机构，其作用是不可替代的。因此，尽管一些多边机构（如联合国粮食计划署）和双边援助国（如日本和英国）已经退出或者表示在未来削减或退出在中国的援助活动，世界银行仍然继续在中国的活动，并能够动员其他援助机构和援助国参与世界银行的项目，珠江流域综合整治系列项目就是一个很好的例子。这也印证了世界银行在冷战之后作用日益增强的趋势。

5. 中国与世界银行之间的双向交流

中国是一个特殊的受援国。中国特殊性的一个重要表现就是，中国不仅接受外来援助、推动自身发展，而且，在接受援助的过程中，中国还向外输出自己的发展经验。中国接受援助并不是单向地接受外来影响，而是在援助

---

① 世界银行业务评价局:《中国：国别援助评价报告》，中国财政经济出版社，2005，第 7 ~ 8 页，以及相关访谈记录。

② 根据访谈记录整理。

活动中与援助方进行双向的交流。由于世界银行是一个多边机构，它与中国的双向交流就更加明显。

中国在世界银行中既是一个借款国，也是一个股东国。我们的分析已经清楚地显示了中国如何主动地利用世界银行的贷款，为中国的发展和改革创造条件，同时，中国也积极地参与世界银行的政策讨论和政策制定，影响世界银行的发展战略和活动方式。从中国最初恢复在国际货币基金组织和世界银行的合法席位之时，这种双向交流的合作局面就已经出现了。目前，中国通过参加世界银行春、秋季部长级会议以及相关的各种合作机制，[①] 进一步发挥重要股东国的作用，在宣传中国发展理念的同时，不断扩大对世界银行发展理念和发展实践的影响，引导世界银行的业务管理向着更加客观公正的方向发展。

例如，针对世界银行在项目管理中盲目强调"直接"扶贫，中国政府多次提出，经济增长是全面发展的基础，是战胜贫困的物质前提。发展基础设施、解决经济发展中的瓶颈问题，是促进经济增长的关键，也是推动减贫的重要手段，不应当在具体的扶贫项目上片面强调具有较强"装饰效果"的直接扶贫项目，而对以促进经济增长达到间接扶贫的项目特别是基础设施项目加以限制。在中国、印度等发展中国家推动下，从 2004 年开始，世界银行重新肯定了加强基础设施建设对于扶贫的作用，强化对发展与扶贫的支持力度。

再如，在 2005 年世界银行/国际货币基金组织年会期间，中国政府在多个场合强调，受援国的政府能力建设和自主发展能力是保证这些国家实现长治久安、稳定发展的关键，应得到特别支持。许多参会代表都对此表示赞同。会议公报也明确提出要重视"执政能力建设"（building state capacity）。这是国际社会对近 30 年来"改进政府治理就是缩小政府职能、扩大非政府组织"主张的重大调整，即重新认识到，强有力的负责任的政府是实现经济持续发展的关键，大量的对持续增长至关重要的行为需要政府决策，应该加强、调整、改善政府管理能力，促进政府建设，为政府更好地制定政策提供条件，应该说这是对中国发展经验和执政能力的充分肯定。

沃尔福威茨自 2005 年 6 月担任世界银行行长一职以来，大力推动以

---

① 根据财政部国际司提供的世界银行"春、秋季部长会议"的信息整理。

"治理"与"反腐"为核心的世界银行业务改革，中国充分利用国际社会以治理问题大辩论为契机，在世界银行这个重要多边经济外交舞台上，积极宣传中国的执政兴国理念，为增强中国参与国际竞争的软实力作出贡献。2006年世界银行/国际货币基金组织联合发展委员会发言中，中国政府在总结多年经济改革和社会发展的经验基础上，明确提出，治理是发展过程的组成部分，改善治理的努力必须与具体国情和发展阶段相适应；检验治理成效应以其是否促进经济发展、政治社会稳定和人民幸福为根本标准；世界银行应始终以政府为主要合作伙伴，以受援国自身发展战略为依据提供各种援助。这些观点都反映在发展委员会会议公报中。

因此，世界银行在推动中国市场经济体制建设的同时，也接受了中国进行经济建设、发展市场经济的一些经验，并在全球范围内推广。

第三节 为什么是多边援助？

在详细分析了联合国援助机构以及世界银行的机构性质及其对华援助的情况之后，我们需要回答的是在本章开始时提出的问题，即援助国为什么要通过多边机构提供援助。与此相关的问题还有：多边援助相对于双边援助的特点是什么？多边援助在二战后持续发展，不仅成为不可替代的提供援助的渠道，而且发展成为援助活动中一股不可替代的力量，其根本原因是什么？针对这些问题自然会有一些见仁见智的主张，不可能有"放之四海而皆准"的标准答案。这里，我们只是根据我们研究中的一些发现，"挂一漏万"地给出一些答案。本节将首先非常简要地总结一下多边援助在中国发挥的影响以及它们发挥影响的方式；其次，在此基础上，集中分析多边援助相对于双边援助的一些特点。

一 多边援助在中国的影响及发挥影响的方式

总的看来，1978 年以来中国接受的多边援助在中国的改革开放进程中起到了重要的辅助作用，为中国提供了进行经济建设和建立社会主义市场经济体制所需要的资金、技术、管理经验，以及与社会主义市场经济体系配套的制度建设的经验。从内部来说，一个个援助项目带动了中国政府方面的资金投入、政府职能转变、政府组织机构的完善和调整、基层社会组织的建设，不断地从整体上或是在局部改变着中国内部国家、市场和社会三者之间的关系，使其能够更好地适应中国各个发展阶段的现实需要。在国际范围内看，多边援助有效地帮助中国快速融入国际社会。中国接受援助的过程一方面是中国了解国际规则、融入国际体制的过程；另一方面，也是国际社会了解中国的发展规律和发展进程的过程，而且，中国的发展经验丰富了世界发展的多样性，一些基于中国受援活动的成功经验被用于针对其他国家的援助活动之中。

在接受援助初期，多边援助为中国提供了进行经济建设急需的先进技术、设备和管理经验。20 世纪 70 年代末仍然是冷战时期，针对中国的技术封锁依然存在。1982 年，联合国人口基金为中国提供了 21 台当时无法在国际市场上买到的 IBM 4300 系列电子计算机，帮助中国顺利完成了第三次人口普查。① 在中国经济相对封闭、缺乏在国际资本市场上大量融资的能力的情况下，多边援助机构特别是世界银行成为中国获得外部资金的主要渠道。在 1983 年，世界银行向中国提供的援助贷款几乎与中国当年吸收的外国直接投资持平。②

多边援助的影响并不囿于提供资金和技术。随着援助资金进入中国的是各个多边援助机构不同的发展观念，因此，在向中国提供资金的同时，援助机构通过援助项目向中国输出它们各自所主张的制度（如市场经济体系）、发展战略（如可持续的人类发展）、观念（如妇女发展）、工作方式（如参与式方法），等等。前面也多有分析，于此不再赘述。

援助活动建立起的是双向的"学习过程"。自 20 世纪 70 年代以来，国际环境发生了巨大的变化，作为国际体系重要组成部分的多边机构免不了受环境的影响，并根据环境的变化调整自己的战略，其对华援助政策和活动与此息息相关。接受多边援助的过程也是中国外部接受环境变化信号的过程，进而中国在多边援助的帮助之下做出应对外部环境变化的内部调整。

但是，中国并非被动地接收信号、作出反应。接受外援的根本立足点是中国内部发展的需要。中国政府根据各个不同援助机构的特性，包括援助资

---

① 《外经贸部国际经贸关系司司长易小准在我国接受国际多、双边无偿援助工作会议上的讲话》，2001 年 8 月 7 日，兰州。见对外贸易经济合作部国际经贸关系司主编《中国接受国际无偿援助管理指南》，安徽人民出版社，2003，第 7 页。

② 见前图 3-10。

金的构成、主要活动领域和主要政策观点等等，有选择地接受不同的多边援助、用于不同部门，使其能够最大限度地满足中国的发展需要。中国作为一个独一无二的受援国其特殊性表现在两个方面：第一，中国之"大"，不仅幅员辽阔、人口众多，而且在内部存在巨大的地域差别和文化差异，经济发展水平也各有不同。第二，中国的改革开放是一项极其复杂的工程，是其他发展中国家或转型国家所无法相比的。中国改革和发展涉及从计划经济向市场经济的转变，涉及从农业社会向工业社会的转变，还涉及从一个以行政区划和"属地原则"为基础的内部治理结构向统一的国家体系的转变。这两方面的因素加在一起，一方面创造了对外来援助的巨大需求。这些需求本身就是多元化的，既包括了资金、技术和设备等硬件，也包括了管理经验、制度和观念等软件。另一方面，决定了中国有着巨大的吸收和消化外来援助的能力。来自不同机构和不同国家的援助能够迅速地在中国的发展进程中找到自己的位置，并发挥影响。也正是由于中国之大、中国改革和发展进程之复杂，中国政府才能够主导包括多边援助在内的对华援助活动。就连世界银行这样的庞然大物在评估其 20 世纪 90 年代的对华业务时，也不得不说："但到 90 年代中国拥有更强的国力，更多的国际经验，并可以通过其他途径获得知识和资本。因此，在这样更加复杂、竞争更加激烈的环境下，世界银行注定要更加低调，并发挥不同的作用。"[①]

由于相对于中国的整体规模而言，各个援助机构的能力都是有限的，所以，没有任何一个多边援助机构能够通过给援助附加条件的做法来影响中国的发展政策。相反，多边援助机构配合中国政府的发展政策，依靠中国政府机构执行项目，当参谋不当司令，通过为中国政府提供解决问题的方案而发挥影响。无论是联合国机构还是世界银行，其援助活动之所以能够在中国取得成功，很大程度上是因为它们的知识优势。无论是在宏观政策领域，还是具体的专业领域，各个机构有能力根据中国的实际情况对症下药，不仅出主意，而且把观念和设想细化成为具有可操作性的一个个项目方案。因此，项目往往可以直接带来项目地和目标人群的观念和制度变化，同时，其示范效应可以间接地通过中国政府体系在全国范围内传播。这已经在对联合国机构和世界银行的分析中清楚地展现了出来。

---

① 世界银行业务评估局：《中国：国别援助评估报告》，中国财政经济出版社，2004，第 7 页。

二 多边援助的特性

尽管多边援助在中国发挥的影响和发挥影响的方式与双边援助有相似之处，但是，同双边援助相比，多边援助有一些非常鲜明的特色，这些使得它们成为不可替代的援助渠道。

首先，多边援助机构的基础不是单个的、以疆域为基础的民族国家（或者主权国家）。从其资金渠道来看，联合国机构依靠成员国的捐赠和国际范围内的筹资，包括其他援助机构的资助、成员国的额外捐赠以及私人部门和非政府组织的捐赠。而世界银行则大量依靠国际资本市场上的融资。从其决策和管理体系来看，多边机构程度不同地采取了"政府间"决策方式，其雇员来自全球不同的国家和地区。尽管不同国家在多边机构中的实际发言权是不同的，例如美国在世界银行中长期发挥着主导作用，但是，多边机构的决策和管理程序相对说来必然要包括更多的、来自不同国家的声音。

因此，多边机构能够在全球范围内动员各种资源和要素，包括资金、技术、设备和人员，等等。为此目的，多边机构建立起了全球性的网络，例如，各种各样的专家库、招标采购渠道、信息交流渠道，等等。这些全球性网络以民族国家为基础，同时包括了许多非国家主体，例如国际非政府组织、跨国公司，等等。其与成员国之间的联系也深入到次政府层面，一些渠道是直接建立在政府部门或地方政府之间的合作上的。

在冷战结束后、全球化迅速发展的时期，这些全球性网络成为推动"全球治理"的基石。也正因为如此，冷战之后援助领域出现了一种"网络化"的趋势，多边援助机构开始加强内部协作和彼此之间的协调，联合国系统内部对华援助政策整体协调和协作不断加强，以及联合国援助机构与世界银行等机构联合制定对华援助政策、联合资助或执行对华援助项目、新出现一些全球性援助基金，例如全球环境基金通过老牌多边援助机构开展援助活动，等等，这些情况都是证明。同时，多边援助与双边援助之间的合作也在加强，例如，世界银行项目多方接受双边援助赠款就是一个例子。同时，多边援助机构开始关注更多市场全球化所带来的、民族国家体系所容纳不了的、国际层面上的"政府缺失"问题。世界银行加大了在社会领域、政治领域（或治理）的援助就反映了这种变化。

其次，由于多边援助机构的全球性质，在多边援助之中清楚地体现了多种发展经验的全球流动。虽然，在冷战后，一些双边援助之中也能够看到发展经验在不同受援国之间的流动，[①] 其范围和影响要逊于多边援助。而且，由于多边援助机构掌握着全球性的网络，双边援助国越来越借重多边渠道进行信息和经验交流，使得多边援助机构在交流发展经验、推广有效做法、引导援助政策方面的重要性加强。例如，世界银行推动的扶贫领域的经验交流。世界银行执行的西南扶贫项目取得了成功，2004 年由世界银行组织召开的上海全球扶贫大会的一项重要前期工作就是介绍中国扶贫的成功经验。2004 年 3 月，来自发展中国家和发达国家的 40 多位代表组成西南线路考察团对西南扶贫项目进行实地考察，了解项目区的综合发展状况以及项目的建设和管理。在 2005 年 5 月上海全球扶贫大会期间，西南扶贫项目作为世界扶贫的成功案例在大会上进行了广泛的交流和展示，在与会的 130 多个国家的代表中产生了强烈的反响。会后，二期世界银行中国扶贫项目"秦巴扶贫项目"作为西南扶贫项目的延续，又被世界银行认为是可复制的样板项目，其主要经验和做法被认为可以在世界其他地区运用和推广。越南就根据对中国项目区实地考察的总结，在实施"越南北部山区扶贫世界银行贷款项目"时，从设计理念到管理模式都借鉴了西南和秦巴扶贫项目的成功经验和有效做法。[②]

最后，多边援助机构的大量援助旨在解决超越了国家疆界的跨国问题。对华双边援助多以政府间协议为基础，是双边性质的合作。尽管一些针对中国的援助旨在解决包括中国在内的跨国问题，但是，受到双边合作的限制，包括第三国在内的多国合作无法有效展开。而多边援助机构拥有全球性（或地区性）网络，可以通过多边援助开展跨国合作。以粮农组织为例，其对华援助之中包括了大量的由联合国开发计划署资助的区域项目，占项目总数的 1/4 强。[③] 随着跨国问题的增多和日益突出，多边援助机构在解决跨国问题方面的作用会进一步加强，双边国家也会更加积极地利用多边机构的渠

---

① 见双边援助一章关于中英性病艾滋病项目的分析。
② 国务院扶贫办外资项目管理中心：《中国外资扶贫（1995~2010 年）：回顾与展望》，2005，第 23 页。
③ 中华人民共和国农业部：《联合国粮农组织在中国》，第 82~88 页。

道，加强援助活动中的跨国合作。

以上这几点，都说明了多边援助和多边援助机构的价值。因此，多边援助不仅是以民族国家为基础的双边援助的重要补充，而且发挥着不可替代的作用。即使看似不太景气的联合国援助机构也是如此。随着全球化的发展，在援助活动进一步网络化的同时，多边援助渠道的作用也会进一步增强。

第四章

1979年以来的对华双边援助

如其名称所示，双边援助以国家间的关系为基础。对华双边援助是援助国手中重要的外交工具，也是与中国之间双边关系的重要内容。外交关系的状况直接影响了援助关系，而一些援助活动中出现的问题也可以直接成为外交问题。因此，尽管就目前的情况来看，双边援助国与多边援助机构之间的合作正在加强，而国际范围内援助体制网络化的趋势也日趋明显，但是对华双边援助体现出一些与多边援助不同的特点，而且这些特点仍然会持续相当长的一段时间。

由于双边援助是援助国的政府行为，依靠的是援助国的资金和人力投入，因此，各个国家内部体制的不同特点自然而然地反映到对外援助之中。1979年以来，向中国提供援助的双边援助方几乎包括了OECD/DAC的所有成员，这些来自不同国家的援助在中国体现出不同的特色，反映在资金构成上，也反映在提供援助的渠道上，还反映在援助项目的执行方式上，这些特色直接决定于援助国的国内政策和主要对华政策目标。同时，通过提供援助，援助国将各式各样的观念、制度、文化要素和行为方式输入到中国这块土地上，一幅构成丰富多彩的画面。

OECD/DAC成员比较多，各个援助方之间的差异也比较大，很难在有限的篇幅之中对各个援助方的对华援助实践进行面面俱到的分析，本章的分析将集中于日本、德国、英国和欧盟。

第一节 双边援助的特性： 资金来源及提供援助的渠道

无论各个双边援助者的援助动机、宗旨、策略和援助方式之间存在着多么大的不同，但是，双边援助在一点上是共同的，即它们都是来自政府财政预算的拨款，这也就决定了双边援助活动从本质上来讲是一种政府行为，基本的政策决策都是依靠援助者各自的政府体系来完成。但是，由于通过建立相对独立于政府体系的专门执行机构或与非政府部门签订合作协议等方式，政府将具体执行援助活动的责任转移到非政府部门（包括非政府组织与公司）身上，援助活动又吸纳了多方的参与，并导致了援助活动在各国之间的巨大差别。

一 双边援助的资金来源、宗旨和管理体系

双边援助是一种官方发展援助，与多边援助一样来自各个主要援助国的政府财政支出，因而追根溯源，它们都是出自援助国"纳税人"的腰包。与多边援助不同的是，这部分官方发展援助由各个援助方政府直接管理和实施，并不需要受到世界银行、联合国援助机构或其他多边援助机构中复杂的多边政策制定程序的约束，这也是在冷战结束后双边援助相对于多边援助的比例大幅上升的主要原因。也是出于这种原因，双边援助更加清楚地表现出了援助活动的双重性。一方面，由于资金来自国内而使用主要在国外，援助国政府的援助活动必须得到内部的认可，保证援助活动有助于实现本国在外的利益。用日本驻华大使国广道彦的话来说："……既然官方发展援助是主要来源于国民的税收，就必须以得到国民，更具体的是国会的理解的方法进行使用，而违反这个原则的官方发展援助使用方法将是不可能被接受的。"[1] 这反映在内部的工作程序上，就是一整套复杂的从制定援助策略、批准预算到援助项目的具体立项、审批与管理的程序。大量的利益相关者参与到了援助领域的政策制定过程之中。另一方面，双边援助活动也必须同时服务于受援国的现实

---

[1] 〔日〕国广道彦：《浅谈日本的对华经济援助——在中央统战部礼堂的讲演》，1994 年 6 月 16 日。

需求，否则，援助项目的实施不能够得到保障，也就达不到对外施加影响的目的。所以，援助带动了提供者和接受者之间复杂的互动。

1. 资金的来源及援助预算的制定与批准程序

除了欧盟之外，对华双边援助的资金主要来自援助国政府财政预算中的官方发展援助预算。作为援助国政府财政预算的一部分，援助预算的制定、批准和资金的拨付与使用，要依照援助国内部的相关程序。各援助国内部制度的差异导致了援助预算制定与批准程序的差异，但是，一般来说，政府中主管发展援助事务的部门、负责对外关系的部门和负责编制预算的部门，以及议会是不可或缺的角色。原因在于：第一，发展援助的资金来自政府财政，因而援助也主要是政府行为，尤其是援助预算和主要决策是在政府体系之内完成的；第二，由于发展援助是政府行为，援助活动要在议会的监督之下进行，议会的监督有不同形式，或者是通过预算控制，或者是通过议会中的有关委员会对发展援助部门的工作进行监督；第三，议会参与发展援助的政策决策一方面保证了"纳税人"对政府行为的监督，另一个更为重要的方面是，保证了发展援助领域政策制定过程的多头参与，使得援助国内部不同部门与团体的多重利益能够在援助活动中得到更充分的体现。

美国的援助预算的制定和批准程序是一个典型的例子。[①] 白宫和国务院以及国会是对外援助政策的主要制定者。白宫和国务院负责向国会提出政策意见，并由国会讨论通过预算。美国国际开发署（USAID）是主要的对外援助执行机构。

白宫和国务院在制定对外援助政策的时候主要考虑美国的战略目标和国际局势，总统拥有很大的决策权。对外援助是美国总统手中的一种重要的政策工具，历史上，援助以很少的资金投入作杠杆，为美国在全球获取了巨大的经济、政治和战略利益。总统有时直接干预对外援助的政策决策，有时则通过他们的预算班子对国会施加压力。在美国的行政系统中，管理与预算办公室（OMB）在对外援助政策的制定方面起着特别重要的作用。它负责监督外援预算，并且就每年划拨双边和多边援助项目的预算给总统提出建议。

尽管援助有效地实现并保障了美国的海外利益，但是，美国公众普遍

---

① 周弘：《美国：作为战略工具的对外援助》，周弘主编《对外援助与国际关系》，中国社会科学出版社，2002，第 161～213 页。

对援助持敌对态度，反对向外国人提供福利。因而，美国总统对内不得不对援助事务三缄其口，而且，白宫和国务院的援助政策要受到国会的制约。美国国会干预援助政策主要有两个方式：首先，通过立法影响对外援助政策，美国国会通过的《对外援助法案》中清清楚楚地规定了对外援助应该遵循的基本原则和工作程序。其次，美国国会参、众两院负责确定美国对外援助的受援国，以及援助的配额。国会的另外一个重要任务是审核白宫提出的援助方案是否符合美国的国家利益，所以白宫在提出方案的时候往往要附加两项说明：①提交的援助方案的首要目标是符合美国的国家利益的；②方案同时符合人道主义原则。在美国政府的预算开支中，援助预算与社会保障和国防开支相比是微不足道的，但是，尽管如此，各种利益集团也要频频进行游说活动，保证国会决策符合他们各自的集团利益。

美国对外援助的预算程序漫长而复杂，大约要经过一年到一年半的时间才能开始拨款。外援预算程序起始于外援机构内部的预算报告，报告需要提出未来一年中的外援财政预算。报告中不仅包括了外援总体水平的建议，而且还要就特殊拨款提出较为详细的信息和建议。外援预算报告提交给预算管理办公室审核，然后再交给总统复审和批准。在总统作出决定之后，国务卿一般都会要求提高双边援助的份额，然后再由白宫和国务院将整个外援预算提交给国会审议。国会中的程序是先由国会预算委员会就总拨款作出决定，由拨款委员会确定一个最高拨款额，将总额分配给13个对外拨款分委员会处理。白宫对外关系委员会和参议院外事委员会负责审理双边援助预算，参议院和众议院财政委员会负责审理多边援助预算。这些机构都通过定期的授权法案，确认每个外援项目的经费开支。尽管国会对授权法案的表决在20世纪80年代之后就停止了，但是拨款程序每年都照常进行。由于有"延续性决议"，资助往往保持在上年的水平上。在决策的时候，由对外行动分委员会就外援预算召开听证会，邀请政府和外界专家参加并作证，然后将预算标高，付诸表决。表决通常有几轮，包括辩论、修改、谈判和最后投票。通过的提案交给总统签字，签署后的预算由政府实施。

德国的对外援助的预算制定与批准程序也反映了类似的情况。① 与美国

---

① 刘立群：《德国：发展援助政策的共性与特性》，周弘主编《对外援助与国际关系》，中国社会科学出版社，2002，第309～346页。

不同，德国援助政策制定主要由一个政府部门负责，即联邦经济合作与发展部（以下简称经合部），2003 年，其支配的官方发展援助资金占到总额的 54% 左右。[①] 经合部必须与联邦外交事务办公室（相当于外交部的机构）及财政部分享政策制定的权力。外交部与经合部合作，确定对外援助的政治标准，并决定对外援助的地域分配；而财政部与德国议会的财政预算委员会一起决定德国对外援助的总体规模，负责管理提供给欧共体的发展援助资金以及减债事务。议会对政府援助政策的监控与美国的情况相似。首先，议会负责审议并通过每年一度的发展援助预算；其次，议会还要审议政府提交的发展援助政策报告，对发展援助政策的执行情况进行监督。此外，德国议会中设立了与主要政府部门相对应的常设委员会，与经合部对应的是经济合作与发展委员会，在 1998～2002 年任期中，该委员会的 27 名委员来自议会中的各个政党。除了经济合作与发展委员会，另有外交委员会、预算委员会、财政委员会和经济委员会要参与有关援助政策的讨论。这样的渠道保证了德国对外援助政策能够充分反映德国内部各种利益。

比较特殊的双边援助者是欧盟。欧盟不同于一般的民族国家，其财政收入的来源和支出的领域受到欧共体/欧盟复杂的机构和决策方式的限制，因而，其对外援助构成与预算程序也与民族国家有所不同。[②]

欧盟的对外援助[③]主要由来自欧盟财政预算中的援助预算、欧洲发展基金和欧洲投资银行的自有资金构成，这三部分资金的来源和在成员国中的分摊方式是不同的。欧盟的财政并不是在成员国之间按比例分摊的，而主要来自欧盟的"自有资源"，包括：共同体的关税收入、农业税、一定比例的附加税以及根据欧盟成员国总体国民收入水平的一定比例确定的税收。这部分援助资金处于部长理事会与欧洲议会的双重控制之下。根据《阿姆斯特丹条约》，发展合作领域采用的是共同决策程序，欧洲议会在有关发展合作方面的立法过程中享有最终否决权，与部长理事会共享立法审议权力。在援助预算制定与审批过程中，欧洲议会享有比部长理事会更大的权力，它不仅有

---

① OECD/DAC, 2002, *Development Cooperation Review*：*Germany*；and OECD/DAC, 2006, *DAC Peer Review*：*Germany*.

② 邝杨：《欧共体：对外援助的演化与特征》，周弘主编《对外援助与国际关系》，中国社会科学出版社，2002，第 515～572 页。

③ 也就是欧共体的对外援助。

权通过或拒绝欧共体发展援助的预算草案，而且有权对预算草案提出增减修正。

欧洲发展基金始于 1957 年《罗马条约》中的"海外国家和领地发展基金"，迄今为止共有 9 期欧洲发展基金。每期基金为期 5 年，其资金分摊遵照的是成员国互相磋商后达成的一致意见，用财政议定书的形式明文确定。基金不纳入欧共体的预算。因而，欧洲议会对欧洲发展基金的开支没有决定权，但是，各成员国的议会却有权控制基金的开支。

由于欧洲发展基金同时处于《洛美协定》的框架之下，所以，基金的运作要受到《洛美协定》所规定的程序制约。大多数决策在形式上是由援助方（欧盟）和受援方（非加太国家）共同决定的，与多边援助机构的决策程序类似。欧盟—非加太国家的联合决策机制包括：每年召开一次的部长联席理事会、每半年召开一次的大使联席委员会以及欧洲议会与非加太国家代表组成的联席大会。关于欧洲发展基金的分配，先由欧盟委员会向由成员国代表组成的欧洲发展基金委员会递交援助计划或项目，然后再由基金委员会讨论批准。基金委员会每月举行一次会议，根据每个国家提供的资金数量的多少来确定投票权的大小。

欧洲投资银行是欧盟下属的一个金融机构，资金来自资本市场，主要以提供贷款的方式援助发展中国家。因而，欧洲投资银行的援助活动不受部长理事会、委员会和欧洲议会的直接控制。

欧盟向中国提供的发展援助主要来自第一部分资金，即欧盟的财政预算中的发展援助预算，因而，欧盟对华援助完全是赠款；同时包括委员会、部长理事会和欧洲议会在内的主要发展援助领域的政策决策机构，都参与对华援助的决策。

2. 双边援助的宗旨和目标

双边援助来自"纳税人"的腰包，又不能用在"纳税人"的身上，缴费主体与支付对象的分离导致了各国援助政策的尴尬处境：它虽然是非常有效的政策工具，却是备受公共舆论抨击的政策领域，几乎在任何一个援助国中，公众都或多或少地患有"发展援助厌倦症"。援助政策的合法性是各援助国内部对外援助政治的焦点问题。除了要保证对外援助政策"程序上合法"之外，即保证议会对援助政策的控制和监督，并通过议会或其他场合的讨论以确保多方参与，各援助国还要保证援助政策和援助活动符合本国的基本价值观念并能够有效实现本国利益。

基于这种原因，主要的双边援助方通过制定法律或政策声明的方式，明确规定了援助政策的宗旨和目标，以证明对外提供的援助与本国（人民）的价值观念和利益是一致的。更重要的是，援助活动并没有浪费"纳税人的钱"，而是一种非常有效率的政策工具，切实地实现和增进了本国在海外的各种利益。由于不同的援助国之间核心价值观念及国家利益的认定存在着差异，主要援助国援助政策的宗旨和目标也相应地存在着差异。但是，对外援助应该服务于本国的基本对外战略、服务于创造和维护利于本国安全与繁荣的外部环境的目的始终不变，只是不同阶段国际关系主题的变化深刻影响着援助方对自身利益的界定，因而，不同时期援助国提供援助的宗旨会有阶段性的变化。

从二战后初期直至冷战结束的近半个世纪的时间里，安全与利益是各援助国普遍关心的头等问题，其表现为两种政治制度之间的争夺，也表现为两种经济体制之间的争夺，还表现为对国际市场的争夺。由于在两极体系之下，各国所处的地位不同，各自国内的经济发展程度和产业结构不同，以及所负载的历史遗产不同，所以，援助国之间的政策差异相当显著。

对美国这个超级大国来说，援助是实现其经济利益的工具，更重要的是实现其战略目标的工具，而在冷战时期美国援助首要目的就是服务于冷战的需要，即"遏制共产主义的扩张"。从《马歇尔计划》开始，美国不同时期的对外援助从未偏离这个主题：《马歇尔计划》的基本作用是帮助遭受战争破坏的欧洲国家重建，并进而遏制共产主义在欧洲的扩张；20 世纪 60 年代制定的《对外援助法》中指出，利用美国外援的目的是扩大由"自由、稳定和独立的国家"组成的同盟；70 年代在全球性的经济危机时期，美国外援提出了新的以强调"人类基本需求"为主的新方向，尼克松政府时期提出了"人权外援"的口号；80 年代，外援则成为美国在全球推行自由市场经济的重要工具。[①]

德国援助与英国援助则反映了不同的主题。德国是西方阵营的前沿，冷战时期的地缘政治因素对联邦德国发展援助政策的变化产生了决定性的影

---

① 周弘：《美国：作为战略工具的对外援助》，周弘主编《对外援助与国际关系》，中国社会科学出版社，2002，第 161~213 页。

响。20 世纪 50～60 年代，为了与苏联争夺地盘，联邦德国在美国的压力之下，开始通过联合国或直接向发展中国家提供援助。除了听命于美国之外，德国的对外援助政策中同时反映了德国的特殊情况。在这一时期，大量的前殖民地纷纷独立，并首先选择与民主德国建立外交关系。联邦德国提出，联邦德国不向与民主德国建立外交关系的国家提供援助。这样，援助政策就成了拉拢同盟军、孤立民主德国的重要手段。20 世纪 70 年代，冷战缓和以及石油危机促成了德国对外援助政策的调整，1975 年出台的《与发展中国家发展合作政策纲要》指出，发展援助政策应该有助于保障本国的能源和原材料供应。由于联邦德国长期是"经济上的巨人和政治上的侏儒"，其对外援助明显表现出了"喷水壶"的特点，洒向世界各地，根本目的是为遍布世界的德国的经济活动铺路搭桥。冷战之后，东西方的对立不再是首要问题，同时，民主德国以及中东欧国家的转型带来了对援助的巨大需求，因而，德国地区分布相对均匀的援助政策发生了很大的变化，德国援助集中流向了民主德国和中东欧地区。① 而英国则在二战后初期使用援助维持摇摇欲坠的英联邦体系、在殖民地纷纷独立之后使用外援作为在海外推销英国产品的手段，以及在 20 世纪 80 年代后为日渐减少的英国援助附加政治条件以达到促进受援国向市场经济和民主政治转型的目的。②

在很长一个时期里，日本是经合组织发展援助委员会中唯一的亚洲成员，其对外援助政策的发展虽有自己的特色，却没有偏离上述轨道。二战后初期，一方面，日本将发展对外贸易定为基本国策；另一方面，日本为了消除战争阴影，给自己创造一个比较良好的周边环境，将战争赔偿与经济合作联系起来，以提供产品和劳务的形式支付战争赔偿，为日本产品占领亚洲市场铺垫了道路。20 世纪 70 年代的石油危机严重影响了日本这个资源和市场都严重依赖外部世界的国家，"经济安保"成为这一时期日本援助政策的主题。在 20 世纪 80 年代后，日本谋求在世界舞台上发挥更大的作用，从一个经济强国变为政治强国，对外援助被用来为争当政治大国铺路搭桥。首先，日本以"西方一员"的立场加强与美国的协调，向东西方争夺的重点国家

① 刘立群：《德国：发展援助政策的共性与特性》，周弘主编《对外援助与国际关系》，中国社会科学出版社，2002，第 309～346 页。
② 田德文：《英国：对外援助与国际关系》，周弘主编《对外援助与国际关系》，中国社会科学出版社，2002，第 347～401 页。

与地区提供援助；其次，利用"援助大国"的地位在亚非拉发展中国家广泛开展"援助外交"，以求扩大对外影响，提高自己的国际政治地位。①

冷战之后十几年中，国际政治和经济环境发生了巨大的变化。导致这些变化的根本原因是全球化的飞速发展。全球化首先是各种要素市场的全球化，商品、资本和劳动力超越了民族国家疆土的界限在全球范围内流动，跨越国界的经济活动日益密切和频繁，为资本服务的国家干预也必定要超越国境的限制，延伸到其他国家和地区。援助领域的发展充分反映了这种变化，最明显的就是 21 世纪以来主要援助方发展援助政策的主要目标出现了惊人的一致，其标志性的事件就是一致表示愿意承担联合国"千年发展目标"为发达国家确定的减除贫困和促进发展的责任，并把"千年发展目标"确定为各自援助政策的主要目标。② 之所以如此并不仅仅是由于"道德责任"的推动，而是援助国根据外部环境的变化重新界定了各自的安全和利益。用英国国际发展部的话来说："让全球化能够更加有效地为穷人服务是道义上的责任。这也是我们的共同利益。"③

全球市场的形成推动了生产要素在全世界范围内的流动，并带来大量的以民族国家为基础的经济、社会和政治体系无法容纳的问题，它们被统称为"非传统安全问题"，包括移民流动、跨国犯罪、恐怖主义、非法毒品贸易、疫病的传播和环境保护，等等。这些问题威胁到了世界和地区的安全与稳定，也就威胁到了援助国在全球的经济活动和经济利益，就会影响到援助方的经济发展以及社会内部的安全和稳定。援助方把减贫作为援助政策的首要目标是因为：第一，贫困是这些非传统安全问题滋生的根源，并成为援助国的安全隐患。恐怖主义是一个很典型的例子，其他还有跨国犯罪和移民问题，等等。极度的贫困和资源分配的不均衡导致了发展中国家向发达国家的

---

① 金熙德：《日本：战后的外援与外交》，周弘主编《对外援助与国际关系》，中国社会科学出版社，2002，第 214～258 页。

② 详细情况见 BMZ，"Development policy as an element of global structural and peace policy"，*BMZ Special*，December 2002，http：//www. bmz. de；DFID，*Eliminating World Poverty：Making Globalisation Work for the Poor*，2000，http：//www. dfid. gov. uk；Commission，"Annual report 2005 on the European Community's Development policy and the implementation of external assistance in 2004"，SEC（2005）892，以及 JICA 中国事务所藤谷浩至 2005 年 11 月 14 日在中共中央党校所作报告《日本国际协力机构（JICA）事业概要》。

③ DFID，*Eliminating World Poverty：Making Globalisation Work for the Poor*，2000，p. 14.

移民潮流，而且这种潮流似乎是不可阻挡的，尤其是非法移民成为援助国普遍关切的问题。大量的非法移民进入发达国家之后，由于缺乏基本生存技能、缺少就业机会、缺乏必要的社会保障，成为这些国家内部的安全隐患。因而，为了减贫的目的而提供发展援助，在移民输出国创造良好的经济发展环境和良好的治理体系，可以铲除"非传统安全"问题滋生的土壤，也可以将流动人口锁定在本国，从而大大减少援助国现有体系所必须承担的压力。第二，减贫和发展也有利于援助方在全球市场中占有更大的份额。贫困限制了大量贫困人口的购买力，从而限制了市场规模的扩大，而减少他们受教育的机会，则从长远看减少了高素质劳动力的供给。还有一个更为重要的因素是，全球市场正处在形成期，哪一种形式的市场体制将会成为未来全球市场的基础，这个问题直接关系到发达国家在未来的全球市场中的地位。为了这些目的，提供一些与其国民生产总值相比实在微不足道的援助，是非常有必要的。全球化的发展不仅创造着全球市场，也创造着一个"全球社会"，这是在冷战后时期推动援助方继续向外提供援助的主要动力。

联合国提出的"千年发展目标"更多的是从道义责任的角度强调各国所应该肩负的发展的责任，而双边援助国则从自身的利益出发，论证承担发展责任、提供发展援助的原因。英国国际发展部的白皮书非常透彻地讲明了英国参与全球减贫的原因。主要有：

第一，贫困和全球范围内不平等的加剧是"非传统安全问题"以及区域性的冲突和战争的主要根源。

第二，全球的人口增长是不均衡的，未来25年全球即将增加的20亿人口中，有97%都将生活在发展中国家。考虑到发展中国家中不断发展的城市化的倾向，这些大量增加的人口会加剧目前发展中国家资源紧缺的局面。如果不能很好地解决这些问题，必然会加剧发展中国家中的社会紧张与对立，而且也必将波及发达国家。因而，"不管我们居住在何处，除非我们推动全球范围内的社会正义，没有人的未来是有保障的"。① 上面提到的移民问题就是一个例证。

第三，更为重要的是，全球化为观念的传播创造了便利的条件。那些受到全球化冲击的人群很容易受到极端主义思潮的诱惑，而成为恐怖主义等国

---

① DFID, *Eliminating World Poverty：Making Globalisation Work for the Poor*, 2000, p. 14.

际安全隐患滋生的土壤。因而，"如果民主人士和国际主义人士不采取措施
应对这些问题，那么那些鼓吹狭隘的民族主义、排外情绪、保护主义和力图
瓦解多边机制的人就会乘虚而入，并给我们带来灾难性的后果"。①

从德国、欧盟和日本的援助政策文件中也能够发现相似的论调。德国经
济合作与发展部指出，德国发展援助政策的宗旨是减贫、实现和平和推进尊
重平等的全球化方式。尤其重要的是，发展政策成为针对暴力、战争和恐怖
主义的预防性战略的一个重要组成部分。之所以如此，是因为"这项政策
的基础是对安全的一种理解，认为安全应该包括政治、经济和生态的稳定。
这是因为，从长远来看，只有人权得到了尊重、贫困消除了、经济和社会的
不平等消失了，而且地球上所有生物赖以生存的自然资源得到保护，和平才
能得以延续"。② 欧盟的发展政策表明了同样的观点："欧盟委员会强调在尽
可能早的阶段帮助伙伴国家解决冲突的根源（指贫困）是非常重要的，因
为治理、和平、安全和发展之间的联系已经得到了普遍承认……所以，冲突
预防成为共同体对外关系中一个跨领域的议题，在对外援助和发展合作领域
尤其如此。"③ 日本同样把为国际社会的合作作出贡献、同时通过这种贡献
保障本国的安全与繁荣定为日本发展援助政策的基本宗旨。

"全球社会"的存在是已经得到广泛承认的事实，援助国与受援国之间
的关系真正变成了"唇亡齿寒"，所以，提供援助的动力发生了虽然不是根
本的却是显著的变化。这也是冷战后发展援助总额一度减少而后重新上升的
根本原因。

3. 作为政府行为的双边援助

全球化的发展导致了对援助行为的一些不同理解，比如，援助成为提供
"全球公共产品"（global public goods）的一个渠道和方式。④ 但是，由于双
边援助直接由援助方提供，援助活动由援助方执行或监督，而不受多边制度
框架的约束，所以，与多边援助相比，双边援助作为一种对外政策工具的特

---

① DFID, *Eliminating World Poverty*: *Making Globalisation Work for the Poor*, 2000, p. 15.

② http: //www. bmz. gov. de.

③ Commission, "Annual report 2005 on the European Community's Development policy and the
implementation of external assistance in 2004," SEC（2005）892, p. 9.

④ DFID, *Eliminating World Poverty*: *Making Globalisation Work for the Poor*, 2000, p. 14; 以及
OECD/DAC, 2005, *DAC Peer Review*: *Sweden*。

性更加突出。是援助方，而非受援国，制定国别援助战略，确定优先援助的领域和优先援助的地区；同时，也是援助方主导具体项目的设计和规划；在项目执行过程中，援助方虽然并不事必躬亲，但是负责监督、指导和评估，以保证项目的进程及结果符合援助方的要求。

由于双边援助的资金来源于援助方的公共财政，并且由援助方直接支配和管理，所以双边援助突出体现了跨国的国家干预。这表现在两个方面：首先，援助管理机构生长在援助国政府体系之上；其次，援助是援助方一种重要的对外政策工具，是外交活动的重要补充和延续。

（1）生长在援助方政府体系之中的援助管理机构。

各个援助方提供援助的主要动机不同，因而所采用的援助工具不同（贷款和赠款），导致了各个国家负责援助事务的主管部门以及管理方式上的差异。尽管如此，援助的管理体系无一例外地以政府机构为核心，总体援助战略由政府相关部门制定，援助活动或者由政府部门组织、或者由其执行，同时，政府有关部门还负责监督援助活动的执行并向公众宣传援助政策以及援助活动的成果。简而言之，由于援助活动是一种政府行为，所以援助管理体系必然是政府体系的一部分，尽管非政府部门在援助活动中扮演了重要的角色，但是，多头参与是由政府主导的，非政府部门的活动必须接受政府主管部门的指导和监督。

以德国的情况为例。德国援助活动的政策制定和执行是分开的。援助政策的制定主要由政府负责，议会起到了监督作用。在德国援助体系中处于核心地位的是经济合作与发展部，这是政府中一个独立的部门，其部长列席内阁会议，直接参与最高决策层的讨论。它与外交事务办公室和财政部共同决定援助资金的总体规模、整体援助政策，等等，并直接负责管理双边援助活动。而具体执行援助活动的任务是由半独立的官方机构负责的，主要是德国复兴开发银行负责财政合作，以及德国技术合作公司负责技术援助。此外，还有其他一些专门的机构负责人力资源开发等项目。执行机构的设置以分工为基础，这是德国援外体系的一大特色。

虽然德国的经济合作与发展部并不直接执行项目，但是，从政策制定到项目立项的一整套严格的工作程序保证了援助执行机构的活动处在政府的监督之下，而且服务于援助政策的整体目标。德国援助活动的工作流程如下。

第一步，经合部会同有关机构（包括驻受援国的一线机构）制订国别计划，一般为期 3～5 年，包括背景分析、确定优先领域、介绍政策对话的内容以及简要指明预期的结果等。国别计划对主要执行机构具有约束效力，对其他机构来说具有指导意义。

第二步，制定优先领域战略文件，由经合部与受援国的合作伙伴共同制定，要更加详细地规定可供使用的官方发展援助的工具，并在可能的条件下，包括一些评估执行状况的参数。

第三步，在经合部的领导下，组织与受援国的双边谈判，确定援助的范围、资助的规模和主要的执行机构。

第四步，执行机构在上述步骤确定的框架之下，开展项目活动。一般来说，德国技术合作公司与经合部会签订一份标准格式的合同，包括各种项目活动的内容、可测算的影响以及项目的具体结果等。这样，经合部就无须介入具体的项目执行之中，而仍然可以保证项目的结果。德国技术合作公司则有比较大的行动自由。德国复兴开发银行的项目由受援国的有关机构根据项目协议执行。

第五步，由德国技术合作公司和德国复兴信贷银行对项目进行评估。在这两个机构和经合部之间就评估的指导原则达成协议，并每年或在有需要的条件下，向经合部汇报评估结果。①

德国援助活动的流程清楚地反映了"过程管理"的原则。依据这样的工作程序，执行机构的活动不可能偏离援助政策的总体目标，因此，执行机构更像是前台的木偶，而政府主管部门——经合部则是幕后的提线人。其他援助国的援助管理体制与德国略有差异，但是政府主导（尤其是行政部门主导）援助活动的基本结构是相同的。②

（2）作为对外政策工具的双边援助。

由于援助是一种政府行为，且大多数情况下由政府主导，在援助国（方）的疆域之外开展的援助活动非常明显的是一种对外的政策工具，援助活动要服务于援助方的对外政策目标，可能是为了实现援助国在境外的经济和政治利益，可能是为了满足援助国民众的道德诉求，也可能是为了解决全

---

① OECD/DAC, *DAC Peer Review：Germany*, 2006, pp. 58 - 61.

② 北欧国家中，议会和政府共同决策援助事务。其他援助国管理体系的详细情况见周弘主编《对外援助与国际关系》，中国社会科学出版社，2002。

球性问题。无论是出于何种目的，作为对外政策工具的援助活动必然不是"免费的午餐"，在这种特殊的国家间的财政转移支付中，附加了许多限制性的条件，使得援助成为在受援国中发挥影响的一种政策杠杆。

援助的附加条件大致可以分为两类：一类是经济条件，另一类是政治条件。

经济条件有不同的形式。最直接的一种经济条件是所谓的"束缚性条款"（又译作"捆绑性条款"），即规定向外提供的援助资金，无论是贷款还是赠款，都必须全部或部分地用于购买援助国的产品和服务。显然，这类经济条件是直接与援助国和受援国之间的贸易挂钩的，目的是在受援国推销援助国的商品和服务。在对外援助发展的早期，这种做法非常流行。20 世纪 50 年代，日本政府的大部分资金合作都是附加了"束缚性"条件的项目，受援国必须使用日本提供的援助资金来采购日本生产的机械、船舶、铁路机车等工业制品。由于受到 OECD/DAC 成员的指责，日本逐渐改变了这种"露骨"的做法，在 1974 年以前，日本海外经济合作基金（OECF）的贷款多是附加了购买日本产品的条件，1978 年后，慢慢地取消了贷款的"束缚性"条件，但是，直至今天，日本援助中的日元贷款仍然因为潜在的商业目的而受到批评。[①]

英国援助也一度因为明显的商业目的而受到批评。从 20 世纪 60 年代开始，大英帝国彻底成为往事，英国的援助政策在这样的环境下发生了根本变化，提供援助不再是为了维护摇摇欲坠的殖民体系，商业利益成为突出的优先项目。1968 年，英国内阁决定，所有英国援助项目都必须附加购买英国产品的条件。1977 年，卡拉汉政府在英国援助项目中增加了"援助与贸易条款"，该条款实际上是一种出口信贷，受援国必须全部购买英国的商品与服务。"援助与贸易条款"一直持续到 1996 年，用于"与英国商业利益攸关的""可靠的发展项目"。按照英国官方的解释，这里提到的"英国的商业利益"包括：有助于英国企业进入受援国的市场领域、有助于建立或维持英国企业与受援国企业的技术联系、有助于保护受到威胁的英国传统海外市场、有助于英国企业与那些以援助项目

---

① 金熙德：《日本：战后的外援与外交》，周弘主编《对外援助与国际关系》，中国社会科学出版社，2002，第 214~258 页。

为武器的贸易竞争对手斗争、有助于英国企业确保"具有重要的商业或工业意义"的受援国订单。

几乎所有国家提供的对外援助都或多或少、或明或暗地包含了类似的商业上的考虑,尤其是在贷款项目中,援助国的商业利益无处不在。目前,直接附加购买援助国商品和服务的"束缚性"条款因为受到了来自各方面的巨大压力而减少,但是,援助国采取一些迂回的方式实现这些目标,使用援助资金帮助本国企业在受援国开展商业活动,例如,做前期项目调查、增加额外的资金扩大贷款总量并软化贷款条件、提供与商业活动有关的技术支持,等等。德国在上海的磁悬浮铁路项目就是一个例子,德国虽然开发了相关的技术,但是由于成本过高等原因,磁悬浮铁路在德国都没有可能实现商业运营,而在德国政府援助贷款的"激励"之下,它成功地在中国安家落户。此外,援助国倾向于将援助资金用在扶持本国有竞争优势的产业和部门,这样,尽管援助项目采用了国际性招标的方式,但是,由于本国企业在竞争中具有绝对优势,所以援助项目中产品和服务的采购订单仍然会落到本国企业的手中。美国一位学者根据 1986~1990 年日本海外经济协力基金提供的中标企业名单所做的计算清楚地显示了这一点,1990 年日元贷款的93% 都是由日本企业承包,原因在于日元贷款集中在能源、交通和通信等基础设施建设领域,而这些都是日本具有国际竞争力的产业部门。[①]

另一类重要的经济条件并不直接与援助国商品和服务的出口挂钩,而是旨在创造有利于受援国在海外开展经济活动的宏观经济环境,这一类经济条件主要以推动受援国的宏观经济改革为主要目标,为的是建立和巩固受援国的市场经济体系,从制度上保障援助国在受援国的经济活动。将援助活动作为推动受援国宏观经济改革的杠杆是从世界银行开始的,20 世纪 80 年代,这种做法在 OECD/DAC 国家提供的双边援助中蔓延开来,成为 10 年间国际援助活动一个显著的特色。英国对莫桑比克的援助是这方面的一个例子。20世纪 80 年代中期,英国开始对莫桑比克提供援助。首先,英国提供了一些援助资金,帮助莫桑比克进行林波波铁路项目,并带动莫桑比克转变了政策

---

① Ensign, Margee, *Doing Good or Doing Well? Japan's Foreign Aid Program*, Colombia University Press, New York, 1992, p. 59. 转引自张光《日本对外援助政策研究》,天津人民出版社,1996,第 88~89 页。

立场，从执行亲苏的外交政策转而采取亲西方的立场。初期援助目标实现之后，英国利用援助帮助莫桑比克进行经济结构调整以适应国际货币基金组织和世界银行援助项目的要求，这是在推动莫桑比克建立自由市场经济体系。目前，多数 OECD/DAC 成员国的双边援助中，推动市场经济建设仍然是主要的政策目标之一，德国、欧盟、日本和英国的政策宣言中，都明白地指明了完善市场经济体系和促进私人部门发展的重要意义。[①]

政治条件则可以大致地分为以实现短期外交政策目标为主要目的的直接政治条件和以影响受援国政治制度为目的的间接（或长期）政治条件。

为了短期的政治目的而提供援助的做法屡见不鲜。从冷战时期至今，援助一直是援助国经常使用的政策工具，以实现其他手段无法实现的目的。例如，在冷战时期，德国为了争取外交活动的空间、孤立东德，大量向外提供援助，这一时期德国援助的政治条件是非常清楚的，即断绝与东德的外交关系。[②] 1955 年，在苏联有意向埃及政府提供援助来建设阿斯旺水坝的情况下，英国和美国一起改变了原先的态度，表示愿意向纳赛尔政权提供援助贷款，用于水坝的建设；旋即，由于埃及方面坚持接受苏联的援助，英、美又分头宣布取消贷款承诺。[③] 近期的例子是日本。配合日本争取成为联合国常任理事国的外交努力，日本政府大量地向亚非拉发展中国家提供援助。1996年8月日本首相桥本龙太郎访问拉美五国时，承诺提供援助以换取这些国家对日本"入常"的支持。此后，他还要求内阁成员在出访的时候，也要采取同样的方式承诺援助换取支持，并把工作的重点放在中东、非洲、拉丁美洲和加勒比海地区。[④]

但是，更为重要的政治附加条件是以改变援助国的政治制度为目的的。

---

① 详细情况见 BMZ，"Development Policy as an Element of Global Structural and Peace Policy," *BMZ Special*, December 2002, http：//www.bmz.de；DFID, 2000, *Eliminating World Poverty：Making Globalisation Work for the Poor*；Commission，"Annual Report 2005 on the European Community's Development Policy and the Implementation of External Assistance in 2004," SEC (2005) 892，以及 JICA 中国事务所藤谷浩至 2005 年 11 月 14 日在中共中央党校所作报告《日本国际协力机构（JICA）事业概要》。

② 刘立群：《德国：发展援助政策的共性与特性》，周弘主编《对外援助与国际关系》，中国社会科学出版社，2002，第 309～346 页。

③ 田德文：《英国：对外援助与国际关系》，周弘主编《对外援助与国际关系》，中国社会科学出版社，2002，第 347～401 页。

④ 金熙德：《日本政府开发援助》，社会科学文献出版社，2000，第 84～85 页。

1990 年之后，国际范围内援助活动的一个重要趋势是：援助国集团在利用援助推广市场经济体制的基础上，给援助附加了更多的政治性条件。这些政治条件包括民主、法治、人权和良治，等等。以德国为例，1991 年 5 月，德国经济合作与发展部提出了 5 条标准作为提供援助的基本依据，即：第一，尊重人权，包括严禁刑讯、依法拘留和审讯、保证宗教自由以及保护少数民族等；第二，民众参与政治决策，包括进行民主选举、保证言论和出版自由以及保护结社自由等；第三，法律保障，包括司法独立、实现法律面前人人平等以及增强政策透明度等；第四，建立市场经济制度；第五，保证可持续发展，包括改善贫困人口的处境、保护自然环境、削减军费开支以及实行计划生育政策；等等。[①]

援助国除了根据这些标准决定是否提供援助以外，在一些具有关键战略意义的国家中，援助国还积极通过提供援助的方式带动受援国在宏观政策领域的改变。在这种情况下，援助资金就成了制度输出的载体。冷战之后，援助国大量采用赠款这种援助方式就是与援助活动向宏观政策领域倾斜的发展趋势相一致的。例如，援助国在中国开展的司法合作项目，通过援助活动进行的包括人员培训在内的能力建设项目，也包括共同的研究合作。这些合作都利用了赠款这种最为优惠的援助工具，也都具有渗透和改造的功能。这种趋势并不仅仅限于双边援助，一些多边援助机构也在这方面发挥了积极的作用。例如，联合国开发计划署就曾利用援助资金在印尼组织过选举。[②] 在未来的援助活动中，对援助附加这些推动政治改革的政治性条件的做法仍然会持续，并且会越发普遍。

二　提供双边援助的主要渠道

对外援助是一种政府行为，在绝大多数情况下由政府主导。但是，提供援助的渠道并不一定是官方渠道，前面已经提到，美国的官方发展援助多是经由非官方的渠道流入中国。鼓励非政府组织参与援助活动是目前的一个趋势，而援助活动中包括非政府组织在内的多头参与造成了

---

① 刘立群：《德国：发展援助政策的共性与特性》，周弘主编《对外援助与国际关系》，中国社会科学出版社，2002，第 309 ~ 346 页。

② 根据有关访谈记录整理。

援助渠道的多元化，同时也引发了援助活动中"所有权"与"伙伴关系"的讨论，援助国社会内部复杂的关系也因此延伸到国际关系之中。

1. 提供援助的主要渠道：政府间协议与非政府渠道

上面提到的双边援助方之间的差异也表现在提供援助的渠道方面。粗略地看来，提供援助的渠道主要有两种：第一，政府间渠道，主要是在援助方和受援国政府间协议的基础上，开展援助活动。这一类的援助活动也有可能是由非政府组织执行的，但是，非政府组织扮演了"承包人"的角色，其活动要受到政府间协议的制约。第二，非政府渠道。在这种情况下，由于省略了受援国和援助国之间的政府协商这道程序，所以援助活动绕过了受援国中央政府这道门槛，直接接触到受援国的基层政府和社会，减少了来自受援国官方的监督和约束。

在欧美主要援助方中，非政府组织的参与是对外援助中必不可少的因素，因而，在提供援助时政府间渠道和非政府渠道并重。2003 年，德国发展援助总额的5%直接拨付给德国的非政府组织（包括政党基金、教会组织和其他非政府组织），资助它们在发展中国家开展活动。[1] 英国政府的外援预算中约有 10%用于资助非政府组织开展援助活动，受资助的非政府组织有 300 多个。[2] 2004 年，欧盟向欧洲非政府组织的发展援助活动提供的资金总额约为 2 亿欧元，共资助了在超过 100 个国家执行的 206 个项目。欧洲议会、欧盟成员国以及其他援助国和援助机构认为，非政府组织积极参与欧盟的境外援助活动是欧盟软实力的一个重要体现。[3] OECD/DAC 成员中，日本是个特例。活跃在日本援助活动中的非政府角色不是各类公民社会组织，而是大的财团和公司。

---

① 政党基金是德国援助体系的一大特色。这些政党基金隶属于德国的主要政党，但独立地开展活动。它们接受联邦政府的发展援助资金，负责在发展中国家推进民主化进程和增强对人权的尊重。目前，德国共有 6 个政党基金，分别是：弗里德里希·艾伯特基金会（社会民主党）、弗里德里希·纽曼基金会（自由民主党）、汉斯·赛德尔基金会（基督教社会联盟）、亨里希·波尔基金会（绿党）、康拉德·阿登纳基金会（基督教民主联盟）和罗莎·卢森堡基金会（民主社会主义党）。见 OECD/DAC, 2006, *DAC Peer Review*: *Germany*, pp. 22 - 23。

② 田德文：《英国：对外援助与国际关系》，周弘主编《对外援助与国际关系》，中国社会科学出版社，2002，第 347 ~ 401 页。

③ Commission, 2005, "Annual Report 2005 on the European Community's Development Policy and the Implementation of External Assistance in 2004," SEC (2005) 892, p. 104.

到底通过哪种渠道提供援助？这首先取决于援助国的整体援助战略；其次，援助国的内部社会结构也是个不可忽略的因素。目前，欧美援助国把加强受援国公民社会建设、增强受援国非政府组织的能力建设作为援助活动的重要内容。按照欧盟文件的说法，推进非政府行为者参与发展进程具有多重目的，包括让发展进程更有效率，创造有利于平等的条件，使得穷人能够从注重平等的经济成长中获得经济、环境和社会方面的好处，以及巩固民主制度，等等。① 欧美国家援助政策文件关于鼓励非政府部门参与的表述与此大同小异。归根结底，鼓励非政府组织的参与实际上是希望援助活动可以深入受援国的社会底层，带动自下而上的变革。与此同时，非政府渠道还是政府间渠道的必要补充，并扩展了援助方可供选择的援助工具的种类。上面提到的欧盟文件接下来解释了在政府间合作存在问题的国家中通过非政府渠道提供的援助实际上起到了"敲门砖"和"润滑剂"的作用。文件中列举了几种政府间援助渠道不能充分发挥作用因而必须借重非政府组织的援助活动的情况，包括：①在政府间的发展合作暂时停顿的国家里；②在受援国政府并不支持援助国提出的发展目标的情况下，这些发展目标包括减贫、良治、公民社会的参与和分权，等等；③在针对参与式的发展模式的政府间对话无法充分展开的情况下。② 欧盟官方文件中的解释非常清楚和直白，充分地说明了非政府渠道作为政府间发展合作的补充渠道的重要意义，这也是欧美援助国大力推动非政府组织参与援助活动的一个主要原因。

此外，援助国内部的社会关系也直接影响到援助渠道的选择。欧美国家的公民社会组织是非常发达的，因而，它们的影响渗透到了援助国政治的各个方面，也包括对外援助这个领域。非政府组织形成了代表各种不同诉求的利益集团，参与到援助政策制定和执行的全过程中。

与此相对，在日本左右政府决策的是大的财团和公司。在日本的援助体系中，"最持久、最深入地介入援助政策过程的是工商界"。③ 它们的影响投

---

① Commission, "Annual Report 2005 on the European Community's Development Policy and the Implementation of External Assistance in 2004," SEC (2005) 892, p. 102.

② Commission, "Annual Report 2005 on the European Community's Development Policy and the Implementation of External Assistance in 2004", SEC (2005) 892, pp. 103 – 104.

③ Robert M. Orr, Jr., 1990, *The Emergence of Japan's Foreign Aid Power*, Columbia University Press, New York, p. 28. 转引自张光《日本对外援助政策研究》，天津人民出版社，1996，第 179 页。

射到对外援助领域所反映出来的是：对外援助这块蛋糕分给了不同的公司，而不是各色非政府组织。1992 年，DAC 成员国平均有 9.6% 的官方发展援助是通过非政府组织的渠道提供的，日本远远低于这个水平，只有 1.7% 的官方发展援助拨付给非政府组织。因而，一些学者使用"日本株式会社"一词来相容日本政经一体的"国家资本主义"在对外关系中的行为模式。津田守对此的描述是：

> 所谓日本株式会社，乃是对以通产省、大藏省为首的诸官厅通过行政指导、补助金等手段调整各业界、诸企业利害，且通过经团联为首的经济团体、业界团体、企业系列、"神仙下凡"之类的横向纵向沟通，使日本产业界一致对外，就像一个企业那样行动这样一种构造的称呼。
>
> "日本株式会社"在民间企业的国际贸易和海外投资融资活动中发挥了巨大的威力。在对第二次世界大战中受害的亚洲邻国的赔偿中，和继赔偿之后的政府开发援助事业的大部分中，日本企业不仅是订单的获得者，而且，对被援助各国的产业基础的整备，也使许多海外进出的日本企业成为受益者。①

2. "所有权"与"伙伴关系"

援助方内部政府主导、多头参与的援助体系以及政府间渠道和非政府渠道并重的给援方式带来了援助活动中援助方和受援国之间复杂的关系网络。援助活动并不仅仅发生在援助国和受援国的中央政府部门之间，而是包括了不同层次上的多重角色。从援助方和受援国两方面来看，中央政府、次政府角色（中央政府中的职能部门和地方政府）、非政府部门（公民社会组织和私人部门）都介入到援助活动中。因此形成了不同形式的"所有权"与"伙伴关系"。

从援助国内部来看，"所有权"与"伙伴关系"主要是针对政府部门和包括私人部门和非政府组织在内的非政府部门之间的关系。对外援助的"所有权"在援助方政府部门的手中，对此不存在太多的争议，原因

---

① 〔日〕津田守：《日本—菲律宾政治关系集》，明石书店，1992，"序言"。转引自张光《日本对外援助政策研究》，天津人民出版社，1996，第 179～180 页。

在于绝大多数援助资金是出自援助方的财政预算，所以援助活动才是以政府为主导的。但是，情况在发生改变，援助国的对外援助中融入了越来越多的来自非政府部门的资金。以德国为例，近年来，由于德国财政吃紧，而联邦政府又作出了大幅度增加发展援助规模的承诺，所以，德国利用多种渠道为发展援助融资。通过德国复兴信贷银行的市场融资渠道，德国政府财政出资的发展援助资金（包括赠款和贷款）与来自资本市场的资金混合，成为各种条件不同但又符合 OECD/DAC 官方发展援助定义的优惠贷款，极大地扩充了德国向外提供的发展援助的规模。在这种情况下，德国复兴信贷银行的身份发生了微妙的改变：既是德国援助活动的一个主要的执行机构，也是向发展援助投资的独立投资者。在银行必须承担投资风险的贷款项目中，德国复兴信贷银行需要独立地对项目立项与否作出决策。①但是，由政府制定宏观援助战略以及援助活动基本工作原则和程序的状况并没有根本改变。

因而，在援助活动领域内，援助方内部的政府与非政府部门之间的"伙伴关系"，以及通常所说的"公共和私人伙伴关系"（Public-Private Partnership，PPP）带来了双重的结果。对援助方的政府来说，"伙伴关系"充分发挥了政府有限的援助资金的杠杆效应，带动了本国非政府部门在援助活动中的资金、人力、专业知识和组织网络等方面的投入，扩大了双边援助所能发挥的影响，并提高了援助活动的效率。而对非政府部门来说，通过"伙伴关系"参与本国对外的援助活动，不仅可以直接从援助这种财政转移支付中获益（包括获得更多的活动经费、分享援助活动创造的就业机会等），而且，它们通过援助活动建立了与受援国之间的联系渠道，有可能从援助带动的援助国的发展中获益。

在针对援助的学术讨论中，"所有权"与"伙伴关系"所反映的并不是援助国内部政府与非政府部门之间的关系，而是援助方和受援国之间在发展援助活动中的主导权之争。无论是出自政府财政，还是源于非政府部门，援助活动的资金确定无疑地来自援助方，而援助活动又发生在受援国之中，并且会对受援国的经济、社会和政治发展产生或大或小的影响。谁应该并且实际上主导援助活动？"所有权""联合责任"（Joint Responsibility）与"伙伴

---

① 详细情况见 KfW 网站以及 OECD/DAC, *DAC Peer Review：Germany*, 2006。

关系"等术语讨论的都是这个问题。①

　　由于非政府部门的参与，援助活动中的援助方和受援国都不能被简化成两边的政府机构，而是包括了双方参与援助活动的各类机构和角色。从整体上看，体现援助方主导作用的"伙伴关系"是不能否认的现实，无论是政府间渠道提供的援助，还是非政府渠道提供的援助，给援的政府和组织都在援助活动中起到了主导作用。尽管在历史上的不同时期和在不同的国别环境之下，援助方主导作用的表现方式有很大的差别，但是，由援助方选择援助活动的重点国家、重点领域、援助方式并监督援助活动的执行是没有差别的。最近一段时间以来，OECD/DAC 国家强调要加强受援国在援助活动中的作用，并且在制定国别援助战略时强调与受援国之间的沟通，以保证援助国的援助战略符合受援国的实际需要。这种"善良意愿"背后存在的实际关系是：受援国并不是可以根据自己的口味自由点菜的食客，它们只能从厨师给出的几样菜单中进行选择。更何况，在强调受援国主导地位的同时，援助方为援助附加各种经济和政治条件的做法并没有终止，而是仍在继续。

　　近些年来，援助活动资金构成的一些重要改变也没有能够引起援助方主导的援助关系的变化。比如，为了更好地发挥援助在受援国的杠杆效应，在进行政府间协商的时候，援助方要求受援国为援助项目提供配套资金。这样，援助活动就不仅得到了援助方的财政支持，也从受援国政府财政中获得了资金。尽管如此，援助方仍然能够发挥主导作用。主要原因在于，第一，援助国的主导作用具有坚实的"制度保障"，即严格的项目管理程序；第二，援助方具有知识、经验和观念方面的优势。

　　无论援助的资金来源是政府财政还是非政府部门，也无论执行援助活动的是政府援助机构还是非政府组织，援助活动主要是通过项目的方式展开的。在 20 世纪 60 年代，大量的援助是援助方提供给受援国政府的财政支持，直接并入受援国政府的财政预算之中，因而，受援国政府拥有对援助资金的"所有权"，可以支配这些资金的用途和使用方式，较少地受到援助国的左右。②

---

①　关于"所有权"与"伙伴关系"讨论的详细情况，见 Jerve, Alf Morten, "Ownership and partnership: does the new rhetoric solve the incentive problems in aid?" in *Development Studies Forum*, NUPI, December 2002, pp. 389 – 407。

②　Jerve, Alf Morten, "Ownership and partnership: does the new rhetoric solve the incentive problems in aid?" in *Development Studies Forum*, NUPI, December, 2002, pp. 389 – 407。

20 世纪 70 年代后，情况发生了明显的改变，大量的援助用于"做项目"，直到今天，项目仍然是援助活动中占主流地位的一种活动形式。项目管理规定了一整套严格的工作程序，并建立专门的执行机构，成为独立于受援国体系的"岛屿"。从财务制度上来看，援助项目一般拥有独立的账户，执行援助方提出的财务制度，接受援助方指定的会计和审计机构的财务监督。从执行机构上来看，援助国或者委托受援国的政府机构和非政府部门负责项目活动的具体实施，或者，直接在受援国开展援助活动。在前一种情况下，项目设计起到了关键的约束作用。在项目计划书中，清楚地规定了项目的活动内容，与活动相关的开支预算以及一些可以量化的指标，项目后期评估以此为凭。这样，即便援助方的人员不参与项目的具体工作，也可以大致保证援助活动不偏离援助方的初衷。同时，操作层面上同样存在着一些对受援国起约束作用的条件，比如，资金方面的控制，部分资金在完成了项目结项评估并且合格的条件下，才会最终到位，等等。

在共同执行的援助活动中，援助方之所以能够发挥主导作用的另一个重要原因是它们所具有的知识、经验和观念的优势。在选择援助项目和确定援助活动具体方式的过程中，援助方处于主动地位。一些在受援国中还没有受到重视的领域，以及一些受援国已经开始重视却又缺少解决问题能力的领域，往往援助活动最为活跃。在这些领域之中，即使援助活动由援助方和受援国共同出资，援助方也能够凭借其"软力量"而发挥主导作用。

基于上述种种原因，对外援助成为援助方不能丢弃的对外政策工具，它具有无可比拟的杠杆作用。因为，援助是政府主导、多头参与的活动，所以它在受援国中带动了多个层次上的改变。从政府间的角度来看，基于政府间协议的援助活动带动了受援国相关政策立场的转变；从社会角度来看，援助方非政府组织在受援国的活动、援助方所支持的本土非政府组织的活动共同促进了基层社会关系和社会结构的变化，以及政府和社会之间关系的转变，为政府层面的政策变革提供了支持和保障。从宏观来看，援助活动带动了宏观制度结构和政策的调整，包括基本经济和政治制度的变化；从微观来看，援助项目活动推动了操作层面上管理方法和模式的传播，为宏观的政策调整夯实了基础。

双边援助的这些基本特征贯穿于 1979 年以来的对华双边援助活动中。但是，由于中国是一个特殊的受援国，中国的国情决定了对华援助活动具有与其他受援国不同的一些特色。在接下来的篇幅中，将集中分析1979年以来中国接受双边援助的情况，以期丰富我们对双边援助的理解。

第二节　1979 年以来中国接受双边援助的情况

从时间上看，中国接受双边援助要晚于多边援助。一个重要的原因就是：与多边援助相比，双边援助在更大的程度上受到援助国对外政策的影响，是援助国手中重要的对外政策工具。20 世纪 70 年代末仍是冷战硝烟未绝的年代，中国也刚刚开始其改革开放的进程，其未来的发展方向以及在国际体系中的作用都如"雾中之花"，还并不清晰。援助国既希望利用中国和苏联之间的差异从远东牵制苏东阵营，又担心中国这个社会主义国家会成为潜在的威胁，而不愿意养虎为患。从中国方面来看，经济发展需要资金、技术和设备以及管理经验，但是，刚刚打开国门的中国和西方援助国之间的互信还需要很长时间才能建立起来。西方渗透的危险始终存在，双边援助直接来自这些西方发达国家，也必然会将西方的影响带入中国。中国接受双边援助也需要心理上和政策上的准备。

一　为什么向中国提供双边援助

1979 年援助国作出向中国提供援助的决策时，仍然受到当时冷战条件下两极对立格局的影响。促使主要援助国开始对华援助活动的主要并不是人道主义的考虑，而更多的是出于冷战时期的政治和安全因素，推广市场经济和民主制度的动力，以及看好中国未来经济发展的经济考虑。

1. 决定对华提供援助的主要因素

援助国向中国提供援助的决策是基于战略与安全、政治、经济和文化，以及解决历史遗留问题等各方面的综合考虑。各个国家的政策考虑会有所不同，但并未超出这个范围。

（1）日本向中国提供援助的种种考虑。

在日本向中国提供援助的讨论中，经济利益是决定性的因素。① 由于历

---

① 1978～1979 年中日两国间关于日本对华援助讨论的情况以及日本内部的政策考虑参照了金熙德教授的相关研究成果。见金熙德《日本政府开发援助》，社会科学文献出版社，2000；以及金熙德《日本：战后的外援与外交》，周弘主编《对外援助与国际关系》，中国社会科学出版社，2002。

史原因，中日两国之间存在着特殊的经济关系，中国对日本也具有无可比拟的重要意义。在第二次世界大战以前，中国是日本主要的海外市场。二战后，由于冷战以及美国的对华遏制政策，日本选择加入了以"巴统"（COCOM）为中心的西方阵营并开始开拓东南亚地区的市场以减少对中国市场的依赖。虽然，日本民间发展与中国经济关系的呼声一直很高，但是，作为西方阵营的一员，政治和安全唯美国马首是瞻的日本，不可能在加强日中经济交往方面有大的作为。70 年代后，美国对华政策的松动为日本创造了发展日中关系的机会。1972 年中日邦交正常化后，两国的经济关系迅速发展。1977 年，"四人帮"刚刚倒台，中国就与到访的日本经团联访华团缔结了为期 10 年的对日出口协议，主要是承诺向日本长期出口石油和煤炭等基础能源，同时中方表达了从日本进口成套设备、钢铁和化肥的意向。

1978 年 2 月 16 日，中日两国签署了由 12 项条款构成的《中日长期贸易协定》，中国向日本出口以石油和煤炭等基础能源为主的初级产品，而日本则向中国提供技术与成套设备、建材和机械，预计在 1975～1985 年，中日两国的贸易总额将达到 200 亿美元。日本的企业界对中日两国之间的贸易充满希望，首先，在 1973 年的石油危机之后，"经济安保"成为日本外交的重点，从中国进口的能源保证了日本的能源以及资源的来源，减少了日本对中东石油的依赖。其次，中国是潜在的大市场，可以保证日本成套设备的出口，带动日本经济的增长。因而，经济界把中日贸易协议视为缺乏能源和资源的日本与缺乏技术和设备的中国之间互通有无的一项协议。

但是，中日之间贸易的发展受到了中国方面缺少外汇储备的制约。由于长期以来中国一直坚持"既无内债也无外债"的"自力更生"的基本政策，中国方面进口日本产品的规模取决于中国向日本出口的规模。以多出口保证多进口一直是中国政府解决资金不足的唯一办法。1971 年 11 月周恩来总理向来访的东京经济界访华团提出了向日本出口石油，用石油出口得到的外汇购买日本成套设备的建议。之后，主持经济工作的邓小平同志也表达了类似的看法，他在 1975 年 8 月 18 日谈道："要进口，就要多出口点东西。这里有一个出口政策问题。出口什么？要大力开采石油，尽可能出口一些……煤炭也要考虑出口。"① 1978 年签订的《中日长期贸易协定》中，中方的设备进口集中在前半期，石油、煤炭的出口集中在后半期，采用了贸易结算延期付款的信用方式。但是，如果中国对日本的石油和煤炭出口不顺畅，就会直接影响到日本对华成套设备的出口。

为了扩大对华出口的规模，日本开始考虑向中国提供双边援助。在当时冷战的条件下，日本向中国提供援助受到西方阵营内部的种种制约。美国、苏联以及西欧发达国家对日本的积极态度颇有微词。美国曾劝告日本不要违反相关的国际协定，苏联则表示极其关注，并且不排除要求日本向苏联提供与中国条件相同的优惠资金的可能性。在巨大的经济利益的驱使下，日本政府不仅挖空心思寻找不违反现有国际协议的种种替代办法，而且开始在OECD 中展开外交攻势，争取把中国纳入 OECD/DAC 受援国名单之列。日本驻华大使国广道彦对这段历史的回顾如下：

> 这项最初的日元贷款是提供 1979 年度至 1983 年度，包括 309 亿日元商品贷款在内的共 3309 亿日元。然而就我国而言，要提供如此大规模的日元贷款是需要作为 ODA 来实施的。但是，为此就必须由经济合作与发展组织（OECD）的开发援助委员会（DAC）把中国纳入到 ODA 对象地区之内。因此就由日本首倡，向欧美各国积极地做了工作。由于当时的种种原因，得到认可并非容易。当时是东西方对立的时代，因而出现了对社会主义国家进行援助，从援助的本来做法的角度，产生了各种各样的议论，援助本来就是应该给最贫困的非洲国家的，若开始对中国援助，会不会被中国占用了 ODA 资金的大部分，而顾不上非洲了，这主要是来自欧洲的疑问，担心日本是不是要以贷款为杠杆来垄断中国市场等等。②

日本对华的经济考虑表现在对华援助政策上，就是对华援助中贷款项目先行，③ 而且贷款项目在援助整体中占据了主导地位。1979 年在中日协商的

---

① 邓小平：《关于发展工业的几点意见》（1975 年 8 月 18 日），《邓小平文选》（第二卷），人民出版社，1994，第 29 页。
② 〔日〕国广道彦：《浅谈日本的对华经济援助——在中央统战部礼堂的讲演》，1994 年 6 月 16 日。
③ 日本在中国执行的第一个赠款项目是 1981 年的中医友好医院项目。见中方有关统计（截至 2005 年 12 月）。

基础上，中国向日方提出的贷款申请均为能源、交通方面的基础设施建设项目，其中的铁路建设直接与对日煤炭出口有关。详细情况见表 4 - 1。

表 4 - 1　1979 年首批对华日元贷款项目

序号	建 设 项 目	建设时间（年）	所需资金（亿美元）
1	石臼所港建设(山东)	3	3.2
2	兖州—石臼所铁路建设(山东)	3	3
3	龙滩水电站建设(广西)	6	15.5
4	北京—秦皇岛铁路扩充、电化(北京、河北)	3	6.5
5	衡阳—广州铁路扩充(湖南、广东)	4	9.1
6	秦皇岛港扩充(河北)	3	1.6
7	五强溪电站建设(湖南)	6	8.1
8	水口水电站建设(福建)	6	8.4

资料来源：〔日〕《世界经济评论》1980 年 1 月号，第 51 页，转引自金熙德《日本政府开发援助》，社会科学文献出版社，2000，第 185 页。

这种以经济为主的援助战略同时也反映了冷战时期的政治环境。中国是一个社会主义国家，长期以来一直与以美国为首的西方阵营处于对立面，与西方国家发展政治、经济和文化关系必将是一个渐进的过程。中国与西方的初期接触是小心翼翼的，西方国家也同样如此。这部分要归因于这样的大环境，那一时代的日中关系是经济先行的。经济领域的交往也受到政治因素的制约，当时旨在对社会主义阵营进行封锁的"巴黎统筹委员会"仍然存在，不仅与中国的技术合作要受到限制，就是一些机器设备的出口也要受到限制。改革开放早期的西方援助并没有带来中国所期望的技术与设备。1982 年邓小平在公开讲话中说：

　　目前，我国实行经济开放政策，争取利用国际上的资金和先进技术，来帮助我们发展经济。这一政策已开始有些效果。但是，从发达国家取得资金和先进技术不是容易的事情。有那么一些人还是老殖民主义者的头脑，他们企图卡住我们穷国的脖子，不愿意我们得到发展。所以，我们一方面实行开放政策，另一方面仍坚持新中国成立以来毛泽东主席一贯倡导的自力更生为主的方针。必须在自力更生的基础上争取外援，主要依靠自己的艰苦奋斗。①

从中可以清楚地感受到冷战时期意识形态的对立以及西方国家对中国的限制。这也反映在继日本之后开始对华援助的 OECD/DAC 成员国的对华援助之中。

当然，由于中日两国特殊的地缘政治关系和历史渊源，日本的对华援助不可避免地要包含政治安全方面的考虑，并受到历史遗产的影响。从政治和安全方面来看，自 20 世纪 70 年代末起，日本随着经济的发展开始寻求树立与其经济地位相适应的国际政治地位，日本和美国之间的经济摩擦加大，外交战略方面的利益也时有龃龉，加强中日关系有助于扩大日本的外交活动空间。中国是东亚地区不容忽视的大国，在维持东亚尤其是东北亚地区的和平与安全方面发挥着不可替代的作用，在日本与苏联在领土、安全和历史问题上存在积怨和潜在的冲突可能的情况下，借重中国制约苏联是日本地区战略的核心。田园外相针对发展日中关系所做的表态是："使迎来新阶段的日中关系能够对亚洲乃至世界的和平与稳定作出贡献而尽最大的努力。"② 此外，提供对华援助还包括支持中国实行改革开放政策、维护中国内部的安定局面并推动中国逐渐融入国际社会等考虑。

还有一个重要的因素是，中国放弃了向日本索取战争赔偿的权利，日本在向中国提供援助的决策中不能排除偿还战争债务的考虑。因而，向中国提供援助是对华友好的外交姿态的重要体现。所以，对华日元贷款不仅规模大，而且确定贷款金额也破例采取了"多年度决定方式"。在偿还战争债务之外，日本对华援助也像其他援助国一样包含着人道主义的动机。

（2）西欧国家的情况：以德国为主。

西欧国家多是 OECD/DAC 成员国，1979 年之后，它们陆陆续续开始向中国提供援助。由于这些西欧国家对中国政策的主题与日本不同，所以，尽管当时的国际形势以及中国国内接受援助的政策环境并没有太多区别，但是，这些国家对华援助的具体动力、提供形式和活动领域与日本又有很大的区别。

---

① 邓小平：《我国经济建设的历史经验》（1982 年 5 月 6 日），《邓小平文选》（第二卷），人民出版社，1994，第 405～406 页。
② 〔日〕外务省：《外交蓝皮书》，1980，第 317 页。转引自金熙德《日本政府开发援助》，社会科学文献出版社，2000，第 195 页。

20 世纪 70 年代，由于冷战中的对峙局面有所缓和，中国开始与西欧接触，与所有的西欧国家建立了正式的外交关系。① 政治关系的缓和带动了中欧经济关系的发展。中国国内经济建设需要大量先进的技术和设备。直到20 世纪 60 年代初，中国主要是从苏联获得发展现代大工业必不可少的技术、设备和管理经验，在中苏交恶之后，中国的发展只能依靠自己的力量，而在很多领域，中国与发达国家之间的差距是显而易见的。中欧关系的发展为中国引进先进的生产要素开通了一条可能的渠道。20 世纪 70 年代，中国就有计划、有重点地从西欧国家购买技术和设备。例如，1972～1979 年，中国与联邦德国签订了 6 笔价值在 5000 万美元以上的采购合同，总值为 14亿美元，集中在钢铁、机械制造和化工等部门。②

执行这样庞大的采购计划需要动用大笔资金，而中国并没有足够的外汇储备，这是 20 世纪 70 年代中国的现实国情，前面介绍日本对华政府贷款始末时已经提到。当时解决在西欧采购的支付困难的主要办法有 4 个：第一，缩减采购计划，并推迟执行一些合同；第二，从西欧国家中争取政府或私营部门的信贷；第三，采取"补偿贸易"的政策，即用增加中国出口的方法换取必需的外汇；第四，建立一些合资公司，其中，中国需要拥有 51% 以上的股权。③

从西欧国家的情况来看，发展与中国关系具有多方面的考虑。首先，是政治性的，中国在远东与苏联接壤，是社会主义阵营中的重要一员，又是在第三世界中极富号召力的一个发展中大国，在两极对立的情况下，推动中欧关系不仅可以从东方牵制苏联的力量，而且有助于缓和冷战时期的对峙局面，以及南北对立的紧张关系。其次，经济上的考虑也是非常关键的，中国拥有的市场潜力是不容忽视的。20 世纪 80 年代，西欧国家就是在这样的背景下开始向中国提供援助的。

与日本援助活动中强烈的国内经济推动力量不同，西欧国家对华援助夹杂了更多的政治、社会、文化和人道主义的因素。由于西欧内部的国别差

---

① 《当代中国》丛书编辑委员会：《当代中国外交》，中国社会科学出版社，1987，第 301～303 页。

② 哈里什·卡普尔：《觉醒中的巨人——一个外国人看新中国前三十年的外交政策》，彭致斌译，国际文化出版公司，1987，第 244～245 页。

③ 哈里什·卡普尔：《觉醒中的巨人——一个外国人看新中国前三十年的外交政策》，彭致斌译，国际文化出版公司，1987，第 246 页。

异，不同的西欧国家对华援助的方式和主要的活动领域也存在着差异。因为年代久远，目前尚未能够找到援助方与此直接有关的政策文件，但是，从OECD/DAC提供的援助数据中，可以做一些大致的推断。由于篇幅所限，这里主要讨论德国的情况。

1982年10月13日，中、德两国政府签署了《中华人民共和国政府和德意志联邦共和国政府技术合作总协定》，两国正式开始技术合作。德国向中国提供的第一笔技术合作赠款是在1983年，1983～1985年，德国援助中国的技术合作赠款项目共有19项，具体情况见表4-2。

表4-2　20世纪80年代中期之前德国援华技术合作（赠款）项目简况

序号	项目名称	签署日期（年份）	项目金额（万美元）	受援领域
1	上海管理培训中心	1983	1192	教育
2	电器模具培训中心（北京职业技术培训中心）	1983	590	职教
3	中国专利局	1983	1156	技术促进
4	专家考察基金	1983	1632	—
5	煤炭安全中心	1983	180	技术促进
6	综合农业发展中心	1984	964	教育
7	东营黄河国营农场	1984	204	技术促进
8	奶牛养殖	1984	204	技术促进
9	森林病虫害防治	1984	397	环保
10	山西速生林	1984	710	环保
11	南京安哥拉毛兔加工	1984	421	技术促进
12	潞安煤矿培训中心	1984	964	职教
13	北京技术交流培训中心	1985	2831	职教
14	粮油食品研究中心	1985	795	技术促进
15	中国标准信息中心	1985	662	技术促进
16	老企业改造咨询	1985	96	技术促进
17	农村饮水规划与培训	1985	132	扶贫、卫生
18	同等待遇专家（目前28名专家在华）	1985	—	体制改革、教育、环保、城市规划等
19	退休专家服务	1985	120	体制改革

资料来源：中方有关统计（截至2005年12月）。

在这 19 项目中, 共有 8 个技术促进项目, 其中 4 个是在农业领域, 2 个是在与经济活动直接配套的生产标准和专利保护方面, 1 个针对的是能源领域的安全生产问题, 另一个则是与老企业改造有关的技术咨询。有 5 个教育领域的项目, 全都带有职业培训的性质。2 个项目是与中国方面的人员交流, 主要是向中国委派专家。只有 1 个 "农村饮水规划与培训" 项目是在卫生与扶贫领域。此外, 还有 2 个环保项目和 1 个未归类的 "专家考察基金", 从名称上推断, 是用于项目前期准备的可行性研究上, 应该是贷款或其他项目的辅助活动。

从 1983 ~ 1985 年德国援华的技术合作项目的情况来看, 德国对华援助与同期德国整体援外战略是一致的, 也与当时国际援助领域中的总体援助趋势相吻合。20 世纪 80 年代前半期的德国对华技术合作是服务于德国在华的经济活动的, 并且带有推动中国经济体制改革的意图。

首先, 多数技术合作项目服务于德国企业在中国的经济活动。5 个教育类的项目都可以归在 "人力资源开发" 一类。中国的改革开放甫始, 德国的企业想要在中国开展经济活动所面临的一个重要的障碍就是缺少可以合作的工人和技术人员。直到 20 世纪 90 年代中期, 人力资源方面的瓶颈仍然是限制欧洲主要国家在华经济活动的一个不利因素, 1995 年出台的《欧盟对华长期政策文件》中的表述是:

> 中国政府深切地意识到中国内部技能的缺乏, 以及随着中国社会和经济的发展人力资源开发方面的需求极其巨大。欧洲的企业家们越来越对这一问题有着类似的感受, 他们发现他们在中国扩展活动的机遇受到了缺少合适技能的限制。[①]

职业技能方面的培训一方面是向中国传播德国的技术、标准和工作程序等, 另一方面则是为德国企业培养可以利用的劳动力。

在专利和技术标准方面的合作也是服务于经济目的的, 一方面, 专利和技术标准方面的合作有助于带动德国向中国的出口; 另一方面, 这也是促使中国经济不断融入国际社会的一种努力。带有技术促进性质的德国赠款项目

---

① Commission, "A Long Term Policy for China-Europe Relations," COM (1995) 279/final.

集中在农业领域，与工业部门有关的也并不是以生产技术为核心内容，而是侧重于管理、专利和生产标准等"软件"方面。通过委派专家到中国工作，德国的援助活动介入中国的体制改革之中。此外，从一开始，德国就通过援助在中国开展环保活动，充分体现了德国的比较优势。两个环保项目都是在林业方面，这正是德国的强项。①

20 世纪 80 年代德国的对外援助还基本上是为德国在全球的经济活动创造便利条件，这为数不多的 19 个项目基本上符合德国外援的时代特征。这些援助活动给中国带来了发展所需的一些知识、技术和经验，但是，与中国方面对技术和设备的需求是有差距的。因此，在接受双边援助过程中，为了使得双边援助活动满足中方的发展需求，不仅需要加强中国内部的规划和管理，同时，要求中国政府主管部门拥有高超的外交技巧，在谈判中和项目执行过程中，向援助国介绍中国国情和现实需求，争取援助国的配合与理解。双边援助活动与双边外交密不可分的状况与双边援助作为援助国对外政策工具的性质相一致。

除了经济利益之外，德国向中国提供援助进而发展与中国的友好关系不仅是出于经济方面的考虑。正如后来的欧盟对华政策文件所显示的，在中国改革开放刚刚起步的年代，西方世界对中国的经济前景并没有准确的预期：

> 邓小平 16 年前开启的经济改革的进程令人吃惊地改变了中国的经济和社会场景。尽管这是一个渐进的过程，但它仍然超出了所有最初的预期。②

联邦德国是最初与中国建立外交关系的西方阵营的国家之一。③ 德国积极发展对华关系的姿态与德国和中国之间的历史渊源有关，也是由德国的特殊处境所决定的。德国是东西对峙的前沿，而且一直面临着统一的问题。东西两个阵营之间均衡状态的微妙变化立刻会对德国的安全局势产生影响。发展同中国的关系，从远东牵制苏联的力量是德国对华外交的潜在意图。这不

---

① 见 2005 年 9 月 22 日对欧盟驻华使团发展援助一秘 Marcel Roijen 和二秘 Micha Ramakers 的访谈记录。

② Commission, "A Long Term Policy for China-Europe Relations," COM (1995) 279/final.

③ 联邦德国于 1972 年 10 月与中国建交。

仅引起了苏联方面的关注，也引起了盟友美国和英国的不安。在 1979 年德国议会的讨论之中，有议员就部长冯·多南尼博士（Dr. von Donanyi）在莫斯科发表的"德国不打中国牌"的演讲提出咨询，要点有二：第一，中国在德国的安全利益中的位置；第二，如何与英、美进行政策协调。①

援助作为友好关系的象征和润滑剂的作用这时就体现了出来。德国是中国在西欧地区的"焦点"，原因不仅仅在于德国是两极对立的前沿，更重要的是德国是一个高度工业化的国家，中国希望能够从德国获得实现工业化和现代化所需的技术和经验。因此，从 20 世纪 70 年代中期之后，中德关系呈现平稳发展的趋势。在这样的大背景下，德国与其盟友美国和英国在对华援助方面显然采取了极其不同的立场。首先，德国较早开始向中国提供发展援助；其次，德国在中国的援助活动一直是与中国政府合作开展的。美国一直主要通过非政府渠道向中国提供援助，迄今为止没有同中国主管受援事务的商务部建立直接的联系，只是在最近才开始直接向地方政府提供援助。英国的情况是，根据 OECD/DAC 的统计，英国是自 1987 年开始向中国提供官方发展援助的，但是，援助以 ATP 贷款为主，② 这是一种具有出口信贷性质的政府优惠贷款，以推销英国产品为目的。

2. 基本的对华援助战略及不同时期援助重点的转移

上述日本和德国初期的对华提供援助活动清晰地显示出多种政策因素在援助活动中纠缠在一起的复杂情况。双边援助尤其明显地反映了各援助方对华政策的要点以及同中国关系的状况。各个国家的对华政策立场不同，向中国提供援助的动机不同，因而援助活动的主要目标和主要领域也会相应地表现出差异。不同国别的双边援助就像是装着不同货物的列车，源源不断地把外来的要素送入中国。但是，双边援助仍然有着一些相通和相同之处，这是与国际环境的变化以及援助方之间的政策协调分不开的。总体来看，1979年以来的双边对华援助可以大致分为三个时期：1979～1990 年，即冷战时期；1991～1995 年，援助国的政策调整时期；以及 1995 年至今，其标志性的文件即为欧盟的《中欧关系长期政策》。

---

① 见德国议会文件，Drucksache 8/2532，02.02.79，http：//dip. bundestag. de/btd/08/025/0802532. pdf。

② 见 DFID 驻华代表处 Adrian Davis 于 2006 年 7 月 24 日的电子邮件。

（1）冷战时期和冷战后援助国的政策调整时期。

冷战时期的情况在前面关于日本和德国向中国提供援助的动机中已经有所涉及。1979～1990年这段时间里，两极格局一直制约着国际关系的发展，同样影响到对华援助活动。几乎所有的援助方这一时期的对华援助都集中在生产部门和经济部门之中，无论是贷款项目还是赠款项目莫不如此。中国接受的双边官方发展援助部门分布趋势见图4-1。

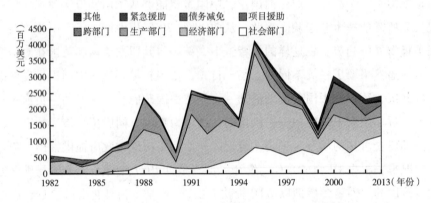

图4-1 对华双边官方发展援助部门分布趋势
（以协议额为准）

从援助国的角度来看，有两方面原因。首先，冷战时期两个阵营之间意识形态的对立使得主要西方对华援助国不可能与中国进行政治和社会方面的合作，所以双边关系普遍表现出了经济重于政治的情况。其次，希望援助活动带动受援国经济体制的转变、推广市场经济体制是这一时期国际援助活动的主题，在对华援助中也有所体现。

1991～1995年是冷战后援助国的政策调整时期。冷战结束后，两极格局解体，既给国际秩序增添了许多不确定因素，同时也带来新的机会和活力。在对华官方发展援助中的表现就是：在经过了1990～1991年的短暂低谷之后，对华官方发展援助的总体规模迅速上升，在1995年到达了峰值。而国际范围内的援助总趋势则恰恰相反，从冷战结束到20世纪90年代中期，援助国向外提供的官方发展援助的总量呈下降趋势。

对华双边官方发展援助的增加与20世纪90年代初中国经济的迅猛发展是同步的。中国在世界经济中所占的份额越来越大，相应的，其国际政治地位也在上升。而且冷战结束后安全议题发生了重要的变化，地区冲突增多，非传统安全的重要意义上升，中国无论在维护世界安全还是维护地区的和平与安全方面都发挥着不可替代的重要作用。因此，在解除了两个阵营对立的种种束缚之后，援助国试图利用援助这种工具带动与中国之间更加全面的关系，不仅仅是在经济方面，而且是在社会领域，甚至包括一些政治领域的合作。

仅以 1991 ~ 1994 年欧共体在中国执行的各个赠款项目为例，展示一下援助方在中国的活动范围和领域（见表 4 – 3）。1991 ~ 1994 年的 4 年时间里，欧共体向中国提供的赠款项目共 20 个，金额总计约为 8340 万埃居（ECU），而 1983 ~ 1989 年的 7 年时间里，欧共体对华赠款项目只有 9 个，总金额约为 3686 万埃居 （ECU）。[①]

表 4 – 3　1991 ~ 1994 年欧共体对华赠款项目一览

序号	立项时间(年份)	项目名称	项目地点	协议金额(ECU)
1	1991	开发中国天然气资源项目		9000000.00
2	1991	农作物集约化生产	新疆	5100000.00
3	1991	土地开垦	宁夏	4550000.00
4	1992	沙质荒地开采	江西	4000000.00
5	1993	欧共体管理学院		957925.00
6	1993	中国经济学家培训		760003.00
7	1993	1994 年会计培训项目		282030.00
8	1993	欧共体 – 中国经济关系新展望		1251690.00
9	1993	灌溉试验中心	甘肃	1700000.00
10	1993	中欧管理学院(1994)		792500.00
11	1993	青海畜牧业开发		3426753.11
12	1993	华东地区妇幼保健培训项目	华东地区	238305.00
13	1993	巩固由"工合"(Gung Ho)国际委员会（中国分会）推动的合作生产网络		90106.00
14	1993	真丝地毯和挂毯编织加工	山东临朐	82317.00

① 埃居为欧元出台之前的欧洲货币单位。

序号	立项时间（年份）	项目名称	项目地点	协议金额（ECU）
15	1993	在中华人民共和国推广全面的乡村发展的试点项目		188777.00
16	1993	大骨病人治疗项目	西藏	113659.00
17	1994	马铃薯脱毒项目	青海	3100000.00
18	1994	中欧国际工商学院	上海	25900000.00
19	1994	西藏 Pa Nam 农村综合发展项目	西藏	21820000.00
20	1994	鹅饲养项目	山东	51985.00
总　计				83406050.11

资料来源：欧盟驻华使团。

20 世纪 90 年代后欧共体对华援助的幅度迅速上升，而且援助领域也同样迅速扩大。20 世纪 80 年代的欧共体对华援助的主要领域是农业，到了 90 年代，可以清楚地看到合作的领域扩大到了能源、人力资源合作、环保、扶贫、农村综合发展、基础卫生等领域。通过援助活动带动中欧之间关系尤其是经济关系的全面发展的意图十分明显，在援助资金的支持下，中国和欧共体/欧盟成员国开始了对未来中欧之间经济关系发展前景的交流，而会计培训项目、中国经济学家培训项目和组建欧盟管理学院等活动则无疑是向中国推销欧洲的管理经验和管理模式，以期提高欧洲和欧盟在中国的经济发展中的影响。

欧共体以及其他主要援助国对华援助政策的变化反映了冷战之后各国重新认识中国在世界体系中的地位的过程。在它们看来，中国不再是两极格局之中影响美苏之间势力均衡的一个重要砝码，而是会对未来世界秩序的走向产生重要影响的一支力量。这支力量与西方世界如此不同，其发展又是如此举世震惊，只有影响并引导其发展，才能够保证援助国的经济和政治利益，甚至是内部的社会安定以及文化上的生存与延续。所以，冷战时期的限制、遏制、有限接触等各种对华政策在 1990 年之后迅速地被"使中国融入国际社会"的种种政策所代替。1995 年欧盟出台的对华长期政策文件总结了对中国的新认识，并成为标志对华双边援助活动变化的分界线。

（2）1995 年至今的情况。

1995 年之后对华双边援助的变化反映了主要援助方对华政策的变化。

由于向中国提供双边援助的援助国主要是欧盟成员国、日本和亚太地区的一些发达工业国，欧盟对华政策的转变具有风向标的作用。

1995 年，欧盟出台了《中欧关系长期政策》文件，综合阐述了欧盟（以及欧盟成员国）新的对华政策。此时，1989 年"政治风波"已经基本平息，冷战后的国际局势的变化也显现出一些新的苗头。对华政策已经不再是为了求得美苏之间的战略平衡，而是建立在欧盟和主要欧洲国家的全球战略之上。

正因为如此，1995 年欧盟对华政策文件开宗明义地解释了中国的崛起对世界和地区秩序的意义。[①] 从欧盟的角度来看，中国的发展不仅为国际体系提供了机遇，也成为现存国际秩序的挑战。关键的问题是，在实力不断壮大的同时，中国如何承担起与其国际地位相匹配的国际责任。只有在中国内部不断推进符合国际规则的政治、经济和社会改革，才能够保证中国的崛起不会导致世界和地区秩序的动荡。所以，与中国的关系应该包括两方面的内容：第一，影响中国内部的改革与发展进程，尤其是要加强中国内部建立在法治基础上的制度和公民社会组织的改革；第二，增加中国与国际社会的交流，加强一些具有重要国际影响的政策领域中国与国际社会之间的合作，例如核不扩散问题、环境问题、移民问题，等等。同时，由于在中国内部的改革过程中出现了分权化的趋势，地方政府在很多政策中扮演着关键的决策者和执行者的角色，所以欧盟已经不满足于同中央政府发展关系，而希望进一步加强次政府层面的交流。

对华政策的转变直接影响了对华援助战略的转变。1995 年欧盟对华政策中指明的对华援助活动的优先领域是：

- 对中国经济具有关键意义的领域的合作；
- 对促进中国体制内部推广最佳实践具有促进作用的合作；
- 能够增进改革势头的合作。

推动、加强和支持中国内部整体改革进程成为欧共体发展援助的主要目标，其所针对的领域非常宽泛，文件中指明的领域包括：推动中国融入世界贸易和投资体系的改革；对中国欠发达和受到限制的公民社会的改革；让中国与信息社会更加接近的改革；阻止中国环境恶化的改革；等等。在所有这些目标之中，

---

① Commission, "A Long Term Policy for China-Europe Relations," COM (1995) 279/final.

减少中国社会内部的城市和农村贫困问题是所有欧共体发展援助活动的基础。

　　欧共体的发展援助政策是主要欧洲国家援助政策的补充，两者不能一概而论。但是，欧共体援助政策的变化的确起到了标示作用。1995 年之后，对华双边援助的发展趋势与欧盟对华政策文件中所指明的方向保持一致。图 4 – 1 清楚地显示了 1995 年后投入社会部门的双边援助的增长趋势。

　　负责欧共体对华援助事务的欧方官员的亲身经历印证了 20 世纪 90 年代中期以来的转变过程。欧盟驻华使团发展援助官员拉马克（Micha Ramakers）根据他在欧共体援助活动中 15 年的工作经验指出，在 90 年代中期之后，欧共体对华援助发生了明显的改变，农业和基础设施建设等方面的内容逐渐减少，而具有战略意义的政策目标占有越来越重要的分量，比如经济体制改革、司法合作、环境保护等，援助从传统的发展合作向结构性的合作转变（from traditional development cooperation to structural cooperation）。在对华援助过程中，欧洲越来越强调要寻求双方的"共同利益"（mutual interests）。正是基于这个原因，减贫在欧盟的对华援助中不是优先项目，因为减贫只是对中国单方有利的，不能使欧盟从中受益。欧盟在中国的援助活动逐渐集中在少数几个领域之中，但是希望与中国在这几个领域中保持更长久的合作关系。

　　从目前的情况看，欧盟对中国的援助短时间内不可能停止。这是因为，对欧盟来说，中国是一个独一无二的受援国，其在国际政治和经济舞台上都扮演着越来越重要的角色，是不能与其他的欧盟受援国相比的。在中国已经有能力解决自己的发展问题的情况下，欧盟仍然继续向中国提供发展援助主要是出于战略考虑。援助是为了推动中国的制度与欧盟更加协调（a compatible system to the EU），从而在未来为欧洲企业在中国创造更多的商业机会。目前欧盟在中国的知识产权、食品卫生、环保和航空等方面的合作，都是在促进中国采取更多的欧盟的技术标准和规则。对欧盟来说，中国更多地采取欧洲的标准而不是美国标准，这就是欧盟的利益所在。①

　　新时期的欧共体对华援助政策符合欧盟与中国发展全面战略伙伴关系的政策。所以，欧共体的对华援助是发展与中国关系的一种重要的政策工具，欧盟负责援华事务的官员对此是毫不隐讳的。

---

　　① 见 2005 年 9 月 22 日对欧盟驻华使团发展援助一秘 Marcel Roijen 和二秘 Micha Ramakers 的访谈记录。

但是，同样是政策工具，由于对华政策的不同，针对中国的援助战略会存在相当大的差异。日本 1995 年在中国的双边援助活动与欧盟及其成员国之间的不同就源于此。1995 年，日本的对华援助（包括贷款和赠款项目）的显著变化是增加了环保方面的内容，主要是因为日本是中国的近邻，受到了中国环境污染的直接危害，比如酸雨和沙尘暴问题，给日本的对华援助提出了新的任务。此外，基础设施建设和生产部门仍然是日本对华援助的重点。① 而且，在对华援助问题上，日本和中国之间的摩擦不断，近年，日本宣布要停止向中国提供政府优惠贷款，此举在中国国内引起了强烈的不满。② 这样的态度与欧盟和欧洲国家之间形成了强烈的反差。

针对中国的援助政策从侧面反映了新环境下日本对华政策与欧洲国家之间的差异。日本与中国仅有一海之隔，在历史上恩怨不断，对中国的发展很有戒心。1992 年日本援助政策进行了整体调整之后，日本对华援助附加了政治条件。1995 年，日本以中国进行核试验为由冻结了除人道主义援助之外的对华官方援助。③ 此后，类似的事件不断发生。2004 年日本公布了《政府开发援助白皮书》，据称，日本方面计划大幅度削减对华援助的一个主要原因是日本国内的不安和不满情绪。

近年来，日本某些人面对中国经济的崛起，总是摆脱不了冷战思维，自觉或不自觉地陷入某种"政治过敏症"，认为中国的强大必然是对日本的威胁。中国的载人飞船上天，中国军事实力的增强，也使部分日本人不放心，甚至有人担心中国的原子弹会落到自己头上，认为不应该用纳税人的钱去资助一个潜在的敌人。这也成了日本近年来削减对华政府开发援助规模的原因之一。白皮书为此就指出："根据国内因中国的军事动向而存在严厉意见的情况，正在大幅修改对华政府开发援助政策。"④

---

① 资料来源：OECD/DAC，2005，*International Development Statistics*（CD-ROM）。

② 见《日本发表 2004 版白皮书 将停止对华政府开发援助》，《国际先驱导报》2004 年 10 月 8 日；《日将冻结新财年对华贷款 不满中方东海问题新提议》，《中国青年报》2006 年 3 月 24 日；以及《日本打着算盘解冻对华贷款》，《国际先驱导报》2006 年 6 月 8 日，转载于新华网 http://www.xinhuanet.com。

③ 金熙德：《日本政府开发援助》，社会科学文献出版社，2000，第 201 页。

④ 见《日本发表 2004 版白皮书 将停止对华政府开发援助》，《国际先驱导报》2004 年 10 月 8 日，转引自新华网 http://www.xinhuanet.com。

2006 年 3 月，日本单方面冻结对华日元贷款，原因则是中日双方没有在东海油气资源开发的问题上达成共识。

> ……但 3 月 23 日日本政府作出决定，本财政年度内将不会就对华日元贷款的额度进行审定。这意味着 2006 年日本的对华日元贷款为零……在当天上午的自民党外交联席会议上，副外相盐崎恭久阐明了日本政府的这一立场。他表示，根据中国政府的对日外交姿态以及中方在东海油气田开发争端上的态度，政府和自民党内目前对中国的看法非常严厉，此时如果继续向中国提供日元贷款将难以获得民众理解。[1]

在中日关系之中，日本对华援助不但没有起到润滑剂的作用，反而成为政治摩擦的导火线，这为国际范围内把日本援助视为失败案例的观点提供了另一佐证。然而，更深层次的问题是，日本应该如何面对一个日渐强大的中国？日本在中国发展中的利益何在？新环境中日中关系的基石应放在何处？恐怕只有解决了这些问题之后，对华援助才可能不仅仅是日中关系的晴雨表，而是能够更多地发挥润滑剂的作用。

二　中国内部的双边援助管理体制

与双边援助在中国不断发展的进程相伴的是中国内部援助管理体系的建立和调整。1979 年以来流入中国的双边援助同新中国成立之初接受的苏联对华援助之间差异巨大，无论是影响援助活动的外部条件、推动援助活动的动机、援助的主要形式还是援助的执行方式几乎都是不可相比的。所以，1979 年以来双边援助活动不仅带动了中国内部的观念变化，而且，观念和政策的转变也是双边援助得以进入中国的前提条件。同时，随着双边援助的规模不断扩大和援助形式的增多，提出了管理方面的需要，中国内部的双边援助管理体系逐渐建立起来，并随着中国内部政府机构的改革而变化。

1. 中国对双边援助的态度：被视为外资的援助

中国接受双边援助的政策转变是与中国开始接受外资的政策决策同时发

---

[1] 《日将冻结新财年对华贷款　不满中方东海问题新提议》，《中国青年报》2006 年 3 月 24 日，转引自新华网 http：//www.xinhuanet.com。

生的，在相当长的一段时间内，中国政府一直把吸收援助资金（包括双边援助和多边援助）与吸引外资混为一谈，没有认识到发展援助这种政府间财政转移支付的特殊性质。

推动中国采取更加开放的姿态接受国外资金的是中国国内的现实需要。在 20 世纪 70 年代末，中国的生产能力严重落后于西方国家，发展生产需要从国外购买大量的先进设备与技术，但是，中国缺乏资金。1977 年之后，进口设备和技术的步伐一开始加快，就暴露出中国偿付能力不足的问题。在这样的条件下，长期坚持的不向外举债的"独立自主，自力更生"的方针必须改变。在"1979 年以来的对华多边援助"一章中已经介绍了中国针对接受外来援助的政策改变的情况。随着中国开始接受联合国系统的发展援助，其他渠道的援助资金和投资也逐渐进入中国。

但是，改革开放初期中国的现实情况限制了其接受私人资本的能力。一方面，由于中国长期与国际经济体系隔绝，从国际资本市场上融资的能力不足；另一方面，中国当时实行的仍然是计划经济体制，国有企业是国民经济的主体，私人经济非常不发达，而且，吸引外资的活动也被纳入了计划经济体系，由政府出面统筹规划，这种局面限制了私人资本向中国的流动。就 20 世纪 70 年代末 80 年代初的情况看，中国所使用的外资以官方援助资金为主，在 1983 年以前，外国直接投资的规模与援助资金的规模大致持平，直到 1991 年，援助资金都在流入中国的外来资金的整体构成中占有很大的比例。详细情况见图 4 - 2。

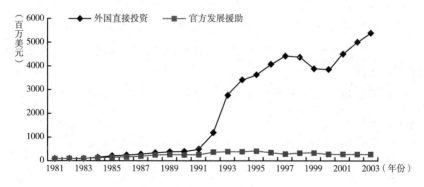

图 4 - 2 1981 ~ 2003 年流入中国的援助与外国直接投资的比较

资料来源：OECD/DAC，2005，*International Development Statistics*（*CD-ROM*），以及 WDI online，http：//devdata. worldbank. org/dataonline，accessed on 30/10/2006。

中国的改革开放是一个渐进的过程，在这样的宏观环境下，中国内部是逐渐地加深对援助这种特殊的外来资金的认识的。改革开放初期把援助视为外资的观念一直在中国内部延续。1981～1995年连续三个"五年计划"之中，利用和使用外援的基本政策都是归在外资政策之下。1995年的"八五"计划明确表示了要优先使用援助资金："继续积极有效地利用外资。尽量争取国际金融机构和双边政府贷款，特别是条件比较优惠的贷款……"① 这种观念在中国有着非常深远的影响。

尽管如此，中国政府主管部门的官员已经认识到援助是一种特殊的外来资金。首先，与一般的市场融资相比，无论是贷款还是赠款，援助资金的条件更加优惠、来源更为可靠，而且内涵更为丰富。通过援助"可以获得最新的信息、技术和稳定可靠的财政支持，同其他资金渠道相比具有一些无法替代的优势"。其次，世上没有免费的午餐，这种优惠的外来资金，"其实质还是发达国家为实现其政治目的所采取的一种经济手段"。② 因此，援助方要通过援助实现其目的，中国受援主管部门则要使双边援助活动最大限度地服务于中国政府的发展政策，双边援助从谈判到实施，处处充满了"外交斗争"的痕迹。

2. 针对双边援助的受援管理体制

中国接受援助管理体制随着中国改革开放进程、政府职能的转变以及对华援助活动的变化而逐渐演变至今。总的看来，中国政府牢牢掌握了接受双边援助的主动权，从援助国别计划的制订到项目的具体实施，都离不开中国政府的协调和协作，否则，无法保证项目取得预期的结果。根据欧盟驻华使团发展援助官员的说法，在与中国方面进行欧共体对华赠款项目的谈判时，总是对外经济贸易部（1993年后为对外贸易经济合作部）确定了中国方面的需要后，再向欧共体提出合作意向，这与其他欧共体的受援国完全不同。这种状况只是在近期（2000年以后）才有所改观。③

（1）中国接受援助管理体制的基本情况。④

---

① 见《中华人民共和国国民经济和社会发展十年规划和第八个五年计划纲要》。
② 《外经贸部国际经贸关系司司长易小准在我国接受国际多、双边无偿援助工作会议上的讲话》，2001年8月7日，兰州。对外贸易经济合作部国际经贸关系司主编《中国接受国际无偿援助管理指南》，安徽人民出版社，2003。
③ 见2005年9月22日对欧盟驻华使团发展援助一秘Marcel Roijen和二秘Micha Ramakers的访谈记录。
④ 根据有关访谈记录整理。

援助被视为外资。同时，援助又往往是以政府间的协议为基础的一种外来资金，中国政府承担了重要的偿还（仅针对贷款项目而言）、监管和执行的责任，因此，中国政府方面理所当然地把援助资金纳入了政府可以动用的财政资源的范畴，以此来补充国内资源的不足。正是在这种情况下，中国政府的援助管理体制长期以来建立在"内外有别"的基础上，对外，由专门的政府主管部门负责与援助国或国际援助机构的协商与谈判，长期以来，这一职责是由主管对外经济事务的政府主管部门承担的，主要是商务部（及其前身外经贸部）和财政部；对内，则由经济计划部门统一规划并管理外国政府和国际金融机构贷款项目，主要是国家发展和改革委员会（及其前身国家计划委员会）① 负责，贷款项目因为被视为主权债务，由财政部归口管理，财政部金融司主要负责双边政府贷款的管理，而国际司则负责国际金融组织贷款项目，主要是世界银行和亚洲开发银行的对华贷款，赠款项目的申报和管理由商务部统筹组织。

中国的援助管理体制从开始接受援助之时至今，一直不断地演化。1979年中国开始接受多双边援助时，由当时负责援外事务的对外经济联络部② 承担管理职责，具体工作由国际局统筹安排。在 1982 年的国务院机构改革中，当时国务院下属的进出口管理委员会、对外贸易部、对外经济联络部和外国投资管理委员会四个部委合并成为对外经济贸易部，③ 受援事务的管理职责自然地由新成立的对外经济贸易部继承，由其中的贷款司和国际司分头管理中国接受到的政府优惠贷款和无偿援助（即赠款），与贷款混合使用的赠款归口贷款司管理。1993 年，对外经济贸易部更名为对外贸易经济合作部。

① 国家发展和改革委员会的机构沿革情况是：其前身为国家计划委员会，成立于 1952 年。1998 年，国家计划委员会更名为国家发展计划委员会，又于 2003 年将原国务院体改办和国家经贸委部分职能并入，改组为国家发展和改革委员会。见 http：//www.ndrc.gov.cn/jj.default.htm，2006 年 10 月 11 日。

② 对外经济联络部的主要职责是：（1）在中共中央、国务院的领导下，负责对亚、非、拉国家经济援助谈判工作，对外签订协定、议定书；（2）在中共中央和国务院的领导下，对外签订科技合作协定、议定书；（3）掌握协议、议定书的执行情况，了解援外项目和科技合作项目的工作进度，办理清算手续；（4）安排对外援款的拨款使用计划，编制援外计划，办理出国援外专家的有关事项；（5）处理列席八国经互会各常委会的工作，办理国际上有关国家的铁路、交通、民航、邮电和农林电等方面的经济技术合作工作；（6）对外派遣技术援助专家、考察专家，推荐和派遣实习生，交换技术资料和实物样品等工作。见商务部网站 http：//bgt.mofcom.gov.cn/aarticle/ckts/ckzcfg/200412/20041200316118.html。

③ 1982 年中央政府机构改革的情况参见国家行政学院编著《中华人民共和国政府机构五十年》，国家行政学院出版社、党建读物出版社，2000，第 125 页。

在 1998 年的政府机构改革中，随着政府机构的精简和政企分开的进展，贷款司从对外贸易经济合作部整体搬迁至财政部，成为隶属于财政部的金融司，而无偿援助的管理仍继续留在对外贸易经济合作部国际司的手中。2003年 3 月，对外贸易经济合作部再度更名为商务部，所以，目前对华多双边援助事务的主管部门主要是：商务部国际经贸关系司，负责管理多双边无偿援助事务；财政部金融司负责管理双边贷款事务，财政部国际司负责世界银行和亚洲开发银行的对华贷款事务，一些融入贷款项目中的赠款也由财政部统一管理；国家发展和改革委员会，负责贷款项目的内部管理。

日本对华援助中的技术合作项目是一个特例。除了日元贷款和赠款（资金无偿援助）以外，日本政府对华援助的另外一个重要的组成部分是技术合作。当时国务院分工，责成国家科学技术委员会（1998 年后改为科学技术部①）归口管理日本对华技术合作，1979 年国务院给日本方面一个通报，明确指定国家科学技术委员会管理日本对华技术援助项目，这种分工一直延续至今。②

中国政府把来自国际金融机构和外国政府的援助贷款视为主权外债，一直采取非常严格的管理措施。从管理程序来看，援助贷款项目的主导权是牢牢地掌握在中国政府手中的。根据 1996 年 4 月 22 日中国国家计委颁布的文件《国家计委关于借用国外贷款实行全口径计划管理的通知》，中国境内机构在境外（包括境内的外资金融机构）一年期以上的外汇融资都纳入了计划管理的范畴之中，其中，借用国际金融组织和双边政府的贷款需要执行指令性计划管理。③ 2000 年进一步强化了对国际金融组织和外国政府贷款的管理。④因此，这些贷款项目原则上属于政府主导型项目。

赠款项目的管理相对要松散一些、复杂一些。但是，中国政府内部也确立了以商务部为核心的管理体系。商务部对内全面组织和协调受援工作，并决定最终可行的援助项目；对外，负责与援助方协商和协调，保证项目的顺利立项和实施。因此，双边赠款项目也基本是由中国政府主导的。

---

① 国家行政学院编著《中华人民共和国政府机构五十年》，国家行政学院出版社、党建读物出版社，2000，第 93 页。
② 根据有关访谈记录整理。
③ 国家计委：《国家计委关于借用国外贷款实行全口径计划管理的通知》，1996 年 4 月 22 日，见国家发展和改革委员会官方网站 http：//www. ndrc. gov. cn。
④ 2000 年 5 月 30 日，国家发展计划委员会计外资〔2000〕638 号，《国家计委印发关于加强利用国际金融组织和外国政府贷款及项目管理暂行规定的通知》，见 http：//www. ndrc. gov. cn。

（2）交流渠道的增多与管理体制的调整。

随着中国改革开放的发展，与外界接触的渠道日益增多。20 世纪 90 年代以后，在中央主管部门统一归口管理、执行单位负责项目具体实施的管理框架之下，出现了一些政府部门、地方政府或非政府组织与援助方直接合作的现象，主要是在双边赠款项目中。但是，中国政府统筹管理接受双边援助事务的管理体系并没有发生根本改变。以欧盟的对华援助为例，根据其 2005 年 2 月份正在执行的欧盟对华援助项目统计，与商务部或其他政府部门、地方政府合作执行的项目共有 19 项，金额总计约 2.3 亿欧元，另有一些小项目是由中方或外方的大学、研究所或社团组织执行的，共有 68 项，金额总计 2719 万欧元。① 这种趋势也反映在统计数字上（见图 4－3）。

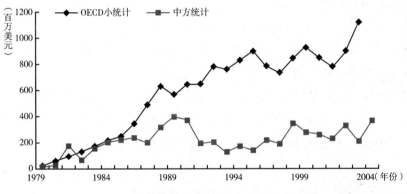

图 4－3　对华赠款：援助方与受援方的比较

资料来源：OECD/DAC, 2005, *International Development Statistics*（CD-ROM），及中方有关统计数字。12 个 DAC 成员国分别为：澳大利亚、比利时、德国、荷兰、加拿大、捷克、卢森堡、挪威、日本、瑞典、意大利和英国。3 个联合国系统的援助机构为：联合国儿基会、联合国开发计划署以及联合国人口基金。在此图中，OECD 的数据包括了所有多边和双边援助的赠款数额，而中方统计数字只包括了 12 个 DAC 成员国、欧共体和 3 个联合国系统中的援助机构。所以，中方统计数字应该低于 OECD 的统计。从此图看，1981 年中方数字高出了 OECD 的数字，可能是由于年度统计方法的差异。

从图 4－3 可以看出，1985 年以前中外双方的赠款统计基本一致。1985 年之后，两个统计数字之间的差距开始增大，1989 年之后，两者之间的差距迅速增加。在 20 世纪 90 年代中期，OECD 统计的流入中国的赠款数额持续上升，而商务部的

---

① EU Delegation, "Overview of European Union Ongoing Cooperation Projects in China," February 21, 2005.

统计中，其经手的赠款项目的总额却是下降的。导致这一趋势的原因如下。

第一，一些援助方的财务不向中方公开。首先，用于聘请专家的费用中方无法掌握；其次，援助方的统计中包括了用于项目管理的"管理费"，而管理费多用于支付外方执行机构的开支，中方并没有受益。这两项费用往往没有包括在中方统计之中。

第二，一些外援项目（尤其是一些由外国驻华使馆资助的小项目）是由援助者直接提供给受援单位或地区的，没有经过中国政府主管部门。开展援助活动初期，由于使馆在华的活动范围有限，交流渠道不畅，它们必须借助商务部的协助。当他们与中国国内机构建立起比较畅通的联系之后，就直接与受援方合作举办活动。虽然需要履行一些必要的手续，但是往往不以援助项目的形式审批。①

第三，尤其是 20 世纪 90 年代以来，有大量的国际非政府组织在中国开展援助活动，其中相当一部分得到了援助方双边援助资金的资助，因而非政府渠道成为双边援助流入中国的一个不可忽视的渠道。比较典型的是美国的例子，USAID 是政府援助机构，但是它并不直接与中国政府签订协议，执行项目，而是将援助款项通过非官方组织，资助它们在中国开展活动，以回避来自中国政府方面的干预和管理。中国的外事管理一般遵照"官对官、民对民"的模式，因此，虽然这些资金也是来自外国政府的援助资金，且其数额相当可观，但国家不介入项目的立项和执行。

第四，20 世纪 90 年代中期以后，国际上出现了一些新的多边援助机构，比如全球环境基金和全球基金。这些多边援助机构提供的是赠款，但是并不由商务部统管，例如，全球环境基金项目多由世界银行执行，因此主要由财政部负责。

第五，近期共同出资（co-financing）成为国际援助领域的一个新的发展趋势。一些援助国把双边援助的资金用于多边机构执行的而又符合本国援助战略的项目，以提高援助的效率。以英国为例，英国与世界银行合作向中国西部五省区的基础教育提供混合贷款，英国国际发展部提供了约 2500 万英镑的赠款，大大降低了世界银行贷款的利率。这增加了统计工作的难度，成

---

① 见云南省商务厅国际经贸关系处《云南省接收国际无偿援助项目简况》，2004 年 6 月 29 日，以及中方有关统计（截至 2005 年 12 月）。

为漏算和重复计算的原因。

第六，中国内部观念的问题造成了援助工作的一些混乱局面。在目前阶段，地方执行单位尤其重视援助中"硬件"部分，例如，为地方建了什么基础设施、购买了什么设备等，而忽视了援助所附带的各种"软因素"，主要是培训、咨询和能力建设等。执行部门并没有把这些算入项目成果之中，因而也就无法准确地估量援助项目所可能带来的影响。

三 1979 年以来对华援助的总体变化趋势

一方面，双边援助体现了不同援助方的对华战略意图而各有侧重；另一方面，中国政府在统一规划和管理援助事务方面发挥了重要的作用，在中国内部也发展起了一套从中央到地方的援助管理体系，所以，对华双边援助明显体现了双方互动的特征，这与一些严重依赖外援的小国的情况完全不同。只有从援助方和中国两边去看，才能够理解 1979 年以来的对华双边援助的整体变化。

1. 双边援助整体变化的情况

1979 年以来对华双边援助的总体规模、贷款和赠款的比例以及援助的部门和地区分布都有很大的变化。

（1）总体规模和贷款/赠款的消长。

图 4 - 1 基本显示了 1979 年以来中国接受的双边官方发展援助的变化趋势，这个趋势图以官方发展援助总额为准，如果将贷款和赠款分开计算，其变化趋势又各有不同（见图 4 - 4）。

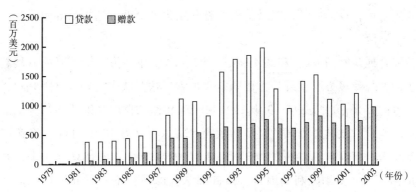

图 4 - 4 1979 年以来对华双边援助中贷款和赠款的走势

资料来源：OECD/DAC, 2005, *International Development Statistics*（*CD-ROM*）。

从图 4 - 4 中可以看出，1995 年是一个转折点。1995 年之前，对华双边援助中贷款与赠款的升降趋势基本上是一致的，而 1995 年后，贷款的急剧下降与赠款的稳中有升形成对比。

1995 年之前，对华双边援助中贷款总额远远超出了赠款，这与援助方的对华援助战略是一致的。就 20 世纪 80 年代冷战时期的情况来说，西方国家与中国之间的关系以优先发展经济关系为主。与赠款相比，贷款项目多用于基础设施建设和生产部门，较少涉及社会和政治领域，贷款多于赠款也就可以理解了。同时，中国方面对资金的迫切需求也是一个重要原因。从图 4 - 2 可以看出，整个 80 年代流入中国的外国直接投资的数量都处于一个比较低的水平，直到 1992 年之后，外国直接投资才开始大量涌入中国。因此，在 80 年代，政府优惠贷款是为中国的经济发展提供必要资金的一个重要渠道。

1991 ~ 1995 年，在短暂的停滞之后，对华双边援助重新上升，贷款数量的增长尤其迅速。这与这一时期中国经济的飞速发展相一致。赠款的数量虽有上升，但是幅度不大。

1995 年之后，对华贷款项目急剧减少，而赠款项目则是稳中有升。从援助方来看，1995 年的政策调整之后，对华援助战略更加强调的是实现在中国的政治目的，以左右中国的发展进程。就实现这种目标而言，赠款是更加理想的政策工具。另一方面，1992 年之后，流入中国的外国直接投资猛增，资金缺乏已经不再是中国发展面临的主要问题。在中国拥有了更多的资金来源之后，援助中的优惠贷款的杠杆作用逐渐降低。这也是导致贷款下降的一个原因。

综合地观察图 4 - 3 和图 4 - 4，1991 ~ 1995 年，另一个重要的发展趋势是援助方与受援方赠款统计方面的差距加大。这反映出的趋势之一是提供赠款渠道的多元化。以表 4 - 3 中 1991 ~ 1994 年欧共体对华赠款项目为例。在这一阶段中，欧共体提供的对华赠款项目清单中共有 20 个项目，总额 8300 多万埃居。而同期，中方的统计中，欧共体对华赠款项目只有 9 个，总额 4200 多万美元，刨除利率因素，商务部掌握的项目不到欧共体这一时期对华援助项目的一半。商务部掌握的 1991 ~ 1994 年欧共体对华赠款项目情况见表 4 - 4。

表 4 - 4 1991～1994 年中国接受欧共体赠款项目一览表

单位：万美元

序 号	项 目 名 称	年 份	项目金额
1	福建海洋渔业开发	1991	453.23
2	新疆农作物栽培	1992	370.83
3	宁夏中低产田改造	1992	391.43
4	江西沙地治理	1992	412.03
5	甘肃灌溉试验培训	1993	175.17
6	艾滋病和性病防治	1994	286.44
7	青海马铃薯脱毒	1994	319.32
8	青海畜牧草场开发	1994	329.63
9	中欧国际工商学院	1994	1485
总 计			4223.08

资料来源：中方有关统计（截至 2005 年 12 月）。

比较欧方和中方所提供的资料，可以推断这一时期欧共体对华的一些援助项目直接提供给了中方受援机构，或者由非政府组织在中国执行。在表 4-3 中，第 13～16 项，即巩固由"工合"（Gung Ho）国际委员会（中国分会）推动的合作生产网络、在山东临朐执行的真丝地毯和挂毯编织加工项目、在中华人民共和国推广全面的乡村发展的试点项目以及西藏地区的大骨病人治疗项目都非常有可能或者是由欧共体直接资助了在华开展活动的国际非政府组织，或者直接与中国地方政府合作，而没有与对外贸易经济合作部签订政府间协议。

以山东临朐的真丝地毯和挂毯编织加工项目为例。山东省临朐县是一个贫困县，[①] 自 1987 年以来，在中国国际技术合作交流中心下设的专门负责国际非政府组织在华援助活动的民管处的安排下，接受国外民间组织和国际多双边机构资金援助 843 万美元，先后安排了 38 个扶贫开发项目，涉及种植业、养殖业、加工业、人畜饮水、库区开发、妇女工艺技术培训、农村妇幼卫生保健、弱智残疾人教育、教师培训等方面。其中，在临朐县开展项目活动为时最久的是具有宗教背景的德国明爱组织，主要是执行农村综合扶贫项目，有助于改善妇女生产地位的妇女工艺品生产项目是一个重要的援助内容，包括了抽纱、草编、挂毯、雕刻和机绣等，与欧共体临朐项目恰好是同一个内容。德国明爱组织在这一项上的投入为 282 万元人民币，它非常有可

①　见中国国际民间组织合作促进会网站 http：//www. cango. org/cnindex/chjiu. htm。

能得到了欧共体援助资金的资助。存在的另外一种可能性是，由于临朐县长期与德国明爱组织合作，熟知国际项目申请和项目管理的一般程序，并且建立了广泛的国际联系，因此能够直接得到欧共体的资助。

西藏的大骨病人治疗项目是另外一个例子。1992 年无国界医生组织比利时部与西藏自治区的地方政府合作进行了一个针对大骨病的研究项目，一方面是为了了解此病的成因及检验不同的预防策略，另一方面则是为患者提供物理疗法和其他形式的治疗。① 1993 年立项的西藏大骨病人治疗项目极有可能是无国界医生组织西藏项目的一部分。

1991～1994 年，欧共体有可能通过非政府渠道向中国提供了大量的援助赠款，从项目名称上来看，"巩固由'工合'（Gung Ho）国际委员会（中国分会）推动的合作生产网络"就是一个由国际非政府组织在华执行的项目。这些由非政府渠道流入中国的项目主要集中在边远、贫困的农村地区，并且主要集中在社会领域和农村综合扶贫方面。

欧盟的做法应该是具有代表性的，否则无法解释为什么商务部所接受的整体赠款项目在 1991～1995 年持续走低，而且与 OECD/DAC 的统计总额相差如此之大。② 这种做法反映了在冷战结束后，援助方的对华援助政策在实现援助方在华经济利益的同时，也掺杂了一些新的政治意图。在最能够发挥援助方杠杆作用的赠款项目中，援助方试图绕过中央政府主管部门直接与地方政府合作，或者干脆资助在华开展援助活动的国际非政府组织，这是避开中国政府的控制直接在中国社会底层发挥影响的一种尝试。而 1995 年之后，商务部统计中所显示的上升趋势反映了援助方调整了援助策略，重视与中国政府在发展领域的合作，原因也是很简单的。一方面，尽管加大了援助力度，双边援助（加上多边援助也是如此）的总额与中国的整体经济规模相比还是微不足道的；另一方面，与中国政府合作开展援助活动，可以借助中国政府强大的组织和动员力量，离开了中国政府的合作，援助活动的影响是极其有限的。

---

① 见《大骨头病基金会》，载于英国大使馆文化教育处、福特基金会《200 国际 NGO 在中国：中国发展简报特别报告》，2005，第 116 页。

② 根据 OECD/DAC 的统计，1995 年主要双边援助国向中国提供的赠款总额约为 78200 万美元，而根据中方的统计，1995 年中国接收到的赠款（其中包括了联合国援助机构提供的部分多边赠款）只有 13450 万美元。

（2）双边援助的部门分布。

图 4 - 1 已经大致显示了 1979 年以来对华双边援助部门分布的趋势。如果将贷款与赠款分开，则双边援助中的贷款与赠款的部门分布还是有所区别的。

从图 4 - 5 可以看出，双边贷款项目更加集中在基础设施建设、生产部门和出口支持等领域，主要是与经济活动有关。贷款项目中也有一些是针对环保和社会领域的非生产性项目，为数不多，分量也不大。但是在 2000 年后，贷款项目在社会部门的分布也呈现了上升的趋势。从中可以看出中国政府的主导作用，大量的贷款用于政府确定的重点项目和重点领域上，这些多与经济建设有关。

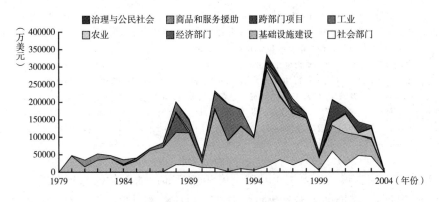

图 4 - 5　1979 年以来对华援助贷款的部门分布趋势

资料来源：OECD/DAC，2005，*International Development Statistics*（*CD-ROM*）。其中，社会部门由原数据中教育（110）、卫生（120）、人口政策和生殖健康（130）、供水和卫生（140）以及其他社会基础设施和服务（160）几项合并而成，治理与公民社会即为原数据中的 150 项，基础设施建设由运输和货物存储（210）、通信（220）、能源（230）几项合并，经济部门由银行和金融服务（240）、商业和其他服务（250）、贸易政策和规则（331）以及旅游（332）合并而成，农业由农业（311）、林业（312）和渔业（313）合并而成，工业由工业（321）、矿业（322）和建筑业（323）合并而成，跨部门项目为原 400 项，商品和服务援助为 530 项，其余各项因为制图需要而忽略。

相比起来，赠款项目主要集中非生产领域，用于社会基础设施的建设、卫生和教育、环保、体制改革和文化科技方面的交流等，其用途比较复杂，而且以输入"软件"为主，其政治内涵也更加丰富（见图 4 - 6）。

从整体上看，1995 年之后，赠款项目向社会领域集中是非常清晰的一个趋势。综合贷款和赠款项目的情况，可以说目前对华双边援助逐渐向

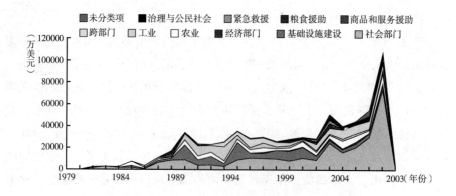

图 4 - 6　1979 年以来双边援助赠款的部门分布趋势

资料来源：OECD/DAC，2005，*International Development Statistics*（*CD-ROM*）。其中，社会部门由原数据中教育（110）、卫生（120）、人口政策和生殖健康（130）、供水和卫生（140）以及其他社会基础设施和服务（160）几项合并而成，治理与公民社会即为原数据中的 150 项，基础设施建设由运输和货物存储（210）、通信（220）、能源（230）几项合并，经济部门由银行和金融服务（240）、商业和其他服务（250）、贸易政策和规则（331）以及旅游（332）合并而成，农业由农业（311）、林业（312）和渔业（313）合并而成，工业由工业（321）、矿业（322）和建筑业（323）合并而成，跨部门为原400 项，商品和服务援助为 530 项，粮食援助为原数据中 520 项，紧急救援为 700 项，未分类项为 998 项。其余各项因为制图需要而忽略。

"软"的方向发展，主要用于基础设施和生产部门的贷款的总额在减少，在赠款项目中，援助的一般趋势也是向政治和社会部门集中。所有这些发展表明了援助方加大力度影响中国内部发展进程的意图。

（3）双边援助的地区分布。

对华双边援助的地区分布不是一成不变的，而是随着中国改革开放和经济发展的不断推进，不同时期里重点的受援地区是不同的。由于缺少对华双边援助中贷款项目的详细资料，这里只能根据赠款项目的情况作一些基本判断。

从 1979 年以来的总体发展情况来看，对华双边援助中的赠款主要流向了中西部地区。根据有关部门的统计，约有 90% 的赠款流向了中西部地区，5% 流向了中央各个部委（主要是用于全国性的项目），其余的 5% 流向了东北三省。[①]

---

① 根据有关会议发言整理。

然而，不同时间段里，赠款项目的重点受援地区是很不一样的。① 在中国刚刚开始接受援助的 20 世纪 70 年代末 80 年代初的时候，赠款项目的受援地以大城市和东部沿海地区为主。1980~1983 年中国共接受了 33 个双边赠款项目，有 12 个项目的执行地在北京，其中既包括一些由部委执行的全国性项目，如由财政部执行的澳大利亚赠款项目"审计人员培训"，也包括一些北京当地受益的基础设施建设项目，例如日本援助的中日友好医院项目。有 11 个项目的执行地在东部沿海地区，包括辽宁、天津、山东、江苏、上海几个省和直辖市。只有 6 个项目的受援地是中西部省份，包括黑龙江、湖南、广西、四川、云南和西藏等省份。其余项目的受援地不详。

到了 1990 年，中国接受的 32 个双边赠款项目中，只有 6 个项目的受援地是东部沿海省份，包括上海、浙江、天津、山东和广东等地，8 个在北京（包括由部委执行的项目），13 个项目援助了中西部各省，包括甘肃、四川、贵州、西藏、安徽、黑龙江、吉林、宁夏、陕西等省，其余项目执行地不详。

在最近一些年中，赠款项目出现了向两头集中的情况。一头是北京，主要是与各个领域中中国整体政策制定有关的合作，另一头就是中西部地区。以 2004 年中国接受的 40 个赠款项目为例，有 11 个项目的执行地在北京或包括北京，5 个项目由相关部委执行，其余项目中，除了一个日本援助的"中国生殖健康家庭保健培训中心器材完善计划"在江苏省之外，其余全部流向了中西部省份。

2. 导致变化的原因

对华双边援助的这些变化是多方面因素错综复杂地交织在一起造成的，概括起来，应该包括以下三个方面的原因：①国际范围内援助活动的变化趋势；②援助国对华援助战略的调整；③中国国内受援政策的调整。这些原因体现在对华双边援助活动的各个方面。在前面的论述中已经多次提及。

第一，国际范围内援助活动的变化可以用来解释 1995 年之后对华双边援助部门分布的变化。西方学者倾向于将援助活动的发展描述为一个"学习的过程"，这不仅是指援助方不断深入了解受援国的情况而制定出符合受援国实际的援助战略，同时，也表明援助方对"什么是发展？"以及"如何实现发展目标？"这样一些问题的认识是在不断变化的。20 世纪 70 年代中

---

① 见中方有关统计（截至 2005 年 12 月）。

后期，联合国儿童基金会率先提出了"满足人类基本需求"的援助方式，随后，无论是研究发展问题的学者，还是国际援助领域中的实际工作者乃至援助政策的制定者，逐渐深切地意识到发展并不仅仅意味着经济的发展，发展同时预示了复杂的社会转型的过程。在冷战结束后，全球化的发展突出了全球范围内发展不均衡的问题，并不是所有国家的所有人群都能够平等地获得全球经济发展所带来的益处，而穷国和贫困人口的持续边缘化成为全球和平、安全以及持续发展中的不稳定因素。正是基于对发展理解的深化以及国际环境的变化，在冷战后全球范围内的援助活动都开始向社会部门以及促进良好治理的方向转变。20 世纪 90 年代中后期对华双边援助部门分布的变化与这种趋势保持一致。

第二，在双边援助中，贷款与赠款的消长与赠款的部门分布也反映了援助方对华援助战略以及对华政策的转变。20 世纪 90 年代以来，由于经济的发展和综合国力的提高，中国越来越成为一支具有国际影响力的力量。不仅处理一些全球性问题或地区性问题需要中国的合作，而且中国内部的发展也会给外部世界带来不容忽视的影响。在这样的条件下，对华政策就不仅仅是以发展经济关系为主，政治、社会和安全领域的对话具有举足轻重的意义。所以，对华的双边援助出现了"软化"的趋势，比较"硬"的贷款工具逐渐让位于比较"软"的赠款，而且，赠款项目逐渐向社会和政治领域集中，即便是经济部门中的合作，也以推广技术标准、推进政策改革等软件为主。

第三，对华双边援助的变化反映了中国改革开放进程中内部需求的不断变化。改革开放初期，中国发展最急需的是资金、技术以及可以进行国际交流的人才，因而援助中贷款比例较大，而且援助项目多是以基础设施建设、引进先进设备、培养能够参与国际交流的人才（包括语言培训和技术培训）为主。当时对华双边援助也有帮助中国融入世界经济体系并推动中国市场经济体制建设的意图，比如在会计、审计和统计方面的合作，是在推动中国采取一些国际标准操作程序，既可以减少中外之间经济合作方面的障碍，又能够促进中国市场经济的发展。随着中国经济的发展，社会和政治领域的不足显现出来。例如，环境恶化给经济可持续发展造成了不良影响；不完善的社会保障体系不仅成为潜在的社会冲突的根源，同时也影响了全国范围内劳动力的自由流动乃至全国性市场的建立；政府干预经济活动的方式和方法在一些时候不利于经济平稳健康的发展和资源的有效利用；等等。援助活动向这些领域的转移客观上也适应了中国国内发展的需要，援助搭建了援助方和中国之间就这些问题进行合作与交流的平台。

总的说来，对华双边援助充分体现了中外之间的互动。双边援助的部门分布和地区分布都不仅仅是援助方意图的体现，同时也是与中国政府资源配置的总体战略相一致的。中国政府在配置双边援助资金方面发挥了重要的作用，以使这些外来要素服务于中国的发展战略。那么，双边援助在中国的改革开放进程中扮演了什么样的角色？

四 双边援助与中国改革开放进程之间的关系：辅助还是引导？

此处的讨论仅限于宏观政策和趋势方面，并不深入援助活动的细节中。从资金构成、援助的部门和地区分布三个方面来看，对华双边援助活动在中国的改革开放进程中起到了重要的辅助作用。

最重要的一点是，由于中国的改革开放是政府主导的自上而下的改革进程，同时是从计划经济体制向市场经济体制的缓慢过渡，所以，对华双边援助一直处于政府的控制之下，双边援助中的贷款项目尤其如此。在"九五"计划中的"国际收支"一栏明确指出："利用国外贷款要注重提高效益，支持国家重点建设，与国内配套资金能力相适应，继续实行对外借款的全口径计划管理，有效地控制外债余额的过快增长。"[1] 在"十五"计划中，再次强调了需要"强化外债全口径管理"。[2] 这说明由于我国把双边援助中的政府优惠贷款当做政府债务来处理，所以一直采取比较严格的管理措施。在这种条件下，是中国政府主要决定贷款的地区流向和部门流向。就贷款的部门分布而言，20 世纪 80 年代，能源、交通和通信等基础设施建设一直是中国的重点投资领域，"六五"计划中指出，要"有计划有重点地对现有企业进行技术改造，广泛地开展以节能为主要目标的技术革新活动，同时集中必要的资金，加强能源、交通等的重点建设"。[3] "七五"计划中，继续把能源、

---

[1] 见《中华人民共和国经济和社会发展"九五"计划和 2010 年远景目标纲要》（1996 年 3 月 17 日第八届全国人民代表大会第四次会议批准）。

[2] 《中华人民共和国国民经济和社会发展第十个五年计划纲要》（2001 年 3 月 15 日第九届全国人民代表大会第四次会议批准）。

[3] 《中华人民共和国国民经济和社会发展第六个五年计划（摘要）》（1982 年 12 月 10 日第五届全国人民代表大会第五次会议批准）。

交通、通信、重要原材料和水利等基地工业和基础设施的建设列为重点任务。① 这与双边援助中贷款的部门分布变化相一致。

1996 年以来，双边援助中的贷款作为一种比较优惠的资金来源，被更多地引导向中国的不发达地区。"九五"计划中指出，要"加快中西部地区改革开放的步伐，引导外资更多地投向中西部地区。提高国家政策性贷款用于中西部地区的比重。国际金融组织和外国政府贷款 60% 以上要用于中西部地区"。② 此后，就中国的政策来说，在中国国内的资源再分配中，双边援助贷款一直是优先提供给中西部地区。由于我们没有掌握中国接受双边援助贷款的详细资料，不能对贷款的地区分布作进一步的分析，但是，根据从援助方得到的有限资料，贷款的地区流向与中国的中西部优先的政策是吻合的。例如，与中国政府 1996 年启动的在农村地区推广可再生能源的政府计划相配合，2000 年德国复兴信贷银行向中国提供了一笔金额为 2660 万欧元的优惠贷款（中国提供约合 1320 万欧元的配套资金），用于在新疆、云南、甘肃和青海 4 个省份的 375 个乡村中建设太阳能发电装置。③ 这一贷款项目为中国国内的发展计划提供了资金和技术方面的补充。

赠款项目与贷款项目不同。赠款是不需要偿还的，而且赠款多用于技术合作（包括培训、咨询）等"软件"方面，因而，中国在赠款的使用方面并不是占据绝对主导的地位。最近一段时间以来，随着对外交往的渠道增多，中央政府部门不再能够完全掌握对华双边援助中的赠款项目，但是，与政府部门的合作仍然是赠款项目的主流，只是一些赠款项目直接到达了省或地市一级的政府部门。另一方面，援助方所坚持的一些合作也不太受到中方的欢迎。按照有关部门的说法："我们想要的项目越来越少了，而我们不想要的项目，例如治理、人权等方面的援助却在不断增多。"④

在管理双边援助赠款方面，政府主管部门也力图把赠款项目与中国的实际需要结合起来。就赠款的地区分布来说，中国政府在其中扮演了重要的角

---

① 《中华人民共和国国民经济和社会发展第七个五年计划（摘要）》（1986～1990）。
② 《中华人民共和国国民经济和社会发展"九五"计划和 2010 年远景目标纲要》（1996 年 3 月 17 日第八届全国人民代表大会第四次会议批准）。
③ 见德国复兴信贷银行网站 http：//www.kfw.de。
④ 根据相关会议记录整理。

色。1986 年开始的"七五"计划把地区间均衡发展的问题提上了日程。① 1986 年，中国开始实施扶贫战略计划，并在扶贫工作中采取了积极利用外来资金的开放政策，因而，在受援管理中，中国政府主管部门有意识地把赠款项目用于老、少、边、穷地区的扶贫工作，帮助这些贫困地区逐步走上可持续发展的良性发展道路。② 2000 年中国政府启动了"西部大开发"的战略之后，主管援助赠款事务的商务部（当时的对外贸易经济合作部）迅速调整了工作方向，着手引导赠款项目向中西部地区倾斜。为此，2001 年，对外贸易经济合作部在西部省份甘肃省兰州市召开了中国接受多边和双边无偿援助工作会议，介绍中国接受无偿援助的一般情况、主要援助国和援助机构的情况，以及援助项目申请、审批和立项的一般程序，目的是提高西部各省份的认识和介绍无偿援助（即赠款）项目管理基本情况，从而帮助它们有针对性地选择适合本地情况的项目，并提高项目申请的成功率。③

但是，如果考虑到赠款的部门分布，那么，在某些领域之中，在中国政府将这些领域列入重点发展日程之前，双边援助赠款就已经开始在中国推广相关的观念、做法，并执行有关的具体项目。比较突出的例子有两个：一个是环境问题，另一个是艾滋病防治。

仅从历次"五年计划"来看，中国政府开始意识到环境问题的重要性是在 20 世纪 80 年代中期。在"七五"计划中，首次出现了关于环境保护的一章，规定的基本任务是："到 1990 年，使工业的主要污染物有 50% ~ 70% 达到国家规定的排放标准；保护江河、湖泊、水库和沿海的水质；保护重点城市的环境；保护农村环境；改善生态环境。"此后的"五年计划"中，皆包括了环境保护方面的内容，并在"九五"计划中提出了"可持续发展战略"。但是，在 20 世纪 80 年代初一些援助国就在中国执行一些环保领域的赠款项目，如 1984 年德国在中国开始的两个林业方面的合作项目，以及意大利的"中意新型环保项目"，为燕山石化提供与环保有关的设备和技术培训。④

---

① 《中华人民共和国国民经济和社会发展第七个五年计划（摘要）》（1986 ~ 1990）。

② 龙永图：《序言》，对外贸易经济合作部国际经贸关系司主编《中国接受国际无偿援助管理指南》，安徽人民出版社，2003。

③ 见对外贸易经济合作部国际经贸关系司主编《中国接受国际无偿援助管理指南》，安徽人民出版社，2003。

④ 见中方有关统计（截至 2005 年 12 月）。

在艾滋病防治领域，赠款项目远远早于中国自己的防治项目。1993 年，澳大利亚援助中国开展了 "HIV／AIDS 健康教育活动"，规模比较小，项目金额只有 34 万美元。1994 年，欧盟与卫生部合作执行了一个大项目——"艾滋病与性病防治"，总额为 286 万美元。① 而中国政府开始制定全面的艾滋病防治政策是在 1998 年，国务院通过了《中国预防与控制艾滋病中长期规划》，② 可是大规模地开展艾滋病防治工作是在 2004 年以后。③

如何理解这些在中国政府之前由援助方开始的工作？这些援助活动只是补充了中国内部的政策缺陷、提供了中国政府应该提供而暂时没有提供的服务，还是通过援助活动改变了中国内部对一些问题的认识从而带动了政府采取相应的举措？仅仅根据上述的宏观发展趋势和宏观政策还不能给出确定的答案，而必须深入到援助活动的细节之中，才能清楚地了解这些看似 "免费的午餐" 是如何在中国内部发挥影响的。这就是将要在下一节中集中讨论的问题。

第三节　谁主导双边援助活动：宏观政策制定与援助项目的执行

魔鬼总是藏身于细节中。这充分体现在援助活动之中。就中国的情况而言，总体的对华援助的规模与中国的经济规模相比是非常有限的，去除多边机构提供的援助，双边援助的总量就更小，但是，援助方坚持不懈地向中国提供援助，并且加大了双边援助中赠款的比例。即使中国的经济实力不断增强，一些援助方认为中国已经有了解决自己的发展问题能力，对华的援助也仍然会持续。

就中国整体的经济规模来说，援助资金的总量是很少的。所有多边援助和双边援助合起来还不到中国国民生产总值的 0.1%。这些有限的资金如何有助于实现援助方利益？从援助方的文件中，可以看到它们希望充分发挥援助的杠杆作用。援助在中国是如何发挥杠杆作用的？要回答这些问题必须深

---

① 见中方有关统计（截至 2005 年 12 月）。
② 见《中—英性病艾滋病防治合作项目项目备忘录》，英国国际发展部东亚及太平洋局、中英性病艾滋病防治合作项目办公室，2000 年 9 月。
③ 见 2006 年 2 月 20 日中英性病艾滋病项目办公室张云访谈记录，2006 年 3 月 6 日腾冲县卫生局防治艾滋病办公室有关工作人员访谈记录，以及 2006 年 3 月 9 日瑞丽市中英性病艾滋病项目办公室主任访谈记录。

入到援助活动的细节之中。本节将从宏观政策制定和具体的项目执行两个层面分析双边援助的杠杆作用。

一 制定对华援助政策以及选择援助项目

一般来说，援助方国别援助战略的制定是一个非常复杂的过程，不仅包括援助方援助体系内部的主要参与者，而且往往要包括受援国中的主要角色（政府主管部门以及其他政府机构及非政府组织）。在援助活动发展的不同阶段，受援国的参与情况是不同的，目前的趋势是强调受援国的作用，把援助活动视为受援国自身发展战略的补充。

就中国的情况看，对华援助政策是援助方与中国方面共同制定的，但是，对华援助战略与援助方的整体援助战略必须是一致的，在确定主要援助活动的领域方面，援助方有很大的发言权。

1. 共图参与的政策制定和项目选择

加强在受援国的"实地工作"（field work）是援助方的总体趋势。与此相适应，主要援助方驻华代表机构的人员增多，而且，在制定对华援助战略时的作用不断加强。主要对华援助方的情况是类似的。

以欧盟为例，欧盟的对华援助的政策制定出现了明显的"去中心化"（deconcentration）的趋势。以前，布鲁塞尔是援助活动的中心，为了使得援助活动贴近中国的实际需要，对华援助活动的中心转移到了欧盟驻中国代表处。原先欧盟驻华使团中负责发展合作事务的官员只有 5 人，现在增加到了65 人。除了项目是否立项仍需布鲁塞尔总部的批准外，项目的筹备、执行和评估全部由在华的项目官员负责。[①]

英国驻华援助机构的变化也反映了这个趋势。从 1997 年开始，英国国际发展部（DFID）进入中国，主要是依托英国驻华使馆，DFID 的工作人员以使馆人员的身份在中国开展工作。据当时负责受援事务的商务部有关人员介绍，DFID 的工作人员一般有使馆一秘的身份。尽管这些 DFID 的工作人员并不熟悉中国受援工作的具体情况，也并不了解中国的实际需要，但是，由于他们的头衔，商务部按照一般的工作程序仍然会派出相应级别的主管官

---

① 见 2005 年 9 月 22 日对欧盟驻华使团发展援助一秘 Marcel Roijen 和二秘 Micha Ramakers 的访谈记录。

员负责接待。① 2003 年后，DFID 从使馆独立出来，在中国设立了分支机构，专门管理对华援助事务。②

援助国加强"实地工作"的结果是：各个援助方在中国开展援助活动或负责援助战略规划的工作人员数量远远超出了政府主管部门及各个对口单位中负责受援事务的工作人员数量。

由政府主管部门负责管理受援事务是计划经济时代的产物。在改革开放初期，对外交往的渠道是非常有限的，政府（尤其是中央政府）可以很好地控制和管理对外交往，因而，援助管理体系中的层层上报、最终审批的工作程序基本上不受外来影响。但是，随着援助方在中国设立援助机构、增派工作人员，以及其他双边交往渠道的扩大，情况发生了极大的改变，所以中国政府内部单一归口管理对华援助的模式正在发生改变，一些援助国与中国政府之间的合作方式发生了变化。

在长期的对华援助活动中，援助方已经建立起了与地方（省、市、县）或部委的直接联系。近期尤其如此，援助方在确定合作意向时，不仅绕过了商务部，并且往往绕过了在各个次政府部门（省级政府或部委）中一向主管对外交流的外事部门，而直接找到最终负责项目执行的执行机构。以德国为例，根据德国方面主要负责技术合作的德国技术合作公司提供的信息，③在中国和德国之间就援助事宜存在着定期交流渠道，每年举办一次政府间会议，轮流在北京和德国举行，会议上一般会以政府间协议的形式签订一批项目。但是，在举行政府间会议之前，各部委与德国技术合作公司会召开一次准备会，就项目选择等具体问题进行磋商。政府间会议是用正式协议的方式确定准备达成的共识。一般而言，由于德国技术合作公司在中国的合作伙伴是商务部，因此任何援助行为都不可能绕过商务部进行。但是，商务部未必是合作项目的首倡者。一些项目是在德国技术合作公司与职能部委或地方政府之间达成了合作意向之后，再与商务部就立项进行正式磋商。结果，在一些情况下，地方或部委执行的项目甚至没有经过商务部的审批。

---

① 根据访谈记录整理。
② 见 DFID 驻华代表处 Adrian Davis 于 2006 年 7 月 24 日的电子邮件。
③ 2005 年 7 月 11 日德国技术合作公司驻华代表处朱易访谈记录。

在地方层面进行的针对援助事务的交流中，由于地方缺乏了解援助方工作程序、精通外语、业务熟练的工作人员，援助国和援助机构就有了更多的回旋余地，无论是赠款还是贷款都是如此。以云南省为例，根据云南省接受外来援助的一个重点部门云南省扶贫办提供的信息，扶贫办与援助机构共同制订项目计划。在制订项目计划时，首先要看外方的工作方向，在中方和外方之间存在着一个混委会制度，混委会包括政府有关部门、援助方机构和非政府组织，定期联系，确定双方的合作意向，确立大的合作框架，然后选定项目，向商务部上报，由商务部审批，通过之后开始执行。一般项目的大框架由外方确定，扶贫办的主要责任是推荐项目点。①

更为重要的是，在项目立项的后期审批之中，中方的有关部委（既包括商务部这样的主管部门，也包括职能部门，如农业部、环保总局等）和外方共同选择、确定和批准援助项目。因此，项目文件需要符合国际标准格式。由于地方政府中缺乏通晓国际通行的项目申请程序的人才，它们往往不能依靠自己的人员完成符合标准的项目计划书，而需要寻求外来的帮助。能够提供帮助的有中央一级的主管部门，例如环保总局在接到地方提交的项目申请并进行了筛选后，需要为选定的项目撰写项目计划书，也就是把地方提交的项目计划书改写为能够被外方接受的格式。此外，如果地方政府有外方合作伙伴并联合提交项目申请，则可以依靠合作伙伴的帮助完成项目的初期设计和文本工作。一般来说，项目的选择是由援助方和中方的主管部门通过协商而后共同决策。仍以环保总局为例，中方和援助方就提交的项目进行磋商和谈判，在协商过程中，环保总局要与援助方保持经常的联系，交换意见，最后，由双边的联委会或混委会共同对项目进行审批，而后立项。在后期的审批过程中，有外方合作伙伴的项目成功率比较高，即联合提出的项目比较容易获得批准。因为在最后的立项审批之中，最重要的两个因素是项目的合作方式以及项目计划书是否规范。②

正是基于上述原因，确定中国内部发展需求是一个非常复杂的过程，不仅包括援助方的政府主管部门和驻华的主要援助机构、中方的政府主管部门

① 见 2006 年 3 月 10 日云南省扶贫办外资项目管理中心访谈记录。
② 根据有关访谈记录整理。

和具体的受援助地区政府和执行单位，而且在从宏观政策的制定到选择援助项目的过程中，各类主体之间的互动关系也是非常复杂的。一方面，中方的发展需求被分解为地方和部门的需求，从而突出了地方和部门在发展过程中的特殊利益和具体要求；另一方面，援助方积极参与中国内部发展需求的认定和表述，无论是在中央政府层面还是在次政府层面，援助方通过各种渠道和工作程序影响和引导中国方面优先领域的确定，以使得中方提出的项目与援助方的既有政策和原则保持一致。

在英国国际发展部最新出台的《中国：国家援助计划 2006~2011》中，简要地介绍了计划制订的几个阶段，大致反映了援助方和中国方面（包括政府部门和执行机构）之间复杂的互动情况。详细情况见表4-5。

表4-5　DFID中国国家援助计划的制订过程

2004 年 7 月	在年会上通过国家援助计划的整体方略
2004 年 8~12 月	亚洲司通过方略以及大致内容，与商务部以及捐助伙伴就方略进行沟通
2005 年 1 月	在英国国际发展部驻华代表处举行一天的讨论,讨论整体预期内容
2005 年 1 月	建立国家援助计划工作组
2005 年 3 月	委托并开展有关合作伙伴对英国国际发展部看法的研究
2005 年 4 月	与合作伙伴一起，对未按计划完成的千年发展目标进行了一系列驱动力研究，并举办了研讨会
2005 年 6 月	英国国际发展部驻华代表处起草及分发第一轮初稿
2005 年 6 月	提交第二轮初稿给商务部、世界银行以及亚洲司
2005 年 7 月	提交第三轮初稿给卫生部、教育部、水利部的国际合作司以及英国国际发展部的广泛磋商小组(大多由总部的政策处成员组成)
2005 年 7 月	与艾滋病病毒携带者讨论
2005 年 7 月	在英国国际发展部驻华代表处的年会上讨论
2005 年 8 月	英国国际发展部外部网站上公布
2005 年 10 月	思考公开征询过程中收集到的意见
2005 年 11 月	于伦敦召开由英国各政府部门参加的征求意见会
2005 年 11 月	与商务部召开双边会议,探讨最终的意见和建议
2006 年 2 月	在英国国际发展部完稿

资料来源：英国国际发展部：《中国：国家援助计划 2006~2011》，2006，第17页。

2. 援助方的政策协调与分工

正是因为援助方能够参与对华援助宏观政策和战略的制定并发挥一定的影响，对华双边援助活动才表现出援助国与援助国之间的差异，其中既有重点援助领域的差异，也有重点援助地区的区别，还有主要援助工具的不同。

（1）政策协调与分工的一般情况。

近期，出于增强援助活动的杠杆作用的目的，援助方之间加强了对华援助政策的协调。这种协调首先表现在双边援助国和多边援助机构之间合作开展援助活动。DFID 表示："就影响而言，最好的做法是和其他合作伙伴合作，而不是单独开展工作……通过和其他捐赠机构合作，我们可以大大提高项目的影响力，并促进在华捐赠机构之间的协作。"[1] 所以，英国与世界银行、国际货币基金组织、联合国援助机构一起开展了一些援助活动。例如，在 2002 年的结核病防治项目中，DFID 提供了 3650 万美元的赠款，用来软化世界银行的贷款。[2] 其他援助国也越来越多地采取合作援华的政策。欧盟2004 年在中国开始的针对长江和黄河流域治理的"中欧流域治理项目"中，长江流域的治理就是由欧盟和世界银行按照 1:1.2 的比例共同出资。[3]

此外，援助方的援助机构还加强了工作层面的交流。向中国提供双边援助的主要援助方的驻华机构之间一年里要召开 4 次协调会议，协调彼此的政策和活动。据欧盟驻华发展援助官员称，欧盟同那些目标与自己相似的国家之间还存在着双边或多边交流。尽管如此，他们仍然认为这些协调机制是不充分的。[4]

援助方之间的政策协调导致了主要对华援助方在中国虽然并不十分明显却现实存在的分工。这里，分工既有合作领域的分工，也有地域的分工。合作领域方面的分工更加明显一些。以欧盟的情况为例，由于在 2004年欧盟东扩之前，欧盟多数成员国都是向中国提供发展援助的援助国，欧盟对华援助活动的立足点就是发挥欧盟的优势、弥补成员国援助活动的不足。所以，欧盟及其成员国之间的分工是确定无疑的。一般来说，欧盟是

---

[1] 英国国际发展部：《中国：国家援助计划 2006～2011》，2006，第 12 页。

[2] 见中方有关统计（截至 2005 年 12 月）。

[3] 见中方有关统计（截至 2005 年 12 月）。

[4] 见 2005 年 9 月 22 日对欧盟驻华使团发展援助一秘 Marcel Roijen 和二秘 Micha Ramakers 的访谈记录。

要侧重于成员国没有涉及的合作领域或某一合作领域中的某个侧面。因此，有时欧盟的主要援助领域与成员国是重合的，比如欧盟和德国都把环保列为重点领域，但是，在环保领域之中，欧盟与德国的侧重点是不同的。这样不仅能够提高援助活动的效率，而且可以突出援助方各自不同的特长。例如，欧盟资助的中欧流域治理项目，这样一个项目需要加强各个省之间的政策协调，推行一致的政策，而进行协调和推行一体化的政策刚好是欧盟的优势。同样是环保项目，德国就集中在森林保护等方面，那是他们的优势。①

地域的分工并不是很明显。一些援助方明确提出了对华援助的重点省份，例如英国的对华援助一度主要集中在甘肃、云南、四川和辽宁四省，在DFID 与世界银行合作的项目中，包括的援助地区要更加广泛一些。而另一些援助国则有传统的援助重点，比如德国的援助集中在东部和中部省份，目前正在提高在西部省份援助活动的比重。② 日本对华援助则是覆盖了全中国，无偿资金援助项目和技术合作项目都是遍地开花，只有基层友好技术合作项目表现出明显的地域倾向。2000～2005 年，这类项目主要集中在东北三省和山东、江苏和山西 6 个省份之中。③

（2）案例：援助方在艾滋病防治领域里的合作与分工。

加强援助机构之间的交流与合作是近期国际援助活动发展的一个总体趋势。合作不限于双边和多边的官方援助机构，也包括目前活跃在援助领域中的大量非政府组织和私人部门。上面只是泛泛地介绍了援助方对华援助中的政策协调与活动分工的情况，下面将集中在艾滋病防治这一个比较具体的活动领域来说明援助方协作与分工的具体情况。

在中国涉足艾滋病防治工作的主要官方援助机构有世界银行、欧盟、英国国际发展部、联合国人口基金、澳大利亚国际发展局等。④ 除此之外，还

---

① 见 2005 年 9 月 22 日对欧盟驻华使团发展援助一秘 Marcel Roijen 和二秘 Micha Ramakers 的访谈记录。

② 见中方有关统计（截至 2005 年 12 月）。

③ 日本对华援助主要包括三个部分：日元贷款、技术合作和无偿资金援助，后两者属于赠款。基层友好技术合作项目是日本技术合作项目中的一类。见《JICA 在中国的合作事业概况》，日本国际协力机构（JICA）中华人民共和国事务所，2005 年 6 月。

④ 2004 年美国国际开发署资助云南省开展了一个艾滋病防治项目，美国方面提供了 700 万美元赠款，但是，这个项目在商务部没有备案。参见中方有关统计（截至 2005 年 12 月）。

有大量的非政府组织从事艾滋病防治方面的工作，其中比较大的组织有福特基金会和英国救助儿童会等。

这些官方机构或非政府组织在艾滋病防治领域的活动开始得比中国政府早，资金投入也比中国政府方面的投入大。根据国务院 1998 年出台的《中国预防与控制艾滋病中长期规划》，全国的艾滋病防治经费为 1500 万元，而 1999 年启动的世界银行的"卫九"项目，在 4 个项目省的艾滋病防治的总经费就是 1750 万美元，2000 年启动的中英艾滋病性病防治项目中，项目活动主要集中在云南和四川两省，为期 5 年，英国国际发展部提供的援助总额为 1530 万英镑。虽然具有资金方面的绝对优势，但各个援助机构还是加强了协调，以避免重复工作。[①]

各个援助机构之间的协调工作是在联合国艾滋病规划署的指导下进行的。联合国艾滋病工作组在北京每月召开由联合国艾滋病规划署 7 个援助机构参加的工作会议，交流各个在华艾滋病防治项目的进展情况。参加会议的不仅有官方援助机构，也有非政府组织，DFID、欧盟、澳大利亚国际发展局和其他一些相关国家的使馆参加会议。会议邀请了卫生部的官员，但是在 1998 年机构改革之后，就没有代表参加。[②] 在中英项目的设计阶段，DFID 曾与联合国艾滋病规划署密切磋商，确保中英项目下的活动与其他现行项目（欧盟、世界银行）以及其他即将立项的新项目没有冲突。

根据现有的艾滋病防治领域援助项目资料来看，驻华援助机构之间的政策协调是有效的，既保证了援助活动符合各个援助方的基本对华援助政策，同时使得它们能够发挥自己的特长和优势，又保证了资金的有效利用，各个项目之间在活动区域和领域两个方面都是不重复的。援助机构之间的政策协调优化了援助资金的配置。不同援助项目的地区分布见表 4 - 6。虽然澳大利亚的艾滋病防治项目和世界银行的"卫九"项目都分布在新疆，但是各自所覆盖的县级地区也是不重合的。

---

① 艾滋病防治领域驻华援助机构之间政策协调的情况见《中—英性病艾滋病防治合作项目项目备忘录》，英国国际发展部东亚及太平洋局、中英性病艾滋病防治合作项目办公室，2000 年 9 月。

② 由于资料来源是 2000 年 9 月份的《中—英性病艾滋病防治项目项目备忘录》，近几年以来情况的变化并不是很清楚。

表 4 – 6　艾滋病防治领域对华援助（包括贷款和赠款）项目的地区分布

项 目 名 称	立项时间（年份）	援助方	项目执行地
HIV/AIDS 健康教育活动	1993	澳大利亚	各地
艾滋病和性病防治	1994	欧盟	北京/上海
四川 HIV/AIDS 教育项目	1995	澳大利亚	四川
不详	1998	联合国人口基金	各省
HIV/AIDS 预防控制（"卫九"）项目	1999	世界银行	广西/福建/山西/新疆
性病艾滋病防治合作项目	2000	英国	云南、四川
新疆艾滋病防治研究	2002	澳大利亚	新疆（乌鲁木齐、喀什和伊宁）
亚洲地区艾滋病项目	2002	澳大利亚	云南
不详	2003	联合国人口基金	各省
中国艾滋病防治策略支持项目	2004	英国	全国

资料来源：中方有关统计（截至 2005 年 12 月）。

　　项目的地区分布反映了各地在艾滋病防治领域的实际需求，云南、四川和新疆是重点的项目省份，主要原因是这些省份处在毒品流通的通道上，由于吸毒而导致艾滋病传播的风险要大大高于其他省份。同时，防治艾滋病项目的地区分配也是与援助方的基本对华援助政策保持一致的。比如，中英项目集中在云南、四川两省，因为这两个省是英国重点援助的地区。另外不能忽视的一点是，根据不同省份的情况，援助方选择了不同的援助工具。世界银行的贷款项目使用在相对富裕的福建等四省，因为贷款是需要偿还的，而四川、云南等贫困省份的贫困县不愿意接受世界银行的贷款，因为贷款会增加这些地区原本就已经非常沉重的财政负担，于是援助方就向它们提供不需要偿还的赠款。这样，援助资金实现了优化配置，使得有限的资金能够覆盖更加广阔的地域。除了官方援助机构提供的援助之外，非政府组织提供了额外的资金、知识和人员，是官方机构开展的援助活动的有力补充。在艾滋病防治领域，非政府组织的活动大量集中在云南，这是由需求所决定的，使得艾滋病疫情最为严重的云南省能够得到最多的资金、人力以及工作经验等要素。

　　在援助活动的具体内容上，援助方也是有分工的。世界银行的贷款项目集中在艾滋病防治所需的硬件设备上，"卫九"的主要项目内容是开展一系列艾滋病、性病的监测活动，用于临床和实验室设备安装。各个双边援助国则提供大量的赠款，用于引进和优化与艾滋病防治有关的"软件"，各个赠款项目的活动也各有侧重（见表 4 - 7）。除了表中所列各个官方援助机构外，一些非政府组织在艾滋病防治领域也有特殊的贡献，比如福特基金会在进行性病艾滋病社会行为研究方面就具有领先地位，并资助建立了参与防治活动的本土非政府组织，如云南生殖健康研究会和"农家女百事通"等。[①]

表 4 - 7　艾滋病防治领域的赠款项目的活动内容

项目名称	立项时间（年份）	援助方	主要活动内容
HIV/AIDS 健康教育活动	1993	澳大利亚	不详
艾滋病和性病防治	1994	欧盟	艾滋病、性病管理培训，编写中文教材，培训临床管理、实验室诊断、项目管理和性病控制的流行病学人员，支持省级培训中心网络
四川 HIV/AIDS 教育项目	1995	澳大利亚	不详
不详	1998	联合国人口基金	计划生育宣传研究、性别平等问题研究、艾滋病防治等
性病艾滋病防治合作项目	2000	英国	在云南和四川的艾滋病高危和脆弱人群中建立可行的预防、治疗和关怀护理模式，形成和发展中国国家相关政策框架
新疆艾滋病防治研究	2002	澳大利亚	对高危人群进行培训
亚洲地区艾滋病项目	2002	澳大利亚	不详
不详	2003	联合国人口基金	生育死亡率和生育服务的调查，包括对农村人口中生殖道感染/性病流行情况的调查评估
中国艾滋病防治策略支持项目	2004	英国	加强国家级对艾滋病工作的领导和协调；建立和实施有效的信息交流和利用机制；增强省级及以下部门的规划实施和督导能力

资料来源：据中方有关统计（截至 2005 年 12 月）以及《中—英性病艾滋病防治合作项目项目备忘录》整理而成。

这些赠款项目是互相支持的，并在援助方之间建立起了一个完整的"学习过程"。项目执行过程中积累起来的资料（数据、教材等）和经验在

---

① 见福特基金会 1988 年以来的年度报告。

援助方之间传播，先前执行的项目的成果会直接成为后来项目设计的依据，尽管这些项目是由不同的援助机构资助的。在中英项目的项目设计过程中，大量地使用了其他援助机构在华开展艾滋病防治工作积累的成果，与中国卫生部门提供的相关信息互为参照。"学习过程"并不受国界的限制。在中国开展的活动直接借用了在其他发展中国家的相关活动积累起来的经验。中英项目的设计思路来自非洲和印度类似项目的成功经验，例如，印度的性健康需求评估方法、欧盟和 DFID 资助的坦桑尼亚西部姆万扎将性病防治作为有效遏制艾滋病流行措施的经验，以及 DFID 在巴基斯坦开展的社会营销项目中的一些启示都被纳入中英项目之中。

二　从项目设计到执行的情况

项目管理是一整套非常严格的工作程序，包括从项目启动之前的调研一直到项目结束后的评估，有时评估活动会延续到项目结束后的若干年。具体到项目层面上，援助项目所依据的这一套管理程序和方法完全是舶来品，不仅约束了中方参与者的行为，而且极大地突出了援助方在具体合作领域的知识和经验优势。双边援助项目中，尤其是赠款项目中，援助方的主导地位是非常明显的，贯穿于援助项目活动的各个阶段。

1. 项目筹备期的调研以及设计项目内容

无论是双边援助中的贷款项目还是赠款项目，在项目立项之前都要进行项目调研，也就是可行性研究。项目可行性研究可能持续数年之久。就日本和中国之间的技术合作项目来说，按照一般的工作程序，项目从建议到上马时间跨度在 3 年左右，中间需要完成项目考察、立项谈判、设备的采购和安装、人员到位等工作。其中项目考察不是一次，而是若干次，日方会反复地派遣不同规格的考察团到项目地点进行考察，并要求中方提供相关的数据和资料。[①] 根据环保总局的信息，日方在与中国的环保合作中获得了大量的与我国基本资源和人口情况有关的信息。在每个项目立项之前，日本人都要到项目地进行多次考察，并要求我方提供当地的人口、资源等信息。[②]

---

① 根据有关访谈记录整理。
② 根据有关访谈记录整理。

（1）涉及面极其广泛的项目前期调研。

由于 20 世纪 90 年代之后的援助项目，尤其是赠款项目，包含了包括制度、观念和工作方法等多种"软因素"，项目前期的调研也就不限于技术内容，而是包括了相关的机构和政策情况。

以德国在云南执行的造林项目为例。[①] 这个项目是 1995 年立项的，1991 ~ 1994 年，中德双方的科技人员对项目区的社会经济、土地资源等进行了详查。[②] 可行性研究最初是由云南省项目主管部门云南省林业厅进行的，在此基础上，德国方面进一步进行可行性考察。1993 年，德国方面派出了一个主要由林业专家组成的专家小组，对项目区进行考察，并拟订了备选项目方案。1994 年，德国方面派出了一个规模更大的考察团，成员包括德国复兴信贷银行的项目管理官员、财务人员、林业专家，并在考察的基础上提出了另外一个备选方案。这两个备选方案都交到德国复兴信贷银行作最后的确认。[③]

云南造林项目的主要目标有两个：第一，改善当地的生态环境；第二，提高当地群众的生活水平，保证经济和社会的可持续发展。由于项目的总体目标是双重的，涉及当地的自然环境与社会经济两个方面，项目的调研也就相应地针对这两个方面，包括三个部分：①林业自然资源与自然环境调查；②造林营林技术经济现状资料；③与林业发展相关的社会经济资料。其中，社会经济调查的内容极其广泛，包括当地的工农业生产总值、林业产值占农业产值的比例、地方财政收支情况、农民人均年粮食占有量、农民人均年纯收入、山区经济发展和农民生产生活对林产品的需求、可投入林业生产的劳力和土地、农民对发展林业的态度，特别是妇女在林业生产中的作用和地位、现行林业生产经营体制和林木产权制度与农民意愿的背向、林业项目实施给当地农民带来的实惠，等等。[④] 项目

---

① 这是一个德国援助的赠款项目，但是，由德国复兴信贷银行而不是德国技术合作公司负责。项目于 1991 年启动，德国方面的赠款总额为 1200 万马克，按照 1991 年的汇率计算，约合人民币 6000 万元。

② 见 2006 年 3 月 10 日云南省林业厅外办工作人员及德援造林项目办公室主任吕树英访谈记录，以及相关文件《德援造林项目的科学内涵与推广要点》。

③ 吕树英编著《中国—德国合作云南省造林项目系统管理概论》，云南民族出版社，2002，第 46 ~ 48 页。

④ 吕树英编著《中国—德国合作云南省造林项目系统管理概论》，云南民族出版社，2002，第 19 ~ 39 页。

立项前的准备过程见图4－7。① 由于此处的资料来自云南省项目办，因而项目前期调研的内容也主要以云南当地的情况为主。

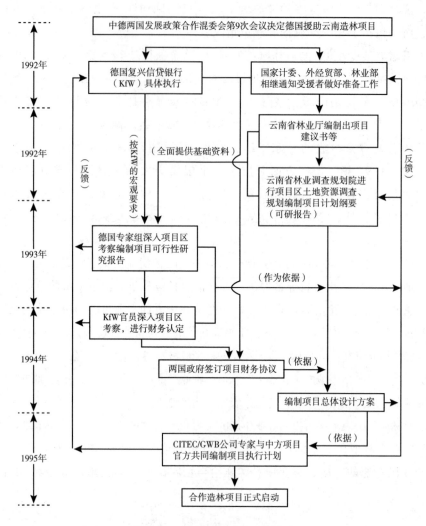

图4－7 云南造林项目立项程序

在一些全国性项目中，项目的前期调研会涉及中国内部的机构和政策制定的详细情况。以中英性病艾滋病防治项目为例。根据项目的逻辑框架所

① 吕树英编著《中国—德国合作云南省造林项目系统管理概论》，云南民族出版社，2002，第104页。

示，项目的总目标是提高中国对艾滋病的有效应对能力，具体的目的是在云南、四川两个项目省艾滋病高危和脆弱人群中建立可行的预防、治疗和关怀护理模式，形成和发展国家相关政策框架。因此，调研包括了艾滋病防治的基本技术内容（如流行病学的监测和数据收集方法等），同时还覆盖了整个中国的医疗卫生体系的基本情况以及艾滋病防治领域中的基本管理模式。我们没有得到前期调研内容的细节，但是根据中英项目的项目备忘录中的信息可以推断 DFID 在前期的项目调研中彻底了解了中国当时艾滋病防治的政策及执行情况，经费分担的情况，以及活跃在中国艾滋病防治领域的主要角色：从中央机构到地方机构，从政策制定机构到技术支持机构，从官方机构到非政府组织，并详细了解了各种角色在艾滋病防治中发挥的作用以及彼此间政策立场的分歧和潜在的利益冲突。①

（2）设计项目内容。

项目内容的设计建立在项目的前期调研的基础上。最终的项目设计与前期调研是环环相扣的，调研的基本结论决定了项目的具体目标、重点内容、实施的方式和预期的结果等项目设计中的基本内容。这些内容会被纳入一个完整的逻辑框架之中，成为项目评估的依据。这是一个技术性极强的工作，无论是在项目前期的可行性研究，还是后续的项目内容的设计，能够发挥主导作用的一个先决条件就是拥有相关领域的雄厚的知识储备和工作经验，中国方面相对来说不具有这方面的优势。在云南造林项目中，前期的项目可行性研究是中德双方的技术人员共同完成的。在两国政府签订了项目协议之后，云南省项目办组织编制了项目的总体设计计划，但是，这个设计计划仍停留在初步的设计框架的水平上，可操作性不是很强。项目执行计划是在德国聘请的咨询公司的帮助之下完成的。德方专家在中方总体设计的基础上，与省、市、县三级项目实施人员共同编制详细的项目执行计划，作为项目实施的依据。在此过程中，项目办组织了专门编制项目执行计划的研讨班，由德方聘请的国际咨询专家对省、市、县三级项目管理人员进行培训。②

中英项目的项目备忘录也反映了大致相同的情况。项目计划中提出的

---

① 《中—英性病艾滋病防治合作项目项目备忘录》，英国国际发展部东亚及太平洋局、中英性病艾滋病防治合作项目办公室，2000 年 9 月。

② 吕树英编著《中国—德国合作云南省造林项目系统管理概论》，云南民族出版社，2002，第 90 页。

一些做法或是在中国尚无先例的，或是针对中国现有管理体制的补充，这方面的知识来源必然是援助国。比如，项目计划中提出的引进性健康需求评估方法，这是源于印度的经验，中国国内没有相关的知识储备，不可能主动提出这样的建议，在将其纳入项目活动之中后，中国方面仍然需要得到国际上的技术支持。所以，在项目的技术评估中明确指出，将由英国、印度以及这个领域的其他专家为项目提供咨询服务，同时还会与世界卫生组织从事人群性健康指标研究和评价的专家建立联系。而这方面的项目活动首先就是对项目省的骨干行为学专家和临床专家进行性健康需求评估的培训。[①]

就一般的情况来说，援助项目中总要包括一些"软"因素，体现在项目活动的设计中，就是有大量的培训和专家咨询，无论是援助贷款项目还是赠款项目，都会把培训包括在项目活动中，只是活动的比例会有所区别。赠款项目多是技术合作项目，培训和咨询所占的比例要高得多。培训专家多是由外方聘请的，有些是外国专家，有些是中国国内的专家。在经费分担中，外方的援助项目中用于支付专家费用的比例是相当高的，而且专家费用支出一般不对中方公开。以中英性病艾滋病项目为例。英国国际发展部提供的经费为 2000 万英镑，由三个机构共同执行，并分享项目经费。其中中方的主要执行部门卫生部拿到了 1168 万英镑的项目经费，余下部分是英方指定的两个国际机构的经费，其中一个是前景集团（Future's Group），负责安全套的社会营销，另外一个是家庭健康国际（Family Health International），是本项目的资源中心，负责为项目提供技术支持，也就是负责提供咨询和培训专家。[②]

除了知识方面的优势以外，一些工作程序也有助于援助方发挥影响。例如，云南造林项目完成了项目设计之后，要交给德国复兴信贷银行认定和决策。[③]是否每个援助方都规定了这样的程序尚不得而知。但是，这样的程序显然可以成为援助方控制项目内容的一道重要关口。

2. 项目的执行和管理

影响项目执行的主要因素有两个，一个因素是双边援助的形式，即是贷

---

① 《中—英性病艾滋病防治合作项目项目备忘录》，英国国际发展部东亚及太平洋局、中英性病艾滋病防治合作项目办公室，2000 年 9 月，附件一，"技术评估"。
② 2006 年 2 月 20 日中英性病艾滋病项目办公室张云访谈记录。
③ 《德援造林项目的科学内涵与推广要点》，云南省德援造林项目办公室主任吕树英提供。

款还是赠款。大体上说来，贷款项目都是由中方负责执行和管理的，原因就在于这些钱是要由政府出面偿还，因而中国方面不仅决定资金的使用领域，也主导项目执行。只有小额信贷这类特殊的、具有扶贫和提高妇女地位等社会功能的贷款项目是个例外。另一个因素是提供援助的渠道，赠款项目尤其如此。一些双边赠款项目是政府间的合作项目，项目的执行主要依靠中国各级政府；另一些赠款项目则是资助了在中国开展援助活动的非政府组织（包括国际非政府组织和中国本土的非政府组织），这些项目有可能是与受援地的地方政府合作执行的，也有可能是非政府组织独立完成的。就目前的趋势来看，与中国各级政府合作开展项目活动是一个趋势，有两方面原因：其一，援助方希望通过援助活动改善中国国内的治理状况，只有同政府合作才能达到这样的目的；其二，援助资金极其有限，如果希望有限的资金和有限的项目能够发挥更大的作用，必须倚重政府网络的动员能力以及其他资源（包括资金）。以中英性病艾滋病防治项目为例，项目管理与行政管理并在一起，活动依靠我国以前的卫生防疫体系，创造了双赢的局面。许多活动是打着卫生厅的牌子开展的，不仅保证了活动的顺利推进，而且使得项目活动产生了比较大的影响。①

由于资料的限制，我们无法给出各类赠款项目的大致比例，下面的分析将主要集中在以政府间协议为基础的双边援助赠款项目上。

（1）项目的执行依靠中国各级政府部门。

双边援助中的政府间合作项目是由中国各级政府部门完成的，尽管如此，项目的执行不会背离项目立项的初衷。在立项的准备阶段，援助方与中方共同进行项目可行性研究、共同完成项目设计、共同编制执行计划，并以项目协议的方式明确规定了中、外双方的权利和义务。在项目执行阶段，援助方仍然通过项目管理的种种规章制度来约束中国受援单位的行为，约束主要来自两个方面：第一，针对项目活动和财务管理制定详细的规则；第二，与中国受援单位联合组成项目办公室，参与并影响中国受援单位的活动。

在中英性病艾滋病防治项目中，DFID 在项目管理中提出了一些要求，比如，项目的参与一定要本着自愿的原则（不能对目标人群采取强制参与

---

① 2006 年 3 月 10 日云南省中英性病艾滋病项目办公室主任访谈记录。

的手段），要注重性别平等，在项目实施中要关注社会发展，等等。① 在德国援助的云南造林项目中，德国方面提出项目指南、财务开支指南和监测评估指南，中国受援单位（云南省林业厅）在德国方面提供的各类指南的指导下，制定出各类具体规定和要求达 17 件之多，所有的项目活动都必须严格按照这些指南的要求进行。② 几乎所有的援助赠款项目都需要根据援助方的要求制定相应的规则，这已经成为国际上援助项目管理的通例。而且，在项目内容中，一般要包括对项目管理人员进行培训，保证他们能够理解援助方提出的种种要求，并按照这些要求执行项目活动。这些培训不仅限于技术方面的，也包括了财务制度的培训、参与式方法的培训，等等。

财务制度是援助方控制项目实施的一个重要工具。几乎所有的援助项目都要求设立独立的账户，实现专款专用，并依据援助方的会计制度进行财务管理。援助项目资金一般不是一次性拨付的，而是与项目计划中的各类活动紧紧地联系在一起，根据活动的实际支出情况拨付项目资金。在某些情况下，中方需要垫付项目经费，在项目活动或整个项目完成或经过评估合格之后，根据实际支出报账。财务制度是援助方控制项目执行的一个重要手段，在云南造林项目中，德国方面的项目负责人坚持凡事必须经过其同意才能进行，不管多小的事情，没有经过其同意而先做了，绝不报账，造成了中方执行方面的困难。③

在各种制度之外，援助方委派专门的项目管理人员与中国受援单位共同建立以项目办公室为核心的项目管理机制，监督项目的执行。项目办公室以中方机构（主要是政府机构）为主，包括几个层次上的政府部门。

在中英性病艾滋病防治项目中，卫生部是中方的项目主管部门。由于 DFID 强调中英项目中的多部门协调，所以设立了由卫生部牵头的项目协调委员会，包括外经贸部、卫生部、国家计委、公安部、司法部、教育部、广播电视总局、全国妇联、共青团中央、国家计划生育委员会、联合国艾滋病规划署和英国国际发展部等 12 个部门。项目协调委员会的主要任务

---

① 2006 年 2 月 20 日中英性病艾滋病项目办公室张云访谈记录。
② 见《德援造林项目的科学内涵与推广要点》，云南省德援造林项目办公室主任吕树英提供。
③ 见 2006 年 3 月 10 日云南省德援造林项目办公室主任吕树英访谈记录。

是批准每年的工作计划，由于项目经费主要是由卫生部管理，其他部门的参与不是很积极，主要是通过承担子项目（如召开研讨会）等形式参与到项目之中。项目协调委员会下设秘书处，由卫生部、公安部、DFID 等部门的相关人员组成。公安部下的专局在其中扮演了重要的角色，比如和公安部的禁毒署的合作就是必不可少的。因为经过项目初期的调查，发现干预吸毒人群的行为难度最大，在这方面开展工作没有公安部的配合是不可想象的。秘书处的主要任务是监督项目的进展，解决实际工作中的重大问题。

项目设三个项目办公室（PPIT），一个国家级的项目办。此外云南、四川两省各有一个省级的项目办，云南省项目办设在云南省外办下，四川省项目办设在四川省卫生厅下。省级项目办承担实际项目工作，任务量很大。项目办的人员不是固定的，人员的遴选也比较灵活，许多项目工作人员是从外企中招聘来的，所以人员组成经常有变动。在 2003 年 10 月的时候，三个项目办的经理中有两个中国人（有在国外工作的背景），一个外国人。各项目办的成员还包括三个项目官员、一个财务主管和一个秘书。[①] 中英性病艾滋病项目的管理体制见图 4-8。

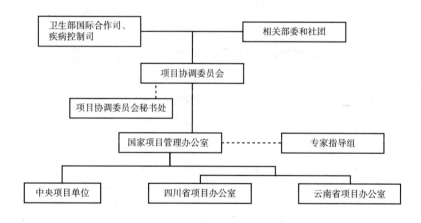

图 4-8　中英性病艾滋病项目管理机制框架

资料来源：《中—英性病艾滋病防治合作项目项目备忘录》，英国国际发展部东亚及太平洋局、中英性病艾滋病防治合作项目办公室，2000 年 9 月，第 81 页。

① 2006 年 2 月 20 日中英性病艾滋病项目办公室张云访谈记录。

在省级以下，项目所在的县依据国家和省级项目办的构成，组建县一级的项目管理机构，包括由县政府主管领导牵头、多部门参与的领导小组和项目办公室，云南省 2/3 的项目县成立了县级的领导小组。一般来说，县级项目办公室主要由中方工作人员构成，没有外方的工作人员，县项目办定期向市和省的上级对口单位汇报工作。向省里汇报工作一般是一个季度一次。①

根据不同项目的情况，一些项目要深入到乡村一级。在云南造林项目中，省、市、县、乡各级分头建立项目领导小组和项目办公室（乡一级设项目实施小组），而乡一级的项目领导小组和项目实施小组要与村一级的行政组织——村委会、村民小组——建立联系，督导参与项目活动的村民完成造林任务。②尤其是一些具有扶贫性质或集中在农村地区执行的项目，项目活动本身就包括协助建立农村基层组织的内容，例如英国国际发展部、世界银行和水利部合作的"面向贫困人口的农村水利改革项目"，目的在于通过推广农民用水户协会促进农村水利改革。这些项目管理机构必然要深入到乡村之中。③

援助项目的管理机制的另外一个重要特点是强调多部门参与和跨部门的合作，这不是中英项目独有的特征，而是近期的一个重要发展趋势。许多双边援助项目的管理中都纳入了多个中国政府部门。造林这样一个相对狭窄的领域，也要吸纳多部门的参与，云南造林项目在正式启动之前就在各级成立了由省、市、县、乡政府及其所属的计委、财政、林业、农业和水利等部门领导参加的项目领导小组。④ 这种趋势与援助主要目标的变化是一致的，现在的许多项目是跨部门的项目，具有多重目标，并不是一个部门就能够独立

---

① 见《中—英性病艾滋病防治合作项目项目备忘录》，英国国际发展部东亚及太平洋局、中英性病艾滋病防治合作项目办公室，2000 年 9 月，第 78 页；2006 年 3 月 6 日腾冲县卫生局防治艾滋病办公室访谈记录；以及 2005 年 3 月 9 日瑞丽市中英性病艾滋病项目办公室主任访谈记录。

② 吕树英编著《中国—德国合作云南省造林项目系统管理概论》，云南民族出版社，2002，第 125 页。

③ 项目执行期为 2004 年 9 月~2008 年 12 月，赠款额为 2716000 英镑。见"面向贫困人口的农村水利改革项目"项目宣传册《加强农民用水户协会建设 促进社会主义新农村水利民主管理改革》，水利部面向贫困人口的农村水利改革项目办公室、中国灌溉排水发展中心。

④ 吕树英编著《中国—德国合作云南省造林项目系统管理概论》，云南民族出版社，2002，第 124 页。

完成的。

（2）项目管理中的摩擦与问题。

援助项目的管理实际上是援助方内部管理体系的延续，其所蕴涵的基本原则和价值与中国的体制有很大的差异。而执行项目的又是中国各级政府部门，项目管理人员也主要是各级政府的工作人员。中外双方工作人员文化背景的差异也造成了合作中沟通不畅的问题。制度、文化和行为方式导致的问题在管理之中屡见不鲜，处理这些问题需要一些外交技巧，用援助方的语言表达中方的利益和要求，才能最大限度地使援助为我所用。

在一些项目中，由于准备不充分、中方也缺乏能够"据理力争"的工作人员，结果没能取得预期的成果。现以德国援助的赠款项目西双版纳自然林保护项目为例。这个项目是 1997 年启动的，2004 年结束，共分两期。1997～2002 年为第一期，2002～2004 年为第二期。在云南和海南同时进行。项目的前期可行性研究是由国家环保总局进行的，但是，项目转而由国家林业局执行，这才使得项目能够在西双版纳落户。按照项目协议的规定，这是一个技术合作项目，中方需要提供部分配套资金。而在西双版纳，项目由州林业局、自然保护局等三个部门执行，项目第一期由州林业局牵头执行，第二期改为由自然保护区牵头。这种安排造成了在三个部门之间协调配套资金的困难，所以配套资金一直是这个项目中的一大问题。在项目一期中，由于中方配套资金不到位，同时项目规划也存在问题，导致 80% 的项目活动无法开展。如果按照项目最初设定的诸项项目目标考察，一期项目做得很差。项目二期原计划 2004 年结项，但是德国专家在 2003 年已经停止了项目工作。在这个项目中，中外之间在项目管理方面的摩擦非常明显。就中国项目工作人员来看，资金由外方控制，因而德方主导了项目活动。在开展活动时，如果一些活动不符合德国国内的政策，德方项目主任会拒绝执行。由于这个项目是个技术合作项目，也是西双版纳州自然保护局执行的第一个技术援助项目，中方与德方之间对项目的理解不同，分歧很大，比如，德方认为，项目的资金如果已经用完了，项目自然应该停止，而中方项目人员则认为，年度计划还没有执行完毕，不应该结束项目。而且，最初项目有明确的目标，每年都有每年的年度计划，活动很清楚，但是德方可以随便取消活动，使得计划无法贯彻。[1]

---

① 见 2006 年 3 月 13 日西双版纳州自然保护局德国自然林保护项目工作人员访谈记录。

3. 项目评估

项目过程中的一个重要内容就是项目评估。评估贯穿于项目过程的始终，从项目可行性研究开始，直到项目结束，各个阶段都需要做评估。在项目的不同阶段，做评估的人和评估涉及的内容会有所不同。

一般来说，项目评估包括定期评估（月评估、季度评估、年评估等）、中期评估和结项评估，等等。进行评估的一个重要依据就是前期编制的项目计划书，在项目计划书的逻辑框架图中明确规定了主要开展的活动和预期实现的目标，在一些情况下，还规定了明确的指标。[①]

在云南的德援造林项目中，项目执行过程中每年要进行年度评估，评估内容包括各年度实施结果的质量、效益和施工过程中的具体操作程序。年度评估是中外双方共同进行的，参与评估的单位有德国的援助机构德国复兴信贷银行、项目聘请的专业咨询公司 GITEC/GWB、云南省审计厅和省项目监测中心。年度评估的主要依据有项目执行指南、项目财务协议、项目执行计划、项目年度计划和项目上一年度的考察会谈纪要等。在项目结项后，要对项目进行终期评估。德国造林项目的终期评估也是中德两方共同进行的，其包括两个阶段：第一个阶段是聘请国际评估公司独立进行项目评估；第二个阶段是由中德双方的政府官员、林业工程技术人员、财会人员共同组成综合评估团进行评估。

终期评估的内容紧扣项目计划书的总体目标。由于云南造林项目的目标包括了生态保护和社会经济可持续发展两方面的内容，并以推广"参与式方法"为目标，结项评估的三个主要方面就是造林项目的技术监测、社会经济影响评估以及参与式土地规划实施情况。

由于项目评估的结果与项目资金的拨付是连在一起的，所以评估是援助方控制项目实施的一个重要手段，评估往往是中外双方共同进行。云南造林项目中，评估的参与方主要是：德国复兴信贷银行，其派遣考察团进行年度评估，发现问题后会与各级项目办共同讨论，确定项目实施的改进方案；德国 GITEC/GWB 咨询专家，他们进行跟踪评估、咨询，每年进行两次考察与咨询，从管理角度向各级项目办提出管理措施和技术方法，这些咨询专家不仅要同项目办的项目官员打交道，而且要深入到项目点，与参与项目的村

---

① 见 2006 年 2 月 20 日中英性病艾滋病项目办公室张云访谈记录。

民、基层技术人员和各级管理人员交换意见；云南省社会科学院农村经济研究所的专家，对项目进行阶段性评估。[①]

在一些援助项目中，中国方面提供了配套资金，因此，中国的审计机构会参与项目评估，云南造林项目就是这样的情况。但是，中方的评估只限于财务方面，而不对项目进行整体评估。这些评估工作都是由外方承担的。[②]

4. 援助项目中的"参与式"方法

援助项目越来越多地采用了"参与式"方法，这是近期以来的一个重要发展趋势。无论是多边、双边还是非政府组织的对华援助，都强调使用"参与式"方法。其实，参与式的发展合作方法并不是什么新鲜事物。中国共产党在延安和其他革命老区发扬民主、鼓励群众参政议政多是使用了"参与式"方法，虽然在当时还没有使用"参与式"这样一种说法。后来，地方工作改为以经济建设为主，地方政府逐渐将工作的重点转移到"招商引资"上，"参与式"民主决策等一些老区传统反倒丢失了。难怪有位卫生系统的项目官员说："这些办法原来是我们的，怎么外国人换了个词就变成了先进的管理方式，反过来教我们了呢?!"

"参与式"方法贯穿于援助项目全过程中，从项目可行性研究直至项目的结项评估，项目活动的各个环节之中都纳入了"利益相关者"的参与，改变了项目人员与受益人群之间的关系。

四川省扶贫开发办公室外资项目管理中心开发了一本《农村社区发展参与式操作指导手册》，非常清楚地指出项目活动中三个层次的角色——管理层、技术层和受益群体之间的关系。管理层在项目活动中的作用是：负责项目的领导与管理，进行各级政府和业务部门之间的协调，为项目提供良好的服务与支持，确保对项目活动的资金和行政支持。具体到村一级的基层组织，他们应该具体组织群众参与项目规划、实施、管理、监测与评估。技术人员的作用是提供技术服务，主要是提供技术支持和市场信息，负责技术培训、推广和服务。而受益人群则自主参与项目的决策、设计、实施和监测、

---

① 吕树英编著《中国—德国合作云南省造林项目系统管理概论》，云南民族出版社，2002，第 138 ~ 145、214 ~ 222 页。

② 见 2006 年 3 月 10 日云南省扶贫办外资项目管理中心访谈记录。

评估，而且他们会在项目的帮助之下组织起来，自己帮助自己，提高自我可持续发展的能力。①

手册包括五个方面的内容，其中三个是与项目活动直接有关的，即参与式村级规划、参与式项目实施和参与式监测与评价。另外两个是项目活动的"附加产品"：公共工程参与式后续管理和村级事务参与式抉择程序。

"参与式"方法最基本的观念是让受益人群自主选择和决定与自身利益攸关的重要事务。在参与式村级规划中，从进行社区、农户调查开始，经过贫困分析、农户大会、可行性分析、落实项目到户，直至制订实施方案，受益群体一直处于中心地位，项目管理人员和技术人员只是起到了辅助的作用，负责组织和提供技术支持。参与式项目实施中，村民仍然是主体，他们不仅是"干活的"，承担各项任务，而且同时也是决策者和监督者，项目的年度计划是村民大会讨论通过的，项目采购是在村民代表的监督之下完成的，资金的分配和使用公开透明，财会人员由村民自己选择，项目活动的验收也有村民代表的参与。项目实施完全是在项目户的参与和监督下完成，既提高了村级事务管理的透明度，也减少了潜在的矛盾和冲突，最重要的是，受益人群并不是"被动"地完成自上而下分派的任务，而是能够"主动"决定自己的生产和生活。参与式监测与评价也是以村民为主体，其中，项目资金的监管是最重要的部分，财务向村民公开，定期向全体村民公示资金收支和物资管理使用情况，接受村民监督。

项目管理中的"参与式"方法可以应用到其他的村务管理之中，比如，社区中的公共工程管理就可以采取这样的办法，让受益群众自主讨论、自行制定管理办法，并通过"村规民约"的形式固定下来，成为管理公共工程的依据。

目前，大量的援助项目以不同的方式采取"参与式"方法，在农村地区实行的环保、扶贫和社区发展项目，基本都会包括"参与式"的因素。在一些特殊的项目里，"参与式"方法有所变化，比如，中英性病艾滋病防治项目中的"同伴教育"就是"参与式"方法的一个"变种"，其基本观念与"参与式"方法是一致的。而且，在一些培训项目中强调受训者的

① 见《农村社区发展参与式操作指导手册》，四川省扶贫开发办公室外资项目管理中心，2006年2月。

参与，例如，一些教育合作项目中所推广的"问题导向的学习方法"（problem-based learning）与"参与式"方法都是殊途同归的。

"参与式"方法具有很好的示范效应，迅速得到了中方项目人员和项目地区受益群众的支持。采用了"参与式"方法的云南德援造林项目与此前云南省的造林项目效果有区别。根据项目办主任吕树英的介绍，在德援项目启动之前，云南省的林业项目的决策基本上是自上而下的，结果一方面导致了"闭门造车"的局面，各省的项目决策完全按照国家要求的模式照搬照套，决策文件流于形式，给项目执行造成巨大的困难。行政主导的流弊在德国造林项目的可行性研究过程中也有所体现，例如，项目区的 6 个县（市）没有经过专家论证和现场勘察，由省林业厅事先确定，设计单位无法根据实际需要进行调整。另一方面，造林技术设计与生产经营的主体——当地村民的实际需要之间是脱节的。土地利用规划、造林树种选择和造林技术设计均由设计单位的技术人员按照技术规程、规范确定。凡此种种，为造林项目取得预期成果埋下了隐患。而采取了"参与式"方法的德国援助的造林项目，项目设计以受益人群的需要和项目地点的现实条件为基础，有效地避免了这些弊端。[①]

另外一个例子是德国援助的自然林保护项目。项目的主要实施地点之一西双版纳自然保护区在项目启动前出于环境保护方面的考虑曾经采取过一些措施搬迁保护区中的村寨，但是采取的方法比较简单。由于西双版纳地处边陲，边疆地区的扶贫以输血式进行，群众和政府都有等、靠、要的思想。20 世纪 80 年代初期，保护区搬迁核心村寨，当时国家大包大揽，建路、建房、通水、通电，结果，村民搬到新居之后，水龙头坏了，都会找政府人员去更换，因为他们从心里觉得这不是自己的事。德国援助的自然林保护项目开始后，当地的政府工作人员和村民接触到了比较新鲜的工作方法。项目的重要内容之一是社区发展，主要是在保护区边上的村寨里选示范村，进行了以下几方面的活动。

第一，进行新的土地利用规划。德方提供了组织村级参与式土地利用规划的技术。按照老习惯，土地利用规划一般要经过政府的批准，但在示

---

① 吕树英编著《中国—德国合作云南省造林项目系统管理概论》，云南民族出版社，2002，第 113 页。

范村中，参与式活动成了与村民进行交流的工具。首先，村民的土地规划限制在其自有土地上；其次，也解决了项目工作人员与村民之间的交流问题。项目人员与村民之间就土地利用问题达成共识后，由项目为村民提供技术支持。

虽然"参与式"活动是德方的技术，但也得到了中方项目人员的认同。中方提出了要强化对"参与式"的认识，于是选请云南省社会科学院地理所的专家到西双版纳来对项目人员进行培训，教授组织参与式活动的技术。

第二，在村民的要求下，进行了一些基础设施建设。如灌溉设施，在保护区中多坡地，不适合种水稻，应该改变坡地的用途，村民希望能够为他们提供一些水田。此外，还有用电、沼气池和节能灶等。基建部分的资金，只有一个村寨使用的是国内的扶贫款，其他都是由德方提供的。

第三，提高村寨农民的收入，主要是发展经济作物，由德方提供种苗和种子，并由项目人员对农民进行培训，教授他们育种、栽培和管理方面的技术。

第四，在项目二期中，做了一些小额信贷项目。3个村寨共投入8.9万元，在村民自治组织的基础上开展。这是根据当地情况而开展的活动，村民很想致富，却又缺乏资金。村民自治组织完全是在自愿基础上形成的，村民自治组织的会长和会计都是由村民自己推选产生。后期，村的行政体系也逐渐参与到自治组织中。5~6户村民形成一个组，每组只能有一户贷款，在小组各户之间轮流，如有不能如期还款的情况，下一次的贷款也就无法发出。这样在村民之间形成了一个制约机制。一户贷款1000~1500元，周期是3个月或半年，如果3个月不到就能还款，则免除贷款利息。贷款的利息也主要是用于管委会的办公费用。用贷款做什么事也是由村民自主讨论，项目人员帮助他们进行分类，考虑活动的规模。小额信贷其实是一次性资助，由村民自治组织自主管理。

这样，在项目推广的"参与式"的扶贫中，种什么是由村民自己决定的，项目只教技术、给部分种苗，种得好坏要自己承担责任，所以参与者都产生了责任心与危机感。在项目实施初期的一年多里，群众对参与式的活动有了体会，一方面认为这种方式不错，另一方面还是希望能够继续得到输血。从政府的角度来看，以后中国的扶贫也要走这种援助道路，项目只是在个别村寨做了示范，保护区里有100多个村寨，周边有200多个村寨，而示范村只有10 ~ 20 个。其余村寨与示范村交流时，村干部（包括政府相关部门）也认识到参与式活动很有意义。

三 中国政府的角色：所有者或合作伙伴？

那么，在对华双边援助活动中，中国政府到底扮演了一个什么样的角色？是援助项目的所有者，可以自行决定项目活动，成为援助项目的"主人"，还是与援助方保持了合作伙伴的关系，双方共同开展援助活动，各自发挥不同的作用？

所有者还是合作伙伴？这个问题中最核心的部分是关于"谁"的，谁拥有援助项目，谁确定受援国的需求，谁和谁之间的伙伴关系。在前面的讨论中已经提到，援助活动在援助国和受援国中的多个层次上的多重角色之间编织了一个关系网络，而且，这个网络的运行规则与中国体制内部的规则并不是完全一致的。就受援国——中国来说，参与援助活动的角色包括了中央和地方的各级政府部门、非政府组织，以及项目中的受援人群。仅仅局限在援助项目活动的范围内，政府部门和其他角色之间、中央政府和地方政府之间的关系已经发生了变化，这种变化极有可能影响到项目活动的范围之外，改变政府、非政府组织和一般群众之间的关系。

援助方积极参与了对华援助宏观政策的制定，虽然各援助方需要考虑中国内部的发展政策和发展需求，但是，中国政府尤其是中央政府不再是确定中国内部需求的唯一角色。援助方在自己的总体援助政策的框架之下，根据多个渠道得到的中国发展状况的信息制定中国国别政策。除了中国中央政府主管部门之外，援助方援助机构的驻华分支机构、中国地方政府和中央职能部委、项目地的受益人群乃至有可能对援助政策感兴趣的所有人都成为信息来源。

援助方会根据对华援助战略选择援助工具和援助渠道。在贷款项目中，中国政府的主导地位是比较明显的。在 20 世纪 90 年代末期以后，随着中国从国际资本市场上融资的能力不断提高，以及对华援助越来越成为一种政治工具，双边援助中赠款项目的绝对数量和相对比例都在上升。从对项目一般管理的分析中可以看出，援助方通过一整套完整的项目管理方法，在赠款项目的管理中发挥了重要的作用，因此，项目执行成为中方双方的"联合行动"。

对华援助活动在悄悄地改变着中国内部各种社会角色之间的关系。中国政府并不是援助国在华的唯一合作伙伴。在政府间渠道之外，援助国还通过非政府组织向中国提供援助，这些非政府组织包括在中国开展活动的国际非政府组织，也包括本土非政府组织。非政府组织的活动更加灵活，活动也较少受到政府间协议的限制，也更加注重与基层群众组织的联系。这些非政府组织的活动方式与依靠行政干预手段的政府机构是非常不同的。在一些非政府渠道流入中国的双边援助活动中，中国的政府部门甚至不是合作伙伴，援助国直接成为这些援助项目的"所有者"。之所以援助国没有大量地资助非政府组织，而是仍然同中国政府保持了紧密的合作关系，一方面是由于中国内部环境的限制，非政府组织所能发挥的影响是非常有限的，只有依靠政府机构的资源和动员能力才能充分发挥影响；另一方面与国际援助潮流的演变有关，在 20 世纪 90 年代中期之后，各援助国和援助机构重新强调受援国政府的作用，这是对此前独立于受援国体制之外的援助活动进行反思的结果。

第四节　作为政策杠杆和社会转型工具的双边援助

从 1979 年以来中国接受援助的 30 多年里，对华双边援助与多边援助一样，在中国的经济发展和改革开放进程中起到了重要的辅助作用。但是，与多边援助机构相比，双边援助作为一种对外政策工具的特征更加明显。尤其是 20 世纪 90 年代中期之后，在中国经济不断发展和综合国力不断提高的前提下，国际上公认中国已经有能力解决自己的发展问题，而主要的双边援助国仍然没有停止对华援助，并且表示不会在短时间内终止在华的援助活动。就连一向拒绝通过政府渠道向中国提供援助资金的美国，也松动了其政策立场，开始与中国的地方政府开展针对艾滋病防治问题的合作。其原因在于，双边援助是不可替代的外交政策工具，是推动援助方与中国进行全方位合作的重要渠道。

一　双边援助活动在中国发挥影响的方式

援助作为一种政策工具的主要功能是发挥杠杆作用，因此援助活动只有在针对狭窄的受援地区和受援部门的范围之外发挥影响，才能实现提供援助的最终目的。援助项目仿佛投入水中的石子，溅起的涟漪会一圈圈地向外扩散。双边援助的杠杆作用反映在双边关系上，带动了双边经贸关系的发展，并有助于巩固与中国的政治和文化联系；其杠杆作用还反映在中国的内部发展之中，一个个援助项目中所包含的源自援助国的观念、制度和工作方式等要素，通过项目活动缓慢地向外释放影响。发挥影响的方式是多种多样的，前面的讨论已经有所涉及，这里只是简要地作一个概括。

1. 双边援助如何影响双边关系：政治关系的润滑剂和经济关系的开路先锋

双边援助是双边关系的副产品，这似乎是显而易见的事实。首先，在没有建立外交关系的国家之间，鲜有发展援助方面的政府间合作。其次，双边关系的恶化会直接导致援助活动的停滞或援助规模的大幅度下降，1989 年前后对华双边援助的消长就是一个非常典型的例证。

但是，另一方面是，提供双边援助可以成为推动双边关系发展的重要手段，在双边政治关系中，援助可以成为润滑剂；在双边经济关系中，援助又能够起到开路先锋的作用。因而，对外援助是对外关系不可分割的组成部分。

（1）政治关系的润滑剂。

在与一些小国的外交之中，援助常常成为"胡萝卜"，是一种直接发挥影响的工具。在对华关系之中，援助无法成为发展关系的诱饵，而更多地起到了创造有利于双边关系进一步发展的外部环境的作用。在改革开放初期，双边援助中有大量的高等教育交流计划，包括为中国培养人才的奖学金计划、在中国建立语言培训中心，等等。这些项目搭建了中外之间进行交流的桥梁，同时起到了窗口作用。双边关系只有建立在相互理解的基础之上，才能够持续发展并保持平稳发展的态势。这些高等教育计划以及持续开展的文化交流就是在为增加相互了解创造条件。1997 年启动的欧盟—中国高等教育合作计划是个很好的例子，欧盟向中国学者提供了大量的奖学金和研究资助，其目的就是推动中国国内欧洲研究的发展，这样才能够使中国人深入了解欧盟内部复杂的机制，把欧盟与成员国区分开来，进而推动欧盟和中国之间双边关系的发展。

除此之外，大量的援助活动建立起了中外进行交流的多层渠道。比如，专门讨论援助问题的中方和援助国之间的联委会或混委会，包括中国主管部门——商务部和财政部，也包括负责项目执行的职能部委。在地方执行的项目中，地方政府会通过项目活动与外方建立起直接的联系。在援助活动结束之后，这些联系的渠道并没有消失，有时还会随着项目人员在中国体制内部的流动而扩散。比如，欧盟在辽宁执行的一个针对工厂减少污染物排放量的环保项目，在辽宁省政府成立了专门解决工厂污染问题的常设机构，这一机构的工作人员包括了项目工作人员，因而能够与欧盟方面保持着经常性的密切联系。①

多层的交流网络可以成为双边关系发展的制度保障和危机的缓冲器。即便是发生了类似 20 世纪 80 年代末 90 年代初的双边关系危机，中外之间的双边交流也不会因此而彻底停滞，可以在较低的层次上或通过非政府间的渠道继续进行。

（2）经济关系中的开路先锋。

在双边经济关系中，援助起到了开路先锋的作用。援助可以直接带动援助国向中国的出口，比如，目前农业领域的双边援助项目中，示范农场项目占了大头，原因就在于援助国企图通过这些项目推广其农产品。② 这方面的例子有很多。德国在发展援助活动中特别强调的公私合作伙伴关系（PPP）就是通过援助活动使得私人企业能够从发展中国家的发展中获益。在中国，使用了私人资本的援助活动以德国技术公司或德国复兴信贷银行等国有组织的身份出现，等于是用国有组织的声望和可信度为私人资本担保，增加了它们的竞争优势。③

更为重要的是，援助为私人资本在中国的活动创造了条件。它或者是投向了私人资本不愿介入的基础设施建设等领域，改善长期经济活动的"硬件"，或者通过援助活动，使中国相关的制度和生产标准与援助国趋同，使得中国内部的"软环境"有利于援助国的企业在华的经济活动，同时，保证了中国向援助国出口的产品符合当地的技术指标。

基础设施建设一直是双边援助中的一项重要内容，包括交通、通信和能源等领域，并且主要是利用了双边援助中的贷款工具。日本与中国签订

①　见 2005 年 9 月 22 日对欧盟驻华使团发展援助一秘 Marcel Roijen 和二秘 Micha Ramakers 的访谈记录。

②　根据有关访谈记录整理。

③　《预防与获益：德国技术合作公司在中国》，德国技术合作公司宣传册。

的第一批日元贷款项目集中于铁路和港口的建设，疏通了中国向日本煤炭出口的通道。赠款项目则是主要用于改善中国的"软件"，从职业培训到财务制度再到宏观经济体制改革，这些领域的合作从保证援助国企业在中国的劳动力供应开始，直到维护私人资本在中国活动的宏观经济政策环境。

2. 援助如何影响中国的内部发展

除了推动双边关系之外，双边援助的另一个重要作用是为中国的发展和改革提供帮助。就双边援助国而言，它们希望能够通过援助活动推动中国内部的改革进程。由于援助的资金是非常有限的，与中国庞大的规模（经济、人口、地域等）相比实在微不足道，而援助国仍然寄希望于援助发挥巨大的杠杆作用。援助活动如何能够发挥这样的影响？概括起来，援助在中国内部发挥影响的方式主要有以下几种。

（1）带动中国政府在特定地区和领域的资金及人员投入。

由于双边援助项目（无论是贷款还是赠款）都主要依靠中国政府机构来执行，而且，在赠款项目中，中国政府在很多时候要为项目提供配套资金，因而，援助影响了内部资源的配置，起到了导向作用，尤其是在中国政府还没有加大投入力度的薄弱环节中，援助项目所发挥的带动作用是非常明显的。

在云南造林项目中，项目经费全部是赠款，资金总额为 1200 万马克，按 1991 年的汇率，折合人民币 6000 万元。中方提供了 3000 万元的配套资金，包括劳务折抵 1100 万元和其他财政配套资金 1985 万元，由省、市、县三级政府分担。在项目启动时的 1991 年，云南省还没有大规模的造林项目，从国家财政和地方财政中分拨给造林使用的经费非常有限，就整个 20 世纪 80 年代来说，国内造林每亩的投入只有 14 元。德国援助的造林项目中，由于中德双方都有大规模的资金投入，所以单位面积投入很大，约合每亩 80 元，极大地调动了项目地群众的积极性，受益人群积极参与到造林项目之中。①

援助项目还可以改变某个特定的领域之中的资金分布。在艾滋病防治领域，援助活动早于国家干预。从中国最早发现艾滋病的地区之一瑞丽的情况

① 见 2006 年 3 月 10 日云南省德援造林项目办公室主任吕树英访谈记录。

看，1989 年瑞丽市就发现了艾滋病病毒携带者。当时，卫生部病毒研究所到瑞丽进行血样检测，筛查出 HIV 阳性 198 人，由此开始了艾滋病监察工作，但是没有采取相关的防治措施。在艾滋病防治领域的工作很长时间内主要集中在监控和宣传教育方面，基本上没有行为干预的措施。2004 年国家艾滋病防治政策出现转变后，政府财政加大了这方面的投入。从云南省的情况看，政府财政投入的资金要多于外来的援助资金（包括多边、双边和非政府渠道），但是，国家项目仍然集中在针对大众的宣传教育方面，很少包括对重点人群的行为干预、对艾滋病毒携带者和艾滋病患者的治疗与关怀等内容。① 援助项目补充了这个领域中的不足，以中英项目为例，其主要的活动就是对重点人群的行为干预和寻找可以负担得起的治疗与关怀模式，项目的执行带动了国家项目在资金和人员两方面的投入。

（2）通过执行合作项目改变观念。

双边援助项目中包括了大量的培训，尤其在赠款项目中，培训是经费支出的一项重要内容。参与培训的有项目执行地区（或单位）的政府工作人员，也有受益群众。主要目的是向中国有关方面介绍和传授一些外来的观念、制度和方法。同时，在援助项目的合作也在潜移默化地影响中方项目人员的想法和做法。

这些改变可以深入到"认同"的层面，也就是改变人的身份认定。在瑞丽市的中英性病艾滋病项目中，项目办公室主任原本是瑞丽市政府机构中从事艾滋病监测工作的专业技术人员。在参与中英项目的过程，他开始从社会工作的角度而不是行政管理的角度思考艾滋病防治问题，并认为自己实际上应该算是"社会工作者"，既不是政府官员，也不是卫生技术人员。他同时指出，艾滋病是一种特殊的传染病，每个人都是潜在的感染者，所以艾滋病不仅是一个卫生问题，而且更多的是社会问题。这些社会工作是政府官员用行政手段做不了的，需要一些卫生和社会工作方面的专业知识。②

像这样的例子很多。因而，从中央主管部门的角度来看，援助不仅提供了中国发展所需要的技术和资金，更重要的是改变了人的观念。

① 见 2006 年 3 月 6 日云南省腾冲县卫生局防治艾滋病办公室访谈记录，以及 2006 年 3 月 9 日瑞丽市中英性病艾滋病项目办公室主任访谈记录。
② 2006 年 3 月 9 日瑞丽市中英性病艾滋病项目办公室主任访谈记录。

在援助活动中培养起来的人才会在不同地区、不同机构之间流动，但是大多数留在了相关行业之中，在不同的机构中从事相关的工作，为中国的发展做着贡献。在 20 世纪 80 年代末 90 年代初，英国在中国执行过一个环保项目，是组织环境经济学系列培训班，现在中国在环境经济领域的专家一般都参加过这个培训班。[①] 而且，由于政府机构中缺乏人才，有些项目工作人员可能进入政府部门，成为政府中主管某一类事务的专职工作人员。

以云南省为例，中英性病艾滋病防治项目为云南省培养了大批的专业人员。在省一级，中英项目云南省项目办有专职项目人员 8 人，兼职 3 人，没有外方人员。目前，云南省成立防治艾滋病局，要吸纳所有项目办的工作人员。在四川省，中英项目办的工作人员几乎全部重新回到行政体系中，如项目办主任被任命为卫生厅下属病毒研究所所长，项目办的财务主任回到卫生厅任财会处处长等。[②] 在基层，以瑞丽市为例，政府注重艾滋病防治工作之后，在市政府中设立了一个禁毒防艾办，其主要成员是从事禁毒工作的，调了一个防艾办的工作人员。由于工作背景的原因，禁毒防艾办的大多数工作人员没有接受过系统的培训，工作经验和能力欠佳，而中英项目办这边的工作人员却全部接受过相关的培训。所以，在中英项目办公室与政府有关部门之间建立了互动关系，禁毒防艾办遇到问题，会向中英项目办的工作人员请教。目前，在瑞丽市，有知识、工作经历、技能、与政府打交道的能力，以及有能力接近目标人群的艾滋病防治人员不超过 5 个。中英项目办的主任已经调到政府的防艾办，负责防艾工作的协调组织和监督管理。[③]

援助项目活动在培训之外，还通过开发教材、课程和操作手册等资料的方法，加强观念的传播，这就是出于所谓的"项目可持续性"方面的考虑。在欧盟与民政部合作的乡村选举项目中，为了保证项目的可持续性，项目不是以培训为主，而是培训与培训资料的开发并重。因为，如果只是培训几个人的话，项目的影响会非常有限，但是在结项后，留下了一套资料，就能够在更大的范围和更长的时间内发挥影响。[④] 资料的影响也是巨大的，尤其是

① 根据有关访谈记录整理。

② 2006 年 3 月 10 日中英性病艾滋病项目云南省项目办公室主任访谈记录。

③ 2006 年 3 月 9 日瑞丽市中英性病艾滋病项目办公室主任访谈记录。

④ 见 2005 年 9 月 22 日对欧盟驻华使团发展援助一秘 Marcel Roijen 和二秘 Micha Ramakers 的访谈记录。

在中国本身缺乏这些资料的情况下。在中英性病艾滋病防治项目中，项目投入资金在全国范围内散发由其开发出来的技术资料。目前，中英项目的技术资料在全国已经产生了一定的影响。因为在艾滋病防治领域中英项目的活动时间最长、规模最大，在这个专业圈子里确立了威信，一般来说，从事这方面工作的人都知道中英项目，也都知道这些技术资料，所以往往会主动上门索取。①

（3）援助项目的示范作用。

援助活动与中国的内部需求是紧密衔接的。目前，援助国往往要根据中国的内部发展规划制订援助活动计划，只不过在这个过程中，援助国将资金投入了中国政府投入不足的薄弱环节，以期应对在援助国看来中国发展所面临的最迫切的需要，或者是针对中国政府内部已经提上改革日程的议题，以便向中国传输援助国的管理经验和模式。因此，援助项目的一个重要功能是展现援助国所提倡的模式和方法的实际效果，从而引导中国政府在自己的活动中也采纳这些做法。

把提高援助的示范作用作为一个主要目标是以中国的现实状况为基础的。尽管对华双边援助的总体规模并不算小，在 20 世纪 90 年代中期，中国一度是世界上最大的受援国，但是，中国的规模巨大，援助资金所能覆盖的地域和领域都是非常有限的。在一些援助国重视、中国政府也重视的领域，如环保和目前的艾滋病防治，援助资金是无法和中国政府的投入相比的。就云南的情况来说，在造林领域，国内的投入远远超过德国的援助。从现在的情况看，云南省每年造林 30 万~40 万公顷，合 450 万~600 万亩，而德国项目 5 年造林不到 3 万公顷。德国援助还是云南省林业厅接受的最大一个外国援助项目。② 艾滋病防治领域同样如此，中英性病艾滋病防治项目是云南省在艾滋病防治领域接受的最大一个援助项目，云南省得到的项目经费为5400 万元，占到了所有外援项目的 1/3。③ 但是，落实到各个项目县，这些经费是无法和国家的投入相比的。在项目一线的艾滋病重灾区，中英项目的覆盖面仍然是很小的，不足以满足当地防治的需求。项目办的工作人员认

① 见 2006 年 2 月 20 日中英性病艾滋病项目办公室张云访谈记录。
② 见 2006 年 3 月 10 日云南省德援造林项目办公室主任吕树英访谈记录。
③ 2006 年 3 月 10 日中英性病艾滋病项目云南省项目办公室主任访谈记录。

为，大范围的防控还是应该主要依靠国家的力量。例如，对校外青少年的教育，需要连续对乡村里的行政干部进行培训，只有依靠现有的政府体系，才能扩大覆盖面和影响。①

许多援助项目的目标就是在中国推广某种经验和模式，例如中英性病艾滋病防治项目、"面向贫困人口的农村水利改革项目"，② 都以推广在其他国家（发达国家或发展中国家）行之有效的一些制度和经验为目的，影响中国在相似领域中的活动。例如，中英性病艾滋病项目所开发的一些防控手段被国家采纳，如 VCT 指南就成为国家有关领域的技术标准。而一些项目内容，也被纳入了国家的艾滋病防治项目之中。③

"参与式"方法在中国自己的扶贫项目中的应用就显示了这种示范作用的效果。此外，像小额信贷这样的扶贫方式也已经被中国政府采纳，成为中国政府方面极力推广的一种扶贫模式。这些经验和做法都是在援助项目中显示了良好的作用之后，被中国政府所接受的。

（4）为中国的制度改革和基层组织建设提供帮助。

双边援助通过影响中国内部的制度框架，把外来的观念和模式固定下来，为这些观念在中国持续发挥影响创造了制度方面的保障。针对制度建设和制度改革的援助项目一般归在"良治"和"能力建设"的大帽子下，近年来，以此为主要目的的项目以及在其中包含这些因素的项目呈不断增长的势头。

这方面的项目把目标锁定在上下两头。"上"指的是与中国整体改革有关的部门和领域，配合中国的改革意图，援助方提供了大量的援助，直接为中国政府的改革提供咨询。例如，德国与中国合作的经济体制改革项目，与人大预算委员会、法律工作委员会等进行的法律合作都是这一类的项目。④司法合作类的项目近年来上升的势头很快，援助国通过这类的合作直接影响中国体制改革的意图是非常明显的。

---

① 2006 年 3 月 9 日瑞丽市中英性病艾滋病项目办公室主任访谈记录。
② "面向贫困人口的农村水利改革项目"的主要目的是配合中国正在进行的水利工程管理体制改革，在农村建立和推广农民用水协会这种管理模式。
③ 见 2006 年 2 月 20 日中英性病艾滋病项目办公室张云访谈记录，以及 2006 年 3 月 9 日瑞丽市中英性病艾滋病项目办公室主任访谈记录。
④ 见中方有关统计（截至 2005 年 12 月）。

"下"，指的就是基层社会组织的建设。大量的项目包括了加强社区参与和基层能力建设的内容，目前，几乎所有针对社会基层组织相对薄弱的农村地区的扶贫、环保、卫生项目等，都会或多或少地把扶持草根组织、增进社区能力建设作为一个重要（或主要）目标。比较突出的例子有小额信贷项目，参与项目的农户要编成组，若干个农户编成小组，若干个小组再合成大组，以组为单位开展项目活动。这些组在乡以下的村级单位中，成为联系各个农户的重要纽带，而在没有开展小额信贷的乡村中，农户分散自处，既不在行政体系之内，也不在任何社会组织之中，家庭和放大了的家族是其最重要的社会纽带。

实行了"参与式"方法的项目中，建立草根组织和增进社区能力建设是必然要包括在项目活动中的内容。其他的一些援助项目，也以其他的方式推进农村地区的基层社会组织的建设。比如，"面向贫困人口的农村水利改革项目"所推广的农民用水户协会，就是一种基层社会组织。

这些基层社会组织是政府动员能力的基础，就好像没有了电线，电流就无法输送一样，没有了这些传递信息和影响的基层组织，政府的动员能力只能达到行政体系的末端——村委会，无法有效地将普通村民组织起来，参与政府推广的活动。因此，通过帮助建设基层组织，援助国一方面间接地增强了中国政府的动员能力，另一方面把自己的影响带到了中国社会的深处。

这样，一"上"一"下"，援助活动影响着中国上层的制度改革和基层的社会组织建设，有效地保障了援助国的影响在中国内部慢慢释放。

二　双边援助活动发挥的作用

那么，双边援助活动到底在中国的改革开放过程中起到了什么样的作用？从援助的性质和援助国的动机来看，对华双边援助的作用必然是双重的，即一方面服务于援助国在中国的种种利益，另一方面服务于中国的发展目标。下面就从这两个方面入手，简要地分析对华双边援助所发挥的作用。

1. 服务于援助国的在华利益

中国是一个能够发挥重要的地区和国际影响的大国，与一般的发展中国家无法相比。援助国的在华利益因此变得非常复杂，因为同中国的双边关系的发展直接与援助国的全球战略相连，而且中国内部的发展也具有全球意义。一个简单的例子是，目前在国际范围内实现"千年发展目标"的努力中，中国的参与和支持是必不可少的，中国发展的外部影响还远远不止于此。

（1）援助活动有助于实现援助国在华的经济和政治利益。

首先，对华双边援助发挥的一个重要作用是推动双边经贸关系的发展，从而为援助国的私人部门创造大量的商业机会，包括占有中国的市场份额、获取稀缺资源、利用中国廉价的劳动力，等等。日本援助服务于日本企业经济活动的意图最为明显。日本对华的技术合作项目一般是为了日元贷款项目做铺垫，因为如果一个项目的可行性研究使用了日本的技术合作援助资金，就很有可能使用日元贷款。而且，日本早些年的援助重点在农业、国有企业改革、医疗等领域，后来，农业项目因为中日之间的农产品竞争而终止，国有企业改革会增强中国企业的市场竞争能力，也终止了。现在的重点领域是环保、扶贫、制度建设和人员交流。① 这些援助活动内容的变化最大限度地保证了日本在华的经济利益。

随着中国日益融入国际经济体系，成为全球市场中不可分割的一部分，援助国私人部门在中国市场中的表现会影响其全球竞争力，因而，通过提供援助扩展本国企业在华经济活动的做法就直接与全球范围内的竞争相联系。部分出于这个原因，欧盟及其主要成员国尤其是欧洲制造业的中心德国，对开展和继续在中国的援助活动抱有极大的热情，因为在这些双边援助直接或间接的帮助之下，欧洲企业可以提高相对于美国企业的竞争优势。相比之下，美国一直是采取了低调的姿态，即便是通过非政府渠道流入中国的美国援助资金，也大部分流向了非经济部门（社会和文化部门）。

援助国在华的政治目的极其复杂。中国在遥远的东方，是殖民地时期列强瓜分蚕食的对象，冷战时期敌对阵营中的一员，全球化时代正在融入国际体系又保持了自身的文化、观念和行为方式的合作者。同时，中国又是一个能够影响全球政治和安全局势的大国，不仅东亚地区的政治与安全秩序必须在中国的合作之下才能维持，而且，未来国际政治安全秩序的走向也要受到中国的影响。因此，一方面，援助国希望通过援助活动增进双边友好关系的发展、推动与中国在各个领域的对话与合作，以期能够在关键的地区和国际问题上获得中国的支持；另一方面，双边援助中不能排除其他一些政治目

① 根据有关访谈记录整理。

的，但是，由于中国政府在双边援助活动中扮演了重要的角色，这些负面的影响可以降到最低。

其次，援助国可以通过援助活动获得大量的通过其他双边渠道无法获得的信息。援助活动覆盖的地区和领域都远远超出了一般的外交工具，深入到了中国腹地，深入到中国政治体系的各个角落。通过项目的前期调研、与中国政府的合作以及一些项目活动（比如建立地理信息系统等），援助国可以获得中国方方面面的信息，从政府内部不同部门之间、中央和地方政府之间的利益摩擦，机构设置存在的问题以及政府执政能力的现状，直到中国各个地区人口、地貌、植被、资源储备、经济发展状况等，这些信息是具有战略意义的。

再次，对华援助也包含了制度输出的因素。通过对华援助，西方的观念和制度慢慢渗透到中国内部，改变着人们的观念，培育基层社会组织，推动中国的制度变革。出于这个目的，援助国采取了两条腿走路的策略：一部分援助提供给中国政府，援助活动也是与中国政府机构共同开展；另外一部分援助则绕过了政府主管部门，提供给体制之外的非政府组织，以便在政府组织之外、中国社会之中酝酿变革的动力。但是，有必要一分为二地看待援助带来的观念和制度的变化，在摩擦甚至是冲突中，中国也吸收了大量的西方先进的知识和经验，有选择地用于我国内部的发展和改革之中，使我们的发展少走了许多弯路。

（2）推动了市场经济在中国的发展。

双边援助为中国市场经济的发展提供了额外的推动力量。改革开放以来，中国经济体制的转变是最明显的，从一个中央集权的计划经济体制逐渐转变成目前的有中国特色的市场经济体制，随着市场经济体制的建立和发展，需要进行与市场经济配套的体制改革。

中国是一个有着悠久历史的国家，其国家形态、功能以及政治经济制度与西方发达国家之间有着很大不同。尽管近代以来，中国被迫卷入世界体系之中，被迫按照西方民族国家的基本结构不断地修正中国内部的经济、政治和社会制度，但是，所有改革必须建立在中国原有的历史积淀之上，从西方引进的各种制度必须要适应中国本土的情况才能生长和发展，这是中国制度不停地变化的重要原因。正是因为中国的各类制度都处在发展的过程中，尚未成熟和固定，援助国才有可能通过援助活动对中国体制改革的进程和方向发挥影响。

在全球化的条件下，推动和影响中国内部的政治、社会制度的变革对援助国来说具有更加迫切的意义。因为，随着交流渠道的畅通，中国内部发生的变化会直接对援助国的安全构成威胁。在援助国提供援助的动机中，已经分析了援助国如何在全球化条件下重新认识了自身安全形势和主要安全问题，并把全球范围内的减贫和发展议题当做一个安全问题来处理。尽管全球化带来了全球治理的现实需要，但是，政治和社会体系仍然是以民族国家为基础的，并不存在全球政府，也不存在能够对他国事务进行直接干预的有效手段。只有保证他国存在着与己相似的制度、持有与己相似的政策立场以及与己相似的对问题的认识，才能够保证在处理与自身安全有关的全球问题时，彼此之间不会有太多的摩擦和冲突，并能够依靠双方的合作采取共同行动。更为重要的是，冷战之后的国际政治和经济秩序处于不断调整的过程中。冷战时期美苏的制度之争消失了，但是，现存的各种经济和社会制度之间的不同就突出了出来。通过提供援助对中国不断发展和完善中的各种制度施加影响，也有彼此之间争夺"地盘"的意图在其中。因此，援助国积极使用援助这个政策工具，在中国发挥影响，其中所蕴涵的利益也是战略性的，是非常根本的。

（3）加强了中国对全球问题的关注。

在双边援助的引导下，中国在集中关注自身内部发展的同时，也开始重视全球问题，并日益深刻地认识到中国作为一个大国在解决这些全球问题中所承担的责任。环境保护是非常突出的一个例子。

就环保领域的对华援助来看，中国环境保护总局得到的援助最初以大气污染方面为重点。大气污染是全球关注的问题，各个国家在减少大气污染方面承担"共同带有区别的责任"，意思是，发达国家应该在减排方面承担更多的责任，并应该协助发展中国家治理大气污染问题，有国际协定要求发达国家把 GDP 的 1.2% 捐助给发展中国家用于大气污染的治理，当然现在没有实现这个目标。因而，对于援助国来说，向中国提供援助用于大气污染的治理本身就是它们应该承担的义务，同时，它们也会从援助中受益。在环境领域最大的援助方是日本，因为中国的环境问题直接会对日本产生影响。

后来，援助重点转向了生物多样性（生态多样性）。生物资源是全球共同的资源，但是，不同的生物资源分布在不同的国家里，援助国提供援助帮助中国保护生物多样性，不仅符合它们的价值观念，而且它们最终也会从援助中受益。

但是，不会带来全球影响的环境问题很少得到援助的资金支持。例如，在水资源保护方面，只有会流入海洋的河流的污染问题能够得到援助项目的支持，内陆河流的污染问题则无人问津。可是，水资源是一种特殊的资源，具有外部性，中国急需获得这方面的帮助。①

援助带动了中国对全球性环境问题的投入，并使得中国更多地承担了相关的国际责任。例如，中国逐渐改变了政策姿态，不再认为环保议题是发达国家对中国的经济发展设定的限制，签署了《京都议定书》。但是显然，援助国并没有意愿要帮助中国彻底解决内部的环境问题，那是中国的内部问题，是应该由中国政府独立承担的责任。

（4）加强文化交流并改善援助国在中国的形象。

双边援助活动加强了援助国与中国之间的文化交流。除了一些援助项目直接针对着文化和学术交流以外，在援助活动中包括的技术培训、参观访问等内容也间接地带动了双边的文化交往。尤其是对非英语的援助国来说，通过援助活动推广本民族的语言和文化是在英语逐渐确立了全球垄断地位的情况下迫不得已的选择。比如，德国在中国设立的歌德学院和其他德语培训中心等，这些机构除了教授语言，同时成为文化交流的平台，经常举办音乐会和电影展等文化交流活动。而德国提供的一些奖学金也以掌握德语为条件。这些措施有力地促进了与中国各界之间的文化交流。

援助有助于改变一些援助国在中国的不良形象，最突出的是日本和英国，不过在这方面显然英国援助项目比日本援助项目成功得多。日本援助项目大量地以提供硬件为主，缺乏软件方面的投入，也缺乏同普通民众之间的接触，因而，尽管日本在中国投入了大笔的援助资金，但仍然没有能够消除战争留下的积怨。在调研过程中，课题组访问了接受了日本电教设备的西双版纳民族中学，校长为保山人，保山地区是抗战时期的西南前线。校长曾专门召集学生大会，批评小泉参拜靖国神社一事，并要求师生正确对待日本的援助，不能因此而忽视了其战争罪行。② 而英国的援助把大量的资源用在了"软件"和"人"身上，其效果与日本的援助对比鲜明。

---

① 2006年1月4日国家环保总局国际合作司区域环境合作处方莉访谈记录。
② 2006年3月13日调研西双版纳州民族中学日本援助项目。

2. 服务于中国的发展需求

不管援助国是出于何种动机向中国提供援助，在中国改革开放的进程中，这些援助活动的确发挥了重要的作用，是中国经济、政治和社会发展进程中不容忽视的一股推动力量。从总体的发展趋势上看，在华援助活动与我国的发展历程同步。援助进入我国的初期，主要集中在农业领域，随后，逐渐转向工业领域，接着开始倾向于可持续发展、环保、妇女发展等主题。随后，援助项目开始介入宏观政策领域，出现了大量的政策咨询项目，而后又开始立法和司法合作。目前，援助项目集中在两头：一头是高层的政策/制度建设，如村民选举、司法合作等，另一头维持在扶贫、环保和跨国合作（艾滋病、大气污染、跨国犯罪等）等领域。① 这种发展趋势客观上反映了援助活动还是回应了中国内部的发展需求。

（1）补充了中国发展过程中的资金、技术和管理经验方面的缺口。

双边援助为中国提供了发展所需的资金、技术和管理经验，在改革开放初期，双边援助在输入资金和技术方面的作用尤其重要，而随着改革开放的进程，中国的经济不断发展，与国际社会的交流越来越多，中国获得资金与技术的途径相应地增多，援助在提供一些管理经验和模式方面的作用就更加突出。

在 20 世纪 80 年代中期以前，援助金额在流入中国的外国资金中所占的比例是相当大的。由于包括了贷款和赠款在内的援助项目与私人资本不同，并不仅仅是以营利为目的，所以，通过援助项目，中国获得了一些必要的生产设备和技术手段。因此，从中国接受援助的前期来看，援助的经费大量使用在改变硬件环境上，包括根据项目活动的需要购买必要的设备，以及进行经济发展所必需的交通、通信和能源方面的基础设施建设。

随着时间的推移，中国内部的发展需求不断变化。限制中国全面的经济和社会发展的已经不再是资金和技术等生产要素的短缺，相反，是管理经验和制度方面的一些不足，因而援助也就转移到了这些领域。通过一些技术合作项目、合作研究项目以及其他项目的示范作用，援助活动把国外的发展经验介绍到中国，并对中国的发展产生了积极的影响。环保部门负责接受援助事务的官员对环保领域中的对华援助项目的评价是相当积极的。他们认为，通过援助项目，引进了先进的管理经验和制度，也引进了先进的环保理念，

---

① 2005 年 12 月 26 日商务部国际司姚申洪访谈记录。

使我们可以避免走发达国家先污染后治理的老路。同时，援华环境项目带来了双赢的结果，不仅对我国有利，而且援助方也从中获益。[①]

（2）降低了经济转型过程中的社会代价。

中国经济体制改革和经济发展改变了 1978 年以前的内部利益分配格局，进而影响到原有的利益关系。并不是所有人群和所有地区都能够从发展中平等地受益，这是普世通行的准则，没有任何国家例外。中国的经济发展中所出现的地区发展不平衡的问题以及收入分配不均的问题，是发展不可避免的副产品。同时，由于政府的工作重心长期放在经济发展方面，一方面政府以经济发展这个目标确定资源再分配的准则，另一方面政府的社会职能没有得到足够的重视，积累起了一些社会矛盾，目前在卫生和教育领域存在的问题就是这些社会矛盾的反映。

双边援助活动在中国的体制改革中补充了政府职能的不足，并通过直接投入资金或带动中国政府财政的投入，影响了中国内部资源的再分配，客观上缓解了发展所带来的各种矛盾。从援助的地区投入来看，绝大部分双边援助赠款流向了欠发达的中西部地区；从部门分布来看，双边援助又大量地流入了社会部门，赠款项目尤其如此。在贫困地区，社会部门中的投入具有更加重要的意义。是否得到了援助资金对当地社会服务的质量而言关系重大，因为当地政府财政对这些领域的投入相当匮乏。在得到援助项目的地区，基础的教育和卫生服务都要明显好于非项目点的地区。

同时，援助项目引进了一些先进的工作方法。比如，"参与式"方法，与传统的行政手段相比，这些工作方法更加灵活，也更容易为群众接受，也更容易化解因为利益关系的变化而产生的矛盾。在前面关于"参与式"方法的分析中，已经可以清楚地看到受益群众对这些工作方法的积极反应。所以，通过资金和管理经验两方面的投入，双边援助有效地缓解了受援地区的社会需求和社会矛盾。

（3）加强了中国的基层组织建设。

中国自鸦片战争开始后的漫长的转型过程中，基层社会组织的建设是国家建设之种种努力的重要组成部分。只有在新中国成立之后，生产大队、工青妇等组织才初步替代了乡村中最主要的社会组织——家族和家庭，成为生

[①] 2006 年 1 月 4 日国家环保总局国际合作司区域环境合作处方莉访谈记录。

产的组织者和社会服务的提供者,把分散的农户联系在一起。

改革开放后,基层组织的建设出现了停滞甚至是后退的局面。在农村地区,"包产到户"的农村生产责任制实行后,生产活动重新以家庭为单位进行。而后生产大队合并为乡,乡政府是最基层的政权,政府与农户之间的直接联系消失了。同时,政府向农民提供的服务减少了,在很多地方 1978 年以后就没有由政府财政进行过大的农业基础设施建设,与农民切身利益攸关的"合作医疗制度"进展缓慢。在城市里,私人经济的不断发展使得以前以"单位"为基础的社会组织结构发生了巨大的变化,人员的流动加强,而传统的工青妇等组织不能在巨大的社会变化中承担各种新的职能。这些变化或者导致了基层社会组织的萎缩,或者带来重新进行基层组织建设的需要。援助项目中大量地包含了基层社会组织建设的内容,主要是推动社区参与和非政府组织的能力建设。在项目的受援地区和人群中一些基层组织恢复或重新建立起来,搭建了基层政府——乡政府和农户之间的桥梁。这在客观上有利于中国仍在继续的国家建设进程的发展。

(4)推动中国逐步融入国际社会并巩固了对外交往中的多层结构。

中国从冷战时期的相对封闭和孤立的状态走出并与外部世界融合,这是一个非常漫长的过程,至今仍然没有结束。在这个过程中,中国需要同外部世界进行全方位的交流与合作,让中国人了解世界,也让世界了解中国。双边援助是一个重要的桥梁。以加入世界贸易组织为例,中国入世对于世界贸易体系的重要意义是毋庸赘言的,但是,中国加入 WTO 是一个漫长的过程,其间需要付出巨大的努力。援助在这方面发挥了重要的作用。在中国积极申请加入世界贸易组织的过程中直到中国成功"入世"之后,援助国和中国之间开展了大量的针对世界贸易组织规则和管理方面的合作。① 这些合作对于中国的顺利加入以及遵守 WTO 规则显然是非常必要的。

前面已经提到,援助活动对创建和巩固中国对外交往中的多层结构也发挥了积极的影响。这些交往渠道是中国与外部世界之间的桥梁。没有这些不同层次上的交流渠道,中国和外部世界之间的交流是不可能深入和持久的。

---

① 主要的双边赠款项目有欧盟(两期)、瑞典、英国和加拿大的援助项目。见中方有关统计(截至 2005 年 12 月)。

第五章

对华援助中的非政府组织

多边和双边的官方发展援助机构主导了对华援助活动，却没有垄断对华援助。非政府渠道是输入外来援助的一个重要渠道，同时，非政府组织在援助活动中也起到了重要的作用。一方面，各类非政府组织与官方援助机构合作，共同资助或执行援助项目；另一方面，非政府组织的理念和工作方式影响到官方援助机构。因而，虽然非政府组织提供的资金总量不可与官方发展援助相提并论，但是，它们是对华援助活动中不容忽视的力量。目前，对华官方发展援助的总量不断减少，通过非政府渠道流入中国的援助资金的比例却在不断上升，随之而来的是非政府组织的作用将会不断提升。所以，非政府组织在华援助活动是 1979 年以来的对华援助整体图景中不可缺少的一部分。

第一节　非政府组织在对华援助活动中扮演的角色

对华援助的非政府渠道主要有私人的关系网络（如家庭、家族等）和非政府组织，无论是从资金的规模还是影响的范围来看，后者的作用都远远超过前者。所以，非政府组织是我们关注的焦点。

1. 非政府组织的概念

什么是非政府组织？"非政府组织"（non-governmental organizations，NGO）的使用频率愈来愈高，而含义却越来越模糊了。据说，非政府组织

的英文是出自一位联合国的官员，在联合国体系内，会员国的政府机构统称
"政府组织"（governmental organizations），20 世纪 60 年代时，联合国开始
邀请政府机构以外的其他组织和机构参加它的会议和活动，为了方便起见，
这些组织和机构被称为"非政府组织"。[1]

　　所以，从其起源来看，非政府组织就是一个含义非常丰富的概念。根据
萨拉蒙（Salamon）的定义，确定一个组织是否为非政府组织的标准有如下
7 项：①是正式的组织，即经合法注册，有成文的章程、制度，有固定的组
织形式和人员等；②非政府，即并非政府或附属于政府的分支机构，不受政
府的管辖和支配；③非营利，不以营利为目的，不进行利润分配；④是自治
组织，有独立的决策与执行能力，能够进行自我管理；⑤成员参与和筹集资
源都是本着自愿的原则；⑥不参与竞选等政治活动；⑦不是类似教会的宗教
组织。[2]

　　介入到对华援助活动之中的非政府组织既包括国际非政府组织（或称
国际 NGO），也包括我国本土的非政府组织。根据不完全调查，在中国开展
援助活动的国际非政府组织虽然顶着基金会、协会、联盟、中心、组织、学
院甚至是有限公司[3]等花色各异的帽子，可是它们大多符合以上 7 项标准，
有些具有宗教背景的非政府组织在中国的活动多多少少会包含有宗教宣传和
教育的因素，但往往是融合在救灾、扶贫、教育和文化保护等活动中。[4] 而
中国本土的非政府组织则往往具有政府色彩，尤其是那些"自上而下"的
非政府组织多半是在政府的扶持下生存的，并与政府机构有着千丝万缕的联
系。[5]

2. 非政府组织的主要资金来源

　　基于非政府组织的性质，这些组织的资金来源与官方发展援助有很大的

---

① Nick Young：《国际 NGO：不同的起源、变化着的性质和全球化趋势》，载英国大使馆文化
　教育处、福特基金会《200 国际 NGO 在中国：中国发展简报特别报告》，2005，第 212 ~
　225 页。
② 转引自王名主编《中国 NGO 研究——以个案为中心》，UNCRD Research Report Series，
　No. 38，第 11 页。
③ 在中国开展避孕用品社会营销的 DKT International，在中国的身份就是"天际国际贸易（上
　海）有限公司"，见《200 国际 NGO 在中国：中国发展简报特别报告》，2005。
④ 详细情况见《200 国际 NGO 在中国：中国发展简报特别报告》，2005。
⑤ 对"自上而下"和"自下而上"的非政府组织的分类见王名主编《中国 NGO 研究——以
　个案为中心》，UNCRD Research Report Series，No. 38，第13 ~ 14 页。

不同。官方发展援助出自政府的财政收入，是从各给援国纳税人的腰包里掏出来的；而非政府组织的资金来源是多头的，既包括社会筹资，如个人和公司的捐赠，也有私人基金会的资助（如福特基金会和洛克菲勒基金会这样世界知名的大基金会），还包括了政府的拨款，其中，很多非政府组织在中国执行的项目得到了援助国或多边援助机构的发展援助资金的支持。①

以在中国开展活动比较多的几个机构为例。以接受国际非政府组织援助比较多的云南为例，为云南省提供的援助项目资金累计排在前列的有香港乐施会（OXFAM HK）和英国救助儿童会（Save the Children UK）。② 香港乐施会 2002 财年（截至 2003 年 3 月 31 日）的总收入是 1.215 亿港元，其中 87% 筹自香港，来自 6 万名固定的支持者和每年一次的"毅行者"活动，6.4 万港元来自其他乐施会支持中国项目的拨款。英国救助儿童会是第一个在云南正式登记注册的国际非政府组织。③ 2003/2004 财年英国救助儿童会的总收入为 1.78 亿欧元，41% 来自私人捐款和遗赠，49% 来自基金会、政府和多边机构的拨款。④ 在云南一省，英国救助儿童会 2004 年的援助金额合计 766 万元，2005 年的援助金额合计 585.35 万元。⑤ 作为一个非政府组织，其之所以能够长期（从 1988 年开始）资助力度较大地在中国开展援助活动，其中一个重要原因是得到了包括官方发展机构在内的多个机构的资金支持，英国国际发展部、欧盟、嘉道理基金会、福特基金会、Twining 有限公司以及救助儿童会国际联盟的其他成员机构都为英国救助儿童会的中国项目提供了资金。⑥

非政府组织的资金的多头来源决定了它们的宗旨和目标、组织形式、活动领域和工作方式的多样性。从在中国开展援助活动的非政府组织的情况来看，尽管一些非政府组织在相同的领域开展活动，但是由于其机构本身的背景不同，活动的方式也不尽相同。以同在四川从事扶贫活动的国际小母牛项目组织（Heifer Project International）和四川农村发展组织（Development

---

① 详细情况见《200 国际 NGO 在中国：中国发展简报特别报告》，2005。
② 见云南省商务厅国际经贸关系处《云南省接受国际无偿援助项目简况》，2004 年 6 月 29 日。
③ 英国救助儿童会是以外企的形式在工商部门登记注册，而不是在民政部门进行社团注册。
④ 见《200 国际 NGO 在中国：中国发展简报特别报告》，2005。
⑤ 见《2004 年驻滇国际民间组织项目统计》和《2005 年云南省国际民间组织合作促进会项目统计》，云南省商务厅国际经济技术交流中心提供。
⑥ 见《200 国际 NGO 在中国：中国发展简报特别报告》，2005。

Organization of Rural Sichuan）为例，两个组织采取了截然不同的工作方法。

国际小母牛项目组织是一个致力于乡村发展的非政府组织，成立于1944年，总部设在美国。其发起者是一位美国农民，20世纪30年代他在西班牙内战期间在一家教会服务机构从事救助工作，他认为与其向穷孩子免费分发牛奶，还不如帮助贫困家庭饲养奶牛。[①] 所以，"给人一杯牛奶，不如助人养头奶牛"成了这个组织一贯坚持的理念，[②] 它主要是通过向农户提供优良品种的畜禽和技术培训实现减贫的目标。四川农村发展组织的历史比较短，成立于1997年，由一位英国妇女创办，目前主要在四川的汉源县和甘洛县的国家级特困村执行扶贫项目。其把扶贫、环保和实现妇女权利糅合在一起，是通过提供农林技术方面的培训、资助贫困户购买小树苗和执行小额信贷项目等方式，实现扶贫的目标。[③]

非政府组织的多样性丰富了国际援助活动的内容和方式，它们的援助活动能够灵活应对不同受援国家的特殊情况，同时，也成为孕育新的援助理念和工作方法的温床。从当前国际援助活动发展趋势来看，鼓励非政府组织的参与已经成为全球的共识和普遍趋势，这反映了非政府组织在援助活动中独特而又重要的作用。

二 非政府组织与官方发展援助机构之间的关系

对华援助活动中非政府组织与官方发展机构之间的关系也不是能够一概而论的，有些国际非政府组织是官方发展援助机构的合作伙伴，有些则是独自地在中国开展项目活动。但是，从总的情况来看，规模较大、资金规模比较雄厚的非政府组织一般同官方机构之间有着这样或那样的联系。

1. 独立于官方发展援助机构的非政府组织

可以从两个方面确定非政府组织是否独立于官方发展援助机构。首先，要看非政府组织的资金来源，其活动是否得到了官方发展援助资金的支持；其次，要看其在具体的援助活动中是否与官方发展援助机构有合作关系。

根据《200国际NGO在中国：中国发展简报特别报告》所进行的不完

---

① 见《200国际NGO在中国：中国发展简报特别报告》，2005。

② 王名、邓国胜：《国际小母牛项目组织（中国办事处）》，王名主编《中国NGO研究2001——以个案为中心》，UNCRD Research Report, No. 43，第27~41页。

③ 见《200国际NGO在中国：中国发展简报特别报告》，2005。

全统计，在中国开展活动的 211 家非政府组织中，约有 40% 的非政府组织的直接资金来源或是社会筹资（企业和个人的捐赠），或是来自其他私人基金会的资助，其财政是独立于官方机构的。① 许多财政独立的非政府组织是独立地在中国开展活动的，但是，另有一些财政独立的非政府组织与官方援助机构保持着密切的合作关系。

仍以前面提到过的国际小母牛项目组织为例。根据《200 国际 NGO 在中国：中国发展简报特别报告》提供的信息，国际小母牛项目组织 2002/2003 财年（截至 2003 年 6 月 30 日）的总收入为 58940000 美元。其中，69% 来自个人捐款，18% 来自教徒的捐款，还有 8% 来自企业和其他非政府组织，基本上没有接受官方发展援助的资助。但是，国际小母牛项目组织之所以能够进入中国，靠的还是政府部门搭建的桥梁。20 世纪 80 年代初，设在美国阿肯色州的畜牧培训和发展中心希望同中国开展合作，找到四川省畜牧局，确定了合作意向。美方于 1982 年和 1983 年连续两次派专家组到四川调查山区发展畜牧业的可能性与发展潜力，并打算投入 600 万美元在四川启动一个援助项目，初步决定在 1984 年签订合作协议。1984 年 2 月，当中方有关人员到美国签约时，美方表示由于中美关系的原因，美国农业部没有批准这个大项目，所以将中方人员推荐到国际小母牛项目组织，因为国际小母牛项目组织是个非政府组织，其在中国开展援助活动与否不需要美国政府的批准。②

2. 作为官方援助机构合作伙伴的非政府组织

更多的非政府组织则是在援助活动中扮演了官方发展援助机构的合作伙伴的角色。非政府组织与官方机构之间的合作关系同样可以从上述两个角度来观察：一是资金的情况，二是在项目执行中的关系。

（1）与官方发展援助机构共同资助援助项目。

非政府组织常与官方发展援助机构共同资助援助项目。尤其是基金会类型的非政府组织，其本身就扮演了出资人的角色，一些世界知名的大基金

---

① 这是一个非常不完整的统计，有些非政府组织间接地接受了官方资金，但是在《200 国际 NGO 在中国：中国发展简报特别报告》中并没有显示。所以，这个数字只能提供一个大概的印象。

② 王名、邓国胜：《国际小母牛项目组织（中国办事处）》，王名主编《中国 NGO 研究 2001——以个案为中心》，UNCRD Research Report，No. 43，第 28 页。

会，如老牌的福特基金会、洛克菲勒基金会，以及新兴的盖茨基金会等，常常是一些官方援助机构为重要出资方。20世纪80年代以后，基金会资助联合国系统的援助机构成为具有时代特征的新现象。1998年，美国有线电视新闻网（CNN）的著名主持人特纳通过其名下的特纳基金会向联合国捐赠10亿美元，是轰动一时的事件。在特纳之前，联合国系统的多个援助机构得到过福特基金会和洛克菲勒基金会的大量资助，尤其是福特基金会于1951～1997年直接或间接地向联合国提供了8000万美元的捐赠，其中近一半是1990年之后提供的。比较重要的一点是，福特基金会的资助促进了非政府组织对国际援助活动的参与，因为在这8000万美元里，只有3500万是直接资助给联合国系统的官方援助机构的，其他的捐款则是流向了执行联合国项目的非政府组织。[①] 而近年来在美国基金会排名榜上升到前几位的盖茨基金会则多次拨款给联合国系统中的世界卫生组织，资助其在全球健康领域开展活动。[②]

非政府组织不仅会资助官方的援助机构，还会与官方援助机构一起，资助某个领域具体的援助项目。以洛克菲勒基金会在中国的援助活动为例，它与美国国际开发署共同合作，在中国开展了"妇女状况研究"项目，其中，中国部分的项目经费完全是由洛克菲勒基金会资助的。这个研究课题由中国人口信息与研究中心和基金会的"国际健康家庭妇女研究"课题组合作执行，主要研究计划生育对中国几代妇女的影响，在苏南和皖北四县进行实地调查，于1999年完成报告。此外，另一个由世界银行资助的项目，也得到了洛克菲勒基金会的资助。为了解决中国的人才外流问题，1994年由世界银行出资，在北京大学建立了中国经济研究中心，吸引国外的优秀中国籍经济学家回国工作，洛克菲勒基金会与亚洲基金会、福特基金会一起也向这个中心提供了财政支持。[③]

根据《200国际NGO在中国：中国发展简报特别报告》汇总的信息，有许多在中国执行项目的非政府组织得到了多方资助，如前所述的英国救助

① 资中筠：《散财之道：美国现代公益基金会述评》，上海人民出版社，2003，第9章"国际工作"，第226～264页。
② 见《200国际NGO在中国：中国发展简报特别报告》，2005，第63页。
③ 资中筠：《散财之道：美国现代公益基金会述评》，上海人民出版社，2003，第9章"国际工作"，第274～279页。

儿童会等机构就是这种情况。在当前的国际援助活动中，援助资金的多元化是一个可见的趋势。因而非政府组织作为一个重要的筹资渠道的作用也会逐渐上升。

（2）作为执行者的非政府组织。

在中国开展援助活动的许多非政府组织是提供技术服务的专业机构，这些机构是援助项目的执行者，受官方发展援助机构的委托，开展项目活动。

这种状况与各个给援方的援助方式有关。以美国为例，大量的由美国国际开发署资助的援助项目是由非政府组织执行的。从 1972 年起，美国政府就开始向非政府组织提供资助，从而鼓励了一批人专门从事与援助活动相关的工作，到目前为止，各个专门工作领域中的非政府组织成为影响美国对外援助活动的一支重要力量。[1] 根据云南省的统计，从 1982 年到现在，云南省接受的直接来自美国国际开发署的项目只有一个，是 2004 年立项的艾滋病防治项目，金额为 700 万美元。[2] 但是一些美国背景的非政府组织却拿着美国的官方发展援助资金在云南执行了一些援助项目。[3] 例如，美国国际人口服务组织得到了美国国际开发署的资助，[4] 在云南开展艾滋病防治工作，执行了多个项目，2003～2005 年，仅国际人口服务组织在云南执行的援助项目金额累计就有 92.5 万美元。[5]

尼克·杨在对在华国际非政府组织的总结中，指出了一些这样的非政府组织，如美国家庭健康国际、美国帕斯适宜卫生科技组织和美国温洛克国际农业开发中心等。这些组织的收入几乎完全来自政府的合同和基金会的拨款，而它们则提供专业的、非营利性的咨询和培训，以及其他与援助项目有关的服务。[6]

以美国家庭健康国际为例，它是英国资助的"中英性病艾滋病防治合作项目"中的一个重要的合作伙伴。中英两国政府于 2000 年 3 月 3 日正式

---

① 周弘：《美国：作为战略工具的对外援助》，周弘主编《对外援助与国际关系》（下编），中国社会科学出版社，2002，第 161～213 页。
② 资料来源：云南省有关统计，截至 2004 年 6 月。
③ 根据对云南省有关部门的访谈记录整理。
④ 见 2006 年 3 月 9 日德宏州妇女儿童发展中心主任陈桂兰访谈记录。
⑤ 见云南省商务厅国际经贸关系处《云南省接受国际无偿援助项目简况》，2004 年 6 月 29 日。
⑥ Nick Young：《国际 NGO：不同的起源、变化着的性质和全球化趋势》，载《200 国际 NGO 在中国：中国发展简报特别报告》，2005，第 212～225 页。

签订了实施"中英性病艾滋病防治合作项目"（以下简称中英项目）的协议，项目于 2000 年 6 月正式启动，项目地为云南、四川两省。该项目由三个机构共同执行，即中方的主要执行部门卫生部，以及由英方指定的两个国际机构，一个是前景集团（Future's Group），负责安全套的社会营销，另外一个就是家庭健康国际（Family Health International），是项目的资源中心，负责为项目活动提供技术支持。英国国际发展部为这个项目提供了 1883 万英镑的无偿援助，但是，其中实际由中方管理和支配的金额仅为 1168 万英镑，其余的项目经费由前景集团和家庭健康国际分享。[①] 专业性的非政府组织参与官方援助项目并不仅限于双边援助项目，也包括了多边援助项目，家庭健康国际在美国的办公室就参与了世界银行在中国的一项健康项目，为其提供技术支持。[②]

三 非政府组织在对华援助活动中承担的功能

基于非政府组织与官方发展援助机构之间的关系的讨论，可以大致地看出非政府组织虽然不是对华援助的主导力量，却是官方发展援助的重要补充。在对华援助活动中，非政府组织主要承担的功能有两方面：一是使得援助活动的资金来源与活动领域更加多元化；二是作为"服务提供者"参与援助活动，包括：非政府组织作为执行机构，提供专业的知识和技术服务，以及通过公关和宣传活动等，为援助活动的顺利进行做观念的铺垫以及提供额外的关系网络。

1. 资金来源和活动领域的多元化

从上面的论述中已经可以很清楚地看到，非政府组织是政府发展援助机构之外一个重要的援助资金来源，在此毋庸赘述。这里要集中讨论的是非政府组织如何在项目地区和项目内容选择等方面丰富了对华援助活动。

许多非政府组织独立于官方发展援助机构，因此不受各援助方的战略、政策、工作重点的影响，同时，非政府组织在中国的活动相对来说较少地受到中国内部援助管理体系的约束，因而在项目地点和项目内容的选择上具有

---

① 见卫生部国际司欧美大处《中国与英国国际发展部合作项目简况》，2005 年 6 月 2 日，以及 2006 年 1 月 20 日 "中英性病艾滋病防治合作项目" 全国项目办公室张云访谈记录。
② 《200 国际 NGO 在中国：中国发展简报特别报告》，2005，第 54 页。

很大的灵活性。现以法国非政府组织"宁夏孩子"为例。"宁夏孩子"起源于一篇新闻报道，媒体报道了一个名叫马燕的小姑娘因为家境贫寒而被迫失学的故事，一些法国人看到这篇报道之后，于 2002 年在法国成立了这个非政府组织，从一些个人以及法国爱玛仕公司和宝洁公司处得到捐助，正式为其他几个处境类似的孩子支付学费。此外，"宁夏孩子"还向宁夏的一所小学和中学提供了包括计算机、书籍和其他教学用具在内的一些实物援助。①

正是因为非政府组织具有这样的灵活性，所以可以打"擦边球"。艾滋病防治领域的援助活动可以很好地说明这一点。

云南省德宏州瑞丽市是中国最早发现艾滋病的地方。1989 年，卫生部病毒研究所到瑞丽进行血样检测，筛查出 HIV 阳性 198 人，由此开始了艾滋病监察工作，但是没有采取相关的防治措施。直到 2004 年以前，中国政府都没有重视艾滋病防治工作。2004 年 4 月是国家艾滋病防治政策的转折点，胡锦涛总书记在公开场合与艾滋病人握手是一个标志性的事件。在此之前，艾滋病防治工作并没有得到重视。以瑞丽为例，在 1989 年时，所有的感染者都是通过静脉注射的途径感染，还比较容易控制。但是，当地政府直到 1999 年才开始采取防治措施，可是已经开始了性传播，错过了防控的最好时机。②

在 2000 年以前，部分由于中方的态度不很积极，艾滋病防治领域的对华援助项目非常有限。根据有关部门的统计，在中国最早开展艾滋病防治项目的是欧盟，1994 年，中国与欧盟启动了一个"艾滋病性病防治"项目，项目的执行地点是北京、上海两个城市，1999 年，该项目又进行了第二期。这个性病艾滋病防治项目的主要活动是选派中方学者赴欧进修，并开展与艾滋病防治有关的应用性研究。③ 此外，20 世纪 90 年代在中国执行的与艾滋病防治有关的主要官方发展援助项目还有：1998 年启动的儿童基金会综合项目，主要活动是进行计划生育宣传研究、性别平等问题研究和艾滋病防治，④ 以及 1999 年的儿童基金会项目，主题是艾滋病宣传。⑤ 直到 2000 年，

---

① 《200 国际 NGO 在中国：中国发展简报特别报告》，2005，第 50 页。
② 见 2006 年 3 月 9 日瑞丽市中英性病艾滋病项目办公室主任访谈记录。
③ 参考中方有关统计（截至 2005 年 12 月）。
④ 参考中方有关统计（截至 2005 年 12 月）。
⑤ 参考中方有关统计。

才出现了两个直接与艾滋病防治有关的官方援助项目：一个是儿童基金会的
"艾滋病预防与关怀合作项目"，另一个是英国的"艾滋病防治与关怀项
目"，项目地点是云南和四川。

但是，非政府组织很早就开始关注中国的艾滋病防治问题。1996年，福特
基金会就资助了一个非政府组织"中国艾滋病网络"，开展与艾滋病防治有关的
活动，1997年福特基金会向一个美国机构——Abt Associates 提供资金支持，针
对中国的艾滋病防治工作开展活动，1998年向中国预防医学科学院和非政府组
织"中国性病艾滋病防治协会"提供资助，开展艾滋病防治活动。①

此外，非政府组织的援助项目扩大了援助活动覆盖的地域。据云南省有
关部门介绍，在云南省艾滋病防治领域进行的最早的官方发展援助项目是
"中英性病艾滋病防治合作项目"，省一级的项目活动自2000年开始启动。②
比这个官方项目早4年，1996年4月，英国救助儿童会就与云南省教委合
作，在云南的中学中开展预防艾滋病的健康教育活动，首先在昆明的3所中
学试点，随后扩大到云南其他地州的6所中学，1998年5月，英国救助儿
童会将这个项目移交给云南省教委，并继续为项目提供资金支持，到1998
年，云南省已在10个地州的77所中学推广了这个项目。③ 英国救助儿童会
在瑞丽的艾滋病高危人群干预活动是另外一个例子。瑞丽的"中英性病艾
滋病防治合作项目"是2002年2月22日启动的，此前，当地与艾滋病防治
有关的宣传和干预活动都是禁区。2000年，英国救助儿童会与德宏州达成
了项目协议，由英国救助儿童会与德宏州妇联共同执行一个提高边疆妇女的
健康和素质的项目，实际上，这个项目的主要活动针对的是当时瑞丽已经出
现的艾滋病问题，对农村妇女进行培训，对跨国界人群进行研究，并对性工
作者的行为进行干预。④

2. 非政府组织对官方发展援助活动的支持

非政府组织在中国进行的援助活动不仅丰富了援助活动的图景，还为官
方援助活动的顺利展开提供了支持。除了上述提到的专业型非政府组织为官

① 见福特基金会历年年度报告，Annual Report 1996，Annual Report 1997 和 Annual Report 1998。
② 2006年3月10日云南省中英性病艾滋病项目办公室主任访谈记录。
③ 邓国胜、卢宜宜：《英国救助会（中国项目部）》，王名主编《中国NGO研究2001——以个案为中心》，UNCRD Research Report，No. 43，第47页。
④ 见2006年3月9日德宏州妇女儿童发展中心主任陈桂兰访谈记录。

方援助项目提供的技术支持以外，非政府组织的援助活动的支持还表现在：其宣传活动提高了援助国以及中国公众对某一发展问题的问题意识，为官方项目的顺利立项和执行创造条件；为官方发展援助机构提供额外的关系网络；以及为后续的官方援助项目提供经验和组织网络等。

在尼克·杨眼里，在中国开展活动的国际非政府组织可以分为两类：一类是像美国家庭健康国际那样的、以"做项目"为主的执行类非政府组织；另一类则是"宣传性的机构，也就是通过公共沟通和争论而不是发展项目来影响政府、企业和普通公众的行为"。[1] 不过，通常的情况是，非政府组织的活动兼有"做项目"和宣传的内容。

非政府组织的宣传活动在唤起公众意识方面发挥了重要的作用。比如在环境保护领域，非政府组织通过开展多种形式的宣传活动（教育活动、进行媒体宣传等方式），在提高中国公众的环保意识方面起到了重要的作用。在这方面比较突出的有世界自然基金会（WWF）。20 世纪 90 年代初，世界自然基金会开始与人民教育出版社、国内多所师范大学和试点学校合作，探索适合中小学的环境教育方式，并融入中小学全国教材的各个学科领域，这成为教育部的《全国环境教育纲要》的基础。[2] 美国野生救援协会是一个美国背景的非政府组织，野生动物保护行动是其重要工作之一，2004 年 6 月在中国设立了办事处后，它在中国组织了一些集媒体宣传和教育于一体的活动。例如，2004 年 9 月与中国野生动物保护协会共同展开第二批绿色厨艺大使表彰活动。2004 年 10 月，与首都高校 12 个绿色团体合作主办了首都高校环境文化周，主要内容有举办环保摄影大赛，并举办了"野生动物保护行动"在北京高校的巡展，向在校学生宣传保护野生动物的观念。[3]

其次，非政府组织给官方项目提供了额外的社会资源。非政府组织可以动员更多的私人关系和社会网络为官方的援助活动提供支持。美国中华基金会就曾在 20 世纪 90 年代末帮助世界银行从盖茨基金会和查尔斯·B. 王基金会（the Charles B. Wang Foundation）得到资助，以支持世界银行在中国西部进行的基础健康服务项目。

---

① Nick Young：《国际 NGO：不同的起源、变化着的性质和全球化趋势》，载《200 国际 NGO 在中国：中国发展简报特别报告》，2005，第 218 页。

② 《200 国际 NGO 在中国：中国发展简报特别报告》，2005，第 209 页。

③ 《200 国际 NGO 在中国：中国发展简报特别报告》，2005，第 204 页。

非政府组织的工作还会为后来的官方发展援助项目做铺垫。英国救助儿童会在瑞丽的艾滋病防治项目为后来的中英项目打下了基础。英国救助儿童会在瑞丽对性工作者的干预活动虽然得到了当地政府的默许，但是在一些基本观念上、在工作方式上，以及具体的财务制度上，救助儿童会与政府之间还需要进行很多磨合。从总体上看，儿童救助会将一些国际通行的基本理念、工作方法和财务制度带入了瑞丽，为类似的中英项目在瑞丽的顺利执行打下了基础。因而，在瑞丽的中英项目启动之后，与英国救助儿童会的项目执行机构建立了工作联系，请他们做一些辅助项目，为中英项目提供支持。①

四　非政府组织进入中国及其在华合作伙伴的情况

正是因为非政府组织资金来源、活动领域、基本宗旨、成员背景、组织方式等方面存在着非常大的差异，它们进入中国及在中国开展活动的情况也有很大的差别，而不像官方发展援助机构那样，在中国政府的主导下合作开展援助活动。非政府组织进入中国及在中国开展活动的情况可以大致分为三类：①独立进入中国，独立开展活动；②独立进入中国，但是与中方合作伙伴共同开展援助活动；③受官方发展援助机构的委托在中国做项目。

1. 独立进入中国、独自开展项目活动的非政府组织

有相当数量的国际非政府组织是独立进入中国的，它们常常不与中方的有关部门合作，而是独自在中国开展项目活动。

中国当前的政策环境客观上为非政府组织在中国的独立活动创造了条件。到2006年3月为止，政府有关部门对国际非政府组织在华活动的管理所依据的还是一份1987年国务院对国际非政府组织活动的批示，并没有根据形势的发展完善针对国际非政府组织的管理机制。② 以云南省为例，国际非政府组织进入云南的主要渠道有三个：①受云南省商务厅国际民间组织促进会（即云南省商务厅国际经济技术交流中心）管理，由其出面提供有关文件，或替有关人员办理签证等手续；②省外办可以发专家证，得到专家证后，非政府组织的人员就可以在云南居留并开设项目办；③则是进

---

① 2006年3月9日德宏州妇女儿童发展中心主任陈桂兰访谈记录。

② 根据对云南省有关部门提供的信息整理。

行一般的工商登记。① 据粗略估算，截至 2006 年 3 月，在云南开展活动的国际非政府组织有 100 多家，在商务厅备案的只有 20 多家（即与云南省交流中心签署了谅解备忘录）。据交流中心反映，其他 80 多家国际非政府组织的情况掌握在公安厅和民政厅手里，而民政厅相关负责人则表示他们不掌握国际非政府组织在云南援助活动的基本情况（数字和资金来源）。②

在这样的条件之下，非政府组织在中国的许多援助活动是在政府的控制之外的，尽管一些相关部门注意到了这些组织在中国的活动一般采取了不与它们合作的态度，而无法对这些组织的活动进行干预。云南省的非政府组织的活动提供了很多这样的实例。

根据云南省扶贫办外资项目管理中心的介绍，在云南独立从事扶贫工作的国际非政府组织主要有国际爱心家园和美国人类家园，其中美国人类家园独立开展工作，在昆明设有办公室，独立进行项目考察，独立执行项目，不与扶贫办合作。由于这两个机构都重在推行理念，有进行宗教宣传的嫌疑，所以扶贫办没有同这两个机构开展合作。③

更有意思的是世界宣明会在云南的活动。世界宣明会是一个兼有美国和宗教背景的非政府组织，1950 年由一位美国的福音派牧师创办，在云南的活动领域主要是农村综合扶贫和艾滋病防治。④ 据说，世界宣明会一下子扎到村里，不与政府合作。尽管如此，宣明会仍然能够在中国开展活动，原因在于中国内部各个部门之间协调不足。⑤ 根据国内有关政策，各个部门都有扶贫点，需要从本部门的经费之中拿钱出来搞扶贫。如果有一个国际非政府组织向某个部门提出合作建议，出资在这个部门负责的扶贫点开展援助活动，就可以在这个部门的协助下进入中国开展援助活动。⑥

2. 独立进入中国、与中方合作伙伴共同开展活动的非政府组织

国际非政府组织在中国的合作伙伴的选择也同样清楚地表现出多元化的

---

① 根据对云南省有关部门的访谈记录整理。
② 根据对云南省有关部门的访谈记录整理。
③ 根据对云南省有关部门的访谈记录整理。
④ 见 2006 年 3 月 9 日德宏州妇女儿童发展中心主任陈桂兰访谈记录以及瑞丽市中英性病艾滋病项目办公室主任访谈记录。
⑤ 根据对云南省有关部门的访谈记录整理。
⑥ 根据对云南省有关部门的访谈记录整理。

特色，既有政府机构，也有本土的非政府组织。

（1）国际非政府组织与政府的合作。

出于管理方面的考虑，中方的主管部门希望在中国活动的国际非政府组织有一个中方的合作伙伴，一般是政府的对口部门。[①] 这是中国国内针对非政府组织的双重管理体制的延续，也就是民政部门负责非政府组织的登记注册管理，而业务主管部门负责日常性的管理。[②] 这样的制度安排具有一定的合理性，因为这样才能有效地发挥政府各个部门的主导作用，引导国际非政府组织的援助与中国的内部政策保持一致。[③]

实际上相当多数量的国际非政府组织在中国的援助活动是与中国政府有关部门合作进行的。纵观福特基金会自进入中国以来的活动进展情况，可以看到非政府组织在中国的关系网络可以覆盖极广的范围。福特基金会 1988 年与国务院签订特别协议，成为首家在北京设立办事处的国际非政府组织，根据协议，福特基金会在中国的合作伙伴是中国社会科学院，但是，福特基金会是个出资方，是举世闻名的"财神爷"，凭借其雄厚的资金实力，福特基金会有相当大的自由度来自主选择活动的领域和资助的对象，并由此发挥影响。受到福特基金会资助的中方机构五花八门，既有中央政府部门，如国务院扶贫领导小组、国家环保总局、国家经贸委、外经贸部、劳动和社会保障部、卫生部（贷款司）、教育部、民政部、最高人民法院、中国人民银行，也有地方政府，如贵州省政府、四川省林业厅等，还有基层组织，如迁西县妇联。除了政府部门之外，福特基金会还向许多学术研究机构、高校、非政府组织（包括国际非政府组织和本土的非政府组织）提供了资金支持。[④]

从某种意义上说，福特基金会是一个特殊的例子。但是，一些规模没有这么大、不是以出资而是以执行项目为主的非政府组织仍然与中国政府方面保持了紧密的关系。在某些情况下，国际非政府组织选择中方的政府机构作为合作伙伴是其开展项目活动的必要条件，如英国救助儿童会在瑞丽的艾滋病防治活动，就必须与当地政府合作，没有当地政府的支持是无法在性工作

---

① 根据对云南省有关部门的访谈记录整理。
② 王名、顾林生：《中国 NGO 概况》，王名主编《中国 NGO 研究——以个案为中心》，UNCRD Research Report Series，No.38，第 16~18 页。
③ 根据对云南省有关部门的访谈记录整理。
④ 见福特基金会 1988 年以来的年度发展报告。

者中开展行为干预活动的。英国救助儿童会首先是与德宏州妇联合作（2000 年），但是，由于州政府对其有戒心，项目工作比较难，进展也缓慢。于是，2001 年 5 月，救助儿童会与瑞丽市政府签署了项目协议，为期 6 年，保证了其活动的顺利进行。①

另外一些在中国做项目的国际非政府组织选择与中国政府机构合作则是为了充分利用政府的资源和网络，保证项目的顺利实施，并使得这些中国项目能够充分发挥影响。例如，国际小母牛项目组织，尽管它目前倡导非政府组织的参与，却仍然强调与政府部门合作的重要意义。从进入中国到现在，项目地的畜牧局一直是小母牛项目组织的主要合作伙伴，原因在于：一方面，政府的畜（农）牧部门有庞大的组织网络，与畜（农）牧局合作使小母牛组织可以分享这些社会与技术资源，节约成本；另一方面，小母牛项目组织的资源有限，其比较优势在于组织灵活、与农民联系紧密，有可能尝试和探索新的扶贫方式。而政府则能够动员更多的资源，推广成功的项目经验。② 正因为如此，在中国的许多国际非政府组织不仅与政府部门保持了合作关系，而且试图扩大与政府合作的范围和层次。另外，英国救助儿童会在进入中国之后，为了更好地执行项目，首先在昆明设立了办事处。1999 年，它一改初衷，在北京设立了其在中国的唯一一个不是为了执行项目而设立的办公室，主要是为了密切与中央政府各相关部门的联系，以期扩大影响。③

（2）国际非政府组织与本土非政府组织之间的合作。

由于中国内部社会结构的原因，中国的非政府组织发展得并不完善，国际非政府组织在中国的合作伙伴主要是各级政府机构，但是，它们的合作伙伴并不局限在政府部门，相当多的国际非政府组织与国内的非政府组织之间是有合作关系的，尤其重要的是，国际非政府组织的援助活动带动和扶植了中国非政府组织的发展。这里使用王名对中国非政府组织的分类，大致介绍一下国际非政府组织同这些本土非政府组织合作的情况。

王名根据对中国非政府组织发展状况所做的一般调查，把中国的非政府

① 见 2006 年 3 月 9 日德宏州妇女儿童发展中心主任陈桂兰访谈记录。
② 王名、邓国胜：《国际小母牛项目组织（中国办事处）》，王名主编《中国 NGO 研究 2001——以个案为中心》，UNCRD Research Report, No. 43，第 27～41 页。
③ 邓国胜、卢宜宜：《英国救助儿童会（中国项目部）》，王名主编《中国 NGO 研究 2001——以个案为中心》，UNCRD Research Report, No. 43，第 42～54 页。

组织分为"自上而下"型和"自下而上"型两种。自上而下的非政府组织主要是指具有政府背景的非政府组织，其资源主要来自政府，运行受政府的支配和控制。自下而上的非政府组织是那些民间自发成立的"草根组织"，既得不到政府提供的资源，也较少受其控制，这些组织筹集资金、信息和志愿者的一个重要渠道就是国际非政府组织。[①]

从政府管理部门的角度来看，国际非政府组织对中国的援助活动带来了"接口"的问题。如何把独立于政府组织之外的国际非政府组织纳入中国以政府为核心的政治社会体系之中？进而，随着中国的非政府组织的成长和对外联系的日益密切和广泛，如何监控和管理从非政府渠道进入中国的外来影响？为了解决这类问题，在政府体系内部出现了"一个机构、两块牌子"的做法，即一些政府机构在对外交往时以非政府组织身份出现，这样就为国际非政府组织在政府体系之中找到了"对口部门"。

1987 年在当时外经贸部（现商务部）下属的国际经济技术交流中心里建立了国际民间组织联络处（简称民间处），负责国际非政府组织在华援助活动的协调和管理。后来，由于民间处以政府身份参与同非政府组织的合作有些不太合适，于 1993 年在民间处的基础上成立了"中国国际民间组织合作促进会"（简称民促会），实际上是"一个机构、两块牌子"。1998 年，在政府机构调整之中，民间处的职能完全下放给民促会。民促会开始走上了独立发展之路，但是其"自上而下"的特色依然清晰可辨。此外，前面章节提到的云南省保山市腾冲县计生局，对内是县政府的一个机构，对外是非政府组织——"计划生育协会"，其实人员是一样的。

对中国的另一类非政府组织——自下而上型的非政府组织来说，与国际非政府组织的合作对它们的生存和发展具有重要的意义。近年来比较活跃的妇女组织"农家女百事通"就是在福特基金会的扶植下成长起来的。"农家女百事通"是从中国妇联下属的《中国妇女报》创办的农家女百事通杂志社的基础上发展起来的。杂志创刊初期一度面临经济危机。1993 年，福特基金会与"农家女百事通"达成在生殖健康领域的合作协议，杂志开设"生育与健康"专栏，福特基金会则连续 3 年每年投入 9.6 万元人民币订阅

---

① 王名、顾林生：《中国 NGO 概况》，王名主编《中国 NGO 研究——以个案为中心》，UNCRD Research Report Series，No. 38，第 9 ~ 23 页。

1 万份杂志，赠送给中国贫困地区的妇联和妇女，支持了杂志社的发展。同时，在 1995 年世妇会期间，在福特基金会的帮助下，"农家女百事通"与国外十几个国家的妇女非政府组织建立了联系。此外，福特基金会还资助杂志社的主要成员出国考察国外妇女非政府组织的运作情况。此后，"农家女百事通"逐步发展成为一个非政府组织，参照国际非政府组织的做法，在基层农村开展妇女扫盲项目、小额信贷项目、农村妇女的妇女病普查和防治项目，以及乡村医生培训项目等。①

另有一些组织是在与国际非政府组织共同做项目的过程中发展起来的。德宏州妇女儿童发展中心是 2004 年 4 月在瑞丽市注册的一家非政府组织，其前身是英国救助儿童会与德宏州妇联共同组建的一个项目执行机构，英国救助儿童会在瑞丽的项目结束之后，以项目办为基础组建了这个非政府组织，中心的经费全是自筹的，没有拿政府财政一分钱的资助。现在共有 7 名工作人员，现在的主任原本是妇产科医生，一直参与救助儿童会的项目，关系放在原单位，其余 6 名工作人员都是从社会上招聘来的。目前，妇女儿童发展中心不仅保持了与英国救助儿童会的合作关系，还接受了其他国际非政府组织的援助，包括国际人口服务组织（受 USAID 支持）、中国美国商会（在华美资公司捐助）、联合国儿童基金会、国际艾滋病联合协会、汰渍基金会（美国背景）以及联合基金会（预计 2006 年 5 月进入，受福特基金会和汰渍基金会的共同支持，主要是关注艾滋病感染者）。2005 年，中心筹集到的资金是 55 万元人民币，对中心来说，资金已经不是考虑的首要问题，而是如何根据现有的人力消化资金、开展活动。②

从当前的趋势看，许多国际非政府组织都寻求与中国非政府组织的合作，并有意地扶植中国本土非政府组织的发展，或是资助现有的非政府组织开展活动，或是力图使自己的组织本土化。为了加强非政府组织之间（包括在华国际非政府组织之间和国际非政府组织与本土非政府组织之间）的交流，在非政府组织之间有一些交流的平台。首先，国际非政府组织为其在

---

① 邓国胜：《农家女百事通》，王名主编《中国 NGO 研究——以个案为中心》，UNCRD Research Report Series，No. 38，2000，第 222～237 页。

② 见 2006 年 3 月 9 日德宏州妇女儿童发展中心主任陈桂兰访谈记录。

中国的非政府组织合作伙伴提供了一些交流渠道。如英国救助儿童会就为德宏州妇女儿童发展中心提供了交流渠道，推荐中心人员去参加非政府组织的会议，等等。一些国际非政府组织有意识地发展与同行之间的交流与联络。例如，亚太地区艾滋病委员会刚刚进入云南，就请本地所有在这个领域中做项目的非政府组织参加会议，在同领域的非政府组织之间创造了交流的机会。跨领域的交流也有，主要是在非政府组织管理方面的交流与培训，这些也往往得到外国的资助。此外，现代化的交流手段为彼此之间的联络创造了条件，目前，除了原有的关系网络之外，还有一些网上平台，如有专门发布消息的机构，可以在网上搜索，找到相关的项目竞标的消息，国内的非政府组织就可以去投标。①

（3）因执行官方发展援助项目而进入中国的非政府组织。

另有一些非政府组织是因为受官方发展援助机构的委托在中国执行项目而进入中国的，前面提到过的美国家庭健康国际就是这样的情况。家庭健康国际在中国设立办事处是在2003年，而2000年它就因为拿到了英国国际发展部的合同、作为中英性病艾滋病防治合作项目的合作伙伴在中国开展活动，主要工作是建立一家资源中心，为中英项目提供技术培训。②

由于家庭健康国际是官方援助项目的合作伙伴方之一，它在中国的工作伙伴自然是政府组织，主要是卫生部（中国疾病预防控制中心）和参与项目的地方政府机构。同时，家庭健康国际还要与英国国际发展部在中国的分支机构保持工作关系。执行官方援助项目为家庭健康国际在中国的活动打下了基础，包括熟悉和了解了中国的情况，以及建立了自己的关系网络等。2006年，中英项目到期，而家庭健康国际则能够继续在中国开展艾滋病防治领域的活动。

第二节　国际非政府组织在华援助活动的基本情况

1979年以后，中国打开国门之后，国际非政府组织就开始进入中国开展活动。随着改革开放进程的不断深入，中国与世界的交流日益深入、交往

---

① 见2006年3月9日德宏州妇女儿童发展中心主任陈桂兰访谈记录。
② 《200国际NGO在中国：中国发展简报特别报告》，2005，第54页。

渠道日益多元化，国际非政府组织在中国的援助活动也越来越活跃，其活动领域极其广泛，形式多样，和官方发展援助一样在受援部门和地区产生了重要的影响。

一 大致的历史和发展趋势

我国政府在改革开放后的对外交往中，一直采用了"官对官、民对民"的管理方法，具体到接受外援的情况，也就是说由政府机构出面组织和进行与官方发展援助有关的前期立项准备、协商和负责项目的执行，国际非政府组织的援助活动则由民间组织出面协调。如前所述，事实上国际非政府组织在中国的合作伙伴经常是政府机构，但是，就政府的管理来讲，没有任何一个政府机构专门负责监督、协调和管理国际非政府组织在华援助活动，因而也没有任何一个机构掌握相关的基本数据和资料。对国际非政府组织在华援助活动的历史和发展趋势的分析只能依据有限的个案和不完全的统计数字。但是，这些有限的资料仍然显示出国际非政府组织在华活动的一些特征和发展趋势。

1. 历史概况

改革开放甫始，就有国际非政府组织进入中国开展活动，根据《200 国际 NGO 在中国：中国发展简报特别报告》提供的信息，最早开始在中国开展活动的国际非政府组织包括:[①] 亚洲基金会（1979 年）、[②] 香港明爱（1980 年）、艾伯特基金会（1980 年）、国际鹤类基金会（1979 年）、阿登纳基金会（1979 年）、美中关系全国委员会、[③] 美国亚洲志愿者协会（1980 年）、国际野生生物保护学会（1980 年），以及世界自然基金会（WWF，1980 年）。这些组织在中国的活动可以归为四类：①发展双边外交关系的辅

[①] 见《200 国际 NGO 在中国：中国发展简报特别报告》，2005。

[②] 由于亚洲基金会在创建时得到了美国国会的拨款，并且至今为止，每年仍得到国会拨款，所以有人认为它不应该算作非政府组织。

[③] 《200 国际 NGO 在中国：中国发展简报特别报告》中讲到美中关系国际委员会的成立经过："1966 年，美中两国之间还鲜有接触之时，一些美国商业、宗教、学术和市民社区内的领袖人物成立了这个独立的、非营利性的机构，作为国际交流的一个途径。1979 年美中外交关系正常化之前，美中关系全国委员会在保持两国之间的接触上扮演了重要的角色，例如，1972 年赞助中国国家乒乓球队著名的访美之行。"所以，认为美中关系全国委员会在中国开展工作起始于 1966 年。无论如何，它是改革开放后首批进入中国的国际非政府组织。见《200 国际 NGO 在中国：中国发展简报特别报告》，2005，第 138 页。

助渠道;①　②环境保护;②　③救灾和扶贫,兼有综合发展的目标;③　④文化传播。④　这些活动领域勾勒了日后国际非政府组织在华活动的主要轮廓。

但是,绝大多数国际非政府组织是在20世纪80年代中后期开始其中国项目的,20世纪90年代中后期是国际非政府组织进入中国的高峰期。这有两方面原因:首先,随着改革开放的深入和政府职能的转变,既出现了吸收外来援助的"社会需求",又给国际非政府组织创造了在中国开展活动的环境。其次,官方援助组织在中国的活动为国际非政府组织进入中国开辟了道路。

联合国开发计划署直接推动了中国政府与国际非政府组织之间的合作。20世纪80年代初,联合国开发计划署驻华代表孔雷飒先生建议当时外经贸部下属的、专门负责协调联合国系统发展援助机构在华活动的中国国际经济技术交流中心开展与国际非政府组织的合作。1984年,联合国开发计划署与外经贸部共同开展了一个能力建设项目,中国政府派代表团到西欧四国,走访了50多个开展发展援助活动的国际非政府组织。这是一次国际非政府组织与中国方面进行的重要交流。这些国际非政府组织对中国开展项目非常感兴趣,尤其是一些有宗教背景的国际非政府组织,它们表示愿意遵守中国的政策,不在中国传教,只开展以扶贫为主的项目。此后,这些组织建立了与中国政府的联系渠道甚至是合作关系。1986年,在交流中心的提议下,外经贸部、外交部、财政部、国家宗教局、海关总署5家单位联合给国务院提交了《关于开展国际民间组织合作事宜的请示》。1987年,国务院正式批准在交流中心下成立专门负责协调国际非政府组织在华援助活动的国际民间组织联络处,这就是中国国际民间组织合作促进会的前身。⑤

1986年,交流中心与欧洲援华集团(德国农业行动、英国乐施会和荷兰国际开发合作组织)签订了第一份合同,开始与国际非政府组织合作在中国开展援助活动。到2004年12月,民管处和民促会同150多个国际非政

---

① 亚洲基金会、艾伯特基金会和阿登纳基金会以及美中关系全国委员会都是这样的机构。
② 国际鹤类基金会、国际野生生物保护学会以及世界自然基金会。
③ 香港明爱的活动主要在这个领域。
④ 美国亚洲志愿者协会,其志愿者的主要活动是在中国的一些大学和高中教英语。
⑤ 何建宇:《中国国际民间组织合作促进会》,王名主编《中国 NGO 研究——以个案为中心》,UNCRD Research Report Series ,No. 38,2000,第74~90页。

府组织和国际多边机构建立了合作关系，其中 66 个组织向我国共提供了 2.9 亿元人民币的资金援助，项目覆盖了我国 30 个省、直辖市、自治区的 78 个贫困县。① 国际非政府组织在中国的活动范围可见一斑。但是，需要注意的是，许多在中国执行援助项目的国际非政府组织并没有与民管处以及后来的民促会建立合作关系，因而，民促会所反映出来的国际非政府组织在中国的活动远远不是全貌。

2. 中国的国内政策及对国际非政府组织在华援助活动的反应

为了更好地管理国际非政府组织在中国的援助活动，1989 年，外经贸部和外交部联合发了一份通知，确定了与国际非政府组织合作的原则，至今仍然有效。就这份文件来看，中央政府主管部门对国际非政府组织的援助活动持着有保留的支持态度。

首先，是希望能够充分利用国际非政府组织援助，根据其援助的特点，引导国际非政府组织在老、少、边、穷地区开展扶贫活动。但是，不能对其活动放任自流，而是应该保证政府的主导作用：

> ……关于如何利用国外非政府组织援助问题。非政府组织的援助，其宗旨是帮助贫困人口增加收入，使群众直接受益，改善经济和社会状况。援助项目基本上不涉及高级技术，主要是利用当地的资源和条件，帮助群众发展种植业、养殖业、农产品加工等劳动密集型行业，同时也从事一些福利项目，如卫生医疗、人畜饮水等。一般说来，每一项援助的金额不多，规模不大。根据中央关于开发我国西部地区经济，帮助老、少、边、穷地区的群众脱贫的方针，我们考虑，今后非政府组织对我的援助以尽量集中于开发上述地区为宜。但是在援助方式上，必须要求对方按照我国已有的接受多边援助的做法，通过我国有关主管部门进行安排，而不能由对方直接向受援地区提供援助。②

其次，中央政府主管部门清楚地认识到国际非政府组织的复杂性，尤其

---

① 见中国国际民间组织合作促进会网站 http://www.cango.org/cnindex/indexcn/01.htm。
② 外经贸部、外交部：《关于同国外非政府组织合作有关问题的通知》，外经贸交流民字〔1989〕第 11 号。

是宗教组织的援助活动往往与传教联系在一起。所以明确指出：

> 在与国外宗教组织及其所属机构和以宗教为背景的非政府组织建立
> 合作关系和接受其经济技术援助时，应坚持宗教与经济技术相分离的原
> 则，即所提供的援助不得附带宗教方面的任何条件，不得利用经济技术
> 援助进行传教活动。[①]

中央政府主管部门能够从正、反两个方面看待国际非政府组织的援助，而省级政府更加注重国际非政府组织所发挥的资金渠道的作用。就云南省的情况来看，云南省涉外的扶贫项目无论资金来源一律由省扶贫办下设的"云南省外资扶贫项目管理中心"统一管理。根据这个中心编制的一份宣传资料，"中心的主要任务是开展国际合作，引进外资扶贫项目和资金、物资援助"，其中主要的扶贫项目既有世界银行的贷款项目，也有中德扶贫项目，还有国际爱心扶贫组织和香港乐施会的扶贫项目。[②]

云南省援助主管部门希望能够充分利用国际非政府组织这个资金渠道。从业务主管部门的角度来看，云南省对外援的需求是很大的。主要原因有：第一，总体来讲云南仍然是一个贫困省份，全省的贫困县有 73 个，贫困人口 700 多万，全国贫困人口总数为 2600 万，云南省占了约 1/3。第二，云南省的贫困状况是愚昧造成的，而不是环境造成的。第三，受周边地区的影响，恶化了贫困地区的生存环境。基于这样的情况，云南省不仅接受多边和双边援助，还利用了国际非政府组织提供的资金。商务厅和交流中心认为，非政府组织是送钱来的。国际非政府组织参与援助活动，实质上也是招商引资，当初外资工厂到中国来设厂、设办事处时，国家给了一些优惠政策，对非政府组织也应该采取相似的立场，有效地利用这些资金。所以，云南省政府为国际非政府组织在云南的活动创造了有利条件，包括允许国际非政府组织参照外国公司管理办法注册登记。[③]

类似的情况也发生在其他省份。由于各省都希望得到更多的外来资金，

---

① 外经贸部、外交部：《关于同国外非政府组织合作有关问题的通知》，外经贸交流民字〔1989〕第 11 号。

② 见云南省外资扶贫项目管理中心宣传册，云南省外资扶贫项目管理中心编制。

③ 根据对云南省有关部门的访谈记录整理。

在省与省之间出现了事实上的竞争关系，这为国际非政府组织创造了更大的生存空间。以国际小母牛项目组织的情况为例。1992 年，国际小母牛项目组织在四川开展了 8 年的援助活动之后，向其合作伙伴——四川省畜牧局提出要单独注册，把办公地点和账户与畜牧局分开。当时，四川省经贸委已经转报国家经贸委并得到批准，可是因畜牧局的领导不同意而搁浅。所以，小母牛项目组织中国办事处到南京注册，并取得了合法身份。1993 年四川省畜牧局的新领导欢迎小母牛项目组织中国办事处回到四川，于是当年办事处又搬回了成都。此时，尽管四川省畜牧局仍然是小母牛项目组织中国办事处的挂靠单位，外经贸委仍然是它的注册单位，但是它已经是一个正式注册的国际非政府组织的分支机构，拥有了自己单独的账户和办公地点，以及相对独立的权力。①

3. 国际非政府组织在华援助活动的发展趋势：与官方发展援助的比较

观察近期国际非政府组织在中国的援助活动，可以发现两个趋势：第一，援助金额呈上升趋势，说明它们在中国的活动越来越活跃；第二，援助活动呈现多元化的趋势，不仅援助活动覆盖的领域不断扩大，而且合作伙伴逐渐扩展到非政府部门，援助活动的形式也越来越多。

通过非政府组织的渠道进入中国的援助资金的上升趋势与对华官方发展援助的不断减少恰成对照。而且，由于近年来官方发展援助的重点转向了制度改革和法制建设等"软"领域，大量的援助项目和援助资金集中在中央政府部门，地方政府对官方发展援助的减少和国际非政府组织项目资金的增加感受尤其深刻。2003 年，云南省的无偿援助项目金额（包括官方发展援助和国际非政府组织的项目）总计 628.21 万美元，来自国际非政府组织的资金累计 516.49 万美元，占到无偿援助总额的 82%。2004 年，来自官方发展援助机构的项目资金累计为 760.96 万美元，国际非政府组织的项目资金总额为 2094.1 万美元，当年执行的项目资金累计 1329.6 万美元，几乎比官方无偿援助多了一倍。2005 年，无偿援助总计 1346.44 万美元，其中来自国际非政府组织的有 1082.44 万美元，占到总额的 80%。② 可见，不仅国际非政府组织的项目金额的绝对数值大幅度增长，而且在云南接受的总体无偿

---

① 王名、邓国胜：《国际小母牛项目组织（中国办事处）》，载于王名主编《中国 NGO 研究 2001——以个案为中心》，UNCRD Research Report，No. 43，2001，第 27～41 页。
② 见云南省商务厅国际经贸关系处《云南省接受国际无偿援助项目简况》，2006 年 6 月 29 日。

援助中维持了非常高的比例。根据政府有关工作人员的估计，未来国际非政府组织这一块的援助必然会成为云南外来援助的主要来源。①

需要反复说明的是，政府部门提供的国际非政府组织在华援助的基本数字并不能反映其在华活动的全貌。云南省商务厅所提供的只是与它有合作关系的国际非政府组织在云南执行的援助项目的基本数字，如果考虑到大量没有与政府建立合作关系、独立在中国开展援助活动的国际非政府组织，那么，它们作为一个重要援助渠道的作用将会更加突出。

与此相关的另一个重要的趋势就是国际非政府组织对华援助活动的多元化趋势。其活动领域从救灾、扶贫、环保扩大到基础教育和卫生、社区综合发展、法律救助以及非政府组织的能力建设等方面。同时，在相同的援助活动领域有不同的国际非政府组织在开展活动，各自的侧重点不同，工作方式也有差别，这在第一节中已经有论述。

更重要的是，国际非政府组织在华的合作伙伴呈现了多元化的趋势。我们已经看到，它们在中国的合作伙伴有政府部门，也有非政府组织。一个重要的发展趋势是，国际非政府组织直接资助中国本土的非政府组织开展活动。②合作伙伴的多元化意味着政府对国际非政府组织在华活动进行管理的难度加大。在云南造成轰动一时的"怒江梯级电站事件"的，是一个拿到大笔国际资助的中国非政府组织"大江流域"，资助金额约合 6000 万元。这个非政府组织没有进行正式的社团注册。与扶持中国本土非政府组织发展同步，国际非政府组织还力图实现本土化，将成员换成中国人。许多国际非政府组织聘用中方人员开展活动，有大学生，也有退职的政府工作人员，已经形成了你中有我、我中有你的局面。这种不断发展的本土化局面已经使得现有的管理体制不能很好地发挥作用。③

二 国际非政府组织在中国开展援助活动的主要动机

国际非政府组织为什么要在中国开展援助活动？考虑到目前中国经济的高速发展势头，以及流入中国的官方发展援助不断缩减的趋势，这个问题就

---

① 根据对云南省有关部门的访谈记录整理。
② 根据对云南省有关部门的访谈记录整理。
③ 根据对云南省有关部门的访谈记录整理。

更加值得关注。

1. 各组织的宗旨及其援助活动的目标人群

《200 国际 NGO 在中国：中国发展简报特别报告》节录了在中国开展活动的国际非政府组织的主要宗旨。有些组织的宗旨只是泛泛的表述，比如，"寰宇希望"的宗旨只有一句话："给一个受伤的世界带来希望。"[①] 多数组织的宗旨尽管简短，却清楚地讲明了本组织的价值观念、活动领域、目标人群或活动地点。

根据各个组织的宗旨，可以对这些在华的国际非政府组织做简单分类。从活动针对的对象来看，有以保护动物权利为主要目标的组织，数目极少；[②] 有以发展国与国之间关系为目标的组织，数目也不多；有以野生动物保护和环境保护为主要目标的组织，数目要多一些，但在总体中并不占有很大比例；占大多数的是以"人"为对象的组织，或是以帮助弱者、实现世界（全人类）的公正与发展为目的，或是为了推广某种制度和价值观念（如民主和人权），或是扶助中国内部社会组织的发展（如加强中国国内的社区和草根组织的建设）。

以加强国家之间关系为宗旨的非政府组织一般都有政府背景。例如，美国的美中关系全国委员会[③]和亚洲基金会[④]、加拿大合作协会[⑤]、澳大利亚海外服务局[⑥]等。它们在中国的活动与官方交往紧密相关，并受到本国对华政

---

① 《200 国际 NGO 在中国：中国发展简报特别报告》，2005，第 92 页。

② 在《200 国际 NGO 在中国：中国发展简报特别报告》中记录的 211 个在中国开展援助活动的国际非政府组织中，以保护动物权利为宗旨的组织只有 3 个。

③ 其宗旨是："鼓励中美两国人民之间的相互理解。"它接受了来自美国政府劳动部、教育部和国务院等部门的拨款。见《200 国际 NGO 在中国：中国发展简报特别报告》，2005，第 138 页。

④ 其宗旨是："支持有助于亚太地区的所有国家更加开放、有效治理和共同繁荣所需的领导人、机构和仲裁的发展。"见《200 国际 NGO 在中国：中国发展简报特别报告》，2005，第 14 页。

⑤ 其宗旨是："通过提供三项核心服务：合作发展、政府事务和公共政策，以及为成员创造一个平台让各方交流各自遇到的问题，以促进合作组织的增长与壮大，进而实现加拿大人和其他各国人的经济和社会生活的改善。"见《200 国际 NGO 在中国：中国发展简报特别报告》，2005，第 26 页。协会的主要资金来自加拿大合作发展基金会，某些具体活动的部分经费来自其他发展机构的赠款，其中得到了加拿大国际发展署的支持。

⑥ 其宗旨是："澳大利亚海外服务局致力于推动建立一个和平公正的世界。通过为澳大利亚人提供与其他文化中的人们结成伙伴，共同居住、工作和学习的志愿机会来实现这个宗旨。志愿人员以这种方式为发展社区作出贡献，同时为澳大利亚带来互惠关系。"它接受澳大利亚国际发展署的资助，也有一些项目得到了国际组织的支持。见《200 国际 NGO 在中国：中国发展简报特别报告》，2005，第 17 页。

策的影响。这些国际非政府组织通过多种方式开创与中国进行全方位交流的机会，不仅通过非正式的渠道加强政府高层之间的交往，而且通过民间的文化和教育交流增进相互之间的理解。因而，从某种意义上说，这些非政府组织是官方交往中重要的辅助机构。

以野生动物和环境保护为主要目标的国际非政府组织是最早进入中国的国际非政府组织，但是数目并不多，《200 国际 NGO 在中国：中国发展简报特别报告》中记录的 211 个国际非政府组织中，只有 30 多个组织以野生动物保护和环保为宗旨。野生动物和环境保护针对的是动物和环境，但是这些工作归根究底解决的是人类活动与环境之间的关系，因而这个领域中的援助活动往往要与扶贫、社区发展和能力建设联系在一起。不过在环保项目中目标人群的选择取决于项目活动的内容，在各类野生动物保护和环保组织的宗旨中，人与野生动物的共生以及人与环境的关系是首要考虑的因素。

在中国开展援助活动的多数国际非政府组织是"以人为本"的。这一类的很多组织在自己的宗旨中指明本组织的活动所针对的目标人群一般是社会中的弱势群体或边缘人群，也有一些是与特殊的社会问题紧密相关的人群，包括：

第一，天灾人祸之中的灾民和难民。在这些情况下，国际非政府组织的援助活动明显具有人道主义援助的性质，这也是许多非政府组织得以创立的最重要的动机之一。在对华援助中，涉足赈灾和救济的不仅有老牌的人道主义救援机构，如红十字会和红新月会等，也有具有宗教背景的国际非政府组织，如伊斯兰救助、救世军和世界宣明会等，还有一些没有宗教背景的专业机构，如无国界医生组织和美国关怀基金会。由于人道主义救援与发展援助本身很难区别，多数提供以救灾为目的的人道主义援助的国际非政府组织，也开展扶贫和发展项目。有些组织则是以人道主义援助为"敲门砖"，进入中国后，转而开展社区发展项目，救世军、世界宣明会和施达基金会都是这样的情况。

第二，生活在贫困线以下的贫困人口。国际非政府组织在中国开展了大量的扶贫活动，为贫困地区的贫困人口提供教育、生产技能培训、卫生服务以及基础设施建设等方面的帮助，这些活动往往与环境保护、社区发展、艾滋病防治和妇女权益等主题联系在一起。例如施达基金会以"帮助贫穷人改善生活及卫生条件，以实现自力更生和社区的可持续发展"为宗旨，它在中国执行或资助了清洁饮用水、艾滋病防治和农村社区发展等方面的项目。① 四川农村发展组织则是"以最需要帮助的贫困人群的长期可持续发展为目标，采用综合的思路，促进四川贫困地区的社区发展"。它为受援地区的农民提供农林技术方面的培训，资助贫困户购买树苗并发展兼顾环保和增收的替代性作物；在受援地区资助修建水利灌溉设施以及桥梁等基础设施；执行小额信贷项目，推广"妇女参与农村发展"的理念。②

第三，患有某种疾病或有身体（或智力）缺陷的人群。有相当数量的国际非政府组织的主要目标是为受某种疾病困扰的人以及残疾人提供帮助。这些组织通过提供医疗服务、提供培训和受教育的机会、加强他们内部的组织建设以及改善其生存环境等方式来帮助目标人群。例如，国际克里斯多夫盲人协会、"为聋从聋"、国际奥比斯③、比利时达米恩基金会、大骨头病基金会等，都是这一类的组织。由于疾病和残疾是贫困的重要根源，而另外一些疾病则多发生在贫困地区，因而这些组织的活动也多多少少包括了扶贫的因素在内。其项目地点多是中西部省份，受到援助的也多是贫困人群。比利时达米恩基金会在其宗旨中写道："在世界范围内防治麻风和结核；减轻慢性疾病造成的贫穷……"它在西藏和广西两省区开展了麻风病患者的康复项目，在西藏、内蒙古和青海监管结核病控制项目，除了组织项目地点的居民参加"直接观察治疗短程课程"外，它还提供技术援助、编写培训教材并提供一些药品和设备。④

第四，社会中的弱势群体，主要是老人、妇女和儿童。大量国际非政府组织在中国执行的项目是与扶助老人、妇女和儿童有关的。许多组织是以老人、妇女和儿童命名的。比如，国际助老会（Help Age International），其宗旨是"给全世界贫穷和弱势的老年人的生活质量带来持久的改善"。⑤ 香港妇女基督徒协会，其宗旨是"按照上帝的意愿建立起一个两性平等的社

---

① 《200 国际 NGO 在中国：中国发展简报特别报告》，2005，第 31 页。
② 《200 国际 NGO 在中国：中国发展简报特别报告》，2005，第 48 页。
③ 国际奥比斯，也称为"奥比斯空中眼科医院"，专门提供眼科方面的医疗服务。
④ 《200 国际 NGO 在中国：中国发展简报特别报告》，2005，第 46 页。
⑤ 《200 国际 NGO 在中国：中国发展简报特别报告》，2005，第 79 页。

会"。① 还有前面一再提到的英国救助儿童会，不仅把"儿童"两字嵌入组织的名称之中，而且其组织的宗旨也是以保护儿童为核心，"救助儿童会为保护儿童权利而奋斗"。② 许多组织虽然在名称和宗旨的表述中没有明确提到这些人群，但是在执行项目的过程中，把他们作为重点人群。比较典型的是在扶贫领域执行小额信贷项目的国际非政府组织。通过小额信贷项目，它们不仅实际上提高了妇女的生产能力和在家庭中的地位，而且间接地传播了两性平等的观念。

第五，受到具体社会问题困扰的特殊人群。近些年来，艾滋病成为一个备受关注的全球性问题，而且艾滋病的防治不是一个简单的卫生问题，而是一个社会问题，尤其是在卫生基础设施比较薄弱的农村地区，因为流动人口的增加带来了艾滋病传播和流行的潜在威胁。因而，艾滋病防治成为综合扶贫的一个重要因素。许多国际非政府组织开展了针对容易感染和传播艾滋病的高危人群以及艾滋孤儿等受害人群的项目，重点是对高危人群的行为干预、对感染者和艾滋病患者及其家庭的支持（包括提供药品、医疗服务、关怀和抚育艾滋孤儿等）以及与艾滋病有关的科学和政策研究。同时，在普通人群（尤其是农村妇女）中结合扶贫项目开展与艾滋病有关的培训。

第六，在经济和社会变迁中受到冲击的群体。这方面比较突出的有"女性联网"，旨在"改善中国打工妇女的生活，提倡资助和自我发展的女性意识"。它主要是为珠江三角洲地区的外来打工妇女提供帮助，包括建立女职工服务中心，开通妇女健康快车，在珠三角工业区的厂区中巡回服务，为外来女工提供生殖健康等方面的咨询服务等。③ 一般而言，除了灾民和难民以外，前面提到其他几类弱势群体和边缘人群也经常是在经济和社会变迁中最容易受到冲击的群体，为他们提供必要的帮助不仅能够减少工业化过程中的社会代价，而且为经济和社会转型创造了良好的环境。

2. 国际非政府组织对华提供援助的主要动机

从国际非政府组织的宗旨可以看出，它们在中国开展援助活动的动机不外乎以下几种。

---

① 《200 国际 NGO 在中国：中国发展简报特别报告》，2005，第 89 页。
② 《200 国际 NGO 在中国：中国发展简报特别报告》，2005，第 177 页。
③ 《200 国际 NGO 在中国：中国发展简报特别报告》，2005，第 36 页。

首先，许多国际非政府组织是在基督教传统中的普世情怀及人道主义关怀的推动下来到中国的。在针对官方发展援助的讨论中，我们已经触及这个问题：为什么提供援助？基督教传统中的普世情怀以及从基督教传统中发展起来的对全人类福祉的关注，不仅是提供官方发展援助的一个重要理由，而且促成了大量非政府组织的援助活动。综观各国际非政府组织的宗旨，实现人类的共同发展、创建更加公平公正的世界秩序等是很多组织的终极目标。由于中国是最大的发展中国家，拥有大量的贫困人口。尽管近年来中国经济飞速发展，但是，并不是所有人都能够从经济增长中获益。在经济和社会转型的过程中，地区之间的不均衡发展以及社会收入分配差距的增大，使得弱势群体和边缘人群的处境更加困窘。忽视了他们，全人类的福祉就是不完全的，全人类的发展也就成为奢谈。改革开放之后，国际非政府组织对在中国开展援助活动表示出了极大的兴趣的一个重要原因即在于此。

其次，解决全球性问题是国际非政府组织在中国进行援助活动的重要动机之一，在以环境和野生动物保护为宗旨的组织中，这种动机表现得最为明显。全球化带来了全球性的问题，同时使得一些国内问题国际化，而采取跨国境的行动往往是解决这些问题所必需的。"森林保护网络"这个组织之所以对中国感兴趣，就是为了扭转中国国内政策的外部效应。森林保护网络是一些加拿大环保主义者在 1993 年成立的，目的是保护英属哥伦比亚的原始森林。1998 年中国为了保护国内的资源，出台了一项政策，禁止砍伐国内的原始森林，从此中国的木材进口量大幅上升。在中国进口的木材之中，也包括了从英属哥伦比亚的原始森林中砍伐来的木材，所以，森林保护网络才把活动拓展到中国。① 这是一个非常典型的例子。除了环保以外，艾滋病防治也是一个重要的全球性问题，国际非政府组织在这个领域的中国项目同样会具有跨国因素。比如，英国救助儿童会在云南瑞丽开展的艾滋病防治项目中，救助儿童会坚持把居住在瑞丽的缅甸籍人口纳入项目的目标人群之中。②

再次，扩大外来影响、推动中国内部的变化是近年来国际非政府组织在华援助活动重要目标。除了像美中关系全国委员会这样的外交辅助机构以及

---

① 《200 国际 NGO 在中国：中国发展简报特别报告》，2005，第 57 页。
② 见 2006 年 3 月 9 日德宏州妇女儿童发展中心主任陈桂兰访谈记录。

致力于国际文化交流进而带动民间交往的非政府组织以外，有相当数量的国际非政府组织在中国的援助活动是扩展向中国施加影响的渠道，进而推动中国内部的变化。目前，全球范围内的多层治理不断发展，非政府组织在全球治理中扮演了越来越重要的角色。可是，中国的情况是政府体系发达、公民社会组织欠发达。中国的内部结构不仅限制了国际非政府组织在中国的援助活动，而且限制了中国参与全球治理的渠道。因此，近年来，强调"参与式"的社区发展和扶贫、推动和扶植草根组织的发展、加强非政府组织的能力建设和网络建设等，成为各类非政府组织援华项目的重要内容。

又次，相当大数目的国际非政府组织的对华援助是出于保护文化多样性的目的。例如，世界少数民族语文研究院（SIL International），他们的志愿者自费到一些偏远地区生活，研究只有很少人会讲的小语种，而一旦他们掌握了当地的语言，就会把包括《圣经》在内的西方著作翻译成当地语言，并在当地社区开展双语和多语教育。在中国，世界少数民族语文研究院的主要活动地点在少数民族聚居的贵州、云南和广西。

最后，由于在中国开展活动的有很多专业非政府组织，这些组织依靠获得官方发展援助机构或大基金会的合同和资助生存，所以寻求更多工作机会也是国际非政府组织到中国开展援助活动的重要动机。

三 国际非政府组织在中国援助活动的主要领域

官方发展援助涉及中国几乎所有的部门和地区，由于多边机构或双边援助国提供的援助资金数额巨大，所以中国政府引导这些资金投向经济发展、基础设施建设等需要大量资金的部门。而国际非政府组织的资金规模小，来源分散，基本上集中在社会和文化领域，并大量用于边远地区的扶贫活动。虽然有些大的组织尤其是像福特基金会这样的大基金会，也资助改革、良治和人权项目，但这并不普遍。

1. 主要的活动领域

根据《200 国际 NGO 在中国：中国发展简报特别报告》所做的不完全统计，在中国的 211 个国际非政府组织的活动主要集中在以下领域：①基础卫生，包括基础卫生服务、生殖健康和清洁饮用水等，共有 57 个组织开展了与此有关的活动；②环境保护，包括保护生物多样性、与环境保护有关的宣传和教育、可再生能源的利用和提高能源使用效率以及自然资源管理等，48 个组织涉足这个领域；③扶贫，包括农村社区发展、小额信贷项目等，有 36 个组织从事相关工作；④教育，包括基础教育和国际教育交流等，有 34 个组织开展了相关活动；⑤艾滋病防治及为艾滋病感染者和患者提供关怀与治疗，23 个组织从事这方面的工作；⑥助残以及可能导致残疾的疾病的预防与治疗，22 个组织从事相关工作。此外，依据开展相关活动的国际非政府组织的数量的多少，其他的活动领域依次为：救济救助和赈灾备灾，儿童福利包括孤儿的收养，能力建设与咨询等，这 3 个领域各有 18 个组织；治理、法治、公民社会及国际关系等，15 个组织；社会及社区福利，12 个组织；动物福利及野生动物保护，妇女权利（包括政治权利和社会性别平等），各 7 个组织；文化保护，劳动权利，各 5 个组织；职业培训，国际交流，各 4 个组织；志愿活动，3 个组织；城市规划，技术推广，各 2 个组织；商业发展和民主，各 1 个组织。①

由于国际非政府组织都不是以营利为目的的，几乎不从事经济活动，也很少以推动经济发展为目的。211 个国际非政府组织中，只有一个声称自己的工作与商业发展有关。这个组织是"山地学院"，其宗旨是"提升山地文化，保存山地环境……与当地人合作加强他们的社区，保留他们的自然资源和文化遗产"。它同时在环保和社区发展领域开展工作，商业发展方面的活动服务于环境保护及文化保护的目标。例如与西藏工商业联合会合作开展"高峰企业项目"，为达到严格的环境和社会标准的中等规模企业提供贷款、培训和技术援助，帮助发展藏族的商业模式和网络。

在华的国际非政府组织也很少直接介入政治活动，福特基金会这样的机构也主要是通过资助研究项目、召开研讨会和组织培训等方式间接地发挥影响。从总的趋势来看，从 1988 年进入中国到 20 世纪 90 年代中期，福特基金会的工作重点是扶贫。近年来，重点领域向治理和人权转移，教育和社区发展方面的投入也在增加。福特基金会在教育领域的工作兼有扶贫和社会性别平等的因素，例如，基础教育的目标是提高义务教育的入学率，促进教育

---

① 《200 国际 NGO 在中国：中国发展简报特别报告》，2005，第 226～231 页。需要说明的是，有的组织从事多个领域的活动，因而以上对各个领域中国际非政府组织的数量统计中有重复计算。同时，由于活动领域的信息是非政府组织自己提供的，不排除信息失真的因素。尽管如此，这个不完整的统计仍然能够给人一个初步的印象。

的公平性，以边远地区的女童和少数民族为重点人群；高等教育的交流同样向西部地区倾斜，福特基金会向云贵等西部省份提供了特别奖学金，在资助研究项目时，也优先考虑西部省份的申请；等等。① 福特基金会重点资助领域的变化（见图5－1）。②

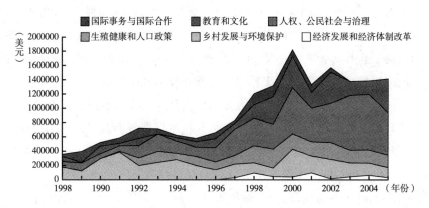

图5－1　福特基金会工作领域变化趋势

注：此图根据福特基金会1988年以来历年的年度报告中提供的数据整理而成。自1988年以来，福特基金会的项目统计分类有所变化。1995年以前（包括1995年），福特基金会的主要资助项目大致分为"城市贫困""乡村贫困和资源""权利和社会公正""治理和公共政策""教育和文化""国际事务"以及"生殖健康和人口"等7类。从1996年开始，其对项目活动重新进行分类，将原有的内容归入"资产建设和社区发展"（包括"经济发展""社区和资源开发"和"人类发展与生殖健康"）、"和平和社会公正"（"治理和公民社会""人权和国际合作"）以及"教育、媒体、艺术和文化"（包括"教育、知识和宗教"以及"媒体、艺术和文化"）三大类。2002年起，又将"教育、媒体、艺术和文化"更名为"知识、创新和自由"，基本内容不变。在制图时，根据这些基本内容进行了一些整理。具体说来，"国际事务与国际合作"一项，包括了1996年以前的"国际事务"，以及1997年以后"人权与国际合作"中纳入"和平与安全""美国外交政策"和"国际关系"等类别的项目；"教育与文化"一项，则包括了1995年以前"教育和文化"以及1996年以后"教育、媒体、艺术和文化"（2002年以后更名为"知识、创新和自由"）中的各项活动；"人权、公民社会和治理"中，包括了1995年以前"权利和社会公正""治理和公共政策"，以及1996年以后"和平与社会公正"类别中的"治理和公民社会"，"人权与国际合作"类别中的"难民安置""获得社会公正和法律服务"以及少量用于"慈善事业"的项目；"生殖健康与人口政策"包括了1995年以前的"生殖健康和人口"以及1996年以后的"人类发展与生殖健康"；"乡村发展和环境保护"则包括了1995年以前的"乡村贫困和资源"以及1996年后"社区和资源开发"类别中的项目；"经济发展与经济体制改革"则合并了1997年后"经济发展"以及个别归于"社区和资源开发"类别下的"国际经济和发展"等项目。

---

① 福特基金会宣传材料以及相关访谈记录整理。
② 根据福特基金会年度报告整理。见 Ford Foundation, Annual Report, 1998－2005。

总体上看，国际非政府组织在中国的主要工作是在社会领域，为市场经济的发展和社会转型提供配套服务，因此，基础卫生、环保、扶贫和教育成为最主要的 4 个领域，目标人群也基本上是弱势群体与边缘人群。中国国际民间组织合作促进会提供的信息也可以印证这个判断。

前面已经对中国国际民间组织合作促进会（简称民促会）做过介绍。民促会是由政府机构发展而来的专门协调和管理国际非政府组织在华援助活动的机构。在其对 1987～2005 年的工作总结中，民促会与国际非政府组织和其他多边援助机构合作的成就主要表现在以下几个方面。①

第一，扶贫，接受和执行了大量的扶贫开发援助。国际非政府组织资助的往往是综合扶贫项目，除了提供资金和技术培训帮助农民提高生产技能之外，还包括环境保护、农业基础设施建设、社会性别平等、基础卫生设施（清洁饮用水和乡村卫生院改建等）、助残等内容。

第二，妇女参与发展。10 多年来（1987～1999 年），中国民促会在这方面接受了 14 个国际非政府组织或多边援助机构的援助，总金额 2263 万元，执行项目 28 个，分布在 10 个省的 14 个贫困市、地区、县。这些项目为妇女提供了专业培训，提高了她们的生产技能和经济社会地位。

第三，环境保护与可持续发展。据民促会估计，在 10 多年中执行的 200 多个项目里，有近 100 个项目都体现了扶贫与环保的有机结合。

第四，小额信贷项目。民促会认为，小额信贷是"一个脱贫致富的有效途径"。一些国际非政府组织对在中国执行小额信贷项目表示出浓厚的兴趣。比如，与民促会长期合作的大户德国明爱组织在四川省仪陇县张公乡的综合社区发展项目中，小额信贷项目就是一个重要的组成部分。

第五，非政府组织的能力建设。与国际非政府组织的合作不仅极大地促进了民促会这个机构本身的发展，并在合作中培养了大批的业务骨干，而且带动了基层民间组织的能力建设，通过包括集中培训、创造有利的政策环境等方式发展基层的群众组织，推动群众的参与，以保证扶贫项目能够顺利实施，并取得良好的社会和经济效益。

第六，社区综合发展项目。1985～1999 年，由中国国际经济技术交流中心和民促会经手、由国际非政府组织和官方发展援助机构资助、在中国一

---

① 见中国国际民间组织合作促进会网站 http：//www.cango.org/cnindex/chjiu.htm。

些贫困落后地区执行的社区综合发展项目就有21个，援助金额总计3618万元。这些项目包括直接扶贫、手工业、环境保护、文化卫生教育、饮水、养殖、技术推广示范、小额信贷、妇女发展、农田开发、林业、庭院经济、果树开发、农副产品加工、牲畜防疫、石材开发等。另外，与社区发展相关的项目有30个。在这方面进行了大量工作的国际非政府组织主要有德国明爱（Caritas）、德国易择益（EZE）、香港乐施会、世界宣明会和挪威路德会等。

这些援助活动基本上都是在社会领域之中，针对的是没有能够充分从经济发展中受益的边远地区的边缘人群。部分是出于这个原因，尽管国际非政府组织的援助规模远逊于官方发展援助，在某些情况下，中国政府方面的配套资金甚至要多于国际非政府组织的投入，但是，无论是政府部门还是受援群众都对这些援助项目的经济和社会效益给予了极高的评价。

2. 中国国内"社会需求"的主导作用

导致国际非政府组织在中国的援助活动集中在社会领域的原因是双方面的。一方面，这是由各个组织的宗旨决定的。多数国际非政府组织本身就是提供社会服务的机构，其在中国的活动也自然会集中在社会领域之中。另一方面，中国改革开放以来经济和社会的变革带来了对这些社会服务的需求。

十一届三中全会后，中国政府的工作重点转向经济发展，中央政府的宏观政策长期以经济发展为中心。在确定了改革总体战略之后制订的第一个"五年计划"（第六个"五年计划"，1981～1985年）中提出，5年里的总体发展目标是到2000年实现工农业总产值翻两番以及近期的财政收支平衡。此后，直到"十五"计划（2001～2005年），历次"五年计划"的总体目标都是以经济为重点。① 这种以经济发展为中心的发展战略带来了一些不尽如人意的后果。

首先，地区之间发展的不平衡扩大。从1981～1985年的"六五"计划到1991～1995年的"八五"计划，15年里东部沿海地区一直是重点发展的地区，尽管从1986～1990年的"七五"计划就开始强调东部和中西部地区之间的均衡发展，但是地区差距的不断拉大是越来越让人担忧的现实。

其次，农村地区的发展滞后。改革开放后，农业部门就不再是国民经济发展的重点部门。"六五"计划确定的重点发展领域是基础设施建设和教科

---

① 见1978年以来的中国政府历次"五年计划"。

文卫；"七五"计划的发展重点是基础设施和基础工业（包括能源、交通、通信和原材料），并注重技术改造和改建扩建，兼顾农业和教科文卫；"八五"计划中，农业与基础工业、基础设施、电子工业、建筑业和第三产业，以及科学和教育等一起出现在重点发展的部门之中；"九五"计划中，农业再度从重点部门中消失，国家的发展重点是基础设施和基础工业与第三产业，并注重与经济体制改革配套的外部环境（如市场体系、社会保障体系、政府职能转变等），以及科学和教育；到了"十五"计划，农业这个部门，以及长期落后的西部地区才重新成为国家的战略规划的重点。由于对农业部门的投入不足，农村地区的经济和社会发展落后于城市，边远地区的农村尤其如此。从整体上讲，农村地区并没有充分从中国经济的快速增长中受益，不仅农村地区的基础卫生和基础教育落后，而且用于农业生产的基础设施的建设也没有得到充分重视。

此外，自从实行了家庭联产承包责任制后，农村的基层组织发生了变化。新中国建立之后的很长一段时间里，生产队是最基层的政权，它不仅组织农民从事生产活动，还是基层社会组织，承担了一些社会职能。在计划经济体制下，针对农民的合作医疗制度就是依靠生产队运转的。实行家庭联产承包责任制之后，农民个体和家庭重新成为基本的生产单位和社会单元。没有了基层组织，也就意味着政府动员能力的降低，许多社会工作无法展开。

最后，由于经济发展成为中央确定的基本国策，地方政府也以从事各种经济开发活动为主要任务。直到今天，一些地方政府仍然以招商引资为己任，政府应该承担的社会职能没有得到应有的重视。这反映在对待非政府组织的态度上，一些地方政府认为本土非政府组织的主要任务是向外方申请资金，并不知道非政府组织在资源再分配和社会工作方面能够发挥的重要作用。[1] 这种状况一方面造成基层的社会问题累积起来，无法得到有效解决；另一方面，政府处理社会问题的手段比较简单，既不能有效解决问题，又会制造矛盾。艾滋病问题就是一个非常突出的例子。政府不重视艾滋病的防治工作，也没有积极地在艾滋病高危人群中开展宣传教育和行为干预。对待吸毒人群主要由公安部门出面进行强制戒毒；对待性工作者则是采取了掩耳盗铃的态度，长期不承认存在着性服务行业和性工作者，为艾滋病的蔓延创造

---

[1] 2006 年 3 月 9 日德宏州妇女儿童发展中心主任陈桂兰访谈记录。

了条件。

在这样的条件下，中国对社会服务的现实需求很大，既需要资金方面的支持，也需要先进的技术、观念和工作方法，使得中国成为吸纳外来援助的一个大"市场"。中国的内部需求对国际非政府组织的援助起到了引导的作用。由于国际非政府组织的资金并不雄厚，在中国的活动也要依靠政府的组织动员能力，所以它们的活动自然会集中在政府支持不足的地区和部门。仍以艾滋病的防治为例，由于中国政府艾滋病政策的转变，英国救助儿童会在瑞丽的活动领域也随之变化，数年以前的一些工作现在已经停止了。①

3. 国际非政府组织的对华援助：官方发展援助的补充

目前，国际范围的援助活动呈现明显的网络化趋势，多边援助机构与双边援助国之间的交流与协作正在加强，官方援助机构与非政府组织之间的合作也正在加强。由于非政府组织的一个重要的资金来源是私人部门，它们的活动直接反映了私人部门在发展中国家的经济活动遇到的现实问题。在官方发展援助中，私人部门通过各自的政府或直接支持多边机构解决市场经济扩张带来的问题，可以概括为市场影响政府、政府干预社会；在非政府组织的援助活动中，私人部门通过非政府组织直接发挥影响，政府的直接干预和影响被削弱了，变成主要是市场和社会两者之间的互动。因此，无论方式如何，官方发展援助和国际非政府组织提供的援助所要解决的都是市场全球扩张过程中、在民族国家体系之外的国家、社会和市场三者之间的平衡问题。追根溯源，非政府组织的援助活动与官方发展援助一样，是在为全球市场经济"提供服务"，它与官方援助之间的关系是相互补充而非相互竞争。

在非政府组织的对华援助之中，强有力的政府干预是鲜明的"中国特色"。虽然，与官方援助相比它们的活动较少受到中国政府的干预和影响，但是，非政府组织对华援助仍然处在政府的主导之下。在一些情况下，政府主导不是由政府机构直接实现的，而是通过中国自己的非政府组织。

以具有宗教背景的国际非政府组织的援助活动为例。中国政府对接受国际宗教团体的援助是相当谨慎的，并不鼓励它们直接向地方或受援群众提供援助，但是，它们通过中国自己的非政府组织开展援助活动。爱德基金会的情况就是一个典型的例子。

---

① 2006 年 3 月 9 日德宏州妇女儿童发展中心主任陈桂兰访谈记录。

爱德基金会成立于 1985 年 4 月，是一个由中国基督徒发起、社会各界人士参加的非政府组织，致力于促进中国的医疗卫生、教育、社会福利和农村发展工作。它的目标是：为中国的社会发展和对外开放作出贡献，鼓励中国基督徒积极参与社会发展事业，以及为增进世界各国人民的友好往来和资源分享沟通渠道。爱德基金会接受了来自澳大利亚、加拿大、丹麦、芬兰、德国、荷兰、日本、挪威、沙特阿拉伯、西班牙、瑞典、瑞士、英国、美国等国的宗教团体的大量援助。它的工作方式反映了国际通行的一些做法，比如，强调群众参与的原则；它的工作领域也集中在贫困地区的社会发展和环境保护等方面。[①]

这样，国际非政府组织的援助也以各种方式纳入中方的"统筹规划"之中，在实际过程中，成为一种服务于中国自身发展需要的外来援助，是中国吸收外来资金、技术、人员和观念的一个补充渠道。

第三节　国际非政府组织的工作方式

国际非政府组织在中国援助活动的工作方式同样具有多样化的特征。机构背景、宗旨、组织结构和在中国合作伙伴等的差异，导致了国际非政府组织在项目选择和执行中的差异。尽管如此，由于同官方发展援助机构相比，国际非政府组织的规模小，管理比较灵活，它们的工作方式也有一些相同的特点。

一　项目立项的过程

根据国际非政府组织进入中国及在华合作伙伴的不同，其资助或执行的援助项目的立项过程也有所不同。受官方发展援助机构委托在中国执行项目的专业机构，并不参与项目的立项。独立进入中国，独立开展活动的国际非政府组织，自主选择项目，决定项目地点和内容。所以，在这里主要讨论的是与中国方面合作共同开展援助活动的国际非政府组织的情况。

1. 援助领域和项目地点

国际非政府组织在华援助的领域一般是共同决定的。从上面的讨论可以

---

① 参见爱德基金会网站 http：//www.amityfoundation.org.cn/about01.asp，2006 年 11 月 27 日。

看出，每个组织都有明确的工作领域，它们在中国的援助活动不可能超出其本身的活动范围。而其活动能够在中国开展起来，也取决于中国方面是否有这样的现实需要。以英国救助儿童会为例，它在中国资助的项目都是受援地区的政府部门需要做，而且愿意配合做的项目。[①] 外方的意愿与中方的现实需求，这两者都是合作得以实现的必要条件。

从宏观的角度观察，民促会这个协调和管理机构在援助领域和项目地点的选择上发挥了重要的作用。民促会（及其前身中国国际经济技术交流中心国际民间组织联络处）是专门负责利用国外民间组织的资金开展扶贫工作的机构，因而发挥了"内引外联"的作用。据民促会提供的数字，在1987～1999年这段时间里，国际民间组织联络处及民促会共接待了100多个国外民间组织和机构的近1000人次来中国进行友好访问和考察，在国内外举办和参加各种研讨会、培训班。通过这些活动，民促会向外介绍中国情况，探讨援助项目需求，对内则向贫困地区介绍国际非政府组织提供援助的特点、要求以及工作方式，在受援地区和国际非政府组织之间起到了牵线搭桥的作用。民促会提供的几个案例中，项目地点的选择都是中外共同协商的结果。[②]

那些并没有与民促会建立合作关系的国际非政府组织往往自己选择项目地点。它们考虑的因素中既包括项目地的实际需要，也包括当地的政策环境以及项目地"做项目"的能力，即当地是否有能力吸纳这些援助资金，是否能够有效地实现项目目标并取得预期的结果等。政策环境是国际非政府组织选择活动地点的一个重要因素。云南省为国际非政府组织提供了比较优厚的条件，允许它们按照外资企业的管理办法注册登记，导致大量的国际非政府组织涌入云南，使云南得到了"非政府组织的天堂"的称号。

此外，做项目的能力会影响国际非政府组织对项目地点的选择。国际范围内的援助项目管理有一些基本的规则和程序，熟知这些规则和程序，了解当地的实际需求是争取到援助项目的关键。民促会在同国际非政府组织开展活动初期所遇到的最大问题是，拿不出像样的项目文件，为了能争取到项

---

① 邓国胜、卢宜宜：《英国救助儿童会（中国项目部）》，王名主编《中国 NGO 研究——以个案为中心 2001》，UNCRD Research Report Series，No. 43，2001，第 42～54 页。

② 见中国国际民间组织合作促进会网站 http：//www.cango.org/cnindex/chjiu.htm。

目，一些贫困地区的政府会出钱请人帮助编写和翻译，但是，由于不了解外方的要求，这些文件往往是不合格的。所以一些有实际需要的贫困地区，会因为能力的限制而没有成为国际非政府组织援助的对象。

由于对外交流的人才短缺，像民促会这样的专门机构和精英人物在国际非政府组织对华援助中起到了重要的作用。民促会全面协调与民促会有合作关系的国际非政府组织开展援助项目，参与可行性研究，负责签订协议并编订项目文件，并在项目执行中提供指导帮助，以及协助检查评估。而在那些独立进入中国开展援助活动的国际非政府组织项目中，精英人物的作用是不容忽视的。对"国际小母牛项目组织（中国办事处）"的案例分析清晰显示了精英人物的关键作用。① 在国际小母牛项目组织进入中国的过程中，当时任四川省畜牧局改良站站长的濮家驷起到了重要的作用。首先在美国与小母牛项目组织进行接触的就是1984年2月率团到美国考察的濮家驷，双方达成合作意向之后，濮家驷回国认真准备，以四川省畜牧局改良站的名义向小母牛项目组织总部提交了8份项目建议书，小母牛项目组织总部审查了项目建议书后，批准了3个小项目，每个项目的资金规模2万~3万元。1986年，小母牛项目组织亚洲部主任到四川对这3个项目进行评估，发现这些项目管理得很好，项目也很成功，从此，该组织每年都增加在中国的项目。濮家驷退休之后，接受了小母牛项目组织的邀请，担任了其中国办事处的主任。此后，尽管小母牛项目组织一度到南京注册，但四川省仍然是它的主要活动地区。尤其是在边远地区，这些有对外交往能力、懂得国际规则又熟知当地情况的人才，是吸引援助项目的重要因素。

2. 具体项目内容

一般而言，与政府部门合作的国际非政府组织的项目，其具体内容是双方协商确定的。但是由于在华的援助项目同样要符合各自组织的项目程序，国际非政府组织在确定项目内容的过程中发挥了更大的作用。一些国际非政府组织并不直接在中国开展援助活动，而是资助中国本土的非政府组织开展某些领域的活动。在这种情况下，项目的具体内容是由中国非政府组织确定的，但是要符合资助方的一些要求。

① 王名、邓国胜：《国际小母牛项目组织（中国办事处）》，王名主编《中国NGO研究——以个案为中心2001》，UNCRD Research Report Series, No. 43, 2001, 第27~41页。

与中国政府机构合作的组织，虽然依靠政府机构提供的各种资源，包括组织网络和资金支持，但是，它们并不仅仅是资金提供者，而是自始至终参与项目的全过程。以与民促会有合作关系的德国明爱组织为例，在民促会的协调下，从 1986 年开始，德国明爱组织就在山东沂蒙山区的临朐县开展综合扶贫项目。项目的具体内容是中外双方共同商定的，明爱组织的专家在临朐县进行现场考察，以此为基础，与县扶贫开发协会共同研究，提出和编制了一揽子扶贫计划，包括 20 个文件，涉及人畜饮水、妇幼保健、残疾人福利、教师培训计划等促进社会发展的内容。[①]

由于国际非政府组织的一套项目管理程序是固定的，决定了这些组织在确定项目具体内容时发挥了更大的作用。以国际小母牛项目组织（中国办事处）项目申请程序为例。首先，申请单位向国际小母牛项目组织（中国办事处）写信咨询或提出非正式申请，然后由办事处项目部寄送项目申请表。申请单位在填写申请表和项目初步方案后反馈给项目部，然后由项目部对申请报告和现场进行审查，并作出初选决定。在完成初选后，项目部将会同农户及申请单位共同设计项目方案，然后提交给办事处主任审批。在主任审批通过后，将项目计划提交给总部审批，只有得到总部批准后，项目才能立项，项目款才能到位。[②] 经过层层把关，中国方面提出的项目计划的内容必定是与提供援助的非政府组织的宗旨吻合的。不符合给援方要求的内容或者在立项过程中就已经删改掉，或者项目根本就不能立项。

中外双方对项目内容的分歧是有的，这些分歧会成为项目执行的障碍。英国救助儿童会在瑞丽执行的艾滋病防治项目中，瑞丽市政府与救助儿童会对目标人群的界定就有不同的看法。瑞丽市政府认为，他们只应该对居住在瑞丽的中国公民负责，外来人口并不是他们的服务对象，而英国救助儿童会则认为，这样的想法比较狭隘，为了取得艾滋病防治的良好效果，项目应该针对居住在瑞丽的所有人群，包括缅甸籍的居民。摩擦和协调的结果是救助儿童会占了上风。针对缅甸籍人口的项目内容保留了下

---

① 见中国国际民间组织合作促进会网站 http://www.cango.org/cnindex/chjiu.htm。

② 王名、邓国胜：《国际小母牛项目组织（中国办事处）》，王名主编《中国 NGO 研究——以个案为中心 2001》，UNCRD Research Report Series, No. 43, 2001, 第 27~41 页。

来，在英国救助儿童会撤出后，由项目合作机构发展起来的本土非政府组织——德宏州妇女儿童发展中心继续进行针对瑞丽市缅甸籍居民的艾滋病防治项目。[①]

在与国内非政府组织的合作中，除了像民促会这样的类似政府附属机构的非政府组织之外，国际非政府组织一般会主导项目的具体内容。像德宏州妇女儿童发展中心这样，通过竞标来争取项目的国内非政府组织，它们所执行的项目自然要符合给援组织的要求。

二 项目的执行

项目立项决策的程序在各个国际非政府组织之间大同小异，而项目的具体实施则千差万别。多数国际非政府组织的援华项目是通过中国的政府部门或基层社会组织实施的，有些则由给援组织独立实施。不同的实施方式中，国际非政府组织发挥作用的方式是不同的，与中方受援部门的关系也是不同的。由于各组织在这方面的差异比较大，这里只能有选择地介绍一些项目实施的情况。

1. 项目实施机构：人员的组成及具体职责

从机构设置的情况看，在华执行开展援助活动的国际非政府组织有两种情况：一种是设立了在中国的办事机构，另一种是只做项目，没有设立长期的驻华代表机构。由于我们并没有对在华国际非政府组织的情况进行广泛的调研，这里只是根据现有资料做简单的介绍。

英国救助儿童会和国际小母牛项目组织都是在中国设立了分支机构的国际非政府组织。两个组织中国办事处的组成和职责很不一样。救助儿童会（中国项目部）实行总干事负责制，总干事由救助儿童会伦敦总部在全球范围内招聘，2001年时，中国项目部的总干事是位英国人。副总干事由总干事聘任，协助总干事工作，并负责云南办公室的一些具体项目。救助儿童会在西藏和安徽设有办公室，这两处办公室的项目负责人都是国际雇员，在全球范围内招聘。中国项目部的财务制度、人事管理制度和项目管理制度完全遵照救助儿童会的统一模式，中国项目部就是按照这些既定的原则办事，并在各自的权限范围内处理一般的项目问题。英国救助儿童会驻华机构的管理

---

① 见2006年3月9日德宏州妇女儿童发展中心主任陈桂兰访谈记录。

模式是比较有代表性的。①

　　而国际小母牛项目组织则是一个本土化程度很高的国际非政府组织，其中国办事处实行主任负责制，由副主任和主任助理协助工作。主任是由小母牛项目组织的总部任命的，办事处的财务制度、项目管理制度等遵照总部的统一制度。目前，国际小母牛项目组织中国办事处的主任是四川省畜牧局的退休人员，其余的工作人员也全部是从中国国内聘请的。虽然总部会经常派一些专家到中国对办事处的工作人员进行培训，或让他们到总部学习，但是，小母牛项目组织并不从总部直接派遣管理人员到中国办事处，也就是说办事处所有的决策都是出自本地雇员，只是在程序上需要经过总部批准。②

　　但是，无论是英国救助儿童会还是国际小母牛项目组织，它们设在中国的代表机构往往不负责项目的具体实施。英国救助儿童会的大多数项目都是与项目地的政府部门合作开展的，例如，其在云南执行的青少年预防艾滋病教育项目是与省教委（教育厅）合作，另外一个预防妇女儿童被拐项目则是与公安部门、民委、民政等多部门合作。③ 为了保证项目的顺利进行，一般会根据项目的需要设立项目办公室。以瑞丽市艾滋病防治项目为例，英国救助儿童会与瑞丽市妇联合作开展这个项目，并共同成立了项目的执行机构，主要的工作人员从政府的相关部门中借调过来，目前德宏州妇女儿童发展中心主任陈桂兰就曾是项目执行机构的成员，她本人原是当地医院里的妇产科医生。④ 国际小母牛项目组织的项目与英国救助儿童会不同，专业性比较强，合作部门比较单一，主要是项目地的畜牧局。一般畜牧局里会有专门人员具体负责项目实施。⑤ 与政府机构联合或在政府机构之中设立项目执行机构的做法还是比较普遍的，从民促会提供的信息来看，许多受援地区的政府都成立了专门机构负责项目的组织管理和服务。⑥

---

① 邓国胜、卢宜宜：《英国救助儿童会（中国项目部）》，王名主编《中国 NGO 研究——以个案为中心 2001》，UNCRD Research Report Series，No. 43，2001，第 42~54 页。

② 王名、邓国胜：《国际小母牛项目组织（中国办事处）》，王名主编《中国 NGO 研究——以个案为中心 2001》，UNCRD Research Report Series，No. 43，2001，第 27~41 页。

③ 邓国胜、卢宜宜：《英国救助儿童会（中国项目部）》，王名主编《中国 NGO 研究——以个案为中心 2001》，UNCRD Research Report Series，No. 43，2001，第 42~54 页。

④ 见 2006 年 3 月 9 日德宏州妇女儿童发展中心主任陈桂兰访谈记录。

⑤ 王名、邓国胜：《国际小母牛项目组织（中国办事处）》，王名主编《中国 NGO 研究——以个案为中心 2001》，UNCRD Research Report Series，No. 43，2001，第 27~41 页。

⑥ 见中国国际民间组织合作促进会网站 http://www.cango.org/cnindex/chjiu.htm。

国际非政府组织资助本土非政府组织开展的项目中，项目的执行主要依靠中国非政府组织。德宏州妇女儿童发展中心争取到的国际非政府组织的援助项目，完全是由妇女儿童发展中心独立完成的，给援组织既不参与项目的具体工作，甚至也不进行项目结项的审核与评估，只需要中心提供书面文件即可。① 国际小母牛项目组织也与本土非政府组织合作，它资助了四川省宣汉县花池乡 2 村 13 社的一个草根组织"奶牛海福合作社"，开展奶牛发展项目。合作社得到了小母牛项目组织资金、技术方面的大力支持，但是，小母牛项目组织中国办事处除了对项目经费的使用进行监督和审计、对项目绩效进行评估之外，并不干涉项目的具体活动。

从这些有限的信息来看，在项目执行中，中方机构和人员发挥了主要的作用，那么国际非政府组织是如何发挥影响的？

2. 与中方合作伙伴的关系：培训与督导

在项目执行过程中，提供援助的国际非政府组织虽然不是执行的主体，却扮演了重要的培训者与督导者的角色。

对项目人员的培训几乎是所有援助项目的重要内容，这些培训都可以算作能力建设的组成部分，是项目活动能够按照国际标准进行的保证。培训主要包括两个方面的内容：一个是项目管理培训，另一个则是与项目活动有关的技术培训。

国际非政府组织支持的项目管理培训涉及的范围是相当广泛的。从覆盖面来讲，参与项目管理的中方工作人员都有接受培训的机会，有些是由国际非政府组织提供的，有些是通过中方有关机构（如民促会）提供的，有些则是在工作过程中由外方人员传授的。民促会这个主要负责国际非政府组织援华事务的机构是在与外方打交道的过程中发展起来的。其成立之初，对国际非政府组织的性质、宗旨、机构设置及其运作方式特别是资金的筹措和管理方式都比较陌生。因而，民促会在组建之前和成立初期，曾先后派了 14 个团组 40 人次到欧美及部分发展中国家对上百个各类非政府组织进行考察，此外，民促会还派 10 批 12 人次派遣工作人员到国外非政府组织、大学和研究机构接受专业培训和学习。与此同时，民促会还邀请了国际非政府组织的专家到中国对有关人员进行培训，可以说，民促会这个机构的能力建设与国

---

① 见 2006 年 3 月 9 日德宏州妇女儿童发展中心主任陈桂兰访谈记录。

际非政府组织的支持密不可分。[①]

从某种意义上说，国际非政府组织对民促会能力建设的支持是在"培训培训者"。由于民促会在国际非政府组织和受援地区之间的重要的桥梁作用，在日后的合作过程中，民促会有效地动员了政府的组织能力，协助给援组织对受援地区的项目工作人员进行了大量的培训。围绕与项目管理有关的专题，民促会组织了一些集中培训活动，1990～1999 年，共举办过 7 次国际研讨会和培训班，有 486 人次参加了培训。例如，1999 年 10 月在河北承德举办的国际民间组织管理培训班上，来自美国的专家向 15 个省、直辖市、自治区的 46 名学员详细介绍了国际非政府组织的宗旨、职责和运作。这些培训使得基层的项目管理人员比较清楚地了解项目管理的国际惯例，客观上会增进相互理解，减少摩擦。[②]

而从培训的内容来看，对中方项目工作人员的培训涉及从立项开始的各个环节。前面提到了一些贫困地区没有能力制订项目计划、编制项目文件，因此，民促会就与国际非政府组织合作，就项目设计和项目文件的编写举办了多次培训活动，提高了贫困地区自己选择项目、确定项目内容和目标以及安排项目活动的能力。在项目立项后，项目管理和财务管理则是项目成功的关键。每个项目都有特定的目标、每个项目都要通过开展一系列的活动在规定的时间内完成，每项活动又需要一定的资金来支持，资金的使用与项目活动紧紧连在一起。多数受援地区对这种管理方式比较陌生，所以，民促会不断地为受援地区举办培训班，为基层培养了一批项目实施和财务管理人员。[③]

国际非政府组织自己也会给项目人员提供培训的机会。例如，国际小母牛项目组织和英国救助儿童会给本组织雇用的工作人员提供了大量的去国外学习、培训和交流的机会，成为这些机构吸引人才的一个重要因素。救助儿童会招聘的 60 多名中方雇员基本都了解和掌握国际非政府组织的项目管理规则。[④] 此外，给援组织还直接向中国合作伙伴的项目工作人员提供培训。

---

① 见中国国际民间组织合作促进会网站 http：//www.cango.org/cnindex/chjiu.htm。

② 见中国国际民间组织合作促进会网站 http：//www.cango.org/cnindex/chjiu.htm。

③ 见中国国际民间组织合作促进会网站 http：//www.cango.org/cnindex/chjiu.htm。

④ 王名、邓国胜：《国际小母牛项目组织（中国办事处）》，王名主编《中国 NGO 研究——以个案为中心 2001》，UNCRD Research Report Series，No.43，2001，第 27～41 页；以及邓国胜、卢宜宜《英国救助儿童会（中国项目部）》，王名主编《中国 NGO 研究——以个案为中心 2001》，UNCRD Research Report Series，No.43，2001，第 42～54 页。

德国明爱组织在山东临朐县的综合扶贫项目中的一个重要内容是建立培训中心，举办了"培训培训者""项目监测与评估"等各类研讨班，参加研讨人员达70多人，培训了会计专业人员、经济管理人员、社团管理人员、企业事业单位领导等500多人。①

另一个重要的培训渠道就是做项目。在实际的项目运行之中，中方项目人员会潜移默化地受到国际惯例的影响，而逐渐学习到这些先进的项目管理方法。

技术培训是给援组织培训的一个重要内容。针对中方项目人员的技术培训，或者是为了"以点带面"，使得这些技术能够传播到更多的受益人群之中；或者是因为一些技术是开展项目活动所必需的，比如，救助儿童会在安徽广德儿童福利院项目中，为了推广对儿童的小家庭单元式的照顾，对广德县儿童福利院的管理人员以及新招聘的家庭妈妈进行相关知识和技能的培训，就是它们接受这种新的儿童福利院管理方法。②

给援组织在项目执行过程中还扮演了督导者的角色。主要是通过项目过程中的评估，如定期评估、中期评估、结项评估等，保证主要项目活动得以开展，以及项目立项时确定的目标能够实现。同时，对项目经费使用的监督和审计也是给援组织的重要职责。

3. 与目标人群之间的关系

强调参与是许多国际非政府组织援助项目的重要内容。这既包括了项目执行机构人员参与决策，也包括了鼓励目标人群自愿参与项目活动。总的说来，国际非政府组织是项目活动的协助者和引导者，而目标人群则是自愿参加项目、参与决定具体活动。给援组织并没有依靠资金和技术等方面的优势而凌驾于目标人群之上，由于采取了"参与式"的组织方法，给援组织与目标人群之间建立了平等的互动关系。

国际非政府组织结合项目的主要目标，为目标人群提供培训和技术、资金方面的支持。在德国明爱组织在山东临朐县的综合扶贫项目中，一个重要的内容是妇女发展，为此，明爱组织投入282万元的援助资金，用于妇女工

---

① 见中国国际民间组织合作促进会网站 http：//www. cango. org/cnindex/chjiu. htm。
② 邓国胜、卢宜宜：《英国救助儿童会（中国项目部）》，王名主编《中国 NGO 研究——以个案为中心 2001》，UNCRD Research Report Series, No. 43, 2001, 第 42 ~ 54 页。

艺品生产项目。这个项目分布在全县 19 个乡镇共有 4 万余名妇女参与了项目。项目实施过程中，先后举办各类培训班 65 期，受训妇女达到 18000 人次。项目费主要用于组织培训、购买生产设备和建厂等。德国易择益组织援助的"米脂县农村综合开发项目"中，培训了大量的农民技术员。6 年间举办了 76 期培训班，接受培训的技术人员达到 3904 人次。第一期投资 40 万元，培训林果、桑蚕、家畜和农业技术人员 1600 余名，第二期投资 80 万元，培训农民技术人员 2000 名。培训的办法灵活多样，县区培训与乡村培训结合，长中期培训相结合，课堂培训与实地培训相结合，农忙培训与农闲培训相结合。另外还有走出去接受培训、请技术人员现场指导、看录像等方法。几乎所有受援村庄的农民都受到了各种职业培训。① 多数国际非政府组织的项目经费都是用在培训、技术（包括种畜、种苗等）和信息、基础设施建设等方面，因而援助资金被称为扶贫开发中的"种子钱"，其主要作用是提高受援地区和受援人群自主发展的能力。

"参与式"的方法是国际非政府组织援助项目的一个重要特色，各类项目都包含了参与式的因素，有参与式扶贫项目、参与式的社区发展项目、参与式的环境保护项目、参与式的教育项目，等等。

英国救助儿童会在云南省开展的青少年艾滋病防治教育项目中，采用了参与式和同伴教育的方法。依靠学生的参与，由他们自己设计活动，项目人员从旁引导，通过讨论、宣传画、诗歌创作以及自编自演小品等方式，由学生自己传授青春期性知识、预防吸毒、预防艾滋病的知识和抵御同伴压力的技能等。由于其形式活泼，项目参与者得到了充分的尊重和发挥主动性的机会，所以受到了师生和家长们的热情欢迎，师生积极参与，项目取得了很大成功。②

参与式扶贫和参与式的社区发展也同样能够调动项目目标人群的积极性。国际小母牛项目组织把"共同参与"确定为组织的基本原则之一，也就是项目成员拥有项目，让所有的项目成员共同参与项目决策。③ 同民促会

---

① 见中国国际民间组织合作促进会网站 http：//www. cango. org/cnindex/chjiu. htm。
② 邓国胜、卢宜宜：《英国救助儿童会（中国项目部）》，王名主编《中国 NGO 研究——以个案为中心 2001》，UNCRD Research Report Series，No. 43，2001，第 42～54 页。
③ 王名、邓国胜：《国际小母牛项目组织（中国办事处）》，王名主编《中国 NGO 研究——以个案为中心 2001》，UNCRD Research Report Series，No. 43，2001，第 27～41 页。

保持了长期合作关系的德国米泽瑞组织和易择益组织同样把社区参与与自助作为项目的重要内容，十分强调"让受惠者制定所有与他们有关的发展过程和项目"的重要性。[1] 所有项目成员参与决策，首先保证了援助项目能够有效地回应当地受援群众最迫切的需要，其次也保证了项目活动适合当地的具体情况，可以充分利用当地的资源以及原有的生产技术和生产条件。最重要的是，参与式扶贫和参与式社区发展使得受援人群感到自己是项目的主人，因而会以极大的热情参与筹措配套资金、土地、劳动力、工具、用房等等，并参加项目中的各项活动。德国易择益组织在河南商城县的妇女发展项目中，选择了桑蚕、丝绸刺绣、抽纱、猪鬃、板栗 5 个妇女参与发展项目，有 4 万多名妇女踊跃参与技术培训，获得了必需的生产技能，并积极参与生产，使得项目获得了成功。

参与式方法改变了贫困地区人民在发展决策中的角色，由被动地接受救济变为主动地寻求发展。而且，与自身发展有关的决定是由他们自己决策的，与扶贫或社区发展有关的地方事务也由他们自己决定。这样的扶贫方式既催生了自下而上的发展动力，也促成了基层社区的自治。所以，参与式方法改变的不仅是受援地区的经济状况，也间接地改变了当地群众的政治参与情况。

第四节　国际非政府组织发挥影响的方式及起到的作用

国际非政府组织是通过什么样的方式发挥影响的？它们在中国的活动又起到了什么样的作用？非政府组织的多样性决定了它们发挥影响的方式不一而足，可是它们起到的作用确实有很多相似之处。与官方发展援助类似，通过非政府组织流入中国的援助资金也是一种特殊的资金来源，它主要的并不是用于商业运营的资本，而更多的是包括观念和制度等因素在内的外来影响的载体。所以，尽管中国政府有关部门把非政府组织的援助视为促进发展的外来资金，但是，在对援助项目的总体评价中，一致地强调了援助项目在改变观念、培养人才方面发挥的重要作用。

---

① 《200 国际 NGO 在中国：中国发展简报特别报告》，2005，第 53、136 页。

一 国际非政府组织援华项目发挥影响的方式

国际非政府组织主要通过两种方式在中国发挥影响：第一，通过进行宣传和教育，改变社会中流行的观念，提高公民在某一领域的问题意识；第二，做项目过程中的实际影响。其中，援助项目有效地改变了受援地区和受援人群的观念、行为方式和一些基本制度，其影响是更加深入和持久的。

1. 国际非政府组织的社会宣传和教育

国际非政府组织在中国的一项重要的工作就是进行宣传教育，影响公众舆论，改变人的观念。那些宣传性的国际非政府组织一般并不直接执行"中国项目"，而是通过与其目标相同的本土非政府组织来开展活动。[①] 像福特基金会这样比较大的非政府组织，虽然与媒体保持密切的联系，每年的经费中也有固定的比例用于资助媒体，但是，它同样有选择地资助一些国内机构，进行公众宣传和教育。

这方面的例子屡见不鲜。北京地球村环境文化中心是一个以企业法人身份在工商局注册的本土非政府组织，创始人廖晓义曾在美国进修，参加美国的环保组织活动，并接受了美国的环保理念。1996年，廖晓义回国创办了"地球村"这个本土的非政府组织，其经费大半来自国外的资助，包括国际组织、外国政府和国际非政府组织。在其整体经费构成中，国外的资助占到85%，企业赞助占10%，自筹资金占5%。"地球村"的主要活动是利用大众媒体传递全球环保信息、传播可持续发展的知识与经验，并通过各种形式的社会活动为专家和公众提供讨论环境问题的空间。地球村还与政府有关部门合作开发环保方面的宣传教育材料，例如，与国家环保总局共同审定、联合出版环保指南丛书《公民环保行为规范》和《儿童环保行为规范》。[②] 福特基金会对"农家女百事通"的资助是另外一个例子。[③]

通过资助中国国内同类非政府组织的宣传活动，国际非政府组织间接地

---

① Nick Young：《国际 NGO：不同的起源、变化着的性质和全球化趋势》，见《200 国际 NGO 在中国：中国发展简报特别报告》，2005，第212~225页。

② 冯玲：《北京地球村环境文化中心》，王名主编《中国 NGO 研究——以个案为中心》，UNCRD Research Report Series，No.38，2000，第144~160页。

③ 邓国胜：《农家女百事通》，王名主编《中国 NGO 研究——以个案为中心》，UNCRD Research Report Series，No.38，2000，第222~237页。

却有效地影响了中国国内的舆论导向、影响了公民的认识。同时，宣传教育中输入了外来的观念。比如，地球村的宣传活动是以美国的环保理念为主导的，它在宣传中倡导的 5R（Reduce，节约资源；Reevaluation，绿色消费；Reuse，重复使用；Recycle，回收利用；Rescue wildlife，拒用野生动物制品）生活方式，以及"绿色社区"（建立社区的公众参与机制）等，都是"舶来品"，地球村的活动是在公众中推广这些观念、机制和行为方式。

2. 通过项目发挥影响

做项目则是国际非政府组织发挥影响最主要的方式。援助项目可以改变受援地区的"硬件"条件，比如基础设施、通过援助活动开发生产项目（包括建厂、建立农业生产基地等），更加重要的是，援助活动引入了新的发展方式、新的机制和新的观念。项目的影响主要表现在以下三个方面。

首先，每个项目都会给受援地区和目标人群带来一些实际的影响。根据民促会对山东省蒙阴县的评估，1987～1997年，蒙阴县接受了来自德国米泽瑞（Misereor）、澳大利亚天主教救济组织（ARC）、荷兰野天鹅组织和联合国系统发展援助机构等机构的无偿援助，共执行了34个项目，项目总金额为2690.38万元，其中援助资金为1237.53万元，地方配套资金为1452.85万元。34个援助项目以种植和养殖业为主，其次是人畜饮水和技能培训。这些项目使得13000户约4万人摆脱了贫困，人均年收入从1987年的188元增加到1997年的1000元，通过加工项目使近200人劳动就业，使200个家庭摆脱了贫困。而国际非政府组织资助的饮水项目，解决了2.5万人的吃水困难，项目的受益户数达2万户左右，总受益人数达7.5万以上，占全县总人口的14%。[①]

这些实际影响不限于改变了当地的生产和生活条件。大量的技术培训和管理培训一方面提高了当地受援群众的生产技能，另一方面则加强了受援地区的外部联系（与国内其他地区的联系以及同国外的联系）。比如，德国明爱组织在山东临朐县的培训中，包括了对乡镇经贸领导干部的培训，组织他们外出参观考察，使乡镇分管工业、外经贸的领导干部学到了解决管理方面问题的知识，开阔了眼界，在引进外资、管理乡镇企业方面起到了积极的作用。德国易择益组织的河南商城县妇女参与发展项目，不仅培训当地妇女的

① 见中国国际民间组织合作促进会网站 http://www.cango.org/cnindex/chjiu.htm。

生产技能并组织她们从事生产，而且开辟了产品外销的渠道，大量产品销往欧美，极大地促进了当地的经济发展。①

中国政府部门对援助项目的评估多半集中在评估援助项目的经济效益上。项目还会带来观念的转变、基层组织的变化和受益人群社会地位的提高。小额信贷项目在这方面的影响非常明显。小额信贷项目的目标人群是妇女，在项目执行过程中，参与信贷项目的妇女得到了大量的技术培训，不仅提高了她们的生产技能，同时增强了她们的市场意识，改变了她们的经济和社会地位，并加强了农村基层组织建设。在民促会给出了一个具体案例中，参与了德国明爱组织在四川省仪陇县张公乡小额信贷项目的农村妇女杨琳，在一年之间，学到了许多实用的农业技术，学会了了解市场行情的变化。通过自己的努力，不仅还清了全部贷款，得到了 4000 元的年纯收入，同时成为张公乡社区综合发展协会的骨干，积极组织协会的活动，在社区中为自己赢得了尊重。

其次，项目的示范效应是国际非政府组织援助项目发挥影响的一个重要方式。一般说来，国际非政府组织的经费是没有办法与官方发展援助机构相比的，援助项目的规模和覆盖面都比较小。它们的优势不是在资金或人力方面，而是在于它们所拥有的"软力量"，如知识和技术、管理经验和工作技巧。同时，由于非政府组织的多样性和灵活的工作方式，使得它们可以较少地受来自官方的约束（包括中国政府和所在国政府），它们在项目立项过程中可以相对自由地选择援助地点和援助项目，因而有可能在中国政府没有重视甚至受到限制的领域，开展一些官方发展机构无法开展的项目。前面提到的非政府组织在艾滋病防治方面的工作，以及小额信贷项目都是极好的例子。

这些非政府组织开展的项目引入了外来经验，往往能为解决中国的问题带来一些新的思路，或者开创一些新的模式。项目取得的良好经济和社会效益自然会得到受援地区政府甚至中央政府的重视，为项目的推广创造了条件。由国际非政府组织带入中国的小额信贷项目已经成为广泛推广的一种扶贫模式。此外，就一些在中国取得成功的国际非政府组织来说，例如国际小母牛项目组织和英国救助儿童会，它们带到中国的扶贫模式、儿童福利院管

---

① 见中国国际民间组织合作促进会网站 http：//www.cango.org/cnindex/chjiu.htm。

理模式以及艾滋病预防教育中的"同伴教育"等，都在受援地区和项目人群之外推广。但是，需要强调的一点是，项目的推广需要依靠中国政府部门的组织和动员能力，那些与政府部门合作的国际非政府组织，由于与政府有关部门有充分的交流与合作，它们的项目就能够更加充分地发挥示范作用，在更大的范围内发挥影响。

再次，项目合作改变了中方有关人员的观念。云南德宏州妇女儿童发展中心主任陈桂兰就是一个例子。她在与英国救助儿童会的合作中，接受了救助儿童会带来的新观念和新工作方式，项目结项后，成为当地非政府组织的负责人，继续以救助儿童会的方式开展社会工作，发挥影响。与政府机构的合作还在政府组织内部培养了了解国际管理、接受非政府组织理念的工作人员。从前面关于项目执行的讨论可以看出国际非政府组织项目在影响人员观念方面下了大气力。项目总是有一定期限的，但是，结项后，项目培养出来的人员多数会留在受援地区和部门，与国际非政府组织共事的经历会影响他们日后的工作。此外，虽然一些人才会转移到其他的地区和部门，可是，这种人才流失往往会将影响扩大到更大的地区和部门。正因为如此，培训是多数援助项目的重要内容。

二　国际非政府的援助活动起到的作用

基于以上对国际非政府组织对华援助活动的分析，可以大致判断非政府组织的援助项目起到了以下几个方面的作用。

首先，国际非政府组织提供了一条额外的援助渠道。与官方发展援助相比，非政府组织援助的资金规模比较小，援助资金来源和筹资方式更为灵活多样，其资金包括了私人和私营部门的捐助，也有来自政府财政的经费，筹措资金的方式包括了接受捐赠，也有一些是通过签订合同、提供服务的方式获得。也正因为如此，与官方发展机构相比，多数非政府组织的活动范围更加确定，一般都是在某一个发展领域，如环保、扶贫或艾滋病防治；援助项目的地点和目标人群也更加集中。总的看来，非政府组织的援助项目都比较小，项目地点和目标人群的选择极有针对性。非政府组织独自执行的援华项目，要与本组织的基本宗旨和近期发展战略相一致，却不受所在国财政政策、对外政策和援助战略的约束，因而，它们的项目经常针对在官方发展援助项目之外的地区和人群。

　　非政府组织的多样性和相对于官方机构的独立性，使得它们的援助项目的组织形式也更加灵活多样。每个组织都可以根据自己的理念选择自己认为合适的方式开展援助活动，它们虽然需要向提供资金的捐助者负责，接受他们的监督，但是，这些监督多半是在资金使用方面，非政府组织在决定具体项目活动及项目内容时有很大的独立性。所以，非政府组织可以采用官方援助机构没有采用的工作方法，可以尝试官方援助机构未能尝试的援助模式。项目的组织也可以超越国界的限制，许多国际非政府组织的援华项目是在中国的国境之外操作的，以在外的中国籍人员为主，这也往往是对华官方发展援助项目无法做到的。因此，非政府组织作为一种额外的援助渠道，从资金、工作方式和组织网络等方面，成为官方发展援助的重要补充。

　　其次，国际非政府组织是输入新观念、技术和管理方式的重要渠道。与官方发展机构相比，非政府组织由于其本身的组织性质，更能深入到中国社会的深层。这与非政府组织的活动领域直接相关，它们的主要活动是在社会领域，与受援人群的利益息息相关。政府与受援人群甚至相关领域的政府工作人员对国际非政府组织的评价会很不相同。以宣明会为例，政府对宣明会的活动表现出很大的戒心，但是，政府在同一个地区（云南瑞丽）、做相同工作（艾滋病防治）的政府工作人员以及本土非政府组织的成员，却认为宣明会做的工作非常扎实。[①] 此外，国际非政府组织的工作方式及与受援人群的关系也有力地促进了观念和制度的输入。比如，国际非政府组织强调的"参与式"方法，在非政府组织与受援人群之间建立了良性互动关系。外来影响是受援者在非政府组织的引导下自愿接受的，并不是强加给他们的，因此会引起受援者由内而外的转变。这种工作方式与政府某些部门简单、粗暴的工作方式形成鲜明对比。由于具有这样的"亲和力"，非政府组织在某些情况下，比政府机构在项目地和受援人群中有更强的动员能力，它们带来的观念、制度、技术和管理方法也就更容易被接受。

　　再次，国际非政府组织的援助活动带动了基层组织和国内非政府组织的发展。一方面，改革开放后，中国的农村基层组织受到了冲击，导致农村地区的基础设施建设和社会服务长期滞后。另一方面，在中国以政府为主导的

---

① 见 2006 年 3 月 9 日瑞丽市中英性病艾滋病项目办公室主任访谈记录以及德宏州妇女儿童发展中心主任陈桂兰访谈记录。

社会和政治机构中，非政府部门相对薄弱，多数非政府组织都需要从政府渠道获得生存所需的必要资源。援助活动在农村地区带动了基层组织的发展，或者推动了草根组织的建设，或者通过项目活动加强了基层组织的组织和动员能力。而大量自发成立的、自下而上的非政府组织则依靠国际援助生存。国际非政府组织的援助带动的基层组织与非政府部门的发展是一把双刃剑。目前政府职能的定位主要是在经济发展方面，政府中缺乏从事社会工作的人才，也没有深入到村寨有效的组织网络。援助活动从这两方面为政府职能的转变乃至社会转型创造了条件。但是，援助活动带动下的基层组织建设和非政府组织的发展同时协助国际非政府组织建立了与中国基层社区的联系网络，为西方向中国的渗透提供了某种组织上的保证。

所以，从总体上看，需要辩证地对待国际非政府组织在华援助活动。无论是其影响还是它们的实际作用，都对中国的长期和全面的发展具有建设性的意义。如何借鉴国际非政府组织的成功经验并有效地遏制其负面影响才是我们应该主要考虑的问题。

主要名词缩写

ADB （Asian Development Bank）   亚洲开发银行

ADF （African Development Foundation）   非洲发展基金会

AfDF （African Development Fund）   非洲发展基金

AID （Agency for International Develo-pment） 国际开发署

APPI   《反贫困合作伙伴倡议》

ATP （The Aid and Trade Provision）   英国的“援助与贸易条款”

AwZ （Bundestags-Ausschuss fuer wirtschaftliche   联邦德国议会经济合作与
    Zusammenarbeit und Entwicklung）   发展委员会

BMZ （Bundesministerium fuer wirtschaftliche   联邦德国经济合作与发展部
    Zusammenarbeit and Entwicklung）

CDG （Carl – Duisberg – Gesellschaft）   卡尔·杜伊斯堡协会（德国）

DAC （Development Assistance Commitee）   发展援助委员会

DAG （Development Assistance Group）   发展援助集团

DFID （Department for International Development） 国际发展部（英国）

EACO   欧洲援助合作署

EAGGF （European Agriculture Guidance   欧共体农业指导与保证基金
    and Guarantee Fund）

EBRD （European Bank of Reconstruction   欧洲重建与开发银行
    and Development）

ECFI   欧共体金融机构基金

ECHO（European Community Humanitarian Office） 欧共体人道主义援助局

EDF（European Development Fund） 欧洲发展基金

EIB（European Investment Bank） 欧洲投资银行

ERP（European Recovery Program） 欧洲复兴计划

EU（European Union） 欧洲联盟

FF（Ford Foundation） 福特基金会（美国）

GEF（Global Environment Facility） 全球环境基金

GTZ（Deutsche Gesellschaft fuer Technische Zusammenarbeit） 德国技术合作公司

IADB（Inter – American Development Bank） 美洲开发银行

IAF（Inter – American Foundation） 美洲基金会

IBRD（International Bank for Reconstruction and Development） 国际复兴开发银行

ICRC（International Committee of the Red Cross） 国际红十字委员会

IDA（International Development Association） 国际开发协会

IDB 泛美开发银行

IDCA（International Development Cooperation Agency） 国际发展合作署

IDF（International Development Foundation） 国际发展基金会

IFAD（International fund for Agricultural Development） 国际农业发展基金

ILO（International Labor Organization） 国际劳工组织

IMF（International Monetary Fund） 国际货币基金组织

JBIC 日本国际合作银行

JES 日本海外移民服务局

JICA（Japan International Cooperation Agency） 日本国际合作署

KfW（Kreditanstalt fuer Wiederaufbau） 德国复兴信贷银行

MIGA 多边投资担保机构

MPF 蒙特利尔协议基金

NDF（Nordic Development Fund） 北欧发展基金

OA（Official Aid） 官方援助

OCTDF	海外国家和领地发展基金（欧共体）
ODA（Official Development Assistance）	官方发展援助
OECD（Organization for Economic Cooperation and Development）	经济合作与发展组织
OECF	海外经济合作基金（日本）
OOF	其他官方资金流动
SIDA（Swedish International Development Agency）	瑞典国际开发署
Tacis	塔西斯计划（欧盟）
UN（United Nations）	联合国
UNCED（United Nations Conference on Environment and Development）	联合国环境与发展大会
UNDAF（United Nations Development Assistance Framework）	联合国发展援助框架
UNDCP（United Nations International Drug Control Programme）	联合国药物管制计划
UNDHA	联合国人道主义事务署
UNDP（United Nations Development Program）	联合国开发计划署
UNEP（United Nations Environment Program）	联合国环境计划
UNESCO（United Nations Educational, Scientific, and Cultural Organization）	联合国教科文组织
UNHCHR（United Nations High Commissioner for Human Rights）	联合国人权高级专员办公室
UNHCR（Office of the United Nations High Commissioner for Refugees）	联合国难民署办公室
UNICEF（United Nations Children's Fund）	联合国儿童基金会
UNICRI（United Nations Interregional Crime and Justice Research Center Institute）	联合国区域间犯罪与司法研究所
UNIDO（United Nations Industrial Development Organization）	联合国工业发展组织
UNIFEM（United Nations Development	联合国妇女发展基金会

Fund for Women）

UNOCHA（United Nations Office for the Coordination of Humanitarian Affairs）	联合国人道主义事务合作办公室
UNPF（United Nations Population Fund）	联合国人口基金
UNRWA（United Nations Relief and Works Agency for Palestine Refugees）	联合国巴勒斯坦难民救济事业机构
USAID（U. S. Agency for International Development）	美国国际开发署
WFP（World Food Program）	世界粮食计划署
WHO（World Health Organization）	世界卫生组织
WTO（World Trade Organization）	世界贸易组织
Berrill Report	《贝里尔报告》
Cotonou Agreement	《科托努协定》
Duncan Report	《邓肯报告》

参考文献

Akhand, Hafiz A. , and Kanhaya L. *Gupta. Foreign Aid in the Twenty – First Century.* Boston: Kluwer Academic Publisher, 2002.

Anderson, Reardon. *Yenan and the Great Powers: The Origins of Chinese Communist Foreign Policy, 1944 – 1946.* New York: Colombia UP, 1980.

BMZ. "Development policy as an element of global structural and peace policy. " Special, Dec. 2002. http: //www. bmz. de.

Browne, Stephen. *Foreign Aid in Practice.* London: Pinter Reference, 1990.

Cassen, Robert & Associates. *Does Aid Work? Report to an Intergovernmental Task Force.* 2nd ed. Oxford: Clarendon, 1994.

Chang, Gordon H. , *Friends and Enemies. The United States, China, and the Soviet Union, 1948 – 1972.* California: Stanford UP, 1990.

Chenery, Hollis B. , "Comparative Advantage and Development Policy. " 1961. AER.

—— "Foreign Assistance and Economic Development," with Alan Strout. 1966. AER.

—— "Foreign Aid and Economic Development: The case of Greece," with Irma Adelman. 1966. REStat.

Davenport, Michael et al. *Europe: 1992 and the Developing World.* Boulder, CO: Westview, 1992.

DFID. "Eliminating World Poverty: Making Globalisation Work for the Poor." 2000. http://www.dfid.gov.uk/Pubs/files/whitepaper2000.pdf.

Edwards, Michael. *Civil Society*. Cambridge, U.K.: Polity, 2004.

Ensign, Margee. *Doing Good or Doing Well? Japan's Foreign Aid Program*. New York: Colombia UP, 1992.

Ford Foundation. Annual Report, 1998~2005. http://208.39.184.185/publications/recent_ articles/ar2005_ list. cfm.

Ghosh, Pradip K., ed. *Foreign Aid and Third World Develop-ment*. London: Greenwood, 1984.

Griesgaber, Jo Marie, and Bernhard G. Gunter eds. *Development: New Paradigms and Principles*. London: Pluto, 1996.

Groves, Leslie and Rachel Hinton, eds. *Inclusive Aid: Changing Power and Relationships in International Development*. London: Earthscan, 2004.

Hayter, Teresa, and Catharine Watson. *Aid: Rhetoric and Reality*. London: Pluto, 1985.

Hayter, Teresa. *Aid as Imperialism*. Harmondsworth: Penguin, 1971.

Heinrizig, Dieter. *Die Zowjetunion und das kommunistische China 1945 – 1950*. Baden – Baden: Nomos Verlagsgesellschaft, 1998 （迪特·海茵茨希：《中苏走向联盟的艰难历程》，新华出版社，2001）.

Jacobson, Harold K. and Michel Oksenberg. *China's Participation in the IMF, the World Bank, and GATT: Toward a Global Economic Order*. Michigan: Michigan UP, 1990.

Jerve, Alf Morten. "Ownership and partnership: does the new rhetoric solve the incentive problems in aid?" Oslo, Norway: Forum for Development Studies, NUPI, 2002.

Jolly, Richard, et al. *UN Contributions to Development Thinking and Practice*. Bloomington: Indiana University Press, 2004.

Keynes, John Maynard. *Essays in Persuasion*. London: MacMillan, 1972.

Mason, Edward S., *Foreign Aid and Foreign Policy*. New York: Harpers & Row Publishers, 1964.

Mason, Edward S., and Robert E. Asher. *The World Bank since Bretton*

Woods. Washington D. C. : The Brookings Institution, 1973.

McKinlay, R. D. , and A. Mughan. *Aid and Arms: An Analysis of the Distribution and Impact of US Official Transfers.* London: Frances Pinter, 1984.

Middleton, Neil, and Phil O'Keefe. *Disaster and Development: The Politics of Humanitarian Aid.* London: Pluto, 1998.

Miller – Adams, Michelle. *The World Bank: New agendas in a changing world.* London: Routledge, 1999.

Morss, Elliott R. , and Victoria A. Morss. *U. S. Foreign Aid: An Assessment of New and Traditional Development Strategies.* Boulder, Colorado: Westview, 1982.

Morton, Kathryn. *Aid and Dependence.* London: Croom Helm, 1975.

OECD/DAC. "International Development Statistics. " CD – ROM. 2005.

——*Development Cooperation Review: Germany.* 2002.

——*DAC Peer Review: Germany.* 2006.

Orr, Robert M. Jr. *The Emergence of Japan's Foreign Aid Power.* New York: Columbia UP, 1990

Polanyi, Karl. *The Great Transformation: The Beginning of Our Religious Traditions.* Boston: Beacon, 1957.

Pronk, Jan P. , *Catalysing Development? A Debate on Aid.* Oxford: Blackwell, 2004.

Rostow, Walt W. , *The Stages of Economic Growth: A Non – Communist Manifesto.* Cambridge, U. K. : Cambridge UP, 1960.

Ruttan, Vernon W. , *Social Science Knowledge and Economic Development: An Institutional Design Perspective.* Ann Arbor: Michigan UP, 2003.

Stern, Nicholas, Jean – Jacques Dethier, and F. Halsey Rogers. *Growth and Empowerment: Making Development Happen.* Cambridge, U. S. : M. I. T. Press, 2005.

Tabb, William K. *Unequal Partners: A Primer on Globalization.* New York: New Press, 2002.

Taylor, Lance, ed. *The Rocky Road to Reform: Adjustment, Income Distribution and Growth in the Developing World.* Cambridge, U. S. : M. I. T. Press, 1993.

The European Commission. "Annual report 2005 on the European Community's Development policy and the implementation of external assistance in 2004." COM（2005）292, 23 June 2005. http：//ec. europa. eu/europeaid/reports/comm－sur－ra2005_ en. pdf.

—— "A long term policy for China－Europe relations." COM（1995）279 final, 5 July 1995. http：//ec. europa. eu/comm/external _ relations/china/com95_ 279en. pdf.

Thorp, Willard L. , *The Reality of Foreign Aid.* New York：Praeger Publishers, 1971.

Truman, Harry S. "Inaugural Address of President." *The Department of State Bulletin*, Vol. 33. 30 Jan. 1949.

Ufford, P. Q. van, and A. K. Giri, eds. *A Moral Critique of Development：In Search of Global Responsibilities.* London：Routledge, 2003.

Zeylstera, Willem Gustaaf. *Aid or Development：The Relevance of Development Aid to Problems of Developing Countries.* Leyden, Netherlands：Sijthoff, 1975.

United Nations. "Situation Analysis of the UN System in China for 1990 ~ 1996." Beijing. Nov. 1995.

US Code Congressional and Administrational News. 1950.

周弘主编《对外援助与国际关系》，中国社会科学出版社，2002。

薄一波：《若干重大决策与事件的回顾》（上下卷），中共中央党校出版社，1991。

世界银行业务评价局：《中国：国别援助评价报告》，中国财政经济出版社，2005。

《抗战苏联对华三次军事贷款简介》，http：//www. xinjunshi. com/ziliao/xiandaizs/kangri/200412/879. html。

沈志华：《苏联专家在中国（1948~1960）》，中国国际广播出版社，2003。

《毛泽东选集》（一卷本），人民出版社，1968。

董志凯、吴江：《新中国工业的奠基石——156 项建设研究》，广东经济出版社，2004。

〔美〕麦克法夸尔、费正清：《剑桥中华人民共和国史（1949~1965）》，中国社会科学出版社，1990。

〔俄〕列多夫斯基：《米高扬对中国的秘密访问（1949 年 1～2 月）》，《远东问题》1995 年第 3 期。

王奇：《"156 项工程"与 20 世纪 50 年代中苏关系评析》，《当代中国史研究》2003 年第 2 期。

沈志华、李丹慧：《战后中苏关系若干问题研究——来自中俄双方的档案文献》，人民出版社，2006。

杨英杰：《苏联对于我国第一个五年计划的伟大援助》，中国财政经济出版社，1956。

斯大林：《苏联社会主义经济问题》，人民出版社，1953。

《陈云文选（1956～1985）》，人民出版社，1986。

王泰平主编《中华人民共和国外交史（1957～1969）》第二卷，世界知识出版社，1998。

沈志华：《建国初期苏联对华援助的基本情况》，http：//www. shenzhihua. net/zsgx/000140. htm。

《毛泽东外交文选》，中央文献出版社、世界知识出版社，1994。

中央财经领导小组办公室编《中国经济发展 50 年大事记》，人民出版社、中共中央党校出版社，1999。

《中华人民共和国发展国民经济的第一个五年计划（1953～1957 年）》，人民出版社，1955。

章晟曼：《先站住，再站高》，文汇出版社，2006。

胡鞍钢、胡光宇：《援助与发展》，清华大学出版社，2005。

国家行政学院编著《中华人民共和国政府机构五十年》，国家行政学院出版社、党建读物出版社，2000。

魏玉明：《中国与联合国的经济合作》，《国际贸易》1995 年第 10 期。

卜明：《充分发挥海外金融机构的积极作用，为实现祖国的社会主义现代化作出更大的贡献》（卜明行长在海外银行、保险公司经理会议上的报告），中国银行国际金融研究所：《国际金融简讯》1979 年第 9 期。

中国银行：《关于参加国际货币基金组织和世界银行活动方案（草稿）》，1979 年 12 月 7 日。

财政部教育司：《中国与世界银行基金发展学院的合作培训情况》（世

界银行贷款工作经验交流会材料之三），1988年1月。

彭运鹃：《知识胜于资本——我所认识的世界银行》，《当代金融家》2005年第12期。

铁道部利用外资和引进技术办公室：《改善外资管理体制，认真搞好采购工作》（世界银行贷款工作经验交流会材料之七），1988年1月。

对外贸易经济合作部国际经贸关系司主编《中国接受国际无偿援助管理指南》，安徽人民出版社，2003。

世界银行业务评估局：《中国：国别援助评估报告》，中国财政经济出版社，2004。

云南省商务厅国际经贸关系处：《云南省接受国际无偿援助项目简况》，2004年6月29日。

〔日〕国广道彦：《浅谈日本的对华经济援助——在中央统战部礼堂的讲演》，1994年6月16日。

金熙德：《日本政府开发援助》，社会科学文献出版社，2000。

《当代中国》丛书编辑委员会：《当代中国外交》，中国社会科学出版社，1987。

〔瑞士〕哈里什·卡普尔：《觉醒中的巨人——一个外国人看新中国前三十年的外交政策》，彭致斌译，国际文化出版公司，1987。

〔日〕津田守：《日本—菲律宾政治关系集》，明石书店，1992。

张光：《日本对外援助政策研究》，天津人民出版社，1996。

德国复兴信贷银行网站：http://www.kfw.de。

英国国际发展部：《中国：国家援助计划2006~2011》，2006年3月。

日本国际协力机构（JICA）中华人民共和国事务所：《JICA在中国的合作事业概况》，2005年6月。

英国国际发展部东亚及太平洋局、中英性病艾滋病防治合作项目办公室：《中—英性病艾滋病防治合作项目项目备忘录》，2000年9月。

吕树英编著《中国—德国合作云南省造林项目系统管理概论》，云南民族出版社，2002。

四川省扶贫开发办公室外资项目管理中心：《农村社区发展参与式操作指导手册》，2006年2月。

《预防与获益：德国技术合作公司在中国》，德国技术合作公司宣传册。

《2004 年驻滇国际民间组织项目统计》和《2005 年云南省国际民间组织合作促进会项目统计》，云南省商务厅国际经济技术交流中心提供。

资中筠：《散财之道：美国现代公益基金会述评》，上海人民出版社，2003。

中国国际民间组织合作促进会网站 http：//www. cango. org/cnindex/chjiu. htm。

中国社会科学院西欧研究所、德国诺曼基金会合编《中国和西欧八十年代发展趋势及九十年代展望》（内部资料），1985 年 12 月，北京。

"当代中国"丛书编辑部编《当代中国外交》，中国社会科学出版社，1988。

萨本仁、潘兴明：《20 世纪的中英关系》，上海人民出版社，1996。

黄浩明主编《国际民间组织：合作实务和管理》，对外经济贸易大学出版社，2000。

孙永福主编《中外民间组织交流与合作》，中国对外经济贸易出版社，2001。

跨国公司与公益事业高级论坛暨公益项目展示会：《公益事业法律文献汇编》，2003 年 11 月。

索　引

援助方（前言，p. 3）

受援国（前言，p. 1）

马歇尔计划（导论，p. 1）

卡尔·波兰尼（Karl Poluanyi，导论，p. 1）

伟大的转折（大转折，导论，p. 1）

国际金本位制（导论，p. 1）

就业、利息和货币通论（导论，p. 2）

凯恩斯（John Maynard Keynes，导论，
　p. 2）

布雷顿森林体系（导论，p. 3）

政府间主义（导论，p. 2）

经互会（导论，p. 4）

瓦尔特·罗斯托（Walt W. Rostow，导论，
　p. 4）

钱纳里（Hollis B. Chenery，导论，p. 5）

结构调整贷款（Structural Adjustment Loan，
导论，p. 5）

所有权（ownership，导论，p. 6）

伙伴关系（partnership，导论，p. 6）

依附论（导论，p. 6）

国家利益（导论，p. 7）

国家形态（导论，p. 7）

行为方式（导论，p. 6，7，9，17，22）

民族利益（导论，p. 7）

转移支付（导论，p. 8）

供给导向（导论，p. 8，10）

志趣相投（Like-Minded，导论，p. 9）

软力量因素（导论，p. 9）

蝴蝶效应（导论，p. ）

能力建设（导论，p. 10）

减贫扶贫（导论，p. ）

政府治理（导论，p. 10，20）

发展合作（导论，p. 11）

辅助性原则（导论，pp. 11 – 13）

参与性原则（导论，p. 11）

受援国政府（导论，p. 11）

失败国家（导论，p. 11）

政策干预（导论，p. 10，12）

全球治理（导论，p. 12，14）

双边援助（导论，pp. 11 – 13，15，16，
　18，21）

多边援助（导论，p. 3，12，15，16，18）

非政府组织（导论，pp. 12 – 15）

国际援助体制（导论，p. 12，27）

附加条件（导论，p. 6，12）

斯科斯托·洛克塔斯（Sixto Roxas，导论，p. 12）

技术援助（导论，p. 13）

全球性思维和地区性实践（think globally and act locally，导论，p. 14）

国际劳工组织（导论，p. 14）

海外发展委员会（导论，p. 14）

卫 VI（碘缺乏病，导论，p. 14）

可持续发展（导论，p. 14，19）

小额信贷（导论，p. 14）

参与式管理（导论，p. 14）

经济合作与发展组织/发展援助委员会（OECD/DAC，导论，p. 15）

世界银行集团（导论，p. 15）

联合国发展援助系统（导论，p. 15）

地区性发展银行（导论，p. 15）

亚洲开发银行（导论，p. 15）

全球性基金体系（导论，p. 15）

出资国（导论，p. 15）

受益国（导论，p. 15）

渐进式改革（导论，p. 15）

中国特色的发展模式（导论，p. 15）

东西方两大阵营（导论，p. 3，16）

经济援助（导论，p. 15，16）

低息贷款（导论，p. 16）

军事援助（导论，p. 6，16）

技术转让（导论，p. 16）

社会主义的市场经济（导论，p. 17）

平等互利（导论，p. 17）

互通有无（导论，p. 17）

合作基本协定（导论，p. 18）

官方发展援助（导论，p. 4，5，13，18）

无偿援助（导论，p. 18，20）

赠款（导论，p. 24）

技术援助（导论，p. 13）

性别平等（导论，p. 20）

人权对话（导论，p. 20）

方向决定方式（导论，p. 20）

方式决定方向（导论，p. 20）

边际效用（导论，p. 20）

知识银行（导论，p. 21）

经验银行（导论，p. 21）

无形壁垒（导论，p. 21）

福利屏障（导论，p. 21）

本土化（导论，p. 21）

属地原则（导论，p. 21）

合作化（导论，p. 21）

外资办（导论，p. 22）

项目办（导论，p. 22）

双轨制（导论，p. 22）

社会主义阵营（导论，p. 3，4，7，23）

社会主义计划经济（导论，p. 16，22，23）

莱斯特·瑟罗（导论，p. 24）

政策取向（导论，p. 26）

制度建设（导论，p. 10，19，26）

国家能力建设（导论，p. 27）

第一章

对外援助（Ch1，pp. 28 – 33，35 – 37，39，41，43，45，47，49，51）

官方发展援助（ODA，Official Development Aid，Ch1，pp. 28 – 34，36 – 41，45 – 48）

次政府（Ch1，p. 28，52，53）

利他动机（CH1，p. 28）

利己动机（CH1，p. 29）

人类基本需求（CHI，p. 29，44）

转型国家（CH1, p. 29）

良治（CH1, p. 30, 41, 48, 51, 52）

政治附加条件（CH1, p. 30）

紧急人道主义援助（CH1, p. 31, Humanitarian Assistance）

其他官方资金流动（OOF, other official flows, Ch1, p. 31）

私人援助（Private aid, CH1, p. 32）

贷款（CH1, p. 31, 38 – 41）

欧洲经济合作组织（OEEC, Organization for European Economic Cooperation, CH1, p. 34）

经济合作与发展组织（OECD, CH1, p. 28, 30, 34）

国际开发协会（IOA, CH1, p. 31, 35）

联合国开发计划署（CH1, p. 35, 36）

人口基金（CH1, p. 35）

儿童基金会（CH1, p. 35, 44）

世界粮食计划署（CH1, p. 35）

世界卫生组织（CH1, p. 35）

联合国粮农组织（CH1, p. 35）

联合国教科文组织（CH1, p. 35）

亚洲开发银行（CH1, p. 35）

非洲开发银行（CHI, p. 35）

泛美开发银行（CHI, p. 35）

全球基金（Global Fund, CHI, p. 35, 49）

全球环境基金（Global environment facility, GEF, CH1, p. 35, 49）

筹资机构（funding institutions, CH1, p. 35, 49）

专门机构（Special Agencies, CH1, p. 35）

利益攸关者（利益相关者, CH1, p. 50, 52）

结果导向（result oriented, CH1, p. 38）

资金援助（Capital assistance, CH1, p. 31, 38, 39）

技术援助（technical cooperation, CH1, p. 31, 35）

项目与计划（Project vs. Program, Ch1, p. 39）

附加条件（Conditionality, CH1, p. 29, 30, 38 – 40, 48）

政策对话（CH1, p. 37, 40, 41）

托尼·克里克（Tony Killick, CH1, p. 41）

斯多克（Olav Stokke, CH1, p. 41, 42）

人道主义的国际主义（CH1, p. 42）

现实主义的国际主义（CH1, p. 42）

激进的国际主义（CH1, p. 42）

道义责任（Moral Obligation, CH1, p. 43, 44）

千年发展目标（CH1, pp. 44 – 46）

蒙特雷会议（Monterrey, Ch1, p. 47, 50）

援助疲劳症（Aid Fatigue, CH1, p. 47）

网络治理（Network Governance, CH1, p. 49）

国际外援体制（International Aid Regime, Ch1, pp. 49 – 51）

OXFAM（CH1, p. 49）

同行评议（Peer Review, CH1, p. 50）

非捆绑（un-tied, CH1, p. 50）

德国复兴信贷银行（KFW, CH1, p. 51）

德国投资与发展机构（DEG, Ch1, p. 51）

卡尔·杜伊斯堡协会（CDG, CH1, p. 51）

德国国际发展基金会（DSE, CH5, p. 51）

能力建设国际（InWEnt, CH1, p. 51）

国际合作部际委员会（CH1, p. 51）

发展合作理事会（CH1, p. 51）

能力建设（Capacity building，CH1，p. 51，52）

参与式发展（Participatory，Ch1，p. 52）

第二章

迪特·海茵茨希（Dieter Heinrizig，CH2，p. 55，57，60 - 63，66 - 73）

中苏友好互助条约（CH2，p. 69，70，73，74，80）

雅尔塔协定（CH2，p. 59，69）

"巴统"管制国家（CH2，p. 78）

156 工程（CH2，p. 98，99）

第三章

联合国宪章（CH3，p. 105，106）

世界人权宣言（CH3，pp. 105 - 107）

密尔（John Stuart Mill，CH3，p. 108，109）

欠发达地区（Underdeveloped，CH3，p. 109）

杜鲁门的第四点计划（CH3，p. 109）

去殖民化（CH3，p. 112）

再殖民化（CH3，p. 112）

新国际经济秩序（NIEO，New International Economic Order，CH3，p. 112，113）

欧洲经济委员会（CH3，p. 115，116）

人类发展报告（Human development Reports，CH3，p. 117）

全球治理委员会（Commission on Global Governance，CH3，p. 117）

国际复兴开发银行（IBBD，CH3，p. 123，125，127，128，130，134，170 - 172，176，177，200）

怀特（Harry Dexter White，CH3，p. 127）

第三世界（CH3，pp. 127 - 129，181）

多边投资担保机构（CH3，p. 123，130，170，172，177）

理事会（Board of Governors，CH3，p. 119，121，133 - 135，153，156，158，163）

执行董事会（Executive Directors，CH3，p. 134）

蒙特利尔议定书（CH3，p. 140）

国际农业发展基金（IFAD，CH3，p. 151，152，159，204）

世界粮食计划署（CH3，p. 118，144 - 147，151 - 153，159，160，161）

联合国对华发展援助框架（CH3，p. 152）

马和励（Khalid Malik，CH3，p. 152）

联合国工业发展组织（CH3，p. 147，152，153）

国际劳工组织（CH3，p. 121，147，148，152，153）

自下而上的原则（bottom-up，CH3，p. 162）

以工代赈（food for work，CH3，p. 167，207）

贫困地区儿童规划与发展项目（LPAC，CH3，p. 123）

国际金融公司（CH3，p. 123，127，130，142，170，172，176 - 178）

多边投资担保机构（CH3，p. 123，130，170，172，177）

国际货币基金组织（CH3，p. 110，113，115，121，123，124，128，132，137，140，176 - 178，185，214，215）

受援国主导（Country - driven，CH3，p. 178）

体制改革（CH3，p. 103，115，148，180，182，183，185，191，193 - 195，199 - 201）

宏观调控（CH3，p. 183，194）

政策咨询（CH3，p. 132，178，180，184，198）

世界银行经济发展学院（CH3，p. 185，186）

招标投标法（CH3，p. 187）

采购责任制（CH3，p. 189）

配套资金（CH3，p. 161，166，192，197，198，200，207）

内需主导型（CH3，p. 199）

住房抵押贷款（CH3，p. 204）

第四章

美国国际开发署（USAID，CH4，p. 223，284）

管理与预算办公室（CH4，p. 223）

联邦经济合作与发展部（经合部，CH4，p. 225）

欧洲发展基金（CH4，p. 225，226）

欧洲投资银行（CH4，p. 225，226）

共同决策程序（CH4，p. 225）

洛美协定（CH4，p. 226）

对外援助法（CH4，p. 224，227）

道德责任（CH4，p. 229）

非传统安全问题（CH4，p. 229，230）

全球社会（CH4，p. 230，231）

全球公共产品（global public goods，CH4，p. 231）

束缚性条款（CH4，p. 234）

公共和私人伙伴关系（PPP，Public Private partnership，CH4，p. 241）

联合责任（Joint Responsibility，CH4，p. 241）

巴统（COCOM，CH4，p. 245）

中日长期贸易协定（CH4，p. 245，246）

冯·多南尼博士（Dr. Von Donanyi，CH4，p. 253）

拉马克（Micha Ramkers，CH4，p. 258）

共同利益（Mutual Interest，CH4，p. 229，258）

进出口管理委员会（CH4，p. 263）

对外贸易部（CH4，p. 263）

对外经济联络部（CH4，p. 263）

外国投资管理委员会（CH4，p. 263）

对外经济贸易部（CH4，p. 262，263）

共同出资（co - financing，CH4，p. 243，266，283）

实地工作（field work，CH4，p. 279，280）

去中心化（deconcentration，CH4，p. 279）

英国国际发展部（DFID，CH4，p. 229，230，266，278，279，282 - 285，291，292，294 - 296）

前景集团（Future's Group，CH4，p. 292）

家庭健康国际（Family Health，International，CH4，p. 292）

问题导向的学习方法（Problem-based Learning，CH4，p. ）

小额信贷项目（CH4，p. 302，312）

京都议定书（CH4，p. 316）

第五章

非政府组织（non - governmental organization，CH5，pp. 320 - 372）

政府组织（governmental organization，CH5，pp. 320 - 372）

萨拉蒙（Salamon，CH5，p. 321）

香港乐施会（OXFAM，CH5，p. 322）

英国救助儿童会（Save the Children UK，CH5，p. 322）

嘉道理基金会（CH5，p. 322）

Twining 有限公司（CH5，p. 322）

国际小母牛项目组织（Heifer Project International, CH5, p. 322, 324, 334, 342, 358 - 363, 365, 369）

四川农村发展组织（Development organization of Rural Sichuan, CH5, p. 322, 346）

洛克菲勒基金会（CH5, p. 322, 325）

盖茨基金会（CH5, p. 325, 330）

宁夏孩子（法国非政府组织, CH5, p. 328）

Abt Associates（CH5, p. 329）

查尔斯·B. 王基金会（The Charles B. Wang Foundation,（CH5, p. 330）

世界宣明会（CH5, p. 332, 345, 353）

中国国际民间组织合作促进会（民促会, CH5, p. 335, 339, 340, 352, 357, 359, 361, 363 - 365, 368, 369, 383）

农家女百事通（CH5, pp. 335 - 337）

国际人口服务组织（CH5, p. 326, 336）

中国美国商会（CH5, p. 336）

儿童基金会（CH5, p. 328, 329, 336, 375）

国际艾滋病联合协会（CH5, p. 336）

汰渍基金会（CH5, p. 336）

联合基金会（CH5, p. 336）

亚洲基金会（CH5, p. 325, 338, 339, 344）

香港明爱（CH5, p. 338, 339）

艾伯特基金会（CH5, p. 338, 339）

国际鹤类基金会（CH5, p. 338, 339）

阿登纳基金会（CH5, p. 338, 339）

美中关系全国委员会（CH5, p. 338, 339, 344, 348）

美国亚洲志愿者协会（CH5, p. 338, 339）

世界自然基金会（WWF, CH5, p. 330, 338, 339）

外经贸部（CH5, p. 333, 335, 339, 340, 341）

外交部（CH5, p. 339, 340, 341）

财政部（CH5, p. 339, 381）

国家宗教局（CH5, p. 339）

海关总署（CH5, p. 339）

德国农业行动（CH5, p. 339）

英国乐施会（CH5, p. 339）

荷兰国际开发合作组织（CH5, p. 339）

寰宇希望（CH5, p. 344）

加拿大合作协会（CH5, p. 344）

奥大利亚海外服务局（CH5, p. 344）

红十字会（CH5, p. 345）

红新月会（CH5, p. 345）

伊斯兰救助（CH5, p. 345）

世界宣明会（CH5, p. 332, 345, 353）

无国界医生组织（CH5, p. 345）

妇女参与农村发展（CH5, p. 346）

为聋从聋（CH5, p. 346）

国际奥比斯（CH5, p. 346）

比利时达米恩基金会（CH5, p. 346）

大骨头病基金会（CH5, p. 346）

国际助老金（Help Age International, CH5, p. 346）

香港妇女基督徒协会（CH5, p. 346）

世界少数民族语文研究院（SIL International, CH5, p. 349）

德国明爱（CARITAS, CH5, p. 352, 353, 359, 364, 368, 369）

德国易择益（EZE, CH5, p. 353, 365, 366, 368）

香港乐施会（CH5, p. 322）

挪威路德会（CH5, p. 353）

5R生活方式（CH5，p.368）

节约资源（Reduce，CH5，p.368）

绿色消费（Reevaluation，CH5，p.368）

重复使用（Reuse，CH5，p.368）

回收利用（Recycle，CH5，p.368）

拒用野生动物制品（Rescue wildlife，CH5，

p.368）

绿色社区（CH5，p.368）

德国米泽瑞（Misereor，CH5，p.366，368）

澳大利亚天主教救济组织（ARC，CH5，

p.368）

同伴教育（CH5，p.365，370）

图书在版编目（CIP）数据

外援在中国/周弘，张浚，张敏著. —修订本. —北京：社会科学
文献出版社，2013.6
ISBN 978 - 7 - 5097 - 4147 - 4

Ⅰ.①外…　Ⅱ.①周…　②张…　③张…　Ⅲ.①中外关系 - 对华
政策 - 对外援助 - 研究　Ⅳ.①D822

中国版本图书馆 CIP 数据核字（2013）第 000302 号

外援在中国（修订版）

著　　者/周　弘　张　浚　张　敏

出 版 人/谢寿光
出 版 者/社会科学文献出版社
地　　址/北京市西城区北三环中路甲29号院3号楼华龙大厦
邮政编码/100029

责任部门/全球与地区问题出版中心　　　　责任编辑/单远举　李　博
　　　　　（010）59367004　　　　　　　　　　　　　王晓卿
电子信箱/bianyibu@ ssap. cn　　　　　　责任校对/张兰春
项目统筹/祝得彬　　　　　　　　　　　　责任印制/岳　阳
经　　销/社会科学文献出版社市场营销中心　（010）59367081　59367089
读者服务/读者服务中心（010）59367028

印　　装/北京季蜂印刷有限公司
开　　本/787mm×1092mm　1/16　　　　印　张/25.5
版　　次/2013年6月第2版　　　　　　　字　数/430千字
印　　次/2013年6月第2次印刷
书　　号/ISBN 978 - 7 - 5097 - 4147 - 4
定　　价/79.00元